高等院校“十四五”规划教材

DAXUE JUNSHI LILUN JIAOCHENG

大学军事理论教程

主　编　龙治勇　申青林　邢巧娜
副主编　程　青　丁爱玲　董文娜

東北林業大學出版社
Northeast Forestry University Press
·哈尔滨·

图书在版编目（CIP）数据

大学军事理论教程 / 龙治勇，申青林，邢巧娜主编
. — 哈尔滨 ：东北林业大学出版社，2018.8（2023 年修订）
ISBN 978 - 7 - 5674 - 1543 - 0

Ⅰ. ①大… Ⅱ. ①龙… ②申… ③邢… Ⅲ. ①军事理论－高等学校－教材 Ⅳ. ①E0

中国版本图书馆 CIP 数据核字（2018）第 208349 号

责任编辑： 陈珊珊
封面设计： 华盛英才
出版发行： 东北林业大学出版社（哈尔滨市香坊区哈平六道街 6 号　邮编：150040）
印　　装： 定州铭晨印刷有限公司
规　　格： 787 mm×1 092 mm　16 开
印　　张： 17.5
字　　数： 426 千字
版　　次： 2023 年 8 月第 1 版
印　　次： 2023 年 8 月第 1 次印刷
定　　价： 52.00 元

如发现印装质量问题，请与出版社联系调换。（电话：0451－82113296　82191620）

前　　言

“国无防不立，民无兵不安”，历史的经验和教训告诉我们，一个国家只有建立强大的国防，才能真正担负起保家卫国的光荣使命，人民才能安居乐业，才能国强民富。国防教育是国家为巩固和加强国防建设而对公民进行的普及性教育，是全民教育系统中一个重要组成部分。大学生是国家的栋梁，民族的未来，对大学生进行国防教育，组织大学生进行军事训练，是党中央、国务院和中央军委始终高度重视的一项战略性工作。使大学生掌握基本军事理论和军事技能，培养国防观念和国防意识，增强爱国主义情感和努力学习的责任感和使命感，是全民国防教育和国家国防体系建设的一项重要任务。

党的二十大报告指出，面对国家安全环境的深刻变化，面对强国强军的时代要求，必须全面贯彻新时代党的强军思想，贯彻新形势下军事战略方针，建设强大的现代化陆军、海军、空军、火箭军和战略支援部队，打造坚强高效的战区联合作战指挥机构，构建中国特色现代作战体系，担当起党和人民赋予的新时代使命任务。报告指出，确保军队基本实现机械化，信息化建设取得重大进展，战略能力有大的提升。同国家现代化进程相一致，全面推进军事理论现代化、军队组织形态现代化、军事人员现代化、武器装备现代化，力争到二〇三五年基本实现国防和军队现代化，到本世纪中叶把人民军队全面建成世界一流军队。

本书既有理论学习，又注重实践操作，内容详实全面，课堂讲授与学生自学相结合。全书分为上下两篇，上篇主要包括中国国防、军事思想、战略环境、军事高技术、信息化战争，使学生认清国防与国家安危存亡、民族荣辱兴衰的密切关系，提高对国防地位和作用的认识，增强国防观念和国家安全意识，明确自己所担负的历史责任，加深对中华民族爱国主义优良传统的理解，激发爱国热情。下篇主要包括中国人民解放军条令教育与训练、轻武器射击、战术基础、军事地形学、综合训练、民防工程，使同学们掌握基本军事技能，增强组织纪律观念，激发大学生努力学习科学文化知识和专业技能的热情，自觉成为德智体美劳全面发展的中国特色社会主义建设者和接班人。

本教程的编写参考了众多版本的军事课教材，以及近年来有关国防教育和军事课教学的著作和文章，限于篇幅恕不详细列举，在此一并表示感谢。由于编者水平所限，书中难免疏漏之处，敬请广大读者和同行专家批评指正，以期不断修订和完善。

编　者

目　录

第一章　中国国防

教学目标

了解我国的国防历史和国防建设的现状及其发展趋势，熟悉国防法规和国防政策的基本内容，明确我军的性质、任务和军队建设指导思想，了解我国武装力量的构成、发展和作用，掌握国防建设和国防动员的主要内容，以此增强依法建设国防、积极为国防建设奉献力量的观念。

军事讲坛

故知胜有五：知可以与战、不可以与战者胜；识众寡之用者胜；上下同欲者胜；以虞待不虞者胜；将能而君不御者胜。此五者，知胜之道也。

——孙子

【译文】以熟知五种情况为前提：一是对敌对双方的情况了如指掌，知道什么情况下可以打，什么情况下不可以打；二是将帅既能指挥大部队作战，也能指挥小部队作战，具有高超的应战能力；三是全国上下团结一心，三军上下同仇敌忾；四是以有戒备的军队攻打防御松弛的军队；五是将帅具有指挥才能，而国君又不干预牵制。上述五条，就是预测胜利的依据和规律。

第一节　国防概述

“国无防不立，民无兵不安。”国防是人类社会发展与安全需要的产物，是关系到国家和民族生死存亡、荣辱兴衰的根本大计。中国的国防，是国家安全的重要保障，是促进祖国统一、维护领土完整的强大力量，是未来反侵略战争的主力，也是现代化建设的重要组成部分。作为中华民族的一分子，关注国防、了解国防、建设国防，是我们义不容辞的责任。

军事泛舟

“國”，会意字。从“口”，表示疆域。从“或”即“国”。國，从字形看，一个方块加一个“或”，“国”形为方块，意为疆域，四面合围不容外来人入侵也；“或”的含义很深，“或”字右边是个“戈”字，表示武力之意，又因为“戈”字在方块之内，意味着武力对内是立国之本，对外是防御之根。

一、国防的内涵和基本类型

（一）国防的定义

国防是国家为防备和抵抗侵略，制止武装颠覆，保卫国家的主权、统一、领土完整和安全所进行的军事活动，以及与军事有关的政治、经济、外交、科技和教育等方面的活动。

（二）国防的职能

国防作为国家的防务，其根本职能就是保卫国家的安全。

第一，国防是随着国家的产生而出现，同时又服务于国家，以维护国家的安全利益为根本职能。

第二，国防通过为国家和民族提供安全保障，达到服务国家利益的目的。国防除了担负防御外敌入侵与颠覆，保卫国家主权和领土完整等职能外，还担负着维护国家安定团结、保障经济建设顺利进行等职能。

第三，国防是国家建设的重要组成部分，受国家性质、制度和政策的制约。国家的制度和政策决定国防的性质和利益需求。

（三）国防的基本类型

国家的安全利益是国防行为至高无上的准则，不同性质、不同制度、不同政策和利益标准的国家，有着不同的国防形式，归纳起来有四种主要类型（表 1－1）。

表 1－1　国防的基本类型

类型	表现形式	例子
扩张型	主要指一些经济发达的国家。为了维护本国在全球的利益，对外推行强权政治和扩张主义，其特点是把本国的“安全”建立在别国屈服的基础上，为本国的利益谋求更大空间	美国
自卫型	主要依靠本国的力量防止外来的侵略，同时广泛争取国际上的同情和支持，以达到维护本国安全以及周边地区和世界的和平与稳定	中国
联盟型	以结盟的形式进行联合，联合一部分国家来弥补自身国防力量的不足。联盟型国防中，有扩张型和自卫型两种。从联盟国之间的关系看，可分为一元体系和多元体系的联盟。一元体系的联盟是由一个大国处于盟主地位，其余国家处于从属地位；多元体系联盟中的盟员间基本是种伙伴关系	北约
中立型	主要指中小国家为了保障本国的繁荣和安全，严守和平中立的国防政策，制定了总体防御战略和寓兵于民的防卫体系	瑞士

军事泛舟

瑞士全民皆兵

历史上，与其他欧洲国家一样，瑞士也是在战乱与杀戮中逐步成长起来的国家。自公元前 70 年开始，瑞士先后遭受日耳曼、罗马帝国和法兰克王国的统治，长期的战乱使瑞士人意识到，面对复杂的周边环境，在对外关系上只有睦邻友好，保持中立，才能在夹缝中求得生存。基于以上考虑，瑞士提出了“和平时期避免战争危险、不卷入争端，不结盟，不参加任何形式的军事安全体系，以自身军事力量保卫国家的政策”。并在1815年颁布了第一部国家宪法，将“全民皆兵”“武装中止”正式确立为基本国防政策。这使其在之后欧洲列强的争霸中能够独善其身，免遭两次世界大战的涂炭，从而赢得了200多年的和平发展期，该政策一直延续至今。

二、国防的要素

国防的要素，指构成国防必不可少的因素，包括国防的主体，国防的目的国防的对象和国防的手段四个要素。

（一）国防的主体

国防的主体是国防活动的实行者，也就是说，国防是国家的事业，是国家的固有职能。任何国家，从诞生之日起，就要固国强边，防备和抵御各种外来侵略，以保障国家安全，维系国家生存。从国家的本质看，国家是阶级专政的工具，是统治阶级利益与意志的体现，实现这种利益与意志，必须通过国家权力。国防就是要维护国家的这种权力，同时，也只有依靠国家权力才能使国防得以运转，才能领导和组织国防事业。

（二）国防的目的

1. 捍卫国家的主权

国家和主权不可分割，主权是国家存在的根本标志。如果一个国家的主权被剥夺，其他的一切，包括国家的独立、领土完整、传统生活方式、基本政治制度、社会准则和国家荣誉、尊严等，都无从谈起。因此，捍卫国家主权，始终是国防首要的、根本的目的和任务。

2. 保卫国家的统一

国家的统一是指国家由一个中央政府对领土内一切居民和事务行使完整的管辖权，不允许另立政府或分割国家的管辖权。从国际法的角度来说，保卫国家统一和反对分裂，历来是一个国家的内部事务，绝不允许外国干涉，这是个原则性问题，不能有丝毫的含糊。

3. 保卫国家的领土完整

领土是指位于国家主权支配下的地球表面的特定部分，以及其底土和上空。领土是国家存在和发展的自然物质前提，是构成国家的基本要素之一。国家主权与国家领土具有密切联系，领土既是国家行使其主权的空间，也是国家主权行使的对象，没有领土，主权就失去了存在空间和行使对象。领土完整的含义是：凡属本国的领土，决不能丢失，决不允许被分裂、肢解和侵占。

4. 维护国家的安全

国家要正常的生存和发展，必须有一个安全的内外环境。一个国家如果没有和平、稳定的状态，不仅难以建设和发展，就连生存也会受到威胁。因此，维护国家的安全，也是国防的主要目的之一。一旦国家遭到外来侵略，安全受到威胁，国防就必须股行自己的职能，抵御外来的侵略和颠覆，确保国家的和平、稳定状态；当国内敌对分子勾结外国敌对势力进行武装暴乱，危及国家安全时，国防力量就要采取措施，制止和平息这种内外勾结的暴乱，保卫国家安全。

（三）国防的对象

国防的对象是指国防所要防备、抵抗和制止的行为。根据《中华人民共和国国防法》的界定，国防的对象，一是“侵略”，二是“武装颠覆”“侵略”包括武装侵略和非武装侵略。武装侵略是指战争状态的侵略行为。对付武装侵略，国防行为使用战争手段进行制止。非武装侵略，是指运用各种经济、外交等手段进行的侵略行为。对付非武装侵略，国防行为则相应使用非战争手段。“武装颠覆”是指颠覆国家政权、推翻社会主义制度的武装叛乱或者武装暴乱。这些武装叛乱、武装暴乱，对国家主权、统一、领土完整和安全，对我们的社会主义制度都构成严重威胁，必须运用国防力量加以制止。

（四）国防的手段

国防的手段是指为达到国防目的而采取的方法和措施。在对国家利益的各种形式的侵犯中，威胁和危害最大的是武装侵犯，因此军事手段始终是主要手段，但又不是唯一手段。根据《中华人民共和国国防法》的界定，我国国防的手段包括军事活动，以及与军事有关的政治、经济、外交、科技和教育等方面的活动。

1. 军事手段

军事手段作为国防的主要手段，是斗争的最高形式。国防的根本职能是捍卫国家利益，防备和抵御外来的各种形式的侵犯，防备和平息内外部敌对势力相互勾结所发动的武装暴乱。对付武装入侵和武装暴乱最根本和最有效的是军事手段，军事手段的威慑作用和即时打击能力，能有效地遏制或中止侵略行动，迫使其放弃侵略意图。军事手段是解决国家之间矛盾冲突的最后手段，在穷尽了非军事手段而无果的情况下必须用军事打击的方式彻底解决。

2. 政治手段

政治手段作为国防手段之一，指的是“与军事有关的”政治活动，而不是政治本身的全部含义。构成国防手段的政治活动主要是政治制度、思想政治工作、政治宣传等。政治与国防关系密切：一方面，国防直接保卫的国家主权，是政治的第一需要；国防直接保卫的国家领土，是政治的物质前提；国防直接保卫的国家安全利益与发展利益，是政治的根本追求。国家政权、政治制度也要靠国防力量来捍卫，另一方面，政治对国防起着决定性的支配作用。国家的政治制度，决定国防的根本制度：国家的政治需要，决定国防的根本性质和类型；国家的政治指导思想和路线，决定国防的方向、方针和原则；国家的政治素质，制约国防的客观效应。

3. 经济手段

经济是国防的物质基础，社会经济制度决定国防活动的性质，社会经济状况决定国防建设的水平。现代条件下，无论是国防建设还是国防斗争，都应广泛采用经济手段，这些手段主要有国防经济活动、经济动员、经济战和经济制裁等。

4. 外交手段

外交手段主要是指国家与国家之间为了国防目的而开展的外交活动，由于这种外交主要涉及军事领域，所以又称军事外交。它涉及军事政治关系、军队关系、军事战略关系、军事科技关系和军事经济关系等，国防外交涉及的各个方面的活动都不是孤立的，而是有机联系的。从事国防外交活动的主体也不单纯是武装力量，还包括国家机关和些民间部门。

三、国防的地位和作用

任何一个国家，从诞生之日起，首要的任务就是对内巩固政权，对外抵御侵略，保证国家的生存、安全与发展。国防的强弱与国家利益休戚相关，关系到国家安危、荣辱和兴衰。

（一）国防是国家安全的重要保障

为了保障国家安全，促进国家发展，各国都从本国实际出发，努力加强国防建设，同时在国民中普遍进行有关维护国家安全的国防教育，从物质和精神上加强军事斗争准备，强化国防实力，为国家的发展营造有利的条件和环境，保障国家安全。

（二）国防是国家独立自主的前提

“国无防不立，民无兵不安。”强大的国防，是确保国家安全、人民安居乐业的前提。有国无防，或国防不强，国家民族就要遭殃。旧中国沦为半殖民地半封建社会和新中国自立于世界民族之林的历史证明：国家和民族的独立，必须有强大的军队和巩固的国防。国家独立自主，民族兴旺，离不开具有强大战斗力的国防军和后备力量建设，离不开整个民族的尚武精神。在新的历史条件下，巩固的国防不仅是我们在异常激烈、错综复杂的国际环境中赢得战略主动权的重要条件，也是完成祖国统一大业、全面构建社会主义和谐社会的重要保障。

（三）国防是国家繁荣发展的重要条件

一个国家只有有了巩固的国防，国家的其他建设事业才能顺利进行。否则这个国家的政权无法稳定，经济发展的目标难以实现，人民群众也无法安居乐业。因此，国家的生存、政权的稳固和经济发展利益的维护，以及国际地位、形象的巩固，都必须有一个能够捍卫国家根本利益的国防。

四、现代国防的基本特征

现代国防是对传统国防的继承和发展，是一种全新的国防理念和实践活动。其基本特征主要表现在以下几个方面。

（一）国家利益及其安全防务的整体性

伴随着经济的发展，特别是科技的进步，国家安全利益的内涵不断扩展。现代国防的职能正在由维护地缘明确的“硬疆界”，扩展到争取有利于己的“软环境”；由保卫本土不受侵犯，扩展为在全球或地区范围争取政治、经济和安全秩序的影响力与主导权；由打赢战争扩展到在战争和非战争状态下都能保证国家利益的实现。此外，现代国家安全必须依靠整体性防务。一个国家只有经济不断强大，科技不断发展，国防实力不断增强，精神防线不断巩固，才能真正实现长治久安。

(二) 国防力量的综合性

较之以往“单纯武力战”的国防观和以武力为核心的“总动员”国防观，现代国防是综合国力的体现。现代国防力量是以综合国力为基础的综合国防力。有了雄厚的综合国力才有可能建设强大的国防力。国家的整体实力，是指国家的政治、经济、科技、军事、精神、外交、自然等综合力量的集合。同样，作为国家安全防卫能力的综合国防力，也是多种因素相互交织的复合力量。尽管军事力量依然是国防力量的主体，但现代国防力量的构成不再局限于单一的军事力量，而是由多种因素交织构成的一种复合力量。

(三) 国防手段的多元性

由于对国家利益的威胁来自诸多方面，除了兵戎相见的“硬对抗”外，还有各种“软伤害”式的威胁，如意识形态、文明冲突、信息攻击等。因此安全防卫手段不是单纯的军事行为，而应注重多种手段相互配合。现代国防斗争，不仅可以使用军事手段在战场上进行武力对抗，也可通过政治对话、外交谈判、经济封锁、心理施压、军备控制等非战争手段在更广阔的空间进行激烈的较量；现代国防既依靠国家的国防实力，也依靠国家的国防潜力。在某一时期、某一方面，可以根据情况的不同突出选择使用某一种手段，以其他手段相配合，但决不固守一种方式。

(四) 国防建设的系统协调性

现代国防建设是一个以科技为龙头，以经济为骨干，通过总体性的战略运筹，谋求综合国防效益的有机系统。现代国防斗争更重视质量优势而不是数量优势，更重视整个系统的威力而不只是某些单元的作用。因此，世界各国普遍着眼于从宏观规划上合理调整军队、准军事组织和后备役部队的比重，军队内部各军种、兵种的比重，以及如何在发展武器装备、改进编制体制、强化军事训练、完善战场建设等方面更有利于协调行动，发挥系统的整体效能。与此同时，整个国家要做到平战结合，寓军于民，在确保国家经济实力不断增长的基础上，加强军事力量，做到综合国力协调发展，结构合理。

(五) 国防事业的社会性

随着国防内涵的扩展，全面增强防卫能力必然涉及各个领域和各条战线，因而与整个社会构成了密不可分的联系。依靠国家和社会的综合力量来建设国防，越来越受到各国重视。国防不只是“军防”，而是关系各个领域、各条战线和每个公民的事情，与整个社会密不可分。中国有句古训：“天下兴亡，匹夫有责”，古代尚有“布衣曹刿论战败齐师，商人弦高假命退秦师”，今天我们更应牢记“保卫祖国、抵抗侵略是每个公民的神圣职责”，为国家的兴盛和国防的强大尽一己之力。

五、我国的国防历史及启示

(一) 我国古代的国防

1. 我国古代的兵制建设

兵制主要指军事制度，包括武装力量体制、军事领导体制和兵役制度。我国古代兵制建设在发展中，取得了巨大的成就（表 1-2）。

表 1－2　我国历代兵役制度一览表

朝代	兵役制度	征召形式
夏、商、西周	民军制，也称兵民合一制	平时只保持少量由奴隶主贵族组成的卫队，负责王室的警卫。战时临时召集三公贵族和平民出征，大多数平民出身的成年男子平时务农，战时出征，故称之为兵民合一的兵役制度
东周（春秋战国）、秦、汉	征兵制，也称义务兵役制	实行郡、县征兵制，按郡、县、乡、里等行政体系征集兵员，农民也成了主要征集对象。秦规定，凡 17 岁的男子须向官府登记，称为“傅”。傅籍后，须服兵役两年。东汉末年，由于边事和内乱，征兵困难，征兵制逐渐为募兵制所代替
三国	世兵制	“世兵”就是父子世代为兵。这种兵家户籍不属郡县，而由军府管理，称为“士家”“军户”。他们的社会地位低下，只有得到放免才能取得平民的身份
隋、唐	府兵制	府兵制原于西魏，府兵泛指军府之兵。隋朝规定，民（男子）年 18 岁为丁，至 60 岁免除兵役义务。唐朝的府兵 3 年或 6 年点选一次，规定以身体、财力和每户成丁多少为条件，“财均者取强，力均者取富，财力又均，先取多丁”。唐朝末年改为募兵制
宋	募兵制	北宋时朝廷直接管辖的禁军从全国各地招募，守卫各州的厢兵在本州范围内招募，守卫边境地区的番兵从当地少数民族中招募，保卫乡土的乡民由各地按户籍抽调的壮丁组成。此外还强迫罪徒当兵，脸上刺字。作为军队的番号，因而民众大都以当兵为耻。士兵断无报国之志
元	征兵制	元朝实行征兵制，但其方式因民族不同而略有区别。对蒙古各部采用成年男子皆兵的办法征集士兵，其他民族实行军户制度。各部 15 岁至 70 岁的成年男子，不分贵贱和家庭人口数量，都有服兵役的义务。成年男子平时从事牧业生产或其他工作，一旦战争需要，或者“空营帐而出”或者“十人抽一“十人抽二”从戎出征
明	卫所制，与世兵制、府兵制相似	明朝实行卫所制。卫、所两级。一府设所，几府设卫。卫设指挥使，统兵 5 600 人，卫下有千户所（1 000 士兵），千户所下设百户所（100 士兵）。兵士有军籍，世袭为军。平时屯田或驻防，遇有战争，朝廷命将，率领调自卫、所的士兵征战
清	旗兵制与世兵制相似	清朝实行旗兵制。起兵伊始，以部落为单位组成旗”，旗是军政合一的组织，旗民平时为民，战时为兵。因此，旗兵制就是部落兵制。努尔哈赤时期将满、蒙、汉族力量编成八个旗，分别用正黄、正白、正红、正蓝、镶黄、镶白、镶红、镶蓝八种色旗作标志，这就是“八旗兵”的由来

夏王朝时期，奴隶主阶级为巩固其统治，镇压奴隶的反抗，抵御外族侵扰或继续征服周边的氏族，已经形成了由少数不参加生产劳动的贵族上层成员组成的卫队，也就是夏朝最初形式的国家军队，也就是国家常备军的雏形。那时的军队由夏王亲自率领。

到了商朝，已经有“王作三师：左、中、右”的记载，这说明当时国家军队已经有固定的编制——王师。商朝后期，随着社会的发展，战争的不断扩大，军队的建制也趋于成熟。在西周灭商的“牧野之战”中，已有“戎车三百乘、虎贲三千人、甲士四万五千人以东伐纣”（《史记·周本纪》）的记载。同时西周已有“宗周（今西安西南）六师”“成周（今洛阳东北）八师”之说。六师、八师的出现，说明西周已经出现常备军。

到了春秋战国时期，随着战车数量的增加，各国又出现了军的编制，多数编为左、右三军或上、中、下三军，每军有战车二百乘左右。军事领导体制上也出现了将、相分职，国王以下，文职称相，武职为将，相议政，将领军，并且出现以将为领帅的军事机构。同时，随着冶铁业的发展，战国时期铁制兵器已大量应用于战场，使军队由单一兵种向多兵种发展。

公元前221年，秦统一中国，随着中央集权制的建立，全国有了统一的军队，并形成了由京师兵、郡县兵、边兵组成的武装力量体制。

公元前202年，汉承秦制，热兵器代替了冷兵器，兵役制度也随之改革，根据作战空间又进行了陆、海、空军的分工，但武装力量体制基本上沿用了中央部队、地方部队、边防部队这三种基本类型。

2. 古代国防工程建设

我国古代为抵御外敌的侵犯，巩固边海防，修筑数量众多、规模庞大的国防工程，如城池、长城、京杭运河以及海防要塞等。这里重点介绍边防、海防建设。我国古代的边防和海防，到了明朝就形成了比较有代表性的完整的边、海防体系。

（1）边防建设

著名的万里长城，是在漫长的岁月中修建起来的巨大的国防工程。

早在两千多年前，战国时期的燕国、赵国、秦国开始各自修建长城。秦始皇统一六国后，派大将蒙恬负责，征集大量人员，大力修建和扩展，把北部长城连接起来。以后，经各个朝代的多次修建，到明朝形成了东起辽东山海关、西至甘肃嘉峪关全长五千多公里的长城。

（2）海防建设

我国古代海防建设是从明代开始的。自春秋战国时期开始，一些依江傍海的诸侯国，虽建有水师，并进行水战和海上攻防作战，但还没有明确的海防设施。

到了元朝末年时，当时日本正处于南北朝的分裂时期，封建领主下面失意的武士、浪人、商人等形成了庞大的海盗队伍，他们在中国东南沿海进行武装掠夺和骚扰，历史上称为“倭寇”。到了明朝初期，倭寇的侵扰活动日益严重，给沿海地区带来了深重的灾难。为了抵御倭寇，朱元璋开始加强海防建设，在沿海设置卫、所，建立水军，有效防御了倭寇对我国东南沿海的入侵和骚扰。

清朝前期，在明朝卫、所的基础上，逐步将沿海建成炮台要塞式的防御体系。分为海岛要塞、海口要塞、海岸要塞和江防要塞。除了建有这些炮台要塞式的防御体系，还编有江河水师和外海水师。在天津还建有满蒙八旗水师营（相当于海军基地）。然面，随着清朝政府的腐败，到清朝中期海防也日渐虚弱。

（二）中国近代的国防

中国近代的国防史是一部充满着孱弱、衰败和屈辱的历史。1840年，英国凭借船坚炮利的优势，打破了清王朝紧锁的国门，开始入侵中国。在西方列强的侵略面前，腐朽的统治者奉行消极防御的国防建设指导思想，居安思奢，卖国求荣，结果是有国无防，大片国土被迫割让，人民惨遭蹂躏和屠杀。

1. 清朝后期的国防

自“康乾盛世”之后，清政府的政治日趋腐败，国防日渐虚弱。1840年鸦片战争爆发后，西方列强大举入侵，从此清王朝微一蹶不振，每况愈下，有国无防，内乱外患交织，逐步沦为半殖民地半封建社会。

清朝后期的军制改革。鸦片战争后，清政府开始实施“洋务新政”，成立了总理衙门。八国联军侵华后，清政府深感军备落后，企图通过改革军制以加强军事，遂改总理衙门为外务部，裁撤兵部，成立陆军部。在武装力量体制方面，清入关前，军队是八旗兵；入关后为弥补兵力的不足，将汉人编组成立了绿营。1851 年以后，为镇压太平天国运动，清政府号召各地乡绅编练乡勇，湘军和淮军逐渐成为清军的主力。而到 1894 年甲午战争之后，开始编练新军。在兵役制度方面，八旗兵实行的是兵民合一的民军制。在甲午战争中，湘军和淮军大部溃散，清政府便开始“仿用西法，编练新军”。新军采用招募的形式，在入伍的年龄、体格及文化程度方面均有较严格的要求。

清朝后期的边海防建设。鸦片战争后，清政府日益腐败，防务日渐废弛。海防要塞火炮年久失修，技术性能落后，炮弹威力甚小且不能及远。西方列强趁虚而入，打开了中国封闭的国门。中国的领土香港、澳门、台湾和澎湖列岛为英葡日侵占；东北乌苏里江以北的今国界以外大片土地为沙俄所占；西部帕米尔地区为俄英瓜分。

从 1840 年鸦片战争到 1911 年辛亥革命的 70 多年间，清政府与外国列强签订了上百个不平等条约，割让领土近 160 万平方千米。当时中国 1.8 万多千米的海岸线上，竟找不到一个中国自己享有主权的港口。国家有海无防，有边不固，绝大部分中国领土成了西方列强的势力范围。俄国在长城以北，英国在长江流域，日本在台湾、福建，德国在山东，法国在云南，中华民族美丽富饶的国土被西方列强撕扯得支离破碎。

2. 辛亥革命至新中国成立期间时期的国防

辛亥革命虽然推翻了清朝的统治，建立了中华民国，但并没有改变中国任人宰割的历史。西方列强为维护其在华利益，纷纷扶植各派军阀为自己的代理人，加紧对中国的掠夺。各派军阀为争权夺利，混战不已，中国依然是有边不固，有海无防。先是袁世凯称帝，后有张勋复辟，各派军阀以西方列强为靠山，割据称雄，混战不休。直皖奉三大派系军阀先后窃据中央政权，贿选国会议员和总统，出卖国家和民族利益。“二十一条”的签订和“巴黎和会”中国外交的失败，充分暴露出北洋政府的腐败无能，这使中国面临被西方列强进一步瓜分的命运，从而激发了中华民族同仇敌忾、共御外侮的决心。

以“五四”运动为标志，中国反帝反封建的资产阶级民主革命发展到了新阶段。1921 年 7 月 1 日，中国共产党成立，给灾难深重的中国人民带来了光明和希望，中国革命开始进入了新的发展时期。1931 年 9 月 18 日，“九一八事变”爆发，国民党政府奉行“攘外必先安内”的政策，一味妥协退让，出卖民族利益，使东北大片国土迅速沦陷。1937 年 7 月 7 日，日本发动“卢沟桥事变”，大举入侵中国，中华民族到了生死存亡的紧要关头。中国共产党高举团结抗日的旗帜，与国民党再度合作，组成了广泛的抗日民族统一战线，使抗日战争的正面战场作战、敌后游击战场作战和全民抗日作战行动得以有力结合，历经八年艰苦卓绝的奋战，终于取得了中国近代史上第一次抗击外敌侵略的彻底胜利。抗日战争胜利后，全国人民迫切需要一个和平安全的建设环境，但国民党政府背信弃义，妄图消灭中国共产党及其领导的军队。经过四年解放战争，中国共产党领导人民终于推翻了国民党的反动统治，从此结束了近代 100 多年来中华民族有国无防的屈辱历史，开始了中国国防的新篇章。

军海泛舟

黄埔军校简介

黄埔军校建于1924年，建校时的正式名称为“中国国民党陆军军官学校”。因其校址设在广州东南的黄埔岛，史称黄埔军校。黄埔军校是孙中山先生在中国共产党和共产国际的积极支持与帮助下创办的，是第一次国共合作的产物。

作为中国现代历史上第一所培养革命干部的新型军事政治学校，其影响之深，作用之巨大，名声之显赫，都是始料所不及的。黄埔军校建立以来，以孙中山的“创造革命军队，来挽救中国的危亡”为宗旨；以“亲爱精诚”为校训；以培养军事与政治人才，组成以黄埔学生为骨干的革命军，实行武装推翻帝国主义和封建军阀在中国的统治，完成国民革命为目的。一方面积极进行孙中山革命的三民主义教育；一方面灌输马克思列宁主义的思想。军校采用军事与政治并重，理论与实践结合的教学方针，为中国革命培养了大批军事政治人才。广大黄埔师生在反帝反封建、争取国家统一与民族独立的斗争中立下了赫赫战功，为中国革命做出了重大贡献。

（三）中国国防历史的启示

纵观我国几千年的国防史，我们不难发现，国防的兴衰与各时期的政治、经济军事状况是密切相关的。重温这一深长的国防历史，我们可以从中得到有益的启示。

1. 经济发展是国防强大的基础

经济是国防的物质基础，国防的强大有赖于经济的发展。早在春秋战国时期，齐国的政治家管种就提出“富国强兵”的思想。他认为“粟多则国富，国富者兵强，兵强者战胜，战胜者地广“甲兵之本，必先于田宅”。秦以后的各朝各代，前期也部注意劝课农桑发展生产，从而奠定了国防强大的基础，造就了国防史上的伟业。与此相反，以上各朝代的衰败，也都毫无例外地是由于经济的破产，动摇了国家的基础，也削弱了国防，造成了内忧外患纷至。

2. 政治昌明是国防巩固的根本

政治与国防紧密相关，国家的政治是否开明，制度是否进步，直接关系到国防能否巩固。只有政治昌明，才能有巩固的国防。我国古代历代王朝，凡是兴盛时期，都十分注意修明政治，实行比较开明的治国安邦之策。秦自商鞅变法以后，修政治、明法度、发展生产，国力日渐强大，为吞并六国奠定了雄厚的物质基础。唐初，百废待兴，正是中央政府制定并实施了一系列行之有效的政治制度，才使国家很快从隋末的战争废墟中恢复过来，形成了国力昌盛空前统的大唐帝国。与此相反，凡是衰落的朝代或时期，无不是政治腐败、国防虚弱。

3. 国家的统一和民族的团结是国防强大的关键

纵观中国数千年的国防历史，不难发现，凡是国家统一、民族团结的时期，国防就强大；凡是国家分裂、民族矛盾尖锐的时期，国防就虚弱。清朝末年，在西方列强的大举人侵面前，腐朽的清政权不仅不敢发动反侵略战争，不依靠、不支持人民群众进行战争，反而认为“患不在外面在内”“防民甚于防火”，对人民群众自发组织的反侵略斗争进行残酷镇压，结果是屡战屡败，割地赔款，丧权辱国，使中国任人宰制，沦为半殖民地半封建社会。抗日战争时期，在中国共产党的倡导和组织下，建立了广泛的抗日民族统一战线。在敌强我弱的条件下，中国共产党坚持人民战争的战略战术，充分动员和组织人民，团结一切抗日力量，共同抗击侵略，最终取得了抗日战争的彻底胜利。

第二节 国防建设

国防建设是指为国家安全利益需要，提高国防能力而进行的各方面的建设。国防建设内容主要包括武装力量建设、人员动员准备、战场准备、战略物资储备、国防事业建设、国防科学技术研究以及对人民群众进行国防教育和军事训练等。

一、国防领导体制和国防政策

（一）国防领导体制

国防领导体制是指国防领导的组织体系及相应制度。它包括国防领导机构的设置、职权划分、相互关系等。它是国家政权组织形式和机构的重要组成部分。一般设有最高统帅、最高国防决策机构、国家行政机关中管理国防事务的部门、武装力量领导指挥系统等。根据宪法和《中华人民共和国国防法》，我国的国防领导职权由以下机构行使：

1. 中共中央的国防领导职权

中国共产党作为执政党，是领导中国社会主义事业的核心力量。中共中央在国家生活包括国防事务中发挥决定性的领导作用。有关国防、战争和军队建设的重大问题，都是由中共中央、中央军委、中央政治局及其常务委员会作出决策，并通过必要的法定程序作为党和国家的统一决策贯彻执行。

2. 全国人民代表大会及常务委员会的国防领导职权

中华人民共和国全国人民代表大会是最高国家权力机关。它在国防方面的职权主要有：全国人民代表大会选举国家中央军委主席，根据中央军委主席的提名，决定中央军委其他组成人员的人选；决定战争与和平的问题，并行使宪法规定的国防方面的其他职权。全国人大常委会在全国人民代表大会闭会期间决定战争状态的宣布，决定全国总动员或者局部动员，并行使宪法规定的国防方面的其他职权。

3. 国家主席的国防领导职权

中华人民共和国主席的国防领导职权主要有：根据全国人民代表大会的决定和全国人民代表大会常务委员会的决定，宣布战争状态；根据全国人民代表大会的决定和全国人民代表大会常务委员会的决定，发布动员令；公布全国人民代表大会及其常务委员会制定的有关国防方面的法律；根据全国人民代表大会常务委员会的决定，授予在国防方面作出突出贡献的单位和个人国家的勋章和荣誉称号；根据全国人民代表大会常务委员会的决定，批准和废除同外国缔结的有关国防方面的条约和重要协定。

4. 国务院的国防领导职权

中华人民共和国国务院是最高国家权力机关的执行机关，是最高国家行政机关。它的国防领导职权包括：编制国防建设发展规划和计划；制定国防建设方面的方针、政策和行政法规；领导和管理国防科研生产；管理国防经费和国防资产；领导和管理国民经济动员工作和人民武装动员、人民防空、国防交通等方面的有关工作；领导和管理拥军优属工作和退出现役军人的安置工作；领导国防教育工作；与中央军事委员会共同领导中国人民武装警察部队、民兵的建设和征兵、预备役工作以及边防、海防、空防的管理工作；法律规定的与国防建设事业有关的其他职权。

5. 中央军事委员会的国防领导职权

中华人民共和国中央军事委员会是最高国家军事机关，与中共中央军事委员会是同一机构，负责领导全国武装力量。其职权主要包括：统一指挥全国武装力量；决定军事战略和武装力量的作战方针；领导和管理中国人民解放军的建设，制定规划、计划并组织实施；向全国人民代表大会或者全国人民代表大会常务委员会提出议案，制定军事法规，发布决定和命令；决定中国人民解放军的体制和编制，规定总部以及军区、军兵种和其他军级单位的任务和职责；任免、培训、考核和奖惩武装力量成员；批准武装力量的武器装备体制和武器装备发展规划、计划，协同国务院领导和管理国防科研生产；会同国务院管理国防经费和国防资产；法律规定的其他职权。

中央军委实行主席负责制，中央军委主席实际即为全国武装力量的统帅。中央军委组成人员为：中央军委主席，副主席若干人，委员若干人。中央军委下设总参谋部、总政治部、总后勤部、总装备部。总部既是中央军委的工作机关，又是全军军事、政治、后勤、装备工作的领导机关。

6. 国家安全委员会在国防方面的职能

2013 年 11 月 12 日，中国共产党十八届三中全会公报提出将“设立国家安全委员会，完善国家安全体制和国家安全战略，确保国家安全”。2014 年 1 月 24 日，中共中央政治局会议决定，中央国家安全委员会由习近平任主席，李克强、张德江任副主席，下设常务委员和委员若干名。国家安全委员会的设立有利于提高国家在面临各种安全危机和挑战时的应变能力，也代表着我国在捍卫国家安全和国家利益方面的决心与意志。设立国家安全委员会是维护外部安全的重要内容。国家安全委员会既有对内职能，也有对外职能，与国家的外部安全休戚相关，具有统筹国内和国际两个大局、整合对内对外事务的内外兼顾特点。2018 年 4 月 17 日，中央国家安全委员会主席习近平主持召开十九届中央国家安全委员会第一次会议并发表重要讲话。习近平指出，要加强党对国家安全工作的集中统一领导，正确把握当前国家安全形势，全面贯彻落实总体国家安全观，努力开创新时代国家安全工作新局面，为实现“两个一百年”奋斗目标、实现中华民族伟大复兴的中国梦提供牢靠安全保障。习近平还强调，中央国家安全委员会成立 4 年来，坚持党的全面领导，按照总体国家安全观的要求，初步构建了国家安全体系主体框架，形成了国家安全理论体系，完善了国家安全战略体系，建立了国家安全工作协调机制，解决了许多长期想解决而没有解决的难题，办成了许多过去想办而没有办成的大事，国家安全工作得到全面加强，牢牢掌握了维护国家安全的全局性主动。

（二）国防政策

国防政策是指国家进行国防建设和使用国防力量的准则。国防政策通常可分为总政策和具体政策，是国防建设和国家安全的政治与制度保证。国防政策有鲜明的阶级性，不同的国家有不同的国防政策。中国的国防政策是由中国的发展道路、根本任务、对外政策和历史文化传统等因素决定的。中国奉行防御性的国防政策。现阶段中国国防的目标和任务，主要有以下四个方面的内容：

1. 维护国家主权、安全、发展利益

防备和抵抗侵略，保卫领陆、内水、领海、领空的安全，维护国家海洋权益，维护国家在太空、电磁、网络空间的安全利益。反对和遏制“台独”，打击“东突”“藏独”等分裂势力，捍卫国家主权和领土完整。服从服务于国家发展战略和安全战略，维护国家发展的重要战略机遇期。贯彻新时期积极防御的军事战略方针，坚持独立自主和全民自卫原则，加强武装力量建设和边防、海防、空防建设，加强国家战略能力建设。中国始终奉行不首先使用核武器的政策，坚持自卫防御的核战略，不与任何国家进行核军备竞赛。

2. 维护社会和谐稳定

中国武装力量忠实践行全心全意为人民服务的宗旨，积极参加和支援国家经济社会建设，依法维护国家安全和社会稳定。发挥人才、装备、技术、基础设施等方面的有利条件，为地方基础设施和重点工程建设、扶贫帮困和改善民生、生态环境建设贡献力量。科学组织非战争军事行动准备，针对面临的非传统安全威胁搞好战略预置，加强应急专业力量建设，提高遂行反恐维稳、应急救援、安全警戒任务的能力。坚决完成抢险救灾等急难险重任务，保护人民群众生命财产安全。把维护社会大局稳定作为重要任务，坚决打击敌对势力颠覆破坏活动，打击各种暴力恐怖活动。发扬拥政爱民光荣传统，严格遵守国家政策法规，巩固军政军民团结。

3. 推进国防和军队现代化

着眼 2020 年基本实现机械化并使信息化建设取得重大进展的目标，坚持以机械化为基础，以信息化为主导，广泛运用信息技术成果，推进机械化、信息化复合发展和有机融合。拓展和深化军事斗争准备，牵引和带动现代化建设整体发展。深化信息化条件下联合作战理论研究，推进高新技术武器装备建设，发展新型作战力量，着力构建信息化条件下联合作战体系。深入推进机械化条件下军事训练向信息化条件下军事训练转变，加紧实施人才战略工程，加大全面建设现代后勤力度，提高以打赢信息化条件下局部战争能力为核心的完成多样化军事任务能力，全面履行新世纪新阶段军队历史使命。统筹经济建设和国防建设，实行军民融合式发展，建立完善军民结合、寓军于民的武器装备科研生产体系、军队人才培养体系和军队保障体系。积极稳妥地深化国防和军队改革，加强战略筹划和管理，努力推进国防和军队建设科学发展。

4. 维护世界和平稳定

坚持互信、互利、平等、协作的新安全观，主张用和平方式解决地区热点问题和国际争端，反对任意使用武力或以武力相威胁，反对侵略扩张，反对霸权主义和强权政治。按照和平共处五项原则开展对外军事交往，发展不结盟、不对抗、不针对第三方的军事合作关系，推动建立公平有效的集体安全机制和军事互信机制。坚持开放、务实、合作的理念，深化国际安全合作，加强与主要国家和周边国家的战略协作与磋商，加强与发展中国家的军事交流与合作，参加联合国维和行动、海上护航、国际反恐合作和救灾行动。支持按照公正、合理、全面、均衡的原则，实现有效裁军和军备控制，维护全球战略稳定。

二、武装力量建设

武装力量，是国家或政治集团所拥有的各种武装组织的总称。一般以军队为主体，由军队和其他正规与非正规的武装组织构成，是国防力量的主体。

武装力量的组织与构成，通常受国家政治制度、经济实力、军事战略、地理环境、人口和历史传统等多种因素的制约。目前，世界各国武装力量大体为三种类型构成。多种是由三种或三种以上武装组织构成；两种是由军队和武装警察构成；单一是由军队或武装警察或民兵构成。一般均采取以军队为主体的多种类型构成。我国武装力量属于多种类型构成。

（一）中国人民解放军

中国人民解放军是中华人民共和国武装力量的骨干，是抵抗侵略、保卫祖国、维护国家主权和安全的主要力量。中国人民解放军由现役部队和预备役部队组成。

1. 现役部队

中国人民解放军现役部队由陆军、海军、空军、火箭军和战略支援部队组成。

（1）陆军

陆军是中国人民解放军的基础，是主要在陆地遂行作战任务的军种，由步兵、装甲兵、炮兵、防空兵、航空兵、工程兵、通信兵、防化兵、电子对抗兵等兵种和各种专业勤务部队组成。当前，陆军已由单一兵种发展成为诸兵种合成的现代陆军，成为既能独立遂行作战任务又能与海军、空军和火箭军实施联合作战的强大军种。陆军主要担负陆地作战任务，包括机动作战部队、边海防部队、警卫警备部队等。陆军机动作战部队包括 13 个集团军和部分独立合成作战师（旅）。集团军由师、旅编成，分别隶属于 5 个战区。

陆军领导机关负责陆军部队管理建设，下设五大战区陆军部队。陆军部队包括机动作战部队、警卫警备部队、边海防部队和预备役部队等，实行集团军、师（旅）、团、营、连、排、班体制。集团军由师、旅编成，为基本战役军团。师由团编成，隶属于集团军，为基本战术兵团。旅由营编成，隶属于集团军，为战术兵团。团由营编成，通常隶属于师，为基本战术部队。营由连编成，通常隶属于团或旅，为高级战术分队。连由排编成，为基本战术分队。

陆军是党最早建立和领导的武装力量，为实现民族独立和人民解放，为维护国家主权、安全和发展利益，为支援国家经济社会建设和保障人民生命安全建立了彪炳史册的不朽功勋。面对改革强军，陆军部队要继续弘扬陆军光荣传统和优良作风，适应信息化时代陆军建设模式和运用方式的深刻变化，探索陆军发展特点和规律，按照机动作战、立体攻防的战略要求，加强顶层设计和领导管理，优化力量结构和部队编成，加快实现区域防卫型向全域作战型转变。

（2）海军

海军是人民解放军的战略军种，是海上作战行动的主体力量，担负着保卫国家海上方向安全、领海主权和维护海洋权益等任务。我国海军于 1949 年 4 月 23 日成立，主要由潜艇部队、水面舰艇部队、航空兵、陆战队、岸防部队等兵种组成。进入 21 世纪，海军着眼信息化条件下海上局部战争的特点规律，全面提高近海综合作战能力、战略威慑与反击能力，逐步发展远海合作与应对非传统安全威胁能力，推动海军建设整体转型。当前，我国海军已初步发展成为一支多兵种合成、具有核常双重作战手段的现代海上作战力量。

按照近海防御的战略要求，海军注重提高近海综合作战力量现代化水平，发展先进潜艇、驱逐舰、护卫舰等装备，完善综合电子信息系统装备体系，提高远海机动作战、远海合作与应对非传统安全威胁能力，增强战略威慑与反击能力。海军下辖北海、东海和南海三个舰队，舰队下辖舰队航空兵、基地、支队、水警区、航空兵师和陆战旅等部队。

海军对维护国家主权和安全、捍卫国家统一、拓展国家战略利益具有重要作用。海军正在按照近海防御、远海护卫的战略要求，逐步实现由近海防御型向近海防御与远海护卫型结合转变，构建合成、多能、高效的海上作战力量体系，提高战略威慑与反击、海上机动作战、海上联合作战、综合防御作战和综合保障能力。

（3）空军

空军是中国人民解放军的战略军种，是空中作战行动的主体力量，担负着保卫国家领空安全和领土主权、保持全国空防稳定等任务。我国空军成立于 1949 年 11 月 11 日，主要由航空兵、地面防空兵、雷达兵、空降兵、电子对抗兵等兵种组成。按照攻防兼备的战略要求，空军着力加强以侦察预警、空中进攻、防空反导、战略投送为重点的作战力量体系建设，发展新一代作战飞机、新型地空导弹和新型雷达等先进武器装备，完善预警、指挥和通信网络，提高战略预警、威慑和远程空中打击能力。空军下辖 5 个战区空军，战区空军下基地、航空兵师（旅）、地空导弹师（旅）、雷达旅等。

空军作为战略性军种，在国家安全和军事战略全局中具有举足轻重的地位和作用。当前，空军正按照空天一体、攻防兼备的战略要求，实现国土防空型向攻防兼备型转变，构建适应信息化作战需要的空天防御力量体系，提高战略预警、空中打击、防空反导、信息对抗、空降作战、战略投送和综合保障能力。

（4）火箭军

火箭军的前身是 1966 年 7 月 1 日组建的第二炮兵，是中央军委直接掌握使用的战略部队，是中国实施战略威慑的核心力量，主要担负遏制他国对中国使用核武器、进行核反击和常规导弹精确打击任务。火箭军与海军潜地战略导弹部队和空军战略轰炸机部队构成我国三位一体的战略核力量（其中火箭军是主要力量）。

火箭军作战指挥权高度集中，实行中央军委火箭军、导弹基地、导弹旅的指挥体制，部队行动必须极端严格、极端准确地按照中央军委的命令执行。火箭军由核导弹部队、常规导弹部队、作战保障部队等组成。导弹部队编有导弹基地、导弹旅和发射营，保障部队编有侦察情报、通信、测绘、气象、电子对抗、工程、后勤和装备等技术专业保障部队，此外火箭军还编有院校和相关研究机构。

火箭军是我国战略威慑的核心力量，是我国大国地位的战略支撑，是维护国家安全的重要基石。当前，火箭军正按照核常兼备、全域慑战的战略要求，把握火箭军职能定位和使命任务，增强可信可靠的核威慑和核反击能力，加强中远程精确打击力量建设，在提升战略遏制能力上实现新突破，在提高战备实战化水平上实现新突破，在战略运用上实现新突破。

(5) 战略支援部队

2015 年 12 月 31 日，习主席为战略支援部队授予军旗并训词，标志着我国新型作战力量建设踏上征程。习主席强调，成立战略支援部队，有利于优化军事力量结构、提高综合保障能力。战略支援部队要坚持体系融合、军民融合，努力在关键领域实现跨越发展，高标准高起点推进新型作战力量加速发展、一体发展，努力建设一支强大的现代化战略支援部队。

未来战争是信息化条件下的体系作战。信息主导、体系融合是未来联合作战的基本需求。战略支援部队的组建，顺应了未来作战形态的发展变化。战略支援部队是维护国家安全的新型作战力量，是我军新质作战能力的重要增长点，主要将战略性、基础性、支撑性都很强的各类保障力量进行功能整合后组建而成。成立战略支援部队，有利于优化军事力量结构、提高综合保障能力。

战略支援部队被称为新型作战力量，表明其是具有全局性、变革性、支撑性的战略力量，是现代军事力量体系中最具有决定性、前瞻性的高端力量。战略支援部队的核心使命是依靠技术创新提高实战能力，强化科技制胜观念，加强原创性、关键性技术攻关，多出一些出奇制胜的原创性成果，少一些亦步亦趋的追随式发展，努力在关键领域实现跨越式发展。

2. 预备役部队

中国人民解放军预备役部队是以现役军人为骨干、预备役官兵为基础，按照军队统一的体制编制组成的武装力量，是中国人民解放军的组成部分，是国防后备力量建设的重点，实行军队与地方党委、政府双重领导制度。预备役部队平时按照规定进行训练，必要时可以依照法律规定协助维护社会秩序，战时根据国家发布的动员令转为现役部队。

（二）中国人民武装警察部队

中国人民武装警察部队是党领导的人民武装力量的重要组成部分，主要承担执勤、处突、反恐怖、抢险救援、防卫作战等任务，在维护国家安全和社会稳定、保卫人民美好生活中肩负着重大职责，在维护政治安全特别是政权安全、制度安全中具有重要作用。尤其是党的十八大以来，武警部队始终牢记习近平主席建设一支听党指挥、能打胜仗、作风优良的现代化武装警察部队的殷切嘱托，坚持以国家安全和社会稳定核心需求为导向，扎实铸牢忠诚、扎实履行使命、扎实推进改革、扎实改进作风，开创了跨越发展新局面，完成了各项重要任务，向党和人民交出了合格答卷。

2018 年 1 月 1 日，党中央决定，调整武警部队领导指挥体制，党中央和中央军委对武警部队实行集中统一领导，实行中央军委—武警部队—部队领导指挥体制。这是党中央从全面落实党对全国武装力量的绝对领导、坚持和发展中国特色社会主义军事制度出发做出的重大政治决定，对实现党在新时代的强军目标、推进国家治理体系和治理能力现代化、实现党和国家长治久安具有重大而深远的意义。

（三）中国民兵

中国民兵是不脱产的群众武装组织，是人民解放军的助手和后备力量。民兵担负参加社会主义现代化建设、执行战备勤务、参加防卫作战、协助维护社会秩序和参加抢险救灾等任务。民兵建设注重调整规模结构，改善武器装备，推进训练改革，提高以支援保障打赢信息化条件下局部战争能力为核心的完成多样化军事任务能力。民兵组织分为基干民兵组织和普通民兵组织。基干民兵组织编有应急队伍，联合防空、情报侦察、通信保障、工程抢修、交通运输、装备维修等支援队伍，以及作战保障、后勤保障、装备保障等储备队伍。

三、国防现代化建设的成就

新中国成立以来，在党中央、中央军委领导下，国防建设取得了巨大成就，逐步建立起了中国特色的现代化国防体系。

（一）铸造了一支现代化人民军队

习近平总书记在党的十九大报告中强调，实现党在新时代的强军目标，把人民军队全面建成世界一流军队。这一强军目标，是新时代我们党建军治军的总方略，是加强军队建设、改革和军事斗争准备的根本遵循和方向引领。建设强大的人民军队是我们党的不懈追求。"没有一个人民的军队，便没有人民的一切。"为建设强大的人民军队，我们党在各个历史时期，都根据形势任务的变化提出明确的目标要求，引领我军建设不断向前发展。毛泽东在新中国成立后领导制定了"建设优良的现代化革命军队"的总方针，改革开放之后邓小平提出"建设强大的现代化、正规化的革命军队"的总目标，在新的历史时期江泽民提出"政治合格、军事过硬、作风优良、纪律严明、保障有力"的总要求，胡锦涛提出按照革命化、现代化、正规化相统一的原则加强军队建设的重要思想，这些重要理论引领着我军革命化、现代化、正规化建设不断取得重大成就。习近平总书记提出党在新时代的强军目标，是对我国由大向强发展阶段军队建设目标任务的新概括新定位，明确了我军发展的战略指导，开启了新时代强军事业的新征程。

（二）建立了完善的国防动员体制

新中国成立后，经过几十年的建设，国防动员体制得到进一步发展和完善。1994 年 11 月 29 日成立国家国防动员委员会，2010 年 2 月 26 日颁布《中华人民共和国国防动员法》，该法的颁布施行，对健全适应经济社会发展的国防动员体制机制，科学规范各级政府、军事机关、公民和组织在国防动员活动中的责任、权利和义务，依法加强和保障国防动员建设，都起到了积极的推动作用。2016 年 1 月 11 日，作为军委主管国防动员和后备力量建设的职能部门——军委国防动员部成立，在人民军队历史上写下了新的一页。

建设世界一流军队，需要世界一流的国防动员做支撑、做保障。2017 年 10 月 18 日，习近平总书记在党的十九大报告中作出"完善国防动员体系"战略部署。这既是强国强军的重大举措，也是全党全军的政治责任，更是国防动员系统面临的现实而紧迫的使命课题。完善国防动员体系是一项系统工程，必须在继承中发展，在发展中创新。

（三）创建了国防科技工业体系

国防科技是衡量一个国家综合国力的重要标志之一，也是国防现代化建设的一个重要方面。经过几十年的建设和发展，我国的国防科技工业经历了从无到有、从小到大、从落后到先进的过程，建立起电子、船舶、兵器、航空、航天和核能等门类齐全、综合配套的科研实验生产体系，取得了巨大成就。

军事电子科技已成为具有相当规模、门类齐全的新兴工业部门，特别是在指挥自动化、情报侦察、预警探测、电子对抗和通信等方面，为我军提供了各种新式装备和产品，进一步增强了部队侦察、通信、指挥和作战能力；在船舶工业方面，先后自行研制建造了核动力潜艇、常规潜艇、导弹驱逐舰、导弹护卫舰、导弹快艇等作战舰艇，以及各种辅助船舶和新型鱼雷、水雷、反水雷等新装备；在兵器工业方面，研制生产了一大批具有先进性能的坦克、装甲车辆、火炮、弹药、轻武器、军用光电器材和综合火控、指挥系统等新型武器装备；在航空工业方面，已能够生产歼击机、轰炸机、直升机、运输机、教练机等，基本满足了海空军作战和飞机训练的需要；在航天科技工业方面，已拥有地地、地空、海空和空空导弹武器系统，运载火箭、各种应用卫星的研制和实验能力以及各种应用卫星的发射能力，在世界高技术领域占有自己的一席之地。2015 年 3 月 30 日，首颗新一代北斗导航卫星成功发射，标志着我国北斗卫星导航系统由区域运行向全球拓展的启动实施；在核工业方面，我国不仅可以生产制造原子弹、氢弹，还掌握了核潜艇技术，形成了我国的核威慑力量；在和平利用核能方面，我国也取得了突破性进展，已先后与巴西、阿根廷、英国、美国、韩国、俄罗斯、法国等 30 个国家签订双边核能合作协定，开展各项合作与交流，并为发展中国家提供力所能及的帮助。

（四）走出了一条军民融合式发展路子

军民融合就是把国防和军队现代化建设深深融入经济社会发展体系之中，全面推进经济、科技、教育、人才等各个领域的军民融合，在更广范围、更高层次、更深程度上把国防和军队现代化建设与经济社会发展结合起来，为实现国防和军队现代化提供丰厚的资源和可持续发展的后劲。2015 年，习近平首次提出把军民融合发展上升为中国国家战略。当前，坚定实施军民融合发展战略，要立足中国特色社会主义进人新时代这一新的历史方位，拓宽战略视野，创新战略指导，创新制度设计，把军民融合打造为国家由富向强的“加速器”，塑造成为强国的基础性机制和制度安排。

回顾我们党 90 多年的奋斗历程，我们历来重视在不同历史时期适应不同时代内涵，有效处理“军”与“民”的关系，凝聚起“军”与“民”的强大合力，推动中国革命和建设事业的顺利发展。在中国特色社会主义新时代，军民融合重在实现“一体化”，承载起支撑强国、促进强军、提升国际竞争力的三重历史使命。

党的十八大以来，以习近平同志为核心的党中央高度重视军民融合发展，把军民融合发展上升为国家战略，决定成立中央军民融合发展委员会，加强战略指导和规划统筹，我国军民融合发展进入提速增效的快车道。在领导我国军民融合发展的伟大实践中，习近平就新时代军民融合发展作出一系列重要论述，明确了军民融合在党的指导思想中的重要地位，构成习近平新时代中国特色社会主义思想特别是习近平强军思想的重要内容。

第三节　国防动员

国防动员，简称动员，是国家或政治集团为应对战争或其他军事威胁，采取非常措施将社会诸领域全部或部分由平时状态转人战时状态，使国防潜力转化为国防实力而进行的准备、实施及其他相关活动。国防动员是国防活动的重要组成部分，是国家实现寓军于民、军民融合的国防发展战略，保持国防与经济社会协调发展，有效增强国防能力，维护国家主权、统一、领土完整和安全的重大举措，在国家安全与发展中具有重要地位。

一、国防动员概述

（一）国防动员的产生与发展

国防动员与战争紧密相连，是战争活动的重要组成部分和前提条件，因此最早被称作战争动员。

战争动员产生于奴隶制社会时期，发展于封建社会和资本主义社会时期。工业革命后，战争动员进入全面发展时期。尤其是20世纪规模空前的两次世界大战的发生，为战争动员的进一步发展提供了客观条件。该时期战争动员的特点：一是动员的规模空前；二是动员的范围进一步扩展；三是动员呈现出持续性的特征；四是动员体制和制度不断完善。到第二次世界大战前夕，各参战国纷纷建立或改组了战争动员领导机构，对战争动员实施统一的领导，如美国设立了战时资源委员会，法、德等国也分别设立了类似的专门机构。与此同时，战争动员法规日臻完善。如德国的《战时授权法案》、日本的《国家总动员法》、英国的《紧急全权国防法案》、法国《总动员法》和苏联的《关于战时状态法令》等，对动员的基本和重大事项都做出了规定。

（二）国防动员的地位与作用

国防动员是国防活动的重要内容之一，是准备和实施战争的重要措施。无论是古代战争还是现代战争，无论全面战争还是局部战争，无论常规战争还是非常规战争，都离不开动员。因此，国防动员在保障赢得战争胜利等诸多方面，都具有十分重要的地位与作用。

1. 国防动员是打赢战争的基础环节

为遏制战争爆发并夺取战争的胜利积聚强大的战争力量，是国防动员的基本功能与任务。战争是实力的较量，任何不具备强大实力的国家，要赢得战争的胜利是不可想象的。战争动员不仅能够通过平时的准备，为战争实施积聚强大的战争潜力，而且可以通过建立一套平战转换机制，使这种潜力在战争爆发后迅速转化为实力，从而为保障战争的胜利奠定必要而坚实的物质基础。

2. 国防动员是应对紧急突发事件的有效措施

国防动员的最初功能是应对战争的需要，但在现代条件下，随着各种灾难事故和突发事件的频繁发生，人们已把国防动员的功能予以拓展，让它同样可以在应对和处置各类突发事件中发挥应有作用。因此，当国家遇到此类突发事件时，国防动员活动可以凭借自身的准备和特有的机制，使国家或地区在需要时进人一定的应急状态，动员国家、军队和社会的一定力量，抗御自然灾害、处置各种自然和人为的事故与灾难，使国家和社会处于正常运转状态，维护人民群众的生命财产安全。

3. 国防动员是支援经济和社会发展的重要力量

国防动员实行“平战结合、军民结合、寓军于民”的原则，在和平时期国防动员建设的成果可以直接为经济建设服务。于军于民均可节约国防开支，有利于国家集中力量发展经济。

二、国防动员的内容

国防动员的主要内容通常包括：政治动员、武装力量动员、国民经济动员、科学技术动员、人民防空动员、国防交通动员和信息资源动员等。

（一）政治动员

政治动员，是国家为进行战争而开展的宣传、教育、组织工作和外交活动。政治动员是国防动员的一项重要内容，并为其他领域的动员活动提供思想和组织保证。政治动员对于充分调动和发挥本国军民的精神力量，尽可能地争取国际社会的同情和支持，瓦解敌方的战斗意志，具有重要作用。

平时政治动员主要表现为国防教育。其内容主要包括国防观念、国防知识、军事技能和国防法规等方面的教育，目的是增强国防观念和维护国家安全意识，提高履行国防义务的自觉性。国防教育以全民为对象，重点是国家机关工作人员、武装力量编成人员和青年学生。我国《兵役法》《国防教育法》和国家国防动员委员会2006年颁发的《全民国防教育大纲》，以及教育部和总参、总政联合颁发的《普通高等学校军事课教学大纲》等法规性文件，是进行国防教育活动的法律依据。

战时政治动员主要包括国内政治动员和国际政治动员。国内政治动员，是政府、军队和社会团体等，运用各种宣传舆论工具，对全国军民进行以爱国主义和革命英雄主义为核心的国防教育，使之增强国防观念，坚定打败敌人、夺取胜利的信心。在国内政治动员中，对军人及其家属实行优待和抚恤政策是十分重要的，可以起到激励将士奋勇杀敌、勇立战功，引导全社会拥军优属、为争取战争胜利作贡献的作用。国际政治动员，是国家通过各种外交活动和对外宣传，揭露敌人的战争阴谋，控诉敌人的战争暴行，瓦解敌方的战斗意志，争取各国的声援和支持，建立国际统一战线，或者结成国际联盟。

（二）武装力量动员

武装力量动员，即国家将军队及其他武装组织由平时体制转为战时体制的措施和活动。武装力量动员是夺取战略主动权、赢得战争胜利的重要手段，也是遏制战争爆发、维护和平与国家安全的重要因素，在国防动员中居于核心地位。武装力量动员，通常包括兵员动员、武器装备动员和后勤物资动员。

兵员动员在战时主要工作是：根据国家动员命令，在停止现役军人退役、休假的同时，征召后备兵员，以数量充足、素质优良的兵员将平时编制的现役部队补充满员和组建新部队，并随着战争的发展和形势的需要，进行持续动员，保障战争的最后胜利。

武器装备动员在战时主要工作是：根据国家动员命令，在军事系统的统一布置下，本着就近的原则，分别进行现役部队、预备役部队、民兵以及战略、战役仓库储备装备的紧急启用，把完好的装备迅速、准确地配发给作战部队和其他武装组织，保证战争需要。

后勤物资动员在战时主要工作是：根据部队扩编和作战需要，开设物资供应站、物资储备基地，对军队实施各种物资保障。

（三）国民经济动员

国民经济动员，指国家将经济部门、经济活动及其相应的机构有组织、有计划地从平时状态转入战时状态所进行的活动。其目的是充分调动国家的经济能力，提高生产水平，扩大军品生产，保障战争和其他国防斗争的需要。在现代条件下，搞好经济动员，不仅是保障战争物资需求的基本手段，也是战争时稳定社会经济秩序的必要措施，更是解决国防经济与国民经济、战时经济与平时经济矛盾的重要途径。国民经济动员通常包括工业、农业、物资、商业贸易、邮电通信、财政金融等方面的动员。

（四）科学技术动员

科学技术动员，就是调动一切科学技术力量，加速研制新式武器装备和军需用品，增强武装力量的战斗力。现代条件下，战时军队对科学技术的依赖性越来越大，充分动员和发挥科学技术力量支援战争日趋重要。

科学技术动员的成果是：研制先进的武器装备，为国防斗争培养、输送专业技术人才，使军队保持科学技术和武器装备方面的优势。在现代条件下，科学技术动员的地位和作用越来越突出。

科学技术动员通常包括：科技研究机构的动员，科技人员的动员，科技经费、设备和物资动员，科技成果和科技情报的动员。

科学技术动员准备的主要措施有：制定符合国情的科技发展和动员政策、计划，造就现代科技人才，加强科研基地建设，不断研制先进的武器装备，加强科学技术储备等。

（五）人民防空动员

人民防空动员是国家发动和组织人民群众防备敌人空袭、消除空袭后果所进行的活动。在现代战争中，远距离精确打击成为重要的作战样式，大、中城市和经济基础设施面临的空袭威胁日益严重。人民防空动员对于减轻空袭危害，减少人民群众生命财产损失，保持后方稳定，保存战争潜力，具有重要作用。

人民防空动员的主要任务是：依据国家有关法律、法令，动员社会力量，进行防空设施建设，组织防空专业队伍，普及防空知识教育，组织隐蔽疏散，配合防空作战，消除空袭后果等。目的是保护居民、经济设施及其他重要目标的安全，减少国家及人民群众生命财产的损失，保存战争潜力。人民防空动员不仅是抗敌空袭、保护战争潜力的重要手段和战时稳定社会的重要保证，也是进行人民战争的一种有效的形式。人民防空动员的内容，一般包括群众防护动员、人防专业队伍动员、人防工程技术保障动员和人防预警保障动员。

（六）国防交通动员

国防交通动员是指在全国或部分地区调集交通力量，全力保障战争需要的紧急行动。通常在国家动员领导机构的统一领导下，由国防交通主管机构组织，协同政府、军队有关部门共同实施。

国防交通动员的主要任务包括：根据战争规模和作战需要，有计划地将平时国防交通领导机构迅速按方案转入战时体制；根据作战保障需要，动员、征用社会运输力量，必要时对交通运输系统实行不同范围不同形式的军事化管理；动员、组织各交通保障队伍和交通保障器材迅速到位，实行运输、抢修、防护任务；根据统帅部的规定，做好对弃守地区的交通遮断准备，保障及时遮断。

（七）信息资源动员

所谓信息资源动员，是指为满足夺取和保持战争制信息权的需要，国家重新配置信息资源和统一组织信息力量，进行信息技术开发、研制信息化武器装备、提供可靠信息服务、开展全民信息战所采取的措施和行动。目的是开发、研究信息含量高的武器装备，培养储备高技术信息人才，构建安全快捷的军地互为支撑的信息网络，为武装力量及其他部门提供信息资源保障，利用信息资源争取战争的优势。信息资源动员内容相当广泛，大致可分为 4 个方面：①信息研究机构的动员；②信息技术人才动员；③信息网络资源动员；④信息科研经费、设备和物资的动员。

三、国防教育

国防教育是指国家为增强公民的国防观念和提高公民的国家安全意识，在全体公民中进行的以爱国主义为核心的与国防和军队有关的思想、知识、技能的普及性教育。国防教育是政治动员在平时的主要表现形式，是国之大事，旨在强化全民的国家意识、国防意识和国土意识。我们的国防是全民的国防，建设巩固国防是每个公民义不容辞的责任和义务。

（一）国防教育的地位与作用

国防教育是国家必不可少的基础教育，在国家生存和发展中具有极其重要的战略地位和作用。

1. 国防教育是增强民族凝聚力和向心力的重要途径

国防教育是以爱国主义为核心的国防思想、国防知识等方面的教育。经常性的灌输，可以有效地唤起国民的爱国感情，使国民树立强烈的国防观念。而这种爱国感情和国防观念，在民族生存和发展中，能激发出巨大的凝聚力和向心力。在中华民族发展的历史长河中，这种由爱国主义所形成的凝聚力和向心力是无时不在的。特别是当国家和民族面临危亡、社会发展处于转折的关键时刻，它可以把不同民族、不同阶级、不同信仰的人们最广泛地动员和团结起来，同仇敌忾，共赴国难，为保卫祖国而奋斗。

当前，随着我国对外开放不断扩大，意识形态领域的斗争更加复杂，特别是西方敌对势力打着自由、民主、人权的旗号干涉我国内政，极力怂恿支持“藏独”“东突”等分裂势力进行分裂破坏活动，给我国的民族团结和民族凝聚力造成了很大的危害。我们必须通过深入持久的全民国防教育，进一步凝聚全民族力量，激发广大人民群众的爱国之心、强国之志，筑牢中华民族的精神长城。

2. 国防教育是提升国民素质和国家竞争力的重要手段

当今世界综合国力的竞争，不仅包括政治、经济、文化、科技、军事等方面的竞争，还包括国民素质的竞争。国民素质的高低、国防意识的强弱，直接关系到国家的兴衰和安危。如果一个国家的国民都有着很高的素质，都有着强烈的国防意识，都把国家利益看得至高无上，都能自觉地支持和参加国防建设，都能誓死保卫自己的祖国，那么，这个国家就将是不可战胜的。

国防教育能够使广大国民具有强烈的爱国精神和忧患意识，从而时刻将国家安危、民族兴亡记在心上。在抗日战争中，武器装备落后的中国人民，能够战胜武装装备精良的日本侵略者；在抗美援朝战争中，装备处于劣势的中国人民志愿军，能够打败世界头号强国美国，这些都充分证明，精神因素和主观能动性对提高战斗力能够起巨大的作用，也能够提高整个国家的竞争能力。

3. 国防教育是关系国家生死存亡的基础工程

中外历史发展的经验一再证明，国防教育对国家的兴衰存亡，具有十分重要的作用：凡是注重国防教育和国防建设的朝代，国家就强盛，外敌不侵、边患不起，人民就安居乐业，凡是轻视武备、放松国防教育的时期，国家就积贫积弱，人民就饱受战乱和颠沛流离之苦。当今的相对和平时期，给我国的发展和国防现代化建设带来了难得的机遇，但长期的和平环境又容易使人们产生苟安心理，淡化国防观念。并且西方反动势力针对中国搞和平演变和颠覆的图谋从来没有，也永远不会停止。因此，面对当前的国际形势，必须加强和完善国防法制建设，实行全民国防教育，不断提高全民的国防观念和国防素质，牢记史训，不忘备战，警惕战争亡国的危险。

军海泛舟

两次世界大战中的法国

法国在第一次世界大战中，由于举国上下有着强烈的国防意识，军队士气高昂。在著名的凡尔登战役中，法军英勇奋战，即使面对三倍于己的德军，仍然高呼“他们不得通过”的口号，使得德军寸步难行，直接导致德军统帅部的战略计划破产，德军人员损失达60万人，最终也没能打开凡尔登的大门。但是在第一次世界大战以后，法国政府放松了国防教育，和平主义、绥靖主义充斥了整个法国，公民普遍产生厌战情绪，醉心于安乐，甚至谈战色变，许多公民逃避兵役。第二次世界大战中德军发动进攻时，尽管法国修筑了总长400千米、纵深6～8千米的坚固的马奇诺防线，但由于国民心理防线早已崩溃，没有“为国而战”“为民族生存而战”的思想基础和准备，马奇诺防线很快被德军突破，法国不到一个月就全部沦陷了。正如当时法国陆军总司令甘末林所说：“今天所动员的人员在两次战争之间的阶段中，并不曾受到爱国的精神教育，所以他们对于决定国家命运的战斗，在精神上是毫无准备的。”

（二）国防教育组织与实施的方法

方法是达成目的的桥梁。国防教育要提高教育质量和取得最优教育成果，必须有一套最优的教育方法。目前我国的国防教育对象，涵盖了全国党、政、军、民、学各个领域的人员。其中，武装力量是国防教育的主体对象，各级干部是国防教育的关键对象，学生是国防教育的基础对象。由于国防教育对象的广泛性和内容的丰富性，要求国防教育的组织与实施方法必须灵活多样。目前我国各级各类学校按照《中华人民共和国国防教育法》的要求，主要以组织学生军训和进行军事理论课程教育的方式进行国防教育，而社会国防教育主要采取以下方法实施：

1. 利用大众媒体开展教育

利用大众媒体开展教育，包括利用报纸、杂志、广播、电视、网络等开展教育。目前，全国许多报刊、电视台、广播电台开办了国防教育专栏或专题节目，有些地区还开办了国防教育网站，建起了集报纸、刊物、广播、电视、网站“五体一位”的宣传网络，扩大了国防教育的覆盖面。

2. 利用国防教育场所开展教育

利用国防教育场所开展教育主要是运用纪念馆、纪念地、领袖故居、烈士陵园、革命和历史遗址等缅怀纪念场所，博物馆、科技馆、文化馆、青少年宫、国防园、兵器馆以及军队的军史馆、荣誉室等观摩学习场所，民兵训练基地、学生训练基地、少年军校等军事训练场所，形象直观地开展国防教育。

3. 利用节日和纪念日开展教育

开展国防教育可以利用重大的节日和传统节日，如国庆节、建军节、春节等；重大历史事件纪念日，如九一八事变纪念日、抗日战争胜利纪念日、南京大屠杀死难者国家公祭日等。每年 9 月第三个星期六为法定的全民国防教育日，各地通常都会开展声势浩大的国防教育活动。这些活动的开展，对提高全民国防意识，增强全民国防观念，形成全民关心国防、支持国防建设的浓厚氛围都起到了积极的作用。

第三节 国 防 法 规

国防法规是调整国防和武装力量建设领域各种社会关系法律规范的总和，是国家法律体系的重要组成部分，是加强国防和武装力量建设的基本依据。在国家强化依法治国和社会主义市场经济体制不断完善的新形势下，国防法规对于保障国防和军队建设的顺利进行、做好军事斗争准备具有十分重要的意义。

一、国防法规的特性

国防法规是国家法律的组成部分，是由国家制定或认可的，并由国家强制力保证其实施的行为规范，具有法律的一般特性，即鲜明的阶级性、高度的权威性、严格的强制性、普遍的适用性和相对的稳定性。同时，国防法规还具有区别于其他法规的特殊性，主要表现在以下三个方面。

（一）调整对象的军事性

法律是调整社会关系的行为规范，不同的法律规范用来调整不同领域的社会关系，国防法规所调整的是国防和武装力量建设领域的各种社会关系，包括军队内部的社会关系、武装力量内部的社会关系、武装力量与外部的社会关系。这些带有军事性的社会关系是国防法规特有的调整对象，是其他任何法律规范所不能代替的，这是国防法规特性的一个基本表现。

（二）司法适用的优先性

国防法规优先适用，是指在解决与国防利益、军事利益有关的法律问题时，如果国防法规和普通法都有相关的规定，要以国防法规的规定作为评判是非的标准和采取行动的准则。优先适用不是指先后顺序，而是一种排他性的单项选择。在涉及国防利益、军事利益的案件中，只适用国防法规，不适用普通法。国防法规属于特别法。“特别法优先于普通法”是国际公认的法律适用原则。

（三）处罚措施的严厉性前

国防法规所保护的国防利益，是关系国家兴衰存亡的最根本的国家利益，因而对危害国防利益的犯罪实行比较严厉的处罚。

同一类型的犯罪，危害国防利益的从重处罚。如《刑法》规定，抢劫罪通常处三年以上十年以下有期徒刑；而冒充军警人员抢劫的，抢劫军用物资的，处十年以上有期徒刑、无期徒刑或者死刑。

战时从重处罚。所谓战时，是指国家宣布进人战争状态、部队受领作战任务或者遭敌袭击时；部队执行戒严任务或者处置突发性暴力事件也以战时论。《兵役法》《刑法》的许多条款都申明战时从重处罚。如《兵役法》规定，平时应征公民拒绝、逃避征集拒不改正的，在两年内不得被录取为国家公务员、国有企业职工，不得出国或者升学，还可同时处以罚款；而战时要依法追究刑事责任。

对军人违反职责的犯罪从重处罚。《刑法》规定的军人违反职责罪有 30 项罪名，其中 12 项罪名最高刑罚为死刑。对军人犯罪给予较重的处罚，是由军事斗争的特殊性决定的，是保障完成军事任务的需要。

二、国防法规体系

我国的国防法规，按立法权限区分为四个层次。第一个层次是法律，是由全国人民代表大会及其常务委员会制定的。第二个层次是法规，是由国务院和中央军委制定的。由中央军委制定的为军事法规，由国务院制定或国务院与中央军委联合制定的为军事行政法规。第三个层次是规章，由军委各总部、各军兵种、各军区制定的为军事规章；由国务院有关部委与军委有关总部联合制定的为军事行政规章。第四个层次是地方性法规，是由省、自治区、直辖市人民代表大会及其常务委员会制定的贯彻执行国家国防法规的实施办法、实施细则和补充规定等。

我国的国防法规按调整领域可以划分为 16 个门类：国防基本法类，国防组织法类，兵役法类，军事管理法类，军事刑法类，军事诉讼法类，国防经济法类，国防科技工业法类，国防动员法类，国防教育法类，军人权益保护法类，军事设施保护法类，特区驻军法类，紧急状态法类，战争法类，对外军事关系法类。不同门类的国防法规调整和规范国防和军事活动的领域不同。

三、公民的国防权力和义务

公民的国防权利是指宪法和法律赋予公民在国防活动中享有的权利或利益。国家从法律和物质上保障公民和组织享有这种权利的可能性。公民的国防义务是指由宪法和法律规定的公民在国防方面应当履行的责任。国防义务是法定义务和法律义务。每一个公民都享有相应的国防权利，也必须履行相应的国防义务。

（一）公民的国防权力

根据《国防法》的规定，公民享有以下三个方面的国防权利：

1. 国防建设建议权

《国防法》第五十四条规定，公民和组织有对国防建设提出建议的权利。所谓建议权，就是公民有权对国防建设的指导思想、方针原则、规章制度、措施方法等提出改进意见。此项权利是公民依宪法相应的对国家事务的建议权在国防建设方面的体现。

2. 制止、检举危害国防行为权

《国防法》第五十四条规定，公民和组织“有对危害国防的行为进行制止或者检举的权利”。所谓制止权，就是公民有权采取一定的方式方法使危害国防的行为停止下来，从而维护国防利益。所谓检举权，就是在危害国防的行为发生以后，公民有权进行揭发。对违法犯罪行为进行制止、检举是公民享有的一项普遍性权利，在国防领域也不例外。国家和社会保护行使此项权利的公民，使之免于因行使此项权利而受到打击报复或其他损害。

3. 损失补偿权

《国防法》第五十五条规定，公民和组织因国防建设和军事活动在经济上受到直接损失的，可以依照国家有关规定取得补偿。但必须明确的是，有些补偿措施是在战后落实的，不能把预先得到补偿作为接受动员和接受征用的条件。战时，国家可能一时拿不出钱来，那就先征用，战后再补偿。

（二）公民的国防义务

我国的国防法规赋予公民的国防义务主要有以下六项：

1. 维护国家统一和安全的义务

宪法第五十二条规定，中华人民共和国公民有维护国家统一和全国各民族团结的义务。维护国家统一主要是指维护国家领土的完整，任何公民都不得破坏、变更和以其他各种形式分裂肢解国家领土；维护国家政权的统一，不允许任何公民以各种方式分裂国家政权，破坏国家的统一，不允许任何人以任何方式把国家主权割让给外国。宪法第五十四条规定，中华人民共和国公民有维护祖国的安全、荣誉和利益的义务，不得有危害祖国的安全、荣誉和利益的行为。维护国家的安全主要是指维护国家的领土、主权不受侵犯，国家各项机密得以保守，社会秩序不被破坏。履行维护国家统一和安全这项义务，就是要求每一个公民都有高度的爱国主义精神和积极的爱国主义行动，以国家利益为最高利益，自觉维护祖国统一、安全、荣誉和利益，绝不做危害国家安全、民族荣誉和祖国利益的事。

2. 履行兵役的义务

《国防法》第五十条规定，依照法律服兵役和参加民兵组织是中华人民共和国公民的光荣义务。《兵役法》第三条规定，中华人民共和国公民，不分民族、种族、职业、家庭出身、宗教信仰和受教育程度，都有义务依照本法的规定服兵役。按照《兵役法》的规定，公民履行兵役义务有服现役、服预备役和参加民兵组织三种形式。参加民兵组织，服预备役，以及高等院校和高级中学学生参加军事训练，是我国应征公民在军队之外履行兵役义务的普遍形式。所有预备役人员必须依法参加军事训练，执行其他军事任务，并随时准备应征入伍服现役。

3. 接受受国防教育的义务

《国防法》第五十二条规定，公民应当接受国防教育。《国防教育法》第五条进一步强调，中华人民共和国公民都有接受国防教育的权利和义务。国防教育是建设和巩固国防的基础，是增强民族凝聚力和提高全民族素质的重要途径，普及和加强国防教育是全社会的共同责任，自觉接受国防教育是公民应尽的义务。

4. 支前参战的义务

根据宪法和《兵役法》的规定，在战争发生时，为了对付敌人突然袭击，抵抗侵略，适龄公民应当积极响应祖国的战时征召。部分服现役人员参加战斗，其余的人员除了随时准备应召服现役外，还要在政府的领导下，由当地军事指挥机关组织，积极担负战备勤务，支援前线作战。

5. 保护军事设施的义务

《军事设施保护法》第四条明确规定，中华人民共和国的所有组织和公民都有保护军事设施的义务。禁止任何组织或者个人破坏、危害军事设施。任何组织或者个人对破坏、危害军事设施的行为，都有权检举、控告。根据《军事设施保护法》和国家其他有关保护军事设施规定的要求，公民应当自觉遵守各类军事设施的保护规定。

6. 保守国防秘密的义务

宪法第五十三条规定，中华人民共和国公民必须遵守宪法和法律，保守国家秘密。《保守国家秘密法》规定，国家秘密关系国家的安全和利益，一切国家机关、武装力量、政党、社会团体、企事业单位和公民都有保守国家秘密的义务。

思考题

1. 国防的基本含义是什么？它有哪些要素？
2. 现代国防的基本特征有哪些？
3. 从我国的国防历史中可以得到哪些启迪？
4. 什么是国防建设？其主要内容是什么？
5. 现阶段，我国的国防目标和任务是什么？
6. 什么是国防动员？国防动员的内容有哪些？
7. 什么是国防法规？国防法规的主要任务是什么？
8. 简述公民的国防权利与国防义务。
9. 简述习近平强军思想在新时代的伟大意义。

第二章 军事思想

教学目标

了解军事思想的基本概念；熟悉军事思想的基本特征、分类、产生与发展；正确认识军事思想的重要地位；学习毛泽东军事思想的科学含义和主要内容，以及新时期党的军事指导理论，重点学习习近平关于国防和军队建设的重要论述。

军事讲坛

兵无常势，水无常形，能因敌变化而取胜者，谓之神。——孙子

【译文】用兵作战没有固定的模式，就像水没有固定不变的形态一样，能根据敌情的变化调整用兵的策略从而取得胜利，就叫做用兵如神。

第一节　军事思想概述

军事思想是军事科学的重要组成部分，在军事科学体系中占指导地位。它是研究军事科学体系中其他各门具体军事学科的理论基础和根本方法。

一、军事思想的基本概念

（一）军事思想的定义

军事思想是关于战争、军队和国防等基本问题的理性认识，是人们长期从事军事实践的经验总结和理论概括。不同阶级、国家或政治集团的军事思想，在不同历史时期或发展阶段也有区别。

（二）军事思想的基本特征

军事思想具有阶级性、时代性、实践性、继承性的特点。

1. 军事思想具有阶级性

军事思想来源于战争等军事实践，战争是人类社会的一种特殊现象，是人们为达到一定的政治、经济目的，通过暴力手段来“解决阶级和阶级、民族和民族、国家和国家、政治集团和政治集团之间在一定发展阶段上的矛盾的一种最高的斗争形式”。其主要特征就

是暴力。为了实现不同阶级的利益，军事家和军事理论家站在不同的阶级立场上，反映不同阶级对战争和军队建设的不同看法和认识。因此，军事思想具有鲜明的阶级性。

2. 军事思想具有时代性

军事思想是一定时代发展阶段的产物。时代是根据一定的政治、经济、文化、科技等划分的历史时期，不同历史时期的战争有着不同的形态和战略战术，有着不同的军队组织原则和编制。军事思想都有它产生和发展的时代背景，也必然受到所处时代的影响和制约。正如马克思所指出：“理论在一个国家的实现程度，决定于理论满足这个国家的需要的程度。”人们对战争、军队和国防等基本问题的理性认识必然受到当时生产力水平、政治、经济、文化、战争形式、作战方式、军队建设、武器装备等因素的影响和制约。

3. 军事思想具有实践性

军事思想来源于战争等军事实践，战争等军事实践的不断发展推动着军事思想的不断发展。军事思想在指导战争等军事实践的过程中，正确的得到肯定和发展，错误的被否定、淘汰或修正，过时的遭到摒弃。“马克思、恩格斯、列宁、斯大林之所以能够作出他们的理论，主要是他们亲自参加了当时的阶级斗争和科学实验的实践。”可以说，军事思想来源于战争等军事实践，对军事实践具有巨大的指导作用，并在军事实践中接受检验，得到发展和丰富。

4. 军事思想具有继承性

战争的特征之一，就是强制人们的主观认识与客观实际相一致。因此，在战争中，人们必须按照事物的客观规律办事。历史上伟大的军事家和军事理论家，之所以能创造伟大的军事思想和军事理论，不仅由于他们有一定的战争军事实践，善于总结军事实践，而且还在于他们大量地借鉴前人和别人的军事思想，吸取其他军事思想的精华。因此，军事思想的继承性就表现为对传统的军事思想和军事理论遗产中具有普遍意义的原理、原则和宝贵经验的保留、借鉴。

（三）军事思想的分类

从不同的研究角度出发，军事思想可以有不同的分类方法。

按照时代来划分，军事思想可分为古代军事思想、近代军事思想和现当代军事思想。

按照阶级性质来划分，军事思想可分为奴隶主阶级军事思想、封建地主阶级军事思想、资产阶级军事思想和无产阶级军事思想。

按照地域和国家来划分，军事思想可分为中国军事思想和外国军事思想。

按照主导战争不同的兵器划分，军事思想可分为冷兵器时代军事思想、热兵器时代军事思想、热核兵器时代军事思想和高技术兵器时代军事思想。

按照人物来划分，可分为孙子军事思想、拿破仑军事思想、克劳塞维茨军事思想和毛泽东军事思想等。

总的来说，任何军事思想都是对战争和军事问题的理性认知。它以一定的哲学世界观和方法论为指导，反映一定时代、阶级、国家、人物对战争性质、战争准备与实施等所持的基本观点。

二、军事思想的产生和发展

人类对军事问题的认识，随着社会生产力的发展、战争规模的扩大以及人们科学文化水平的不断提高，经历了一个由浅入深的演进过程。军事思想作为一种相对独立的意识形态与其他意识形态一样，经历了由低级到高级，由萌芽、产生到丰富、发展的过程。

(一) 中国古代军事思想

古代军事思想的产生和发展主要集中在两个相对独立的区域，中国和地中海一带的沿海国家，包括奴隶社会和封建社会两个时期的军事思想。

1. 中国古代军事思想

中国古代军事思想是指公元前 21 世纪至 1840 年鸦片战争之前产生和发展的军事理论。

它萌芽于夏朝和商朝，形成于西周，成熟于春秋战国，发展至明清。

公元前 21 世纪，我国就进入奴隶社会，战争成为阶级斗争的最高形式。人们关注战争、认识战争、总结战争、研究战争，从奴隶社会到封建社会前期，我国军事思想水平一直处于世界领先地位。据实物和文献记载，早在原始氏族社会末期，就有兵书出现，如《汉书》就录有《黄帝》十六篇和《神农兵法》一篇。到西周时期，《军志》和《军政》两部军事文献的相继出现标志着中国古代军事思想的形成。

公元前 8 世纪到公元前 3 世纪，随着社会经济的发展，当时的中国社会出现剧烈变革，争霸战争和兼并战争频繁发生，社会思想领域出现“百家争鸣”，在实践中产生了一大批适应时代要求和战争战备要求的军事理论著作，如《孙子兵法》《吴子兵法》《尉缭子》《六韬》等，同时儒家、道家、法家、墨家等诸子百家的理论中也有深邃的军事思想。此时，我国军事思想取得了辉煌的成就。

自秦汉始，经过漫长的封建社会的发展，由于铁兵器的广泛推广，火药的应用，步、骑、车、水等诸兵种的发展，不同性质的战争交织进行，我国古代军事思想得到了较大的充实、丰富和发展，先后有数以千计的兵书问世。20 世纪 30 年代，陆达节编著的《历代兵书目录》，著录有兵书 1 304 部，6 831 卷。总之，中国古代军事思想历史源远流长，内容博大精深，是人类军事思想宝库中一颗璀璨的明珠。

2. 外国古代军事思想

外国古代军事思想指自公元前 8 世纪到公元 17 世纪期间的军事思想，主要产生在古希腊、古罗马等国家。公元前 8 世纪——公元 5 世纪是西方奴隶社会时期，这一时期，战争的规模、样式、性质、作用等发生了根本性变化，战争具有了鲜明的政治目的，成为政治斗争的工具，并有了专门的军队组织和相应的军事制度，战争的规模也越来越大。古希腊、古罗马等奴隶制国家为了扩张领土、建立霸权、掠夺奴隶和财富，频繁发动战争，在战争实践中涌现出一大批著名的将帅，产生了丰富的古希腊、古罗马军事思想。

古希腊军事思想主要散见于希罗多德的《希腊波斯战争史》、修昔底德的《伯罗奔尼撒战争史》、色诺芬的《长征记》等历史著作和军事人物的军事活动史料记载中，代表人物有伯里克利、色诺芬、埃帕米农达斯、亚历山大等。古罗马军事思想主要见于历史学家波里比拔、阿庇安、塔西佗、李维等有关罗马历史著作中，代表人物有汉尼拔、费边、恺撒、屋大维等。

从公元 5 世纪到 1640 年英国资产阶级革命是欧洲的中世纪时期，也就是封建社会时期，主要代表作有毛莱斯著的《战略学》、李欧著的《战术学》、弗里德里希二世著的《战争原理》《军事典范》等。中世纪宗教神学在文化领域占绝对统治地位，军事思想作为文化的一部分一直处于低潮。

（二）近代军事思想

世界近代是资本主义形成与上升、无产阶级作为独立的政治力量开始登上历史舞台的时代。近代军事思想发展的总体特征有两个：一是欧洲一些国家在文艺复兴运动和产业革命的推动下率先实行军事思想的变革，资产阶级军事思想体系得到确立；二是人类军事思想发生革命性变化，以马克思主义军事理论为代表的无产阶级军事思想宣告诞生。

1. 中国近代军事思想

1840 年，鸦片战争之后，中国的传统兵学受到西方军事思想的严重冲击。中国近代军事思想是在中国军事思想新旧变革、中西融合中不断发展的，它主要代表中国近代封建统治阶级、农民阶级、资产阶级的利益，是一种带有过渡性质的军事思想。反映封建地主阶级和洋务派军事思想的代表人物主要有林则徐、魏源、曾国藩等，代表作主要有《海国图志》《曾胡治兵语录》等；反映农民阶级军事思想的代表人物主要有洪秀全、杨秀清等，代表作主要有《太平军目》《兵要四则》《行军总要》等；反映资产阶级军事思想的代表人物主要有孙中山、黄兴、蔡锷、蒋介石、蒋百里、杨杰、白崇禧等，代表作主要有《中国同盟会革命方略》《军国民篇》《国防论》《国防新论》《游击战纲要》等。

2. 外国近代军事思想

外国近代军事思想可分为资产阶级军事思想和无产阶级军事思想。

资产阶级军事思想形成于 17 世纪中叶至 19 世纪中叶，代表人物及其著作众多，主要有

俄国苏沃洛夫的《制胜的科学》，瑞士若米尼的《战争艺术概论》《战略学原理》，普鲁士克劳塞维茨的《战争论》，美国马汉的《海权对历史的影响》《海军战略》等。其中，克劳塞维茨的《战争论》是外国近代军事思想的杰出代表。著名军事家如拿破仑、库图佐夫等虽然没有给后人留下著作，但其丰富的军事实践也蕴藏着军事思想。

无产阶级军事思想作为一种崭新的军事思想体系，也是在近代确立的。代表人物有马克思、恩格斯和列宁。19 世纪中后期，为适应当时工人运动发展的需要和迎接即将到来的无产阶级暴力革命，马克思和恩格斯共同创立了马克思主义军事理论。马克思主义军事理论的诞生是人类军事思想发展史上一次划时代的伟大革命，为人们研究和解决军事领域的问题提供了科学的基本观点和方法，为无产阶级军事思想的发展奠定了坚实的理论基础。

马克思、恩格斯所处的时代是自由资本主义高度发展并开始走向极端的时代，无产阶级登上历史舞台；列宁生活于帝国主义和无产阶级革命的时代。无产阶级军事思想以辩证唯物主义和历史唯物主义为理论基础，吸取了以往军事思想的精华，正确地揭示了战争的本质和客观规律，是科学的理论体系，是马克思列宁主义理论体系和无产阶级军事科学的重要组成部分。

（三）现代军事思想

1917 年，俄国十月社会主义革命的成功，标志着人类文明进入了现代史时期。这个时期，科学技术突飞猛进，武器装备发生了巨大的变化，坦克、飞机、潜艇、航空母舰等机械化兵器大量装备部队，形成了“三维”作战空间。具有代表性的军事思想有意大利杜黑、美国米切尔、英国特伦查德的空军制胜论，英国富勒、法国戴高乐、德国古德里安、英国利德尔哈特的坦克制胜论，德国鲁登道夫“总体战”理论等。

第二次世界大战结束后，世界战略格局发生重大变化，各种势力重新分化组合，形成了美苏两个超级大国主导世界的格局。这一时期，具有代表性的军事思想是“核武器制胜”理论。

1989 年东欧剧变、1991 苏联解体后，世界进入后冷战时期，即多极格局，各种军事理论相继涌现。20 世纪 90 年代，人类迎来一场空前广泛而又深刻的军事变革，机械化战争向信息化战争转化，军事思想也随着战争形态的变化由机械化战争的军事思想向信息化战争的军事思想转化。

中国自俄国十月革命及五四运动后至今，经历了半封建半殖民地、社会主义初级阶段。中国无产阶级在长期的革命战争和国防建设实践中汇总、吸收古今中外军事思想的精华，逐渐形成了中国现代军事思想。

三、军事思想的作用

军事思想在军事科学中居于重要的地位，对军事实践具有宏观的和根本的指导作用。它具体表现在以下三个方面：

（一）军事思想是军事实践的行动指南

人们从事军事实践活动离不开军事思想的指导，军事思想是军事实践的能动反映、理论概括。以科学的军事思想做指导，军事实践就能保持正确的方向，并能达到预期的目的。否则，军事实践的方向就难免发生全局性的偏差，达不到预期的目的。军事思想对军事领域的规律反映越深刻，对军事实践的指导作用也就越强。人们可以依据军事思想在战争中掌握主动，少犯错误，多打胜仗。

（二）军事思想是研究具体军事学科的理论基础

军事思想研究的是战争和军事领域的一般规律，而各门具体的军事学科所研究的是各自领域的特殊规律。如果只研究各自领域的特殊规律，而不懂得战争和军事领域的一般规律，脱离了一般规律的指导，就不能从总体上把握战争，也就不能真正认识和把握各门具体学科所研究的各自领域的特殊规律。军事思想为各门具体军事学科的研究提供方法论。

（三）军事思想为认识军事问题提供基本观点

人们总是基于一定的思想观念去评判军事问题的是非与价值，进而确定对其采取何种态度和行动。军事思想提供的正是这种思想观念。运用马克思列宁主义的理论去看待战争，就能全面认识战争在人类社会生活中的作用，正确判断正义战争与非正义战争，坚持以正义的、进步的、革命的战争去反对非正义的、反动的、反革命的战争。如果用否定一切战争暴力的“和平主义”或“强存弱汰”的社会达尔文主义之类的观点看待战争，就不可能有正确的态度和行动。

军海泛舟

《孙子兵法》是一部怎样的兵书?

《孙子兵法》6 000余字，春秋末期孙武所著，是我国丰富的军事文化遗产中的瑰宝，是我国也是世界现存最早最有影响的军事理论专著，享有“东方兵学鼻祖”“世界第一兵书”“兵学圣典”“兵经”“古代谈兵之祖”的美誉。全书分“计、作战、谋攻、形、势、虚实、军争、九变、行军、地形、九地、火攻、用间”十三篇，包含朴素唯物主义和辩证法思想，被列为我国古代《武经七书》之首。《孙子兵法》在当今世界的研究和应用，已远远超出了军事领域，拓展到政治、经济、商业、外交、教育、体育、医疗等各行各业中。

思考题

1. 如何理解军事思想的基本特征?
2. 军事思想的发展经历了哪些阶段?
3. 军事思想有什么作用?

第二节 毛泽东军事思想

毛泽东是伟大的马克思主义者，是伟大的无产阶级革命家、战略家、军事家。是中国共产党、中国人民解放军和中华人民共和国的主要缔造者和领导者。在领导中国人民反帝反封建的民主革命斗争中，以毛泽东为主要代表的中国共产党人不断探索中国革命战争的规律，全面总结人民革命战争和军队建设的经验，将马克思列宁主义的普遍原理与中国革命战争的具体实践相结合，形成了一个完整的理论体系。毛泽东思想是我军克敌制胜的法宝，在新的历史条件下，学习和研究毛泽东军事思想，完整准确地掌握其科学体系，对继承和发展毛泽东军事思想，用以指导当前和今后的军事斗争，都有极其重要的意义。

一、毛泽东军事思想的科学含义

毛泽东军事思想是以毛泽东为代表的中国共产党人关于中国革命战争、人民军队和国防建设以及军事领域一般规律问题的科学理论体系，是马克思列宁主义的基本原理和中国革命战争的具体实践相结合的产物，是中国革命战争和军队建设实践经验的科学总结，是以毛泽东为代表的中国共产党人集体智慧的结晶，是毛泽东思想的重要组成部分。

(一) 毛泽东军事思想是马克思列宁主义的基本原理和中国革命战争的具体实践相结合的产物

马克思列宁主义是毛泽东军事思想产生和发展的直接理论来源。毛泽东军事思想的根本性质属于马克思列宁主义范畴，其基本立场、观点、方法、内在逻辑、整个体系都体现着马克思主义的内在规律性。一方面，毛泽东军事思想坚持马克思列宁主义的基本原理，用马克思列宁主义的立场与方法观察、分析和指导战争；另一方面，毛泽东军事思想从中国革命战争具体实践出发，运用马克思列宁主义的基本原理实事求是地研究和指导战争实践，坚持从实际出发，坚持理论和实践相统一。毛泽东军事思想正是同教条主义、经验主义等作斗争，并总结这方面经验的基础上逐步形成和发展起来的。

中国长期的革命战争实践是毛泽东军事思想的主要来源。毛泽东深知，马克思列宁主义不是放之四海而皆准的普遍真理，不是生搬硬套就能解决中国革命问题的。中国是一个以农民为主体的半殖民地半封建国家，无产阶级政党怎样组织军队，怎样进行革命，怎样领导人民按照中国的客观规律将革命引向胜利，这一系列特殊而又复杂的问题摆在中国共产党人的面前，在马克思列宁主义的经典著作里找不到现成答案，也不能照搬别国的经验。以毛泽东为代表的中国共产党人，从中国革命的实际出发，创造性地运用马克思列宁主义的基本原理同中国革命战争的具体实践相结合，形成了具有中国特色的、丰富和发展了的马克思主义军事理论——毛泽东军事思想。

（二）毛泽东军事思想是对中国共产党领导中国人民及其军队长期军事实践经验的科学总结

毛泽东军事思想的一个显著特点就是鲜明的实践性。可以说没有中国长期的革命战争实践就没有毛泽东军事思想。以毛泽东为首的中国共产党领导的中国革命武装斗争主要有国共合作的北伐战争，独立领导的土地革命战争、抗日战争、解放战争以及新中国成立后的抗美援朝战争和其他自卫战争。既有同国内反动派作战的经验，又有同国外帝国主义作战的经验；既有小部队分散进行的游击战的经验，又有大兵团进行运动战、阵地战的经验；既有“小米加步枪”战胜敌人的经验，又有“飞机加大炮”战胜敌人的经验；既有战争年代武装斗争的经验，又有和平时期国防建设的经验。毛泽东作为中国革命战争和国家建设的统帅，又是一个理论家，善于把实践经验加以提炼、概括、抽象、上升为理论，又将理论指导实践，在实践中检验理论，不断地完善、丰富理论。所以我们说毛泽东军事思想是中国革命战争、军队建设和国防建设实践经验在理论上的科学概括。

（三）毛泽东军事思想是以毛泽东为代表的中国共产党人集体智慧的结晶

毛泽东军事思想虽然是以毛泽东命名的，但它不是毛泽东一个人智慧的产物，而是中国共产党人集体智慧的结晶。中国共产党领导的中国革命战争，是真正的人民战争，中国共产党相信群众、依靠群众、发动群众、组织广大人民群众来进行解放自己的革命战争，所以毛泽东军事思想在形成的过程中凝聚了广大人民群众的聪明才智。老一辈无产阶级革命家的智慧为毛泽东军事思想的形成和发展提供了充足的“原料”，中国革命是在若干彼此分割、互不相连的地区发起和发展的。毛泽东在指导中国革命战争的过程中不仅能听取各战略区指挥员的意见，而且善于把各战略区作战、建军的经验教训上升到理论高度加以抽象和总结。这样，一方面使各战略区指挥员的聪明才智和创造精神得到充分的发挥；另一方面也使各战略区的经验得到及时的总结和推广。1935 年遵义会议以后，党中央形成了以毛泽东为核心的领导集体，毛泽东提出的许多路线、方针、政策和其他重大决策都是经过集体讨论的，凝聚了党中央的集体智慧。所以，毛泽东在 1942 年延安整风时说，“毛泽东思想不是我一个人的思想，是千万先烈用鲜血写出来的，是党和人民的集体智慧”。

当然，强调毛泽东军事思想是中国共产党人集体智慧的结晶，并不是否认毛泽东个人在毛泽东军事思想形成过程中的突出地位和贡献。毛泽东是我党军事家的杰出代表，他具有惊人的才能、非凡的智慧和坚韧的毅力，具有丰富的经历、渊博的学识、深邃的思维能力和正确的思想方法以及勤奋刻苦的钻研精神。毛泽东同志直接或间接指挥的战役或战斗达 239 次之多，写下的军事著作和作战文电 500 余篇，约 400 万字。毫无疑问，在毛泽东军事思想这个理论大厦中，毛泽东是理论加工者和集大成者。中国共产党的军事理论以毛泽东的名字命名，称毛泽东军事思想，是符合历史事实的。

（四）毛泽东军事思想是一个开放的体系

建立在辩证唯物主义和历史唯物主义基础之上的马克思主义无产阶级军队建设理论，是在实践与认识的交互作用中产生和向前发展的。马克思主义军事理论由马克思、恩格斯建立后，列宁、斯大林为这一理论增添了新内容。毛泽东把马克思列宁主义的普遍原理与中国革命战争的具体实践结合，极大地发展了马克思列宁主义军事理论。这种发展的具有中国特色的马克思列宁主义军事理论，就是毛泽东军事思想。而毛泽东军事思想本身，随着时代的发展，也必然在实践中继续发展。邓小平新时期军队建设思想，江泽民国防和军队建设思想，胡锦涛国防和军队建设思想，习近平关于国防和军队建设的重要论述，都是对这一理论体系的继承和发展。

二、毛泽东军事思想的主要内容

在长期中国革命战争实践过程中形成的毛泽东军事思想，系统地解决了中国革命战争需要解决的指导路线、方针政策、战略战术和建设与保卫国防等一系列问题，形成了认识与指导战争和国防建设的完整的理论体系。

（一）战争观和方法论

1. 无产阶级的战争观

毛泽东运用马克思列宁主义的辩证唯物主义和历史唯物主义，指导中国革命而形成的战争观和方法论，是毛泽东军事思想的理论基础。毛泽东思想对战争起源、战争性质、战争目的、现代战争根源，以及无产阶级对于战争的态度等问题作了精辟的阐释。毛泽东认为：“战争是从有私有财产和有阶级以来就开始了的，用以解决阶级和阶级、民族和民族、国家和国家、政治集团和政治集团之间，在一定发展阶段上的矛盾的一种最高的斗争形式。”这深刻揭示了战争的社会根源和阶级本质。在战争与政治的关系问题上，毛泽东提出：“战争是政治的继续，在这点上说，战争就是政治，战争本身就是政治性质的行动，从古以来没有不带政治性的战争。”在战争与经济的关系问题上，毛泽东指出：“战争不但是军事和政治的竞赛，还是经济的竞赛。”经济力量是战争的物质基础，战争的最终目的也是一定的经济利益。在战争性质的划分问题上，毛泽东说：“历史上的战争分为两类，一类是正义的，一类是非正义的。一切进步的战争都是正义的，一切阻碍进步的战争都是非正义的。”从而奠定了无产阶级对待战争的根本态度，即拥护正义战争，反对非正义战争。在认识战争的制胜因素问题上，既要防止过分夸大精神作用的唯意志论，又要防止过分夸大物质作用的机械论。毛泽东指出，从本质上和从长远上看，一方面，帝国主义和一切反动派都是纸老虎，应从这点上建立无产阶级的战略思想；另一方面，它们又是活老虎、铁老虎、真老虎，应从这点上建立无产阶级的策略思想和战术思想。

2. 研究和指导战争的认识论和方法论

战争是阶级社会的必然现象，它的产生和发展具有自身的规律。毛泽东认为，战争的规律是可知的，战争指导者只要善于调查研究，见微知著，就可以掌握战争的规律，正确地指导战争。战争规律分为一般战争规律和特殊战争规律，一般战争规律和特殊战争规律是辩证统一的关系，在研究一般战争规律时，要注意研究战争的特殊性，避免教条主义；在研究特殊战争规律时，要注意不凭个人臆断任意普遍化，避免经验主义。毛泽东指出研究和指导战争的根本方法，就是从战争的实际出发，实事求是地研究战争规律，使决策者的主观指导与客观实际相符合。

从战争的客观实际出发是主观指导符合客观实际的基石；全面分析敌我双方的矛盾是主观指导符合客观实际的重要途径；主观指导与客观实际的统一是取得胜利的重要保障。毛泽东认为，战争的胜负既取决于作战双方的军事、政治、经济、自然等条件，更决定于作战双方的主观指导的能力。要充分发挥人的主观能动性，在指导战争的过程中，要正确处理局部与全局的关系，既要关照全局，又要重视有决定意义的局部。在战略上藐视敌人，战术上重视敌人，实现作战指导上的主动性、灵活性和计划性。

（二）人民军队建设思想

1. 人民军队的性质

毛泽东关于建设人民军队的理论，亦称建军思想，是毛泽东军事思想科学体系的重要组成部分。毛泽东把创建人民军队作为进行武装斗争的首要问题和实现革命理想的最主要手段。毛泽东提出了“枪杆子里面出政权”的著名论断，认为无产阶级要夺取政权，建立新的国家机器，首先必须建立和掌握军队。毛泽东强调：“没有一个人民的军队，便没有人民的一切。”为了把以农民为主要成分的军队建设成为一支无产阶级的新型军队，毛泽东在领导中国革命战争实践中，运用马克思主义的原理，结合中国实际，系统地解决了建设新型人民军队的理论、方针和原则问题。

2. 人民军队宗旨

毛泽东指出：“紧紧地和中国人民站在一起，全心全意地为中国人民服务，就是这个军队的唯一宗旨。”坚持这一宗旨，要求人民军队始终谦虚谨慎，戒骄戒躁，全心全意地为人民服务，同人民群众同甘共苦，并与之保持最密切的联系。人民军队的宗旨，指明了军队建设的根本方向，揭示了军队建设的实质，是指导军队建设的重要原则。这个宗旨体现在我军的根本职能上，就是执行战斗、工作和生产三大任务，毛泽东指出：“红军打仗，不是单纯地为了打仗而打仗，而是为了宣传群众、组织群众、武装群众，并帮助群众建设革命政权才去打仗的。”这三大任务，是由我军的性质、宗旨和中国革命战争的特点所决定的。

3. 人民军队的建军原则

在中国革命战争的实践中，逐步形成了一整套人民军队的建军原则。确立党对军队的绝对领导权。确立中国共产党对人民军队的绝对领导，是人民军队建设的一项根本原则。在“三湾改编”时，毛泽东就确立了党领导军队的原则。《古田会议决议》强调要从政治上、思想上和组织上加强党对军队的绝对领导。1938 年 11 月 6 日，毛泽东在延安指出“我们的原则是党指挥枪，而绝不允许枪指挥党”。只有坚持和实施党对军队的绝对领导，才能保证人民军队的无产阶级性质，才能坚持全心全意为人民服务，才能完成党交给的各项艰巨任务。在新世纪新阶段，坚持党对军队的绝对领导是我军永远不变的军魂。

（1）建立政治工作三大原则。这是人民解放军处理官兵关系、军队与人民群众关系和对敌斗争的基本准则。1929 年《古田会议决议》奠定了人民军队政治工作的基础，1937 年 10 月，毛泽东对我军政治工作的基本原则作了系统概括：“八路军的政治工作的基本原则有三个，第一，官兵一致的原则；第二，军民一致的原则；第三，瓦解敌军和宽待俘虏的原则。”政治工作三大原则体现了中国人民解放军的性质、宗旨和任务，是中国人民解放军的光荣传统。强有力的政治工作，发挥了团结自己、战胜敌人的强大威力。

（2）实行三大民主，执行三大纪律八项注意。执行政治、军事、经济三大民主是我军民主制度的基本内容，是毛泽东对我军民主制度建设的高度概括。政治民主即官兵在政治上是平等的，下级有权对上级提出批评建议；军事民主即在训练和作战时，实行官兵互教、发动士兵总结战斗经验，讨论执行作战计划的方法等；经济民主即实行经济公开，组织人员监督经济开支以及同不良行为作斗争。1927 年 10 月，毛泽东制定了三大纪律六项注意。1930 年，在瑞金又把六项注意改为十项注意。1947 年 10 月 10 日，中国人民解放军总部颁布训令，将三大纪律八项注意的内容作了统一规定。三大纪律八项注意是我军的光荣传统，既是我军的军事纪律，又是我军的政治纪律和群众纪律。

（三）人民战争思想

人民战争思想，是毛泽东军事思想的核心，是我党进行革命战争的根本指导路线。人民战争是指人民群众反抗阶级压迫或民族压迫而组织和武装起来的战争。人民战争包括两个方面的含义：一是战争的正义性；二是广泛的群众性。

毛泽东的人民战争思想，是在继承马克思列宁主义基本原理的基础上，吸收中国历史上人民战争的宝贵经验，根据半封建半殖民地中国革命的特点，在革命战争实践中逐步形成和发展起来的。其基本观点是：人民战争必然是正义战争，战争的正义性是实行人民战争的政治基础，因而能够在战争中组织广大人民群众参加和支援战争；人民群众是创造历史的主人，人民群众不仅是社会物质财富和精神财富的创造者，同时也是进行社会变革的主力军和推动社会发展的决定力量，“战争的伟力之最深厚的根源，存在于民众之中”；人是战争胜负的决定因素，因为“武器是战争的重要因素，但不是决定的因素，决定的因素是人不是物。力量对比不但是军力和经济力的对比，而且是人力和人心的对比。军力和经济力是要人去掌握的”。

毛泽东人民战争思想主要包括以下内容：

1. 坚持中国共产党对革命战争的统一领导

中国共产党对革命战争的统一领导是实行人民战争的根本保证。中国共产党对革命的领导，是历史的必然选择和要求。毛泽东在《中国革命战争的战略问题》中，对中国革命战争的领导权问题作了深刻分析。他认为，中国革命战争的重要敌人，是帝国主义和封建主义。他指出：“在无产阶级已经走上政治舞台的时代，中国革命战争的领导责任，就不得不落到中国共产党的肩上。在这种时候，任何的革命战争如果没有或违背无产阶级和中国共产党的领导，那个战争是一定要失败的。”因此，只有坚持中国共产党的正确领导，才能把广大人民群众团结在自己周围，才能最广泛地动员和发动人民群众，从而带领中国革命走向胜利。

2. 动员、组织和武装广大人民群众

动员、组织和武装广大人民群众，是实行人民战争的前提和基础。毛泽东历来都十分重视对人民群众的组织动员工作，把放手发动群众看成是坚持正确路线的标志。这是因为，人民群众中存在着的战争伟力，只有通过动员、组织和武装并投入战争活动才能发挥出来，才能迅速转化为实际战争行动的能力。所谓动员，就是对广大人民群众进行广泛深入的宣传鼓动工作，通过宣传教育，使广大人民群众明了战争的政治目的和达到这一目的的政治纲领。要联合一切可以联合的力量，结成广泛的革命统一战线，把广大人民群众动员起来，发挥各种组织的作用，把一切人力、物力、财力都投入战争，形成人民战争的汪洋大海。

3. 建立巩固的革命根据地

革命根据地是进行人民战争的战略基地和重要依托。中国共产党领导中国人民进行的革命战争是在复杂的历史条件下，在各种反动势力异常强大的特殊情况下进行的人民战争。中国革命的力量要生存与发展，必须走农村包围城市的道路，通过实行工农武装割据，建立巩固的革命根据地。通过在敌人力量薄弱的广大农村地区，开辟和建立根据地，发动人民群众，实行土地革命，组建人民武装，依托根据地波浪式推进，不断积蓄革命力量，逐步改变敌强我弱的形势。建立革命根据地，走农村包围城市武装夺取政权道路，是毛泽东对马克思主义军事思想的一个重大发展。

4. 以武装斗争为主，各种斗争形式相结合

人民战争的目的，是保存自己，消灭敌人。毛泽东指出，消灭敌人，就是解除敌人的武装，剥夺其抵抗力，而不是要完全消灭其肉体。因此，人民战争必须坚持以武装斗争为主，各条战线、各种斗争形式相互配合，才是完全的、彻底的人民战争，才能最大限度地发挥人民战争的威力。在具体的战争实践中，我党通过武装斗争与政治斗争相配合，对敌展开强大的政治攻势，起到了分化和瓦解的目的；通过武装斗争和外交斗争相配合，把正义战争“得道多助”的可能性变为现实，争取了更多的国际支持和援助。在进行武装斗争的同时，在政治、经济、思想、文化、外交等多条战线上，团结最大多数的人民革命力量，争取尽可能多的物力财力支持，是人民战争取得胜利的重要保障。

(四) 人民战争的战略战术

毛泽东根据中国革命战争的规律和特点，领导人民军队和人民群众，在长期革命实践中，创建了一整套适合中国革命战争特点的，从实际出发、以机动灵活为主要特点的战略战术理论，其内容极为丰富、精彩。其基本内容有以下几项：

1. 主张积极防御，反对消极防御

坚持积极防御，反对消极防御。毛泽东指出：“积极防御，又叫攻势防御，又叫决战防御。消极防御，又叫专守防御。消极防御实际上是假防御，只有积极防御才是真防御，才是为了反攻和进攻的防御。”积极防御思想的基本含义是：从自卫的、后发制人的立场出发，在敌强我弱的总形势下，将战略上的防御与战役战斗上的进攻紧密结合起来，以积

极的攻势行动抗击敌人，不断歼灭和消耗敌人，转化敌我力量对比，夺取战略主动权，并适时地把战略防御引向战略反攻和进攻。

2. 作战的目的是保存自己，消灭敌人

毛泽东认为，保存自己，消灭敌人是战争的最高目的，古往今来，概莫能外。在二者的关系中，消灭敌人是主要的，保存自己是第二位的，只有大量地消灭敌人，才能有效地保存自己；消灭敌人的目的是保存自己，而消灭敌人又是保存自己的有效手段。在战争中，提倡勇敢牺牲与保存自己并不矛盾，部分的、暂时的牺牲是为了换取更大的胜利。

3. 集中优势兵力，各个歼灭敌人

集中优势兵力，各个歼灭敌人的作战原则是毛泽东“十大军事原则”的核心内容之一。毛泽东根据中国革命战争的特点，强调我军的战役和战斗必须实行歼灭战的方针。他形象地比喻说：“对于人，伤其十指不如断其一指；对于敌，击溃其十个师不如歼灭其一个师。”歼灭战的基本方针是：以歼灭敌人的有生力量为主要目标，不以保守或夺取地方为主要目标；以集中优势兵力各个歼灭敌人为主要作战方法；先打弱敌，后打强敌；在战役、战略部署方面，集中一个或两个野战军或军区的主力，实施一个战略性的进攻战役，围歼敌人。

4. 采取运动战、阵地战、游击战相结合的作战形式

运动战是正规兵团在长的战线和大的战区，从事战役战斗的外线速战速决的进攻作战形式。阵地战是军队依托阵地进行防御或对据守阵地之敌实施进攻的作战形式。游击战是进行分散流动的作战形式。在中国革命特殊的国情环境中和总体上敌强我弱的条件下，我军在相当长的时间里，一直以游击战为主要作战形式。游击战争和正规战争进行战略、战役和战斗的配合，是我军战略战术成长的摇篮。

毛泽东的战略战术思想还包括：慎重初战，不打则已，打则必胜；不打无准备之仗，不打无把握之仗；力争主动，力避被动；作战指导上的主动性、灵活性和计划性；执行有利决战，避免不利决战等。毛泽东指出：这些战略战术都是建立在人民战争的基础之上，只有革命军队才能够有效地运用它。

（五）国防建设思想

中华人民共和国成立前，在毛泽东军事思想形成和发展的过程中，就有关于国防建设和国防斗争的论述。中华人民共和国成立后，毛泽东等老一辈无产阶级革命家，适应新形势的发展和任务需要，总结了国防建设和国防斗争的实践经验，创立了国防建设的理论。其主要内容有：捍卫国家的独立、领土主权和安全是国防斗争的基本任务；国防建设和经济建设是全党、全军和全国人民的两件大事，要在经济发展的基础上使国防建设不断得到加强；国防建设必须以现代化建设为中心，这是现代战争的必然要求，也是我军向高级阶段发展的必由之路，要努力发展国防科学技术和国防工业，加强军事人才的培养，建立强大的国防；坚持共产党对军队的绝对领导，不断加强和改进思想政治工作，保持无产阶级军队的性质，把教育训练摆到战略地位，努力提高部队的战斗力，建设一支具有中国特色的现代化、正规化、革命化的军队；国防建设必须坚持独立自主、自力更生的方针；坚持军民结合，平战结合；实行积极防御的战略方针，认真做好战争准备，遏制战争的爆发和打赢抗击敌人侵略的战争，保持和平的国际环境和稳定的国内政治局面；坚持全民国防，

加强战略后方和战场建设；加强国防后备力量建设；坚持现代条件下的人民战争，立足现有装备战胜优势装备的入侵之敌；建立国际和平统一战线等。

四、毛泽东军事思想的历史地位

（一）毛泽东军事思想创造性地发展了马克思列宁主义的军事科学

毛泽东军事思想是具有中国特色的马克思主义军事理论，对马克思列宁主义的军事科学作出了创造性的发展，极大地丰富了马克思列宁主义的军事科学。第一，开辟了农村包围城市，武装夺取政权的道路。毛泽东根据我国特点，在农村建立根据地，实行工农武装割据，以农村包围城市，最后夺取全国胜利。这是无产阶级革命史上的一个伟大创举。第二，解决了把以农民为主要成分的革命军队建设成为一支无产阶级性质的人民军队的问题。为了适应农村包围城市的道路，中国共产党和毛泽东提出了一整套人民军队的建军原则，把以农民为主体的军队建成为中国共产党绝对领导下的、全心全意为人民服务的新型人民军队。第三，丰富和发展了马克思列宁主义的人民战争思想。以毛泽东为主要代表的中国共产党人在革命实践中，充分依靠人民群众，广泛动员群众、发动群众、组织群众、武装群众，以人民军队为骨干，实行主力兵团和地方兵团，正规军和游击队、民兵，武装群众和非武装群众相结合，实行全面彻底的人民战争。第四，系统地制定了适合中国特点的人民战争的战略战术。毛泽东提出的一系列战略战术成功地解决了人民军队以弱胜强、由弱变强这个最困难的问题，从而极大地发展了无产阶级军事理论。第五，系统地阐明了研究和指导战争的战争观和方法论

（二）毛泽东军事思想在世界上有着广泛而深刻的影响

在中国革命取得胜利后，毛泽东军事思想受到世界各国的普遍重视，许多人开始对它进行探索和研究，许多国家都成立了毛泽东军事思想的研究会和学习会。世界上许多重要著作和评论文章称毛泽东是当代最伟大的军事家、战略家和军事理论家。20 世纪六七十年代，毛泽东军事思想成为亚、非、拉许多国家民族独立、民族解放的强大思想武器。越南反法、反美战争，阿尔及利亚的反法战争，莫桑比克、津巴布韦、安哥拉的独立战争，古巴、多米尼加的革命战争等都以毛泽东军事思想作战争指导，对世界产生巨大的影响。无论是朋友还是敌人，都对毛泽东军事思想十分重视，认真研究，高度评价，这说明毛泽东军事思想已经成为世界人民的共同财富，在世界军事思想史上占有重要地位，是当代最有影响的军事思想之一。

（三）毛泽东军事思想是中国革命和我国国防、军队现代化建设的行动指南

1840 年鸦片战争以后，中国沦为半殖民地半封建社会，不屈不挠的中国人民进行了无数次的反抗和斗争，但正是由于没有正确的军事思想作指导，屡遭失败。中国共产党成立后的半个多世纪里，我军进行了两次国内革命战争，一次民族解放战争，一次抗美援朝战争，多次边疆保卫战或自卫反击战，这些战争我们均取得了胜利。我军之所以能从小到大，由弱到强，以劣势装备战胜国内外强大敌人，最根本的原因是有共产党的领导和毛泽东军事思想这一先进军事理论作指导。可以说毛泽东军事思想是中国历史上最科学、最先进、最完整的军事理论。当前，国际格局发生巨大变化，战争的特点、样式、手段与过去

大为不同，但是我国国防与军队现代化建设仍然离不开毛泽东军事思想的指导。毛泽东军事思想，过去是、现在是、将来永远是我军克敌制胜的法宝！

军海泛舟

毛泽东指挥的三大战役

1948年绝对是中国历史上的关键年份，上半年，人民解放军相继在各个战场上歼灭大量敌人取得了胜利，有效地打破了国民党军队的分区防御。到了这年秋天，国共双方力量对比已发生根本性变化。

人民解放军由战争初期的127万人发展到280万人，其中野战军149万人；在装备上已有很大改善。人民解放军建立起强大的炮兵和工兵，提高了攻坚能力，取得了打阵地战的经验；全军还开展了新式整军运动，通过诉苦（诉旧社会和反动派给劳动人民造成的痛苦）、“三查”（查阶级、查工作、查斗志）、“三整”（整顿组织、整顿思想、整顿作风），达到了政治上高度团结、生活上获得改善、军事上提高技术和战术的三大目的，部队指挥员战斗员的政治觉悟、军事技术和战斗力进一步提高。各解放区相继连成一片，解放区的面积扩展到235.5万平方公里，占全国总面积的24.5%，人口达1.68亿，占全国总人口的35.3%。解放区的土改运动基本完成，解放军的后方更加巩固。

这时国民党总兵力由战争开始时的430万人进一步减少到365万。因大批部队担任守备，可用于第一线的仅174万，且士气低落，战斗力不强。在解放军的强大攻势下，国民党军事上只得放弃全面防御而实行重点防御。5个战略集团（即胡宗南、白崇禧、刘峙、傅作义、卫立煌集团）已被解放军分割在西北、中原、华东、华北、东北5个战场上，相互间难以形成配合，主要担任战略要地和交通线的守备，能进行战略机动的兵力为数不多。国民党已无完整战线，统治正濒临崩溃。

人民解放战争进入夺取全国胜利的战略决战阶段。人民解放军在毛泽东和中央军委的指挥下，连续发动了辽沈、淮海、平津三大战役。这一环紧扣一环、一气贯注的通盘战略筹划与完整部署，谱写了古今中外战争史上罕见的壮丽篇章。

思考题

1. 如何理解毛泽东军事思想的科学含义？
2. 毛泽东军事思想的主要内容有哪些？
3. 简述毛泽东军事思想的历史地位和现实意义。

第三节　新时期党的军事指导理论

随着党的十一届三中全会的胜利召开，我国进入改革开放的历史新时期，在坚定不移地走中国特色社会主义道路的伟大实践中，我党不断总结新的历史条件下中国国防和军队建设的新经验，形成了以邓小平新时期军队建设思想、江泽民国防和军队建设思想、胡锦涛国防和军队建设思想、习近平关于国防和军队建设重要论述为基本内容的新时期党的军事指导理论体系。

一、邓小平新时期军队建设思想

邓小平从新时期军队建设和军事斗争的客观要求出发，以大胆创新精神和科学务实态度，运用马克思列宁主义军事理论和毛泽东军事思想的基本原理，研究新情况，解决新问题，回答了新形势下军队建设、国防建设亟待解决的一系列重大理论问题和实际问题，提出了一整套具有中国特色的符合新时期军事斗争需要的理论、路线、方针和政策，揭示了新时期军事领域的基本特点和规律，形成了邓小平新时期国防和军队建设思想。邓小平新时期军队建设思想内容十分丰富，从不同侧面揭示新时期军队建设和军事斗争的规律，构成一个科学的军事思想体系，这一理论体系，主要由四个方面组成：

（一）当代战争与和平理论

邓小平以辩证唯物论和历史唯物论的哲学思想作指导，以马克思主义的战争与和平理论为依据，把握时代脉搏，以巨大的理论勇气和超凡的胆略，科学地回答了时代提出的关于战争与和平、当代战争的根源、世界大战能否避免等一系列重大理论问题，进而演绎出和平与发展是当今世界的时代主题的科学论断。

邓小平认为，霸权主义、强权政治严重威胁着世界和平，战争的危险依然存在，但是和平力量的发展超过了战争力量，争取一个较长时期的和平是可能的。邓小平指出：“可以争取相当长一段时间的和平。如果世界和平的力量发展起来，第三世界国家发展起来，可以避免世界大战”。世界大战可以推迟或者避免，但“战争的危险还是存在的”。新时期局部战争和武装冲突将成为当代战争的主要形式，不能简单地认为战争可以避免，战争的危险就不存在。

（二）军事战略思想

新的历史条件下，国际形势发生了重大变化。国家进入以经济建设为中心的新的发展时期，邓小平提出了服从国家建设大局的国防发展战略理论。这一理论全面阐述了国防和军队建设服从国家建设大局的时代要求，深刻反映了新时期军队和国防建设的客观规律，是军队和国防建设指导思想实现战略性转变的重要依据，是军队和国防建设必须遵循的基本方针。

1. 国防和军队建设指导思想的战略性转变

国防和军队建设指导思想的战略性转变，是关系国防和军队建设全局及长远发展方向的重大转变。

一是国防和军队建设立足点的转变，即从随时准备早打、大打、打核战争的临战状态，转到相对和平时期正常建设的轨道上来。

二是国防和军队建设与国家经济建设关系的转变，即把国防和军队建设调整到国力所能承受的程度，转到服从和服务于国家经济建设大局，以国家经济发展为依托，促进国防和军队的发展上来。

三是国防和军队建设工作重心的转变，即着眼未来战争需要，进一步突出现代化在国防和军队建设中的中心地位，着重抓好国防科研和现代化武器装备的发展以及现代化军事人才的培养，大力解决国防和军队现代化水平与现代战争不相适应的矛盾。

四是军队和后备力量建设中数量与质量关系的转变，即从偏重于常备军和后备力量的数量规模，转到压缩规模、减少数量、提高质量上来。

五是军事斗争准备的基点的转变，即把按全面反侵略战争设计的军事战略指导，转到应付可能发生的高技术局部战争为军事斗争准备的基点上来。

六是国防科技和国防工业功能与体制的转变，即打破国防科技和国防工业在国民经济中自成体系、自我封闭的状况，纳入国家经济建设的大系统之中，贯彻“军民结合、平战结合、军战结合、军品优先、以民养军”的方针，建立起军民兼容的国防科技和国防工业新体制。

国防和军队建设指导思想战略性转变的实质，是要充分利用今后较长时间大仗打不起来的有利时机，在服从国家经济建设大局的前提下，抓紧时间，有计划、有步骤地加强以现代化为中心的根本建设，提高军政素质，增强国防和军队在现代战争中的自卫能力。

2. 建设有中国特色的现代化国防

针对我们建设什么样的国防，邓小平明确指出：我们在国防建设上，坚持不称霸，不扩张，不结盟，不依附别国，也不欺侮别国，坚持和平共处，独立自主的防卫原则，从而确立了我国是自卫型国防。

一是明确国防建设要以国家利益为最高准则。国防建设受到多种因素的制约，其中国家利益是最基本最重要的因素；国家利益的发展变化，必然对国防建设提出新的要求；维护国家利益，是新时期国防建设的根本宗旨和目的。因而，邓小平明确指出：我们要以国家利益为最高准则来处理问题。

二是实行“军民兼容，平战结合”的方针。“军民兼容”就是寓军于民，军民结合，把国防建设寓于国家总体建设之中，国防科技和国防工业纳入国家经济建设的轨道，将单一研究、生产军品，改为在保证军品的前提下，大力开发民用产品。“平战结合”是国家的平时经济建设，要充分考虑到战时国防的需要，要与未来战争的要求相适应。国防科技和工业平时实行军转民，以提高经济效益，战时则便于民转军，以保证战争需要。

三是建立精干常备军与强大的后备力量相结合的武装力量体制。在新的历史时期，人民军队是国防武装力量的主体，是巩固国防，抵御侵略，保卫祖国的坚强柱石和钢铁长城。为了建立强大的国防，必须要建设一支精干的常备军，使之体制编制结构合理，根据现代战争的要求，系统结构协调均衡，整体功能明显增强，形成陆、海、空三军一体的强大力量。邓小平多次强调国防后备力量的地位和作用。国防后备力量是指经过一定准备，必要时可以动员用于国防的力量。从武装力量上讲，主要指民兵和预备役。新成立的预备役部队，有统一的编制番号、规章制度和服装，有训练大纲和各种正规化管理，有专门的营房和训练基地，以劳养军，平战结合，是一支强有力的后备力量。

四是坚持独立自主、自力更生的立足点。要把国防现代化放在自己力量的基点上，不依赖别国力量，更不幻想他国的恩赐。邓小平指出：“独立自主、自力更生，无论过去、现在和将来，都是我们的立足点。”他还指出，独立自主不是闭关自守，自力更生不是盲目排外。要搞国防现代化，不开放不行，不加强国防交往不行，不引进发达国家的先进经验、先进科学技术成果和资金不行，因此，要把坚持独立自主、自力更生与坚持对外开放有机结合起来。

五是加强国防教育，强化全民的国防观念。邓小平在指导新时期国防建设的实践中，把国防教育作为增强国防观念，树立国防意识，重视国防建设的主要环节，增强全国人民捍卫国家、民族和社会主义建设的责任感和向心力，充分调动全国人民热爱、建设、保卫祖国的积极性，从而形成巨大的精神力量，促进国防现代化建设的发展。

3. 实行积极防御的军事战略方针

在新的历史条件下，邓小平把毛泽东积极防御战略思想与我国所面临的军事斗争相结合，明确指出我国实行积极防御的军事战略方针。20世纪80年代初，邓小平说："我们未来的反侵略战争，究竟采取什么方针？我赞成就是'积极防御'四个字。"新时期积极防御的军事战略方针的历史内涵主要包括：做好战争准备；坚持自卫战争，实行后发制人；寓攻于防，攻防结合；对待强敌，持久作战；灵活运用兵力和战法。

4. 坚持现代条件下人民战争的战略思想

坚持人民战争是我们拥有的真正优势和力量所在。邓小平指出："我们的战略是毛泽东主席制定的。毛主席的战略思想就是人民战争，现在我们还是坚持人民战争。虽然战争的样式、规模、地点、武器装备等方面和过去相比发生了变化，但坚持积极防御军事战略，最基本的还是依靠人民战争。"坚持人民战争，必须研究现代条件下的人民战争，发展人民战争的理论。当代高新技术迅猛发展，世界军事领域发生深刻的变革，人民战争面临许多新情况、新问题，我们要创造性地发展人民战争，使人民战争理论和实践产生新的飞跃。

（三）军队建设与改革思想

建设一支强大的现代化、正规化革命军队是新时期我军建设的总目标，也是军队建设由低级阶段向高级阶段发展的必然历史。

1. 始终不渝地坚持人民军队的性质

我军是中国共产党领导下的无产阶级性质的人民军队。军队建设要把革命化建设放在第一位，这是关系军队建设全局，决定军队发展方向的根本问题，也是军队现代化正规化建设的政治保证和精神动力。因此，我们的军队在任何时候都要坚持党的军队、人民的军队、社会主义的军队这一性质，永远忠于党，忠于人民，忠于社会主义。邓小平指出："我们国家之所以稳定，军队没有脱离党的领导，这很重要。"

2. 新时期军队建设要以现代化为中心

新时期，军队建设的主要矛盾是现代化战争的客观需要与我军现代化水平还比较低的矛盾。因此，我军的指导思想必须确立以现代化建设为中心，这是新时期军队建设和现代战争的客观需要。邓小平多次强调谋划军队建设全局，"指导思想要明确，就是要解决现代化问题"。军队建设现代化的主要目标是实现军事人才、武器装备、体制编制和军事理论的现代化。

3. 提高军队正规化建设水平

新时期，邓小平提出，"军队要整顿""军队要像军队的样子"。军队正规化建设必须同军事领域的变革相适应，必须随现代战争的发展而发展，必须随武器装备现代化水平的提高而提高。军队正规化建设的主要内容：坚持依法治军，加强组织纪律，加强管理；全面建立战备、工作、生活等正常秩序；建立适应现代战争要求的科学体制编制；使部队适应未来作战任务、武器装备发展、部队训练和管理的需要；强化体制编制的科学性和权威性等。

4. 以改革为动力，走有中国特色的精兵之路

必须把提高战斗力作为新时期军队建设和改革的出发点和落脚点，作为检验军队各项工作的根本标准。而军队战斗力生成主要有两个途径：一是战争实践，二是教育训练。因此，邓小平指出，部队在不打仗的情况下，要搞好教育训练。现代战争是诸兵种在海、陆、空、天、电、磁等多个战场、多个领域、多种手段的整体较量，因此，只有从难、从严、从实战出发进行严格的教育训练，才能提高军队的战斗力。同时，要正确处理数量与质量的关系，要精减军队人员数量，提高军队建设的质量。

（四）国防建设思想

1. 继续坚持全民办国防的方针

中华人民共和国成立以后，毛泽东明确提出，中国必须建立强大的国防军，要建立强大的国防军必须依靠全体人民解放军的指战员、战斗员和全国工人、农民及其他人民一道，协同努力，才能达到目的。新时期，邓小平坚持并发展这一思想，坚持依靠广大人民群众，坚持全民办国防。

2. 加强国防教育，增强全民国防观念和国防意识

新时期，加强全民国防教育，树立全民强烈的国防意识，关系到国防现代化建设的大局，是我国赢得未来反侵略战争的主要举措。强烈的国防意识是维系国防安全的精神长城，加强全民国防教育，有利于提高全民综合素质，强化爱国主义教育，增强民族凝聚力和人民的使命感、责任感。

3. 建立有效的国防动员体制，加强国防立法

建设有中国特色社会主义现代化国防，必须建立完善的国防动员体制。邓小平指出，解决国防动员体制问题，关键是坚持平战结合、军民兼容的原则。邓小平还指出，党有党纪，国有国法，军有军规，对一切无纪律、无政府、违反法制的现象都必须坚决反对和纠正，丝毫不能宽容。国防和军队建设事关国家稳定大局，必须严格依法办事，加强国防立法。在邓小平的倡导下，我国先后颁布了《中华人民共和国国防法》《中华人民共和国预备役军官法》《中华人民共和国国防教育法》《中华人民共和国现役军官法》等。

邓小平新时期军队建设思想是邓小平理论的重要组成部分，主要回答了在和平和发展成为时代主题，国家实行改革开放的历史条件下，如何开创中国特色精兵之路，建设一支强大的现代化正规化革命军队的问题，是对毛泽东军事思想的继承和发展，为我军开创了一条符合中国国情的、相对和平条件下的建军道路。邓小平新时期军队建设思想具有鲜明的时代性、深刻的实践性和科学的指导性，为正确认识和解决新时期军队建设与军事斗争问题提供了科学的立场、观点、方法。只要和平与发展这一时代特征没有改变，世界军事变革的发展趋势没有改变，邓小平新时期军队建设思想就仍然是国防和军队建设的指导思想，具有长远的指导意义。

二、江泽民国防和军队建设思想

进入 20 世纪 90 年代，我国的国防和军队建设所处的环境和历史条件发生了一系列重大变化，出现了许多新情况和新问题。江泽民深入思考新的历史条件下，建设什么样的军队、怎样建设军队，未来可能打什么样的仗、怎样打仗的问题，对国防和军队建设一系列新的重大理论和实践问题作出了科学回答，形成了江泽民国防和军队建设思想。其主要内容包括以下四个方面：

（一）坚持党对军队绝对领导的根本原则，加强思想政治建设

1989 年，江泽民主持中央军委工作，他十分重视坚持党对军队的绝对领导问题。从 1990 年的“建军节”至 2001 年的九届全国人大四次会议，他几乎每年都强调军队必须置于党的绝对领导之下。“在新的历史时期，必须更好的发扬人民军队忠于党的优良传统，使我军永远置于党的绝对领导之下。无论在任何情况下，对我军建设的这个根本原则，都不能动摇。”“我们党历来强调，我们的人民军队是在党的绝对领导之下的。在这个问题上，我们要始终坚定不移。一个军队要有军魂，我看，我们军队的军魂就是党的绝对领导。”“历史的事实说明，一个国家的军队掌握在什么人手中，始终是关系这个国家前途命运的重大问题。……我们党把军队真正掌握住了，国家就出不了什么大的乱子，遇到不管是来自国内还是国外的什么风浪，都比较容易对付。”江泽民强调坚持党对军队的绝对领导，就是要永葆人民军队的性质，继承和发扬人民军队的光荣传统，要坚定不移地实行政治民主、经济民主、军事民主。同时，要加强军队思想政治工作，用“三个代表”重要思想武装全军。军队要坚持不懈地用“三个代表”重要思想要求、教育官兵，学习和实践“三个代表”重要思想，勇于面对时代的挑战，始终保持健康向上的发展态势，不断开创军队建设的新局面。

（二）确立了适应时代要求的新安全观

1999 年，江泽民明确提出了新的安全观，主要有以下四个方面：第一，摒弃冷战思维，坚决维护世界和平发展的主流，他说：“我们认为，新安全观的核心，应是互信、互利、平等、协作。”第二，经济科技因素在国际安全环境中发挥着重要作用。第三，现代安全内容丰富，涵盖面广。他指出现代安全首先应以维护人类的安全为宗旨，提出了政治安全、经济安全、军事安全、文化安全、环境安全、社会安全等一系列新的安全思想，并主张通过国际合作来应付人类共同面临的威胁和挑战。第四，国家安全必须与国际安全有机结合。江泽民指出，世界在变化，我们必须积极探索维护国家安全的新思路和新方法，要运用综合手段和多种措施，谋求跨世纪的国家安全。一是通过科教兴国实现综合国力跨越式发展，从根本上解决国家安全问题，只有我们发展了，才不会受制于人。一是充分发挥军事手段在维护国家安全中的支柱作用。1989 年，江泽民明确指出：经济建设、国防建设两头都要兼顾。三是把外交斗争作为实现国家安全经常和有效的手段。

（三）以新时期军事战略方针统揽、指导军队建设

江泽民强调，必须以积极防御战略方针指导和统揽全军各项建设和一切工作。在战争与和平问题上，我们从来不主动挑起战争，我们是爱好和平的，也是始终致力于维护和平的，我们坚决反对一切侵略性的、非正义的战争，反对任何形式的霸权主义和强权政治。积极防御战略方针是治国之道，是根据国际形势的发展，在继承和发展毛泽东军事思想、邓小平新时期军队建设思想的基础上确立的，我们要以积极主动的防御行动对付进犯之敌的攻势。我军的各项建设包括军事的、政治的、教育的、后勤保障的都必须紧紧围绕积极防御战略方针来开展和进行，1990 年，江泽民根据实际提出了“政治合格、军事过硬、作风优良、纪律严明、保障有力”的总要求。这五个方面是相互联系、不可分割的整体。

（四）深化军队改革，走有中国特色的精兵之路

20 世纪末，高新技术迅猛发展，高新技术广泛应用，深刻改变着世界的社会经济面貌，引发了军事领域一系列革命性的变化。江泽民指出：“世界军事变革的加速发展和武器的系统效能的空前提高，加强我军的质量建设显得愈来愈重要，愈来愈紧迫。军队质量在现代战争中具有决定性的意义。我们必须把加强质量建设作为实现我军现代化的基本指导方针，摆在更加突出的位置。”深化军队改革，是适应国家改革形势和解决部队深层次矛盾的客观需要和根本途径。1992 年，江泽民在党的十四大报告中正式提出了“走有中国特色的精兵之路”的重要思想。2000 年颁布的《中国的国防》白皮书中指出，在新的历史时期，中国军队努力加强质量建设，走有中国特色的精兵之路，目标是建设一支有中国特色的革命化、现代化的人民军队，减少数量，提高质量是军队现代化建设的一条基本方针。军队改革既要适应发展社会主义市场经济的要求，又要适应军事应急的要求，一切立足于“打得赢”“不变质”。我国要依靠科技强军，要实现我军建设由数量规模型向质量效能型、由人力密集型向科技密集型的转变。要按照现代战争的特点，努力提高武器装备现代化建设水平，改革和完善军队的体制编制，改进军队的训练和院校教育的内容和方法。

（五）完善国防动员体制，增强全民国防观念

江泽民在党的十五大报告中明确提出：“要深入持久地开展拥政爱民、拥军优属工作，进一步巩固军政、军民团结。加强民兵、预备役部队建设，完善国防动员体制。继续加强中国人民武装警察部队和公安、国家安全等部门的建设。”完善国防动员体制，是国防和军队建设的需要。江泽民强调，国防动员体制必须结合国家体制改革，认真探索未来反侵略战争的快速动员问题，建立和完善国防工业运行机制，加强国防教育。后备力量建设要切实做到“招之即来，来之能战”。江泽民非常重视民兵和预备役部队建设，对此，他做了一系列论述，为新形势下如何解决民兵和预备役部队建设工作出现的新情况、新问题提供了理论指南。同时，江泽民强调加强国防教育，增强全民国防观念的重要性。他说：“各级党组织、政府和人民群众要关心、支持国防和军队建设。加强国防教育、增强全民国防观念。”要深入持久地开展国防教育，全民国防教育是加强和改进思想政治工作的一个重要内容，要把全民国防教育纳入规范化、法制化的轨道，纳入整个国民教育体系。

（六）加强军事科学研究，积极探讨新形势下军队建设的特点和规律

江泽民多次强调，一定要加强现代条件下的军事科学研究，先进的军事理论，历来是军队建设得以健康发展的必要条件，是战争的重要制胜因素。江泽民主持中央军委工作后，创造性地实践了毛泽东军事思想和邓小平新时期军队建设思想，对新时期建军、治军的特点和规律进行了探索，从理论上作出了新的概括。江泽民强调要对以往的战争经验进行系统总结，同时研究现代条件下局部战争的特点和规律，提高驾驭现代战争的能力，全面加强部队建设，提高战斗力。还要深入研究现代条件下人民战争的特点和规律。他指出："应付现代技术特别是高技术条件下的局部战争，现阶段我们虽有困难和短处，但我们也有自己的优势，我们真正的优势还是人民战争。""我们仍然要坚持实行人民战争，不能有丝毫动摇，因为这是实践反复检验了的克敌制胜的根本法宝。但是，如何结合现代战争的具体实际真正做到充分有效地发挥人民战争的传统优势，问题并不简单，很值得我们深入研究。"

江泽民国防和军队建设思想是"三个代表"重要思想的组成部分，主要回答了在世界新军事变革蓬勃进行、我国社会主义市场经济深入发展的历史条件下，如何积极推动中国特色军事变革，保证人民军队打得赢、不变质的问题，是当代中国军事领域实践检验的科学总结，是新的历史条件下国防和军队建设基本规律的集中体现，实现了党的军事指导理论的与时俱进。在江泽民国防和军队建设思想指引下，我军经受住了政治斗争、军事斗争和同严重自然灾害斗争的严峻考验，向全面建设一支强大的人民军队迈出了新的步伐。

三、胡锦涛国防和军队建设思想

21世纪，中国的发展跨入了一个重要的战略机遇期。胡锦涛国防和军队建设思想是在着眼时代特点，立足维护国家安全和发展利益的大局，依据国际国内环境的发展变化和新世纪新阶段国防与军队建设的客观实际中形成的。其主要包含四个方面的内容：

（一）用科学发展观指导国防和军队建设

用科学发展观指导国防和军队建设，必须全面准确把握科学发展观的深刻内涵和基本要求，紧密结合军队建设实际，切实把科学发展观贯穿于军队建设的全过程，落实到军队建设的各个领域。

1. 必须按照革命化、现代化、正规化相统一的原则加强军队的全面建设

革命化建设，就是要求我军始终坚持党对军队的绝对领导，永远保持人民军队的性质、本色和作风，禁得起任何政治风浪的考验。思想政治建设是革命化建设的根本，是军队最根本的建设，任何时候都不能放松。胡锦涛指出："要坚定不移地坚持党对军队绝对领导的根本原则和制度，进一步强化军魂意识，确保党从思想上、政治上、组织上牢牢掌握部队。"为了保证我军忠实履行为党巩固执政地位提供重要的力量保证的使命，必须坚决抵制"军队非党化""军队非政治化"等错误思潮的侵蚀和影响。在新形势下，为使广大官兵保持坚强的革命意志和旺盛的战斗精神，必须强化思想政治教育的针对性和有效性。

现代化建设，就是要求我军建设必须适应未来战争需要，提高军队建设的科技含量，提高现代条件下的总体作战能力和水平。忠实履行新世纪新阶段军队历史使命，必须在国防和军队建设中贯彻落实科学发展观，这是军队建设发展的内在要求，对于着力解决我军现代化水平与打赢信息化条件下局部战争的要求还不适应、军事能力与履行新世纪新阶段我军历史使命的要求还不适应这一主要矛盾，具有极其重要的指导作用。

正规化建设，就是依靠规范化的组织形式和科学运行机制，把革命化、现代化建设产生的思想基础、物质基础有机地结合起来，为军队建设提供良好的秩序和环境。胡锦涛指

出："新的历史条件赋予我军正规化建设新的时代内涵，提出了新的任务和标准。"坚持以科学发展观为指导，才能保证把从严治军作为全局性、基础性、长期性工作紧抓不放，坚决贯彻到军事、政治、后勤、装备建设的各个领域，贯彻到部队工作的方方面面，贯彻到战斗力建设的全过程，从而使正规化建设与革命化、现代化建设紧密结合在一起，推动我军建设全面协调发展。

2. 必须按照"五个统筹"的要求推进军队现代化建设协调发展

坚持"五个统筹"，即"统筹中国特色军事变革与军事斗争准备；统筹机械化建设与信息化建设；统筹诸军兵种作战能力建设；统筹当前建设与长远发展；统筹主要战略方向与其他战略方向"。军队要进一步实施科技强军战略，着力推动军事创新，加快转变战斗力生成模式，充分发挥广大官兵的主体作用，推进军队革命化、现代化、正规化的整体发展和全面进步，实现国防和军队建设可持续发展。

（二）忠实履行新世纪新阶段历史使命

胡锦涛从完成党的执政使命、维护国家和民族根本利益的战略高度明确提出："军队要为党巩固执政地位提供重要力量保证，为维护国家发展的重要战略机遇期提供坚强的安全保障，为维护国家利益提供有力战略支撑，为维护世界和平与促进共同发展发挥重要作用。"

全面履行新世纪新阶段军队历史使命，必须坚持以毛泽东军事思想、邓小平新时期军队建设思想、江泽民国防和军队建设思想为指导，把科学发展观作为国防和军队建设的重要指导方针，贯彻新时期军事战略方针。要立足信息化军事形态的特点和趋势，着眼维护国家主权、安全、发展利益的需要，抓住实施积极防御军事战略方针的重点领域和关键环节，加紧做好军事斗争准备。

全面履行新世纪新阶段军队历史使命，必须始终坚持党对军队绝对领导的根本原则和人民军队的根本宗旨，深入进行军队历史使命、理想信念、战斗精神和社会主义荣辱观教育，大力弘扬听党指挥、服务人民、英勇善战的优良传统。

全面履行新世纪新阶段军队历史使命，必须适应世界军事发展新趋势，加快中国特色军事变革，加紧做好信息化条件下的军事斗争准备，提高军队应对多种安全威胁、完成多样化军事任务的能力。

全面履行新世纪新阶段军队历史使命，必须依法治军、从严治军，完善军事法规，加强科学管理。

（三）积极推进中国特色军事变革

坚持以科学发展观为指导，着眼人类社会技术形态和战争形态的重大变化，适应世界新军事变革的发展趋势，立足中国的国情和军情，实行质量建军、政治固军、科技强军、依法治军、科学管军，以信息化带动机械化，以机械化促进信息化，逐步把我军建设成为信息化军队，逐步具备打赢信息化战争的能力，更好地为保卫国家安全和维护祖国统一服务，更好地为全面建设小康社会和构建社会主义和谐社会服务。

世界新军事变革的发展，注重依靠技术创新。在推进新军事变革的进程中，虽然各国的情况不大一样，但是依靠技术创新推进新军事变革却是共同的做法。与西方发达国家相比，中国属于后发展国家。这就决定了技术创新要走"自主式发展""跨越式发展""可持续发展”的道路。

军事变革，思维是首要。胡锦涛指出：“加快中国特色军事变革步伐，要做的事情很多，但要注重更新思想观念。”

军事变革，制度是保证。胡锦涛指出：“在推进中国特色军事变革的进程中，要高度重视制度建设，努力用制度创新推进军事变革发展。”

军事变革，作战是牵引。胡锦涛指出：“中国特色军事变革要以建设信息化军队、打赢信息化战争为战略目标，要提高部队的火力、突击力、机动力、防护能力和信息能力。”

军事变革，训练是实践。胡锦涛指出：“训练既是中国特色军事变革的重要组成部分，又是推进中国特色军事变革深入发展的重要抓手。”

军事变革，管理是关键。胡锦涛指出：“世界新军事变革不仅是一场军事技术和军队组织体制的革命，也是一场军事管理的革命。”

军事变革，理论是先导。胡锦涛指出：“要密切关注世界安全形势和世界军事发展趋势，立足我国的国情和军情，着眼推进中国特色军事变革，拓宽战略视野，更新发展观念，深化科研改革，努力构建具有我军特色、体现时代特征、充满发展活力的军事科学体系，充分发挥军事理论指导军事实践、引领军事变革的重要作用。”

（四）坚持国防建设和经济建设协调发展

保持经济的持续发展，不断提高国家的经济实力，是提高我国国际竞争力，维护国家独立和主权的关键所在，是解决包括国防现代化在内的当代中国所有问题的基础。正确处理经济建设与国防建设的关系，始终是国家发展战略全局的一个重大问题，也是我国社会主义现代化建设的一条重要历史经验。

随着改革开放和社会主义市场经济的发展，必然会给国防和军队现代化建设创造更多更充分的有利条件。胡锦涛指出：“本世纪头 20 年，既是国家经济社会加快发展的重要时机，也是国防和军队现代化建设加快发展的重要时机。我们应该也有可能把国防和军队现代化建设搞得更好。”“统筹好国防建设与经济建设的关系，是贯彻科学发展观的必然要求。坚持国防建设与经济建设协调发展的方针，既是强国之策也是强军之道。我们必须从全面建设小康社会的全局高度，把推进国防和军队现代化建设作为推进社会主义现代化建设的一项重大战略任务抓紧抓实。要依托国家经济社会发展，把国防建设融入现代化建设全局之中，统筹国防资源与经济资源，注重国防经济与社会经济、军用技术和民用技术、军队人才和地方人才的兼容发展，进一步形成国防建设和经济建设相互促进、协调发展的良好局面。”

从根本上说，国防和军队建设的利益与经济建设大局的利益是一致的，国防和军队建设战略与经济发展战略也是统一的，只有根据经济建设大局谋划和运筹与其相协调的国防和军队建设，用发展的战略眼光正确处理二者的关系，才能促使二者相得益彰，共同发展。

胡锦涛国防和军队建设思想是科学发展观的重要组成部分，主要回答了在世界大发展大变革大调整、我国全面建设小康社会的历史条件下，如何推进国防和军队建设科学发展、全面履行新世纪新阶段历史使命的问题。在胡锦涛国防和军队建设思想的指导下，中国特色军事变革取得了重大成就，军队革命化、现代化、正规化建设协调推进，全面加强，军事斗争准备不断深化，履行新世纪新阶段我军历史使命的能力不断提高，国防和军队建设取得了历史性成就。

四、习近平关于国防和军队建设重要论述

建设一支听党指挥、能打胜仗、作风优良的人民军队，是实现“两个一百年”奋斗目标、实现中华民族伟大复兴的战略支撑，是党在新时代的强军目标。党的十八大以来，习近平主席着眼实现中国梦、强军梦，立足国家安全和发展战略全局，围绕强军兴军作出一系列重要论述，深刻阐明了新时代国防和军队建设带根本性、方向性、全局性的重大问题，形成了习近平强军思想。党的十九大鲜明提出确立习近平强军思想在国防和军队建设中的指导地位。其主要内容包括：

（一）强军目标是加强军队建设、改革和军事斗争准备的根本方向

建设一支听党指挥、能打胜仗、作风优良的人民军队，是党在新形势下的强军目标。这是习近平国防和军队建设重要论述的核心思想，既为我军革命化、现代化、正规化建设赋予了新的时代内涵，提出了更高要求，又为解决军队建设面临的突出矛盾和问题、加快推进国防和军队现代化提供了强大动力。习近平主席在党的十九大报告中强调，实现党在新时代的强军目标，把人民军队全面建成世界一流军队。这一强军目标，是新时代我们党建军治军的总方略，是加强军队建设、改革和军事斗争准备的根本方向。

听党指挥是灵魂，决定军队建设的政治方向。我军是党缔造的，一诞生便与党紧紧地联系在一起，始终在党的绝对领导下行动和战斗。我军之所以能够无往而不胜，最终战胜一切敌人而不为敌人所压倒，靠的就是坚决听党指挥这个灵魂。任何时候任何情况下，我军都必须铸牢听党指挥这个强军之魂。

能打胜仗是核心，反映军队的根本职能和军队建设的根本指向。军队首先是一个战斗队。我军素以能征善战著称于世，创造过许多辉煌战绩。但是，以前打胜仗不等于现在和以后能打胜仗。我军现代化水平与国家安全需求相比差距还很大，与世界先进军事水平相比差距还很大，这些问题依然很现实地摆在我们面前。我们必须扭住能打仗、打胜仗这个强军之要。

作风优良是保证，关系军队的性质、宗旨、本色。在长期实践中，我军培育和形成了一整套光荣传统和优良作风，把这些宝贵精神财富一代代传下去，关系军队建设全局，关系军队形象和战斗力建设。作风优良是我军的鲜明特色和政治优势，必须把作风建设作为军队一项基础性、长期性工作抓紧抓实，夯实依法治军、从严治军这个强军之基。

（二）政治工作是强军兴军的生命线

政治工作是我军的看家本领和最大特色、最大优势。习近平主席明确强调：“充分发挥政治工作对强军兴军的生命线作用。”这赋予我军政治工作新的使命责任。党的十九大报告把“坚持党对人民军队的绝对领导”作为新时代坚持和发展中国特色社会主义的基本方略突出出来。我们要更加自觉贯彻政治建军要求，发挥政治工作生命线作用，确保强军兴军沿着坚定正确的政治方向前进。

铸牢红色军魂，保证我军始终是党绝对领导下的钢铁雄狮。习近平主席指出：“政治工作实质上是党领导和掌握军队的工作”。在血与火的斗争中，我们党形成和确立了党对

军队实施绝对领导的一系列根本原则和制度，保证千千万万革命将士矢志不渝听党话、跟党走。铸牢听党指挥的军魂，就要毫不动摇坚持党对军队绝对领导的根本原则和制度，坚决维护党中央权威，维护和贯彻军委主席负责制，强化“四个意识”，确保部队绝对忠诚、绝对纯洁、绝对可靠。

（三）深化国防和军队改革是决定军队未来的关键一招

深化国防和军队改革，是实现中国梦、强军梦的时代要求，是强军兴军的必由之路，也是决定军队未来的关键一招。党的十八大以来，习近平围绕实现强军目标，统筹军队革命化、现代化、正规化建设，统筹军事力量建设和运用，统筹经济建设和国防建设，提出一系列重大方针原则，作出一系列重大决策部署。他指出全面实施改革强军战略，坚定不移走中国特色强军之路，这是应对当今世界前所未有之大变局，有效维护国家安全的必然要求；是坚持和发展中国特色社会主义，协调推进“四个全面”战略布局的必然要求；是贯彻落实强军目标和军事战略方针，履行好军队使命任务的必然要求。

国防和军队改革要以党在新形势下的强军目标为引领，贯彻新形势下军事战略方针，全面实施改革强军战略，着力解决制约国防和军队发展的体制性障碍、结构性矛盾、政策性问题，推进军队组织形态现代化，进一步解放和发展战斗力，进一步解放和增强军队活力，建设同我国国际地位相称、同国家安全和发展利益相适应的巩固国防和强大军队，为实现“两个一百年”奋斗目标、实现中华民族伟大复兴的中国梦提供坚强力量保证。

国防和军队改革的总体目标是，牢牢把握“军委管总、战区主战、军种主建”的原则，以领导管理体制、联合作战指挥体制改革为重点，协调推进规模结构、政策制度和军民融合深度发展改革。2020 年前，在领导管理体制、联合作战指挥体制改革上取得突破性进展，在优化规模结构、完善政策制度、推动军民融合深度发展等方面改革上取得重要成果，努力构建能够打赢信息化战争、有效履行使命任务的中国特色现代军事力量体系，进一步完善中国特色社会主义军事制度。按照总体目标要求，2015 年，重点组织实施领导管理体制、联合作战指挥体制改革；2016 年，组织实施军队规模结构和作战力量体系、院校、武警部队改革，基本完成阶段性改革任务；2017 年至 2020 年，对相关领域改革作进一步调整、优化和完善，持续推进各领域改革。政策制度和军民融合深度发展改革，成熟一项推进一项。

着眼于加强军委集中统一领导，强化军委机关的战略谋划、战略指挥、战略管理职能，优化军委机关职能配置和机构设置，完善军种和新型作战力量领导管理体制，形成决策权、执行权、监督权既相互制约又相互协调的运行体系。调整改革军委机关设置，由总部制调整为多部门制。军委机关下放代行的军种建设职能。发挥军种在建设管理和保障中的重要作用。调整改革后勤保障领导管理体制。改革装备发展领导管理体制，加强国防动员系统的统一领导。

适应一体化联合作战指挥要求，建立健全军委、战区两级联合作战指挥体制，构建平战一体、常态运行、专司主营、精干高效的战略战役指挥体系。重新调整划设战区，按照联合作战、联合指挥的要求，调整规范军委联合指挥，各军种、战区联合指挥和战区军种的作战指挥职能。与联合作战指挥体制相适应，完善联合训练体制。

坚持走中国特色精兵之路，加快推进军队由数量规模型向质量效能型转变。裁减军队现役员额30万，军队规模由230万逐步减至200万。优化军种比例，减少非战斗机构和人员。压减军官岗位。优化武器装备规模结构，减少装备型号种类，淘汰老旧装备，发展新型装备。

依据不同战略方向安全需求和作战任务，调整结构、强化功能、优化布局，推动部队编成向充实、合成、多能、灵活方向发展。优化预备役部队结构，压减民兵数量，调整力量布局和编组模式。

遵循军事人才培养规律，构建军队院校教育、部队训练实践、军事职业教育三位一体的新型军事人才培养体系。健全军委、军种两级院校领导管理体制，完善初、中、高三级培训体系，调整优化院校规模结构。健全军事职业教育体系，构建全员全时全域军事职业教育平台。创新人才培养制度机制，加强院校与部队共育人才。

适应军队职能任务需求和国家政策制度创新，进一步完善军事人力资源政策制度和后勤政策制度，构建体现军事职业特点、增强军人荣誉感自豪感的政策制度体系。调整军队人员分类，逐步建立军衔主导的等级制度，推进军官职业化，改革兵役制度、士官制度、文职人员制度。完善退役军人安置政策和管理机构。深化经费管理、物资采购、工程建设和军人工资、住房、医疗、保险等制度改革。全面停止军队开展对外有偿服务。

着眼于形成全要素、多领域、高效益的军民融合深度发展格局，构建统一领导、军地协调、顺畅高效的组织管理体系，国家主导、需求牵引、市场运作相统一的工作运行体系，系统完备、衔接配套、有效激励的政策制度体系。分类推进相关领域改革，健全军民融合发展法规制度和创新发展机制。

加强中央军委对武装力量的集中统一领导，调整武警部队指挥管理体制，优化力量结构和部队编成。

全面贯彻依法治军、从严治军方针，改进治军方式，实现从单纯依靠行政命令的做法向依法行政的根本性转变，从单纯靠习惯和经验开展工作的方式向依靠法规和制度开展工作的根本性转变，从突击式、运动式抓工作的方式向按条令条例办事的根本性转变。健全军事法规制度体系和军事法律顾问制度，改革军事司法体制机制，创新纪检监察体制和巡视制度，完善审计体制机制，改进军事法律人才管理制度，建立健全组织法制和程序规则，全面提高国防和军队建设法治化水平。

（四）积极推进富国和强军的统一

坚持富国和强军的统一，在经济建设与国防建设协调发展中走好强军之路。要坚持在国家总体战略中兼顾发展和安全，强化统一领导、顶层设计、改革创新和重大项目落实，深化国防科技工业改革，形成民融合深度发展格局，构建一体化的国家战略体系和能力。我们的军队是人民军队，我们的国防是全民国防，要加强全面国防教育，完善国防动员体系，建设强大稳固的现代边海空防，维护军人军属合法权益，让军人成为全社会尊崇的职业，巩固军政军民团结，为实现中国梦强军梦凝聚强大力量。

（五）坚定不移为实现党在新时代的强军目标不懈奋斗

习近平主席在党的十九大报告中指出："必须全面贯彻新时代党的强军思想，贯彻新形势下军事战略方针，建设强大的现代化陆军、海军、空军、火箭军和战略支援部队，打造坚强高效的战区联合作战指挥机构，构建中国特色现代作战体系，担当起党和人民赋予的新时代使命任务。”这一重要论述，为推进新时代强军事业赋予了目标任务、指明了奋进方向。

深入学习贯彻习近平强军思想，贯彻落实好党的强军战略布局。政治建军、改革强军、科技兴军、依法治军是强军的举措和布局，确立了新时代强军的战略方向、重点领域、主攻目标。要牢固确立习近平强军思想在国防和军队建设中的指导地位，不断铸牢军魂，培养“四有”新时代革命军人，永葆人民军队性质、宗旨、本色。要贯彻“五个更加注重”要求，深化军官职业化制度、文职人员制度等重大政策制度改革，推进军事管理革命，完善和发展中国特色社会主义军事制度。要强化科技是核心战斗力的思想，推进重大技术创新、自主创新，加强军事人才培养体系建设，建设创新型人民军队。要坚持全面从严治军，推动治军方式根本性转变，提高国防和军队建设法治化水平。

习近平国防和军队建设重要论述反映了实现中华民族伟大复兴中国梦的根本要求，站在实现中华民族伟大复兴的战略高度，全面阐述新形势下军队建设的地位作用、目标任务、方针原则、战略步骤等重大问题，体现了实现国家民族最高利益对人民军队的历史重托，体现了完成党的执政使命对军队建设的时代要求，为我军更好担负起维护国家统一、领土主权、海洋权益和发展利益的职能使命提供了有力引领。

军海泛舟

“朱日和之狼”的终极追求

“烈火，烈火，对2号高地左侧装甲目标群实施攻击，配合我右翼突击群前出……”马达轰鸣，冰雪翻飞。冬日大漠戈壁一派火热的练兵景象，拉开了新年度实战化训练大幕。

参加演训的就是第81集团军某旅——中国第一支专业化蓝军旅。自2011年受命组建蓝军部队以来，短短6年时间，蓝军旅先后参加34场实兵对抗演习，取得33胜1负的惊人战绩，打破了以往演习红军必胜、蓝军必败的定势，被外媒誉为“朱日和之狼”。

在外界看来，演习求胜似乎是蓝军旅的最高追求。但在蓝军旅官兵心中，他们更希望“对手”喊出的“踏平朱日和、活捉满广志”成为现实。由胜到险胜，从打赢到求虐，蓝军旅在不懈追求着擦亮磨快红军的战刀，激发实战化训练的“鲇鱼效应”。

“狼”字当头、锤炼过硬“磨刀石”

2011年11月26日，中国第一支专业化蓝军旅在天津渔阳古城成立，首任旅长周志国和政委杨中印接过军旗的那一刻，也扛起了我军历史上具有跨时代意义的任务——建设专业化蓝军部队。

2012年2月，当全国人民还沉浸在春节欢乐之中时，蓝军旅第一任党委班子却正在研究部署调整移防的工作。很快，一列列满载着各级对建设专业化蓝军期望的军列抵达北疆大漠，驻扎在被誉为东方欧文堡的朱日和合成战术训练基地。作训科原科长刘博回忆当时百事待举的开局：“我们搬到新机关楼后，打开电脑发现硬盘里没有一点可用资料，真的是白手起家呀！”

蓝军旅第一代“创业人”没有退缩，他们与原总部、军队院校等数十家研究部门建立情报协作关系，细化3类12个模拟蓝军建设重点问题，编写制定规章制度30多项，编修整理资料上万册，梳理蓝军作战理论研究课题70个……短短1年时间里，难题逐一取得突破，新成立的蓝军研究中心和蓝军图书馆，成为指导蓝军研训的“资料库”。

有了丰硕的研究成果，如何把理论成果转换成蓝军磨砺红军的能力，才是最重要的一环。蓝军战术训练是个全新科目，无经验可循、无课目借鉴，蓝军旅通过组织精品教案示范确立战术训练标准。合成二营五连连长管福强是摩步专业出身，还学习过坦克、侦察等专业，是个名副其实的“军事通”，他主动请缨受领一个蓝军课目示范任务。现有的理论资料并没有想象中具体，有时对一个战术动作的描述只有一句话，却有30多个动作可以选择。半个月里，管福强把示范课目细化为体系构成、典型任务、指挥控制等10多个模拟重点，边写教案边训练论证。很快，从部队编成、训练计划、作战条令对比外军进行调整，训练、指挥、战法向外军靠拢，一批可学、可看、可用，符合对手作战标准的示范课目和一组覆盖不同模拟对象、不同规模层级的作战行动方案体系逐渐形成，并迅速推广至全旅。

红军要过硬，蓝军必凶狠。在蓝军旅合成三营营长王超的手机里，存有一张朱日和天气预报的截图，截图显示当时温度低达零下35摄氏度：“这张截图记录了官兵为建设专业化蓝军紧贴实战训练的一个缩影。”“朱日和的冬天格外长，如果冬天不抓紧训练，演习的时候拿什么跟红军过招?”六连连长宗佳鹏说。蓝军旅一年演习任务特别重，多的时候达10场，除去演习可供训练的时间并不多，这就要求蓝军旅必须抓住点滴时间训练。

调整战法、把对手放进来打45%∶24.1%，这是一场跨越演习中红蓝双方战损率之比。演习结束，红军向蓝军伸出大拇指的同时，却向导演部诉起苦来：“机动数千公里来到朱日和，结果还没到蓝军阵地前沿，甚至连蓝军面都没见就败下阵来，我们到底锻炼了什么?”这引起了原总部首长的关注，因此提出“陪练员”的概念，根据各参演部队作战能力强弱，适当调整战法，让演习真正对抗起来，红军才能得到真正磨砺。

此时，蓝军旅也意识到之前对蓝军定位的偏差：一支蓝军旅再强，也只能是一支部队，将所有部队练强才是蓝军存在的意义。蓝军旅提出“遇强不能弱，遇弱不过强”的对抗原则，让来参加演习的部队都能得到全程对抗，而不是耗费巨资机动数千公里而来，连蓝军真正的打法都没看到就无获而返。

谈起那次演习命悬一线，蓝军旅侦察营排长佘永林仍心有余悸。演习中，佘永林带领蓝军7名侦察兵深入“敌”后，饿了就吃口干粮，渴了就喝口矿泉水，每天休息不到3个小时。由于潜伏壕伪装较好，红军的坦克两次从佘永林的潜伏壕上碾过都没发现。“红军的坦克履带最近时，离我的头只有20厘米，稍有不慎我就跟‘死神’见面了。”在如此超生理心理极限的情况下，佘永林和其余7名侦察兵连续潜伏108小时，用及时准确的侦察情报确保了作战决心的实现，逼着红军锤炼打赢本领。

“没有这样的蓝军，我们就面对不了这种活生生的对手，没有这样强硬的对手，就锻炼不出部队能力。”红军部队“战”后吐真言，不仅是对打赢能力差距的正确认识，更是向对手表示由衷的尊敬。

抛开输赢、叫响“胜我才能打仗”

33∶1，蓝军“开挂”的战绩无疑成为“红军克星”。然而，一次次胜利的喜悦，并没有让蓝军旅官兵沾沾自喜：蓝军打败红军不是目的，演习中险胜甚至是败给红军，才是蓝军旅最希望看到的，也是“磨刀石”部队存在的意义。

自2015年担任蓝军旅旅长两年多来，旅长满广志带领官兵取得不少胜利。用他的话说，自己追求的胜利“不是演兵场上的，而是战场上的”。组建以来，蓝军旅参加30多场演习，每一场每一个回合都着眼未来放眼世界，按照潜在对手战斗力指数相当的要求确定兵力编组、按照性能等效的要求模拟武器装备，按照作战思想和战法运用一致的要求组织作战行动。

复盘30多场演练，红胜蓝败的定势被打破了，“蓝军”把“红军”平时看不到的问题一一逼了出来。他们把一支支劲旅逼到绝境、难到极限，逼着各路精兵动脑筋想对策，多练几手，带动了实战化训练热潮的兴起。

在蓝军旅营区400米跑道边，立着蓝军的战表：“胜我才能打仗，赢我才能过关。”《蓝军赋》中写道：“待千军竞发时，皆念我磨刀之功，岂不快哉！”这就是蓝军旅的终极追求！

思考题

1. 邓小平新时期军队建设思想的主要内容有哪些？
2. 江泽民国防和军队建设思想的主要内容有哪些？
3. 胡锦涛国防和军队建设思想的主要内容是什么？
4. 习近平关于国防和军队建设的重要论述主要有哪些？

第三章

战 略 环 境

教学目标

理解战略和战略环境的含义；明确战略的基本要素、特点、分类；掌握研究国际战略环境应从哪几个方面入手；明确国内战略环境包含的内容；正确认识国际战略格局的含义、本质、结构类型及基本特征；正确领会国际战略格局的现状、趋势及我国周边安全环境面临的威胁和挑战；明确如何贯彻我国安全政策。

军事讲坛

凡战者，以正合，以奇胜。故善出奇者，无穷如天地，不竭如江海。终而复始，日月是也。死而更生，四时是也。声不过五，五声之变，不可胜听也；色不过五，五色之变，不可胜观也；味不过五，五味之变，不可胜尝也；战势不过奇正，奇正之变，不可胜穷也。奇正相生，如循环之无端，孰能穷之哉！

——孙子

【译文】大凡作战，都是以正兵作正面交战，而用奇兵去出奇制胜。善于运用奇兵的人，其战法的变化就像天地运行一样无穷无尽，像江海一样永不枯竭。像日月运行一样，终而复始；与四季更迭一样，去而复来。宫、商、角、徵、羽不过五音，然而五音的组合变化，永远也听不完；红、黄、蓝、白、黑不过五色，但五种色调的组合变化，永远看不完；酸、甜、苦、辣、咸不过五味，而五种味道的组合变化，永远也尝不完。战争中军事实力的运用不过“奇”、“正”两种，而“奇”、“正”的组合变化，永远无穷无尽。奇正相生、相互转化，就好比圆环旋绕，无始无终，谁能穷尽呢。

第一节　战略与战略环境

战略环境是指制定某一战略所必须依据并制约该战略实施的环境和条件。国际战略环境是指世界各主要国家和政治集团在一定时期内，通过战略上相互联系、相互作用、相互斗争所形成的国际战略格局和国际战略形势。国际战略环境包括国际战略格局和国际战略形势两个方面。国际战略格局是国际战略环境的框架结构；国际战略形势是国际战略环境的动态表现。它从本质上反映了世界各主要国家的政治集团建立在一定军事、经济实力基础上的政治关系的基本状况和总体趋势，其核心是世界范围内的战争与和平问题。国际战略环境是在一定的时代背景下形成的，时代的特征对它的基本面貌有决定性影响。影响国际战略环境的主要因素还有国际间战略利益的矛盾及其发展；政治、经济、军事力量在世界范围内的分布与配置；主要国家之间的战略关系及其斗争、制约、合作的态势；战争的进程和结局，以及战争威胁的性质和程度等。

一、战略

（一）战略的含义

战略有两层含义，一是泛指关于全局性、高层次、长远的重大问题的方针策略，如国家战略、国家安全战略、经济发展战略等，二是军事战略的简称，是指筹划和指导战争全局的方针和策略，分为进攻战略和防御战略。

本章所指战略，特指军事战略，即根据对国际形势和敌对双方政治、军事、经济、科技、地理等诸多因素的分析和判断，科学预测战争的发生与发展，制定战略方针、战略原则和战略计划，筹划战争准备，指导战争实施所遵循的原则和方法。

军事战略是为国家利益服务的，具有对外反侵略、对内反颠覆的双重职能。根据国家利益的要求，它既指导战争时期的作战活动，也指导和平时期的军事斗争；既指导准备与打赢战争，也指导遏制和防止战争；既要保卫国家的和平与安全，捍卫国家的主权和领土完整，又要以有效的军事行动支持国家的外交斗争，维护国家利益。

（二）战略的基本要素

战略的基本要素，就是构成战略的基本成分。它是战略本质属性的集中反映，也是战略内容和形式的具体展现。根据制定和运用战略的实践经验，就战略自身的本质特性和社会功能来说，战略目的、战略方针、战略力量、战略措施这几个要素是不可缺少的，应当成为构成战略的基本成分。这些要素是一个有机联系的整体，它们共同构成了一个完整的战略框架。它们之间互为依托、紧密联系，在相同的时间、空间、力量条件下对同一个对象发生作用，并通过相互之间的最佳匹配，实现最佳的斗争效果。

1. 战略目的

战略目的是战略行动要达到的预期效果，是制定战略的出发点，也是实施战略的归宿。战略目的是根据战略形势和国家利益的需要确定的。不同性质的国家和军队，其战略的目的不同。对于大多数国家来说，维护国家和民族的根本利益、长远利益和整体利益，特别是维护国家的领土主权完整和统一是战略的基本目的。确定战略目的，强调需要与可能相结合，具有科学性和可行性，符合国家的路线、方针和政策，与国家的总体目标和国力相适应，可以满足国家在一定时期内对维护自身利益的基本要求。

2. 战略方针

战略方针是指导军事行动的纲领和制定战略计划的基本依据。它是在分析国际战略形势和敌对双方战略诸要素基础上制定的，具有很强的针对性。对不同的作战对象，不同条件下的战争，应采取不同内容的战略方针。每个时期或每次战争除了总的战略方针外，还需制定具体的战略方针，以确定战略任务、战略重点、主要的战略方向、力量的部署与使用等问题。

3. 战略力量

战略力量是指参与斗争的军事力量。战略力量是战略的物质基础和支柱。它以国家综合国力为后盾，以军事力量为核心，在发展经济和科学技术的基础上，根据战略目的和战略方针的要求，确定其建设的规模、发展方向和重点，并与国家的总体力量协调发展。

4. 战略措施

战略措施是为准备和进行战争而实行的具有全局意义的保障，是战略决策机构根据战争的需要，在政治、军事、外交、经济、科学技术和战略领导与指挥等方面，所采取的各种全局性的、切实可行的方法和步骤。它包括所能应用的政治、经济、军事、外交、科学技术、战略领导和指挥等各方面的综合手段。

（三）战略的特点

世界上任何事物都有区别于其他事物的本质属性，战略亦不例外，军事战略因其特定的研究对象、内容和表现形式，而具有其自身的鲜明特点。

1. 全局性

凡属需高层次谋划和决策，所有要照顾各个方面和各个阶段性质的重大的、相对独立的领域，都是战略的全局。全局性表现在空间上，整个世界、一个国家、一个战区、一个独立的战略方向，都可以是战略的全局。全局性还表现在时间上，贯穿于指导战争准备与实施的各个阶段和全过程。战略的领导者和指挥者要把注意力摆在关照全局上面，胸怀全局，通观全局，把握全局，处理好全局中的各种关系，抓住主要矛盾，解决关键问题；同时注意了解局部，关心局部，特别是注意解决好对全局有决定意义的局部问题。

2. 方向性

战争是政治的继续，具有很强的政治目的。任何战略都反映了一个国家或政治集团利益的根本的目标方向，体现它们的路线、方针和政策，是为其政治目的服务的，且具有鲜明的目标方向。

3. 对抗性

制定和实施战略都要针对一定对象，通过对其各方面的情况进行分析判断，确定适当的战略目的，有针对性地建设和使用好进行斗争的力量，掌握斗争的特点和规律，采取多种斗争形式和方法，对敌抑长击短，对己扬长避短，以取得预期的斗争效果，是战略谋划的基本内容。

4. 谋略性

战略是基于客观情况而提出的克敌制胜的斗争策略。它是在一定的客观条件下，变被动为主动，化劣势为优势，以少胜多，以弱制强，乃至不战而屈人之兵的重要方法。运用谋略，重在对战争全局的谋划。制定战略强调深谋远虑，尊重战争的特点和规律，多谋善断，料敌定谋，灵活多变，高敌一筹，以智谋取胜。

5. 预见性

预见性是谋划的前提，决策的基础。在广泛调查研究的基础上，全面分析、正确判断、科学预测国际国内战略环境和敌友关系，以及敌对双方战争诸因素等可能的发展变化，把握时代的特征，明确现实的和潜在的斗争对象，判明面临威胁的性质、方向和程度，科学预测未来战争可能爆发的时机、样式、方向、规模、进程和结局，揭示未来战争的特点和规律，是制定、调整和实施战略的客观依据。

（四）战略的分类

科学地进行战略划分和建立合理的战略层次结构是战略理论与实践演进的必然结果，也是战略理论与实践深入发展的客观要求。依据不同的战略目的和战略需要，从不同的侧面和不同的个性特征可以将战略划分为不同的类型。

（1）按作战行动的性质和样式，可以将战略划分为进攻战略和防御战略两大类。

（2）依据作战行动的时间特征，可以将战略划分为速决战略和持久战略两种类型。

（3）根据作战行动的主要手段，可以将战略划分为核战略、常规战争战略和信息化战争战略。

（4）根据战争规模和涉及的范围，可以将战略划分为全面战争战略和局部战争战略。

二、战略环境

战略环境是指影响国家安全或战争全局的客观情况和条件。它主要包括国际和国内的政治、经济、军事、外交、科技、地理等方面综合形成的客观情况和条件，以及由此而形成的战略态势，特别是战争与和平的总态势。战略环境是制定战略的客观基础。全面、准确地认识和分析战略环境是正确制定战略的先决条件。

（一）战略与战略环境

1. 战略与战略环境的关系

战略环境是独立于战略指导者意识之外的客观存在，战略则是军事斗争规律在人们头脑中的反映。因此，战略环境是制定战略的客观基础。任何国家（集团）的战略，无不受一定战略环境的制约和影响。例如，第二次世界大战期间，德国、意大利和日本结成法西斯军事政治联盟轴心，并把战火迅速扩大到欧洲、亚洲和非洲广大地区，使众多国家遭受奴役、屈辱或面临重大威胁。这种特殊的战略环境，促使一些战略利益并不完全一致甚至对立的国家结成了国际反法西斯同盟，共同反对德、意、日法西斯的侵略战争，从而使有关各国的战略具有战争时期联合对敌的基本特征。第二次世界大战结束后，战略环境发生了变化，战时的反法西斯同盟发生破裂。美苏两国由盟友关系演变为敌对关系，各自逐步形成和制定了互为主要对手争夺世界霸权的战略。

2. 认识和分析战略环境是正确制定战略的先决条件

战略环境是影响战略的客观因素，战略指导者只有了解它、熟悉它，并且认识其各种因素的相互联系、相互作用及其对敌我行动的影响，才有可能找出其中的特点和规律，并根据这些规律制定出正确的战略。制定战略的过程是战略指导者认识和分析战略环境的过程。对战略环境的认识和分析越客观、越准确，所制定的战略也就越符合实际，越有成功的把握。

3. 战略对战略环境的能动作用

战略作为对军事斗争全局的筹划与指导，不论其正确与否，都对维持或改变战略环境有重大影响。实践证明，在一定的物质条件下，正确的战略可以改变险恶、不利的战略环境，化险为夷，转危为安。从军事斗争的历史和现状看，任何国家（集团），不论其政治目的和决策者的素质如何，都力图通过制定和推行自己的战略，促使战略环境朝着有利于己方的方向发展。然而，从属于不同政治目的的战略，对战略环境所起的作用是截然不同的。以推行霸权主义和侵略扩张为目的的战略，对国际战略环境起着破坏和恶化的作用，会给国际社会带来灾难。而以反抗侵略和维护和平为目的的战略，则起着改善战略环境的作用，为维护世界和平和促进人类进步事业创造有利条件。

（二）国际战略环境

国际战略环境是指一个时期内世界各主要国家在矛盾、斗争或合作、共处中的全局状况和总体趋势。它是国际政治、经济、军事形势的综合体现。它主要包括各方力量消长、利益得失、矛盾升降、斗争起伏，特别是在双边或多边关系中敌与友、战与和、对抗与妥协、分化与组合、多助与寡助，在战争中进与退、攻与守、胜与负、强与弱、优势与劣势等方面的总状况和总趋势。

由于国际战略环境关系到一个国家的生存与发展、安危与兴衰，影响着一个国家军事斗争的对象、性质、目标、敌友关系以及军事力量建设与运用的基本方向，因此，在制定一个国家的战略时首先必须考察和关注国际战略环境这一外部环境和条件。国际战略环境的范围极其广泛，在研究和考察的过程中，重点应从以下五个方面入手：

1. 时代特征

时代特征反映了世界发展总进程中的矛盾领域和斗争状况，是整个世界在一定历史阶段的总标志，而不是个别国家的个别现象，也不是国际社会一时一事的情节或短时期的形势变化，因而，它具有世界性、阶段性的特点。正确认识时代特征、有助于战略指导者从宏观上把握当代世界的主要矛盾和总的发展趋势，进而对国际战略环境做出正确的判断，避免战略指导的重大失误。

2. 世界战略格局

世界战略格局是指世界各国政治、经济、军事力量在其消长、分化、组合过程中所形成的，对世界战略全局具有重大的影响。它反映了一定时期内国际的力量对比、利益矛盾和需求，以及基本的战略关系。全面分析与研究世界战略格局，有助于从总体上了解世界各主要国家在世界全局中的地位。以及战略利益方面的矛盾和需求，有助于对世界形势及其可能的发展趋势做出基本的估计。

3. 主要国家的战略动向

世界各国之间由于战略利益和政策的异同，既可能是对手，也可能是盟友。各国的战略动向，既互为条件、相互依存，又相互影响和制约。一些实力较强的世界性或地区性的大国，特别是超级大国所推行的战略，对其周边地区乃至世界的安全与稳定都具有重大的影响，对其他国家的战略也有不同程度的影响。因此，各时期的各主要国家的战略及发展趋势，是国际战略环境的重要内容之一。了解主要国家的战略动向，有助于从世界各国特别是大国之间的关系上具体地研究国际战略环境，进而对世界形势做出正确的判断。

4. 当代世界战争与和平的趋势

战争是解决阶级与阶级、民族与民族、国家与国家、政治集团与政治集团之间利益矛盾和冲突的最激烈的手段。只要战争的根源还存在，战争与和平始终是国际安全面临的两大问题。因此，当代世界战争与和平的趋势在国际战略环境中最引人注目，也是世界各国研究和制定军事战略时最为关注的焦点。

5. 周边安全形势

周边安全形势是指周边国家直接、间接影响本国安全的条件和因素。其中，周边国家与本国的利益矛盾、对本国的政策企图、与本国密切相关的军事力量及其部署等直接影响本国安全的情况和因素，是周边安全形势中最值得关注和研究的重要内容。

从上述五个方面入手研究国际战略环境，对于洞察国际斗争，特别是战争与和平的基本趋势，进而判明对本国战略利益的影响具有十分重要的意义。

（二）国内战略环境

国内战略环境是指对筹划、指导军事斗争全局具有重大影响的国内社会环境与自然环境。它反映了国家军事力量建设与运用的可能条件和制约因素，决定着战略的基本性质与方向，是制定战略的依据。国内战略环境主要包括国家政治、经济、军事、地理等方面的基本状况。其中，国家地理环境、政治环境和综合国力状况对国内战略环境具有最直接的影响。

1. 地理环境

地理环境主要包括国家（战区）的地理位置、幅员、人口、资源、地形、气候以及行政区划、交通、要地等状况。这些地理要素与军事斗争的关系十分密切，是军事力量生存、活动的空间条件。因此，地理环境不仅是制定战略的重要的客观依据，而且还是影响战争胜负的一个非常重要的因素。

2. 政治环境

国内政治环境涉及的范围比较广泛，其中，国家的政治、法律制度和基本国策，以及国内政治安全形势两个方面对战略影响最大。国家的政治、法律制度和基本国策是国内政治环境的本质和核心，对军事斗争全局的筹划与指导起着决定性的作用，是确定军事斗争目的、性质、任务、基本方针、政策和战略指导原则的政治依据，也是保证战略得以贯彻实施的政治基础。国内政治安全形势，包括一定时期内国内的阶级、民族、宗教、政治集团之间相互关系的基本状况以及对政局和国家安全的影响。其中，敌对势力分裂、颠覆国家和发生武装冲突或国内战争的情况，是直接影响国家统一和稳定的因素，是筹划和指导军事斗争必须关注的重要问题。

3. 综合国力状况

综合国力是一个国家全部物质力量和精神力量、实力和潜力的总和。包括国家的人力、物力、财力、军力、科技与生产能力、社会保障与服务能力以及组织动员能力等。综合国力是军事斗争特别是战争的物质基础，是军事理论、作战方法发展进步的重要条件。

第二节　国际战略格局

一、国际战略格局概述

所谓格局，就是力量对比的结构和态势。国际战略格局的形成，是国际斗争和国际战略运用的必然结果。同时，新的国际战略格局一经产生，又会对国际战略形势产生直接的影响。因此，要想从整体上把握国际斗争的基本情况和基本形势，揭示国际斗争的一般规律，就必须注重研究国际战略格局问题。

（一）国际战略格局的基本含义

国际战略格局，是指国际社会中国际战略力量之间在一定历史时期内相互联系、相互作用而形成的具有全球性的、相对稳定的力量对比结构及基本态势。

国际战略格局是由主要国家或国家集团的力量对比所决定的，从本质上反映的是一种安全战略关系的概念。国际战略格局反映了一定时期内国际间的力量对比、战略利益矛盾和需求以及基本的战略关系，是一个时期内国际斗争阵线的集中表现。

（二）国际战略格局的构成要素

国际战略格局作为国际斗争的直接产物和国际战略运用的必然结果，其构成要素是国际战略力量，而不是一般意义上的国际行为主体。

国际战略力量是指在国际关系中能够独立地发挥作用，并对国际形势及国际战略的运用和发展具有巨大影响的国家或国家集团。国际行为主体，亦称国际关系行为主体，是指能够独立参与国际事务，并能独立行使国际权利、承担国际责任与义务的实体。在国际舞台上，存在着众多国际行为主体，主要分为国家行为主体与非国家行为主体两大类。前者即主权国家，后者有国际组织、跨国公司、国际性政党、国际性运动和国际性宗教等。国际战略力量与一般国际行为主体的主要区别，在于其行为能力对国际战略影响力的不同。任何国家或政治、经济实体，只要它在国际事务中具有独立的行为能力就可以构成为国际行为主体，就可以成为一般国际政治要素。但一个国际行为主体只有当它的行为能力达到一定的程度，能对国际战略的形成和发展，对其他行为主体产生重大影响时，才能成为一种国际战略力量，并成为国际战略格局的构成要素。

国际战略力量的行为能力与其所拥有的政治、经济、军事实力或综合国力紧密相关。一个国家的力量或一个国家集团的力量是由多种力量要素构成的：

（1）政治力量，主要包括政治稳定力、政治组织（协调）力、政治影响（号召）力。

（2）经济力量，主要包括生产力、经济开发力、经济资源配置（利用）力及其储备力等。

（3）军事力量，主要包括常备军力、后备军力、战争动员力等。

（4）科技力量，主要包括科技发展力、科技成果应用转化力、科技创造发明力等。

（5）社会文化力量，主要包括社会凝聚力、社会文明影响力、历史传统继承和发扬力等。

国家力量或国家集团力量的这些要素虽然各有其不同的作用和影响，但只有各个要素构成整体，充分发挥综合影响力，才能真正构成国际战略力量，并对国际战略格局产生应有的影响。正因为如此，当今世界各主要国家和国家集团都很强调发展综合国力，或“综合集团力”，积极创造参与国际竞争的有利条件，以利于夺取战略优势。

在当今国际战略舞台上，能够被称为国际战略力量，并进而成为国际战略格局的基本要素的是大国和国家集团。所谓大国，一般指那些幅员辽阔，人口众多，拥有较强的经济、科技和军事实力，对国际事务和地区事务能够施加巨大影响的国家，也就是通常所指的那些能够构成国际战略力量的世界主要国家。国家集团则是若干国家力量的“集合”，因而它比单个国家力量要强大得多。国家集团通常以建立某种国际同盟关系的方式确定。例如，第二次世界大战后所建立的“北约”和“华约”两个政治和军事集团组织，就是当时世界上的两大国家集团。大国和国家集团在国际战略格局形成与发展的过程中发挥着重要作用。在国家集团尚未出现之前，一些大国所建立起来的国际体系，决定着一定时期的国际战略格局。在新旧格局交替的过渡时期，大国和国家集团是推动新的国际战略格局加速形成的重要力量，也是未来新格局得以建立的基本构成要素。正确认识这一要素的发展变化，对于恰当地把握今后国际战略格局的演进趋向十分重要。

（三）国际战略格局的本质

在当今国际战略舞台上，国家与国家之间的关系，最本质的是它们之间的力量对比关系。因此，国际战略格局本质上就是一种国际战略力量的对比关系。国际战略力量对比是国际战略力量之间的一种实力对比，以及由此而派生的影响力对比。因此，在考察各种战略力量时，不仅要考察它们本身所具有的实力地位，而且要考察它们在国际事务中实际发挥的作用和影响力。只有把这些因素联系起来加以分析，才能确定哪些是主导性力量，哪些是从属性力量，哪些仅仅是潜在性力量，从而形成正确的战略判断。

（四）国际战略格局的结构类型

国际战略格局的结构是指它所表现出的基本形态，包括国际政治、经济、军事关系在内的国际战略关系的表现形式，是国际战略力量对比的结构形态。区分国际战略格局的不同类型，主要应当依据格局的内部结构和外在形态。所谓内部结构，是指构成一定格局的战略力量的特征，以及各种力量之间相互组合的状况。所谓外在形态，是指战略力量之间相互作用的形式与存在状态。据此，可把国际战略格局区分为以下四种基本类型。

1. 单极格局

即某一个大国在国际战略格局中占据主导地位，形成一国独霸的局面。这种情形在历史上曾经出现过，如资本主义初期的西班牙、荷兰和英国，都曾有过独霸世界的历史。英国的世界霸权地位甚至维系了近 200 年。当然，这种格局状态是资本主义刚刚形成时期的特定产物。这个时期，由于资本主义刚刚在局部地区出现，近现代意义上的国际社会正在逐步形成，因而资本主义发展最早的国家，往往能够确立独霸地位，但这种霸权在很大程度上仅限于欧洲地区，真正的世界霸权并未建立起来。

2. 两极格局

即两大战略力量之间的相互对立和相互斗争，对整个国际事务起着决定性影响的局面。这种类型的格局在历史上曾多次出现过。第一次世界大战期间的同盟国和协约国，第二次世界大战（简称“二战”）期间的法西斯轴心国和反法西斯同盟国，二战后的社会主义和资本主义两大阵营以及随后的美苏两极对抗，都是历史上的两极格局。从中可以看出，“两极”主要是两大对立的国家集团，而不完全是两个国家之间或某个国家单独与另一个国家集团之间的对立。同时，在两极之外总有不从属于两大集团的其他国家存在。

3. 多极格局

即多种战略力量既相对独立又相互联系，既相互合作又相互制约而形成的一种相对平衡的战略关系。在多极格局中，作为格局构成要素的战略力量，可以是单个的国家，也可以是国家集团。冷战结束后，多极化趋势呈现出更加强劲的发展势头，目前已经形成了初步的轮廓。

4. 多元交叉格局

这是一种由两极向多极，或由多极向两极的过渡性格局。在这种格局状态下，一方面存在着两大战略力量或多种战略力量之间的对立，同时也存在着独立于上述力量之外的其他战略力量。这些战略力量既在一定程度上受到现有格局中的支配力量的影响，又能够在国际事务中发挥自身的独特作用，从而构成国际战略格局中潜在的一极。冷战结束后，在向多极格局的过渡时期，多元交叉格局表现得更为明显。欧美虽是盟友关系，但欧洲正在成为新的一极。美日同盟也有新的发展，但日本的政治独立性也有很大增强，很可能在多极格局中占有一席之地。中、俄既与其他战略力量保持着联系，同时又坚持自身的独立地位。这种多元交叉格局无疑构成了未来多极格局的基础。

（五）国际战略格局的基本特征

1. 国际战略格局总是同一定的历史阶段相联系，与时代的发展密切相关

国际战略格局总是反映着一定时代条件下的战略力量对比关系。在同一时代条件下，格局的外在形态可能不同，但其内在本质则是一样的。例如，在资本主义时代，无论格局外在形态如何，都反映了资本主义大国之间相互制约和相互争夺的关系。19 世纪上半叶，欧洲多极均势是与自由资本主义时代资本主义国家竞相发展相一致的。20 世纪初期，几个资本主义大国互相争霸的战略格局，则又与资本主义发展到垄断阶段，加剧了资本主义国家尤其是大国间的竞争密切相关。因此，要正确分析各个时期国际战略格局的特点，就必须把握时代发展的基本脉络以及不同时代的基本特征。

2. 国际战略格局总是同世界经济格局相适应，并以经济格局为基础

世界经济格局是指世界范围内各种经济力量之间相互关系的结构状态。世界经济的出现和发展，推动了国际社会的形成和发展。建立在世界经济体系基础上的国际战略格局，可以说是经济因素在国际政治领域的集中反映。国际战略力量的形成，与其所拥有的经济实力以及在经济格局中的地位紧密相关。一个国家或国家集团在国际社会中的行为能力和影响能力，固然要取决于多种因素，但经济实力是其中最基本的并长期起作用的决定性因素。经济实力与行为能力是成正比的。英国之所以在 17—18 世纪能够称雄世界，就在于其资本主义经济发展最迅速，经济实力最强大。美国在第二次世界大战后成为资本主义世界的霸主，最重要的原因就是它拥有世界上最强大的经济和军事实力。从历史上看，国际战略格局的发展变化往往以世界经济格局的发展为先导。正是由于 17—18 世纪存在着以英国为首“世界工厂”的经济格局，才确立了英国在欧洲乃至国际战略格局中的主导地

位。19世纪欧洲资本主义多元经济中心的形成则成为欧洲均势格局的先导。

3. 国际战略格局总是同一定形式的国际秩序相互关联、相互作用

国际秩序主要是指由国际社会共同制定，并要求各国共同遵循的国际准则。国际秩序与国际战略格局同属于国际关系范畴，两者有着直接的关联和影响。一定的国际秩序总是由在国际战略格局中居于主导地位的国家或国家集团制定的，或是在很大程度上受到这些国家意志的制约和影响，因而国际秩序是国际战略格局的现状在国际准则上的反映。但国际秩序一经建立，它对国际战略格局又会起到强制性的维护作用，甚至在旧格局解体的情况下，原有的国际秩序仍会在一定范围和一定程度上继续产生影响。二战以前，国际秩序的本质特征是强权政治和殖民政治。二战后，社会主义力量的发展壮大和第三世界国家的兴起，有力地冲击了旧的国际秩序。然而，由于美苏争霸愈演愈烈，以两极格局为背景的国际秩序，仍未摆脱强权政治和霸权主义的束缚。冷战后，围绕建立新的国际政治、经济秩序的斗争仍很激烈。这种斗争不仅是国际战略格局加速向多极化发展的必然反映，而且对未来格局的最终形成也会产生直接影响。

4. 国际战略格局的不同层次之间总是既相对独立，又相互影响

国际问题有的是全球性的，有的则是地区性的。国际战略格局按其范围大小，也可区分为世界格局和地区格局。这两个层次既有其独立性，又有其关联性。所谓独立性，就是两个层次的战略格局都可以在一定条件下独立存在。例如，现在新的国际战略格局尚未形成，但某些地区的战略格局已初步建立起来。同样，旧的国际战略格局现在已不复存在，但某些地区原有的战略格局却尚未被打破。例如，东北亚地区，南亚地区的战略格局仍然保留着冷战时期的某些特征。所谓关联性，就是世界格局与地区格局的发展都在一定程度上影响着对方的发展。国际战略格局包含着地区战略格局，并在总体上决定着地区战略格局的发展走向，地区战略格局则是全球性矛盾斗争在地区的必然反映，同时又对国际战略格局的形成或转换产生影响。如果分析一下二战后中东地区和欧洲地区战略格局的演化情况，就不难看出这一点。这两个地区都是美国和苏联争夺的重点或热点地区，因而都受到了两极格局的巨大影响。尤其是欧洲地区，既是两极格局形成的发源地，又是这一格局终结的归宿点。所以，欧洲地区的战略格局与两极体制下的国际战略格局，其形成和瓦解几乎是同时发生的。

军海泛舟

超级大国—美国

超级大国指极端强大的国家，特指当世界在政治上划分为支配国和被支配国的时代的一个或极少几个支配国家。此词于1923年在西方首次出现，20世纪70年代以来在国际上广泛使用。超级大国的特点是其经济力量和军事力量远远超过其他任何国家，并以其强大的军事实力和经济实力，有能力直接或者间接对别国进行政治或者经济进行干预甚至动用武力而达到其利益最大化，谋求世界霸权。

大英帝国在经历一战和二战后国力严重受损加上全球民族主义运动的兴起逐渐走向解体，地位又被崛起的美国和苏联取代，美苏进行了将近半个世纪的冷战，美苏对抗形式主要体现在军备竞赛，政治输出，代理人战争直到苏联解体。冷战中美国推行石油美元，后

来衍生出全球金融霸权，现如今的美国被特指为全球唯一的超级大国。

二、国际战略格局的现状

国际战略格局是一定时期内国际关系中起主导作用的力量之间的相对关系和结构形式。第二次世界大战结束后形成的以美苏为首的两极格局支配世界国际关系近半个世纪。东欧剧变和苏联解体使两极格局被打破，国际社会的各种力量进行新的组合，世界处于新旧格局交替的动荡时期，国际战略格局逐渐呈现出“一超多强”的态势。同时，世界多极化在曲折中发展。

（一）美国欲建立单极世界却难阻多极化潮流

美国是当今世界唯一的超级大国，虽然其实力地位和国际影响力相对有所下降，但从经济实力、科技实力、军事实力及国防影响力、文化扩散力等方面看，仍是各极力量中最强大的一极。美国拥有一支全球进攻性军事力量，其战略核力量拥有洲际弹道导弹、弹道导弹潜艇、战略轰炸机等，是世界上最强的三位一体核进攻力量。美军具有很强的远程精确打击、隐形攻击、电子战、联合作战和综合保障能力。海军能够控制世界各大洋和海峡咽喉要道，空军能够全球到达和全球攻击，陆军能够在世界各地区实施作战，后勤力量能够有效保障美军在海外的作战行动。美国把全球划分为六大战区，企图建立以美国为领导的单极世界，充当世界领袖。其战略构想是：以美洲大陆为依托，以北约和美日军事同盟为两大战略支柱，从欧、亚大陆向全球进行新的战略扩张，把美国的领导作用扩展到全世界，遏制新的全球性竞争对手出现，长期保持美国唯一的超级大国地位。但是，美国并不能凭借自己的优势地位在世界上为所欲为。首先，几乎所有国家都不赞成建立以“美国为轴心的世界”新格局；其次，美国在国内面临众多的社会问题和经济问题，不具备承担“领导世界重任”的能力；再次，欧洲、日本等国家和地区的挑战，对美国的“世界新秩序”形成一大制约；最后，当今世界仍存在许多尖锐矛盾和复杂问题，无论美国如何强大和富有，都不可能包揽解决所有问题。因此，未来的国际战略格局绝不可能完全按美国的意图发展，也绝不会是美国一家独霸的局面。

（二）欧盟力量在不断增长且自主意识日趋发展

欧盟是当今世界上规模最大、一体化程度最高的地区经济集团，现由 28 国组成，人口合计达 5.1 亿（截至 2017 年 1 月），欧盟具有雄厚的经济、科技和军事实力，其整体经济实力已经超过美国；在联合国安理会 5 个常任理事国中占有 2 个席位，在处理全球或地区事务中有很大的发言权；在南北关系中有较大的影响力，尤其与曾是其殖民地的发展中国家还保持着较为密切的政治、经济、文化联系。冷战时期，欧洲是两极对抗的主战场，北约国家依附美国。冷战结束后，尽管欧盟国家对美国产生了离心力，美国的盟主地位受到冲击，但欧盟仍未摆脱对美国的依赖。事实上，美国通过签订北约“战略新构想”、拉北约参加科索沃战争等方式，在一定程度上加强了对欧盟的控制。与此同时，欧盟也在设法排除各国在政治、外交、防务等问题上的分歧，共同谋求使欧洲真正成为未来多极世界中强有力的一极，争取与美国平起平坐的地位，表现出与美国和日本角逐全球经济主导权的强烈愿望；逐步实行具有联合一致的外交和防务政策，加强自身防务建设，与美国争夺北约的领导权和军事指挥权。欧盟内部多边或双边防务组织不断出现，法、意、西、葡四国宣布组建“欧洲陆军”和“欧洲海军”两支联合部队；法、德军团已建立，并可能成为欧盟防卫力量的核心。由上可见，美国与欧盟之间的关系，正在由过去的盟主与盟友关系逐步转变为平行的伙伴关系。未来的欧盟将可能成为影响力大大增强的一极。

（三）俄罗斯力保大国地位

苏联解体后，俄罗斯的实力和国际影响力大大削弱。但是，从总体上看，俄罗斯仍具有较强的综合国力。它继承了苏联在联合国安理会常任理事国的席位，以及苏联76%的领土和70%的国民经济总资产，幅员横跨欧亚两大洲，国土总面积1 709.82万平方千米（截至2017年1月），自然资源极其丰富，物质技术基础雄厚，燃料动力、冶金、机械制造、化学和交通运输业十分发达，科技实力较强，人民受教育程度较高，在航空、航天、核能、生物工程和新材料等领域居世界先进水平之列，仍具有巨大的发展潜力。俄军仍然是目前世界上能与美国抗衡的军事力量。其战略核力量拥有陆基弹道弹、远程战略轰炸机、弹道导弹潜艇等。俄军三位一体的核力量足以毁灭任何国家。俄军整体作战能力较强，武器装备较先进，部分高技术武器装备不亚于美军。目前，俄罗斯把北约东扩视为对其国家安全的主要外部威胁，在独联体一些国家中仍保留驻军。俄军的主要任务是防止战争，消灭入侵之敌，遏制境外武装冲突向国内蔓延，力保周边势力范围的特殊利益与稳定。虽然俄罗斯综合国力受到削弱，但其军事力量尚能够有效支撑其大国地位。目前，俄罗斯已调整了亲西方政策，力求在世界和地区事务中发挥其大国的影响力，加速推进独联体军事一体化，反对美欧染指独联体国家。为弥补综合国力的不足，俄罗斯越来越把核武器作为恢复国家地位的支柱，放弃不首先使用核武器的承诺，研制并发射新型导弹，试图以此遏制北约东扩维护国家利益和自身安全，保持其大国影响力。因此，俄罗斯仍是国际战略格局中有重大影响的角色。

（四）日本加快由经济大国走向政治大国的步伐

日本是世界上仅次于美国和中国的第三大经济体，外汇储备居世界第二。日本工业高度发达，科技实力雄厚。在机器人、半导体元件、光纤通信等方面的科技水平居世界前列。随着经济和科技实力的增强，日本已经不满足于经济大国的地位，提出了以经济力量为后盾，以强大军事力量为保证，以自主外交为手段，逐步发展成为世界性政治大国的战略目标。它要求成为联合国安理会常任理事国，竭力在国际政治舞台上扮演重要角色，力争在关系世界稳定和发展的重大问题上拥有不次于其他大国的发言权，成为在未来国际战略格局中支撑国际秩序的一极。

（五）中国在国际事务中将发挥越来越大的作用

中国是社会主义国家，也是最大的发展中国家。中国不与任何国家结盟，不干涉别国的内部事务，坚决维护自己的独立和主权，同时也尊重别国的独立和主权。中国一贯坚持正义的原则立场，反对以大欺小、以强凌弱和以富压贫的强权政治，致力于建立公正合理的国际新秩序，是反对霸权主义和维护世界和平的重要力量。中国作为独立自主的政治大国，坚持走具有自己特色的现代化发展道路，这是中国作为多极世界中独立一极的政治力量所在。中国自实行改革开放以来，经济飞速发展令世人瞩目，国民生产总值在世界上的排位不断上升。中国已拥有一支数量可观、实力较为雄厚的科学技术队伍，拥有较为齐全的科研设施，在一些重要的科技领域已接近或达到世界先进水平。中国的国防实力在日益增强，能够独立研制各种型号的坦克、火炮、战机、舰艇、导弹等主战兵器，而且自行设计和制造了原子弹、氢弹、运载火箭、卫星等，成为世界上少数几个掌握这类技术的国家之一。中国拥有一支任何人都不能轻视的军事力量。在反对霸权主义、推动国际裁军进程、促进全球发展以及解决国际争端等方面发挥着日益突出的重要作用。

（六）其他国家和国家集团的实力与地位也在增长

现在世界上有一些国家和地区集团，如印度、东盟、巴西等，其经济的迅速发展带动了综合国力的明显增强，在全球和地区事务中的地位和作用日益提高。

1. 印度

印度是南亚地区性大国，其国土面积约 298 万平方千米（截至 2017 年 1 月），人口位居世界第二，资源较丰富，科技力量较强，具有较快发展综合国力的客观条件。印度为了确保在南亚和印度洋地区的优势，积极谋求“亚洲核心”和世界大国的地位，争取成为联合国安理会常任理事国，进一步加快军队现代化步伐，增强军事力量。印军地面部队在南亚次大陆占有绝对优势；空军可以夺取局部空中优势，进行纵深打击和火力支援；海军有一定远洋作战能力；战略核力量已初步具有核威慑与核打击能力。东南亚是 20 世纪 80 年代以来世界经济最具活力的地区之一。

2. 东盟

东盟是东南亚国家联盟的简称，是东南亚一些国家为了加强各国之间的合作、维护其共同利益而成立的区域性组织。东盟前身是由马来西亚、菲律宾和泰国于 1961 年成立的东南亚联盟，1967 年三国与印尼、新加坡在曼谷发表宣言，正式宣告东盟成立。截至 2014 年底，东盟共有 10 个正式成员国，涵盖了整个东南亚地区，人口超过 5 亿，面积达 450 万平方公里，并和中国、美国、日本等 10 国形成对话伙伴关系。目前，东盟已成为东南亚地区广泛涉及经济、政治、安全等一体化的合作组织，建立起一系列合作机制，在国际和地区事务中发挥了重要作用，对国际战略格局产生了重要影响。东盟在经济领域一体化发展程度较快，自由贸易区建设得到了较大发展，并在 2010 年与中国建成了中国—东盟自由贸易区，是发展中国家最大的自由贸易区，在经济规模上仅次于欧盟和北美自由贸易区。东盟的政治一体化进程也不断发展，各成员国于 2007 年签署了具有普遍法律意义的《东盟宪章》，对各成员国进行约束，并据此设置和调整了一系列组织机构，对东盟的相关事务进行协商和决策，并决定于 2015 年建成东盟共同体。在安全领域，东盟各国也加强了合作，对地区和国际重大安全问题进行磋商，但是由于各种复杂原因，在许多问题上分歧严重。如南海问题，菲律宾、越南等国家为了自己的利益，企图将自己与中国的分歧强行凌驾于东盟各国之上，遭到了其他国家的反对。

3. 巴西

巴西国土面积 851 万平方公里，人口约 2 亿，是拉丁美洲最大和人口最多的国家，面积和人数都居世界第五位。巴西拥有丰富的自然资源和完整的工业体系，是全球发展速度最快的国家之一，2014 年的国内生产总值已达 2.2 万亿美元，位居拉丁美洲第一位，是世界第七大经济体。巴西作为重要的发展中国家，是“金砖国家”之一，也是南美洲国家联盟和 20 国集团的成员国，在国际和地区事务中正发挥着越来越大的影响力。巴西奉行独立自主的外交政策，主张和平解决国际争端，重视与发展中大国的合作，支持世界多极化和国际关系民主化，努力成为未来世界战略格局中的重要“一极”。巴西积极促进南方共同市场的发展，并以此为依托，联合安第斯国家共同体，推动成立南美国家联盟，深化南美及拉美地区的一体化进程。巴西主张加强联合国的作用，积极参与各项维和行动，并主张推动安理会的改革，争取成为安理会常任理事国之一。巴西的军事力量也相当强大，2014 年军费达 319 亿美元，总兵力约 28 万人，是拉丁美洲地区最强的一支军事力量，不仅拥有航母，还试图研制核潜艇，不断增强其军事实力。

除了美国、欧盟、俄罗斯、日本、中国、东盟、印度、巴西等这些在世界或地区事务中具有重要影响力的国家或国家集团之外，还有许多国家和国家集团也在国际战略格局中发挥着重要作用，如阿拉伯国家联盟、澳大利亚、墨西哥、南非等。总之，在世界格局多极化的发展趋势下，各国纷纷进行战略调整，尤其是广大的发展中国家和中小国家参与国际事务的权利得到增强，一定程度上削弱了超级大国控制国际局势的能力，有利于世界的和平和稳定。然而，国际战略格局的转换不是很快就可以形成的，这就决定了新旧格局的交替必然是一个长期、复杂、曲折的渐进过程。在新旧格局的转换过程中，各种力量将呈现出相互竞争又相互依存，既相互制约又相互借助，既充满斗争又协调合作的多极互动局面。

三、国际战略格局的发展趋势

进入 21 世纪以来，世界发生着深刻而复杂的变化，和平与发展仍然是时代主题。世界多极化、经济全球化、社会信息化深入发展，国际社会日益成为“你中有我、我中有你”的命运共同体，和平、发展、合作、共赢成为不可阻挡的时代潮流。

（一）多极化趋势继续发展

多极化进程能否继续，取决于美国与其他国际战略力量之间的对比。目前，美国不顾世界多样性的实际情况，凭借自己的强大实力，把它的意识形态、价值观念、发展模式和社会制度强加于国情不同的世界各国，企图建立美国一家独霸的单极世界。预计到 21 世纪中叶以前，世界上还不可能出现一个能够在军事上与美国抗衡的国家。

但是，从长远看，世界上从来就没有永远的“霸权”，大英帝国的衰落就是历史见证。国际体系产生后，国际格局出现过多次变化，到第二次世界大战后，形成了以美苏两极格局为基础的雅尔塔体系。苏联解体后，世界一度形成了以美国为唯一超级大国和多个强国并存的态势，战略力量对比严重失衡。从 1991 年到 2017 年，经过 20 多年演变，大国实力对比和大国战略关系这两个决定国际格局的要素出现了重大变化，国际格局出现新的重大调整。美国经历了“9·11”事件、阿富汗战争、伊拉克战争和金融危机等，国力大不如前。美国政府企图力挽美国颓势，但面临重重困难。受金融危机的冲击，美、欧、日之间的矛盾和摩擦呈现新特点，在全球事务上的影响力进一步减弱，但西方实力上的总体优势依然存在。

美、欧、日的相对衰落和发展中大国的群体性崛起，使一度严重失衡的全球战略力量对比得到一定改变，推动全球战略格局向着有利于多极化的方向演变。这一变化大势如果不断延伸和扩大，会从根本上改变 1 500 年以来由西方殖民侵略造成的国际体系中的北强南弱的战略态势，为构建公正合理的国际新秩序提供更好的力量基础。

（二）未来国际战略格局中各方关系将日趋复杂

两极格局解体后，当今世界的五大力量都在通过调整对外政策来寻求自己的有利地位。美国虽然认为它是“唯一有能力进行全球干预的超级大国”，但也开始承认世界多极化的现实。近年来，美国的对外政策也在进行调整。特别是“9·11”事件后，美国出于“反恐”的需要，也在局部调整其外交政策和安全战略，并将战略重心转移至亚太地区。在欧洲，美国方面积极推进“北约”东扩，另一方面也顾及俄罗斯在原苏联地区的特殊利益。同时，美国还改变了过去只要西欧盟国尽“义务”而不给“权利”的做法，支持西欧联盟在维护欧洲安全方面发挥更大的作用。在亚洲，美国着手建立美日之间的新型同盟关系，支持日本在参与亚太事务中承担更多的权利和义务，对中国主张采取“全面接触”战略，使中美关系得到一定程度的改善。另外，俄罗斯也在积极调整对外政策，努力恢复其大国地位和作用。坚持俄罗斯在原苏联地区的“特殊责任和特殊利益”，反对“北约”东扩。欧盟在积极推进欧洲政治、经济一体化的同时，也在加强欧洲自身的防务力量，逐步削弱美国对欧洲的控制和影响。日本为了谋求政治大国和军事大国地位，一方面加强了日美同盟关系，另一方面也积极寻求改善与亚洲各国之间的关系，企图在参与国际和地区事务中发挥更大的作用。中国在加大改革力度、加速经济发展的同时，通过开展灵活的、全方位的外交，明显改善了与周边国家的关系，进一步提高了国际地位和对国际事务的发言权。

以上情况说明，随着冷战后国际形势的发展，大国间的相互制约关系显著增强，并日趋复杂。今后，维护世界和平和推动经济发展，主要靠美、俄、欧盟、日、中等各大战略力量的协调与合作。其中，美、中、俄的协调与合作尤为重要。世界各大战略力量对外政策和战略关系的调整，将使未来国际战略格局呈现新的特征：一是关系复杂化。在多极格局中，各大战略力量之间将形成交叉多边关系，各国政策变化取向不确定。二是集团松散化。政治与军事集团内部关系相对松散，各国对外政策独立性增强，因各自利益关系，同盟国之间和非同盟国之间的距离有所接近。三是外交多边化。多边机构和组织的作用突出，双边关系受多边事务和多边关系的制约日益增大，各国政策将由双边政策为主转向多边与双边政策并重。四是合作区域化。区域化成为新地缘政治的动力。地域和文化同一性有可能取代意识形态的同一性，地区或次地区经济合作和安全合作将成为对外合作的重点。

（三）全球化深入发展，但也存在负面影响

近年来，经济全球化进程加速发展，对世界格局和国际安全产生了深刻影响，为今天世界的结构提供了重要的前提和催化动力。一方面，全球化使得财富进步向发达国家集中，加剧了弱势国家的贫穷落后。高技术在冷战后成为发达国家财富的强力吸纳器，美国凭借其高科技优势，在全球化进程中获利最大。经济全球化促使世界自由大市场的形成，优质资源进一步向美国集聚，反过来又推动了其科技进一步发展和军事实力的进一步提升，为其推行霸权主义提供了物质资本。这结果使得本已失衡的世界战略力量格局更加失衡，使美国在国际安全中更加我行我素，为所欲为。贫富悬殊和霸权主义者的肆意攻击，使得宗教、民族和国家之间的矛盾尖锐化，导致恐怖主义、极端宗教和极端民族主义猖獗泛滥。以信息技术为代表的先进技术和手段拉近了穷人和富人、不同宗教和文化传统的距离，增大了摩擦和碰撞的概率，使得恐怖主义分子、资金、技术能够在全球流动，进行恐怖活动更为便捷，组织更容易。因此，打击恐怖主义和防扩散将面临更加困难而复杂的形势。另一方面，全球化扩大了各大国之间的利益联系，使得大国的相互依存性增强，有力地制约了大国间发生战争的可能性。

（四）国际反恐斗争影响国际战略格局演变

“9・11”事件对国际战略格局产生了重大影响。国际恐怖主义与民族分裂主义和宗教极端主义相互勾结，滥打滥杀，威胁到地区的和平与稳定。在“反恐”事件的旗帜下，大国关系分化组合，合作倾向加强。伊斯兰民众反美情绪强烈，宗教论　极端组织大力实施暴力行动。美国以“反恐”为借口，将些国家列入“邪恶轴心”“支持恐怖主义国家”“被奴役国家”“失败国家”黑名单，肆意发动攻击，企图建立单极统治的世界，对国际安全构成重大威胁。这些在本质上都是南北矛盾激化的表现，是全球范围内贫富两极分化的必然结果。美国以暴反恐、单边主义的做法，必然导致激进势力采取以恐反霸、以暴抗暴的态度和恐怖主义的泛滥。

在21世纪的最初10年中，重大恐怖袭击事件相继发生，呈现出国际恐怖主义的一些新动向：本土恐怖威胁国际化和国际恐怖威胁本土化恶性互动，小规模、低成本、“刀刀见血”的“微恐怖主义”兴起，网络恐怖给国际安全造成越来越大的危害，海盗成为威胁国际安全的顽疾……这些，正在使国际社会加强协调，加强“反恐”合作，调整“反恶”策略，同时使人们认识到国际“反恐”的任重道远，世界各国尤其是大国之间必须加强合作，缓和矛盾，调整部署，才能更好地应对这种复杂情况。但近几年来，美国注意到中国迅速崛起的影响，加紧调整军事部署以加强对中国的遏制和在某些方面继续与中国合作的同时，加紧调整军事部署以加强对中国的遏制和围堵。

（五）中国在多极格局中的地位与作用将愈显突出

中国是一个发展中的社会主义大国，也是当今世界维护和平的重要力量。作为未来多极格局中的一极，中国对世界的影响是多方面的，其主要作用体现在三个方面：

1. 在反对霸权主义和强权政治上起制约作用

当前，霸权主义和强权政治依然存在，世界并不安宁。原来被两极格局掩盖的各种矛盾都暴露出来。在各种政治力量的矛盾与冲突中，在中、美、俄，中、美、日等三角关系中，中国将起到平衡与制约作用。并成为抑制霸权主义和强权政治的重要因素。中国之所以能起这样的作用，除了反霸政策、和平共处五项原则和不断增强的综合国力外，更重要的是中国始终站在第三世界国家一边，永远不称霸，永远不做超级大国。这种正义的立场必将得到世界绝大多数国家的信任和支持，从而使中国尽可能发挥应有的作用。

2. 在经济发展上起引领作用

改革开放40年来，中国的社会主义现代化建设取得了世界明日的成就，经济和社会面貌发生了深刻的变化。仅就经济发展而言，过去40年中，世界的经济增长率为2%～3%，而中国的经济增长率基本保持在7%～10%，相当于世界经济增长率的3倍。因此，中国的经济改革经验受到了国际社会的普遍关注。许多国家领导人和专家、学者认为，中国的经济改革是“历史上最大的实验”，具有引领作用，不可避免地要引起连锁反应，对世界上其他国家特别是发展中国家正在或将会“产生重大影响”。

推进“丝绸之路经济带”和“21 世纪海上丝绸之路”建设，是习近平统筹国内、国际两个大局，顺应地区和全球合作潮流，契合沿线国家和地区发展需要，立足当前、着眼长远提出的重大倡议和构想。“一带一路”发展战略构想提出以来，引起世界沿线国家的广泛共鸣，60 多个国家响应参与，并与它们各自的发展战略积极对接。2017 年 5 月 14 日至 15 日，“一带一路”国际合作高峰论坛在北京举行，包括 29 位外国元首、政府首脑及联合国秘书长在内的来自 130 多个国家和 70 多个国际组织约 1 500 名代表出席此次高峰论坛。展望未来，“一带一路”必将牵起亚、欧、非多个经济圈，托起世界最壮观的经济走廊。

3. 在维护第三世界权益的斗争中发挥重要作用

中国始终坚持大小国家一律平等的原则，坚决反对恃强凌弱的行为，并为维护第三世界国家的权益进行了不懈的努力和斗争。与此同时，中国对第三世界国家之间的分歧和争端从不介入，真诚地希望他们通过和平协商求得公平、合理的解决，防止和避免外来势力的插手、干涉和利用。中国还主张加强“南南合作”和“南北对话”，推动全球经济均衡、协调和可持续发展，实现各国共享成果，普遍发展，共同繁荣。为此，中国曾先后提出对外援助的“八项原则”和开展经济技术合作的“四项原则”。中国坚决维护第三世界国家权益的主张和行动，受到了第三世界国家和人民的高度赞扬。

第三节　我国周边安全环境及国家统一

周边安全环境是指国家周边有无危险和受到威胁的情况及条件，是一个国家对其周边国家或集团在一定时期内对自己国家主权、领土完整是否构成威胁，有无军事入侵、渗透、颠覆等情况的综合分析和评估。实现祖国完全统一是全体中华儿女的共同愿望，必须继续坚持“和平统一、一国两制”方针，推进祖国和平统一进程。

一、我国地缘环境的基本情况

（一）我国是陆海大国

我国是位于欧亚大陆东南部、亚洲东部、太平洋西岸的濒海大国。陆地面积约 960 万平方千米，有 2.2 万千米的陆地边界线，1.8 万千米的海岸线（不含岛屿海界），陆地国土面积居世界第三位，海洋资源丰富。

（二）我国周边地区范围

周边地区指我国的陆海边境地带及其外侧的陆海邻国和公海所构成的区域。我国的地缘环境异常复杂。在世界 200 个国家中，除俄罗斯外，我国是世界上邻国最多的国家。我国陆上与朝鲜，俄罗斯、蒙古、哈萨克斯坦、吉尔吉斯斯坦、塔吉克斯坦、阿富汗、巴基斯坦、印度、尼泊尔、不丹、缅甸、老挝和越南等 14 个国家接壤。海上与朝鲜、韩国、日本、越南、菲律宾、马来西亚、印度尼西亚和文莱等 8 个国家的大陆架或专属经济区相连接。此外，柬埔寨、泰国、孟加拉、乌兹别克斯坦和土库曼斯坦等 5 个国家与我国位置靠近。我国周边是世界人口最密集、大国最集中的地区，世界公认的五大力量中心，除欧洲外，其他四大力量—美、俄、日、中均交汇于此。世界人口逾亿的10个国家有7个聚集在这里。世界7个公开拥有核武器的国家有4个也在此。

（三）我国邻国众多，安全环境易受外部影响

我国安全环境的外部影响主要来自陆、海两个方面。历史上，美苏曾分别从海上和陆上对我国施加过影响。苏联解体后，俄罗斯仍是世界上最大的陆地国家。美国位于北美大陆南部，陆地面积937.26万平方千米，北邻加拿大、东接大西洋，南邻墨西哥和墨西哥湾。进入20世纪，美国的综合国力日益增强，积极向海外发展，美国和俄罗斯对欧亚大陆具有全局性影响。

日本、印度是我国周边地区的两个重要国家，是构成我国地理环境的重要因素。日本是岛国，资源缺乏，对海外资源和海外市场的严重依赖性是它的显著特点。在近代日本经历了50年的侵略扩张和对美国的依用。甲午战争至第二次世界大战期间，日本军国主义积极推行侵略扩张政策迅速向亚洲大陆扩张。第三次世界大战结束后，美国控制世界海洋，日本转而依附美国，充当美国在太平洋的前沿堡垒。冷战结束后，日本追随美国，变化了的国际形势为日本提高国际地位提供了难得的机会，日本注重将经济、科技、金融优势转化为政治和军事影响力，积极开拓战略空间。印度人口众多，是一个依陆面海的大国从地理条件看印度背面被重山高原带阻隔。其半岛却深入印度洋，陆地上的隔绝与海路上的通达形成鲜明对照。所以“由陆向海”是印度关注的战略发展问题，印度地理条件优越，周边邻国主要是中小国家。我国是直接与印度毗邻的唯一大国两国虽然存有边界争议，但是中印分别面向太平洋和印度洋两个不同的方向，同时受到青藏高原阻隔，地理上的矛盾是有限的。

东南亚、中亚是我国周边的两个重要地区，也是我国陆、海两面的两个枢纽地区。这两个地区的形势稳定与否，对我国的安全和经济发展具有重要影响，在通道、资源、安全等方面都有重要战略意义。在交通方面，东南亚连接亚洲与大洋洲，沟通印度洋和太平洋，控制着太平洋和印度洋的主要水上航线。中亚地区处于东亚、西亚、南亚和北亚的地理连接点上，是连接欧亚大陆及我国，俄罗斯、欧洲、中东、南亚各地陆路的枢纽。在资源方面，东南亚有丰富的战略资源，锡储量占世界的60%，橡胶年产量占世界的80%以上，矿产资源丰富，石油和稻米出口量大。在安全方面，东南亚邻接我国的东南沿海与西南地区，是影响我国南部安全的重要方向。贯穿东南亚的海上战略对于日本具有重要意义，对美欧各国的航运也有重要影响。中亚地区与我国新疆、西藏等地接壤，该地区的形势与我国西北边疆安危有关。随着上海合作组织的成立。我国与中亚各国建立了平等合作的友好关系，对这一地区的安全环境也产生了有利影响。

军海泛舟

中国对外政策的宗旨和基本原则

促进世界的和平与发展，符合中国人民和世界人民的共同愿望和根本利益，是时代的要求，是不可阻挡的历史潮流。维护世界和平、促进共同发展是我国外交政策的宗旨。

（1）基本目标：维护我国的独立和主权，促进世界的和平与发展。

我国外交政策的基本目标包括两个方面：一是维护我国的独立和主权，二是促进世界的和平与发展。

(2) 基本立场：独立自主。

独立自主就是在国际事务中坚决捍卫国家的独立、主权和领土完整，对国际问题自主地决定自己的态度和对策。

(3) 基本准则：和平共处五项原则。

这五项原则是，相互尊重主权和领土完整、互不侵犯、互不干涉内政、平等互利、和平共处；加强同第三世界国家的团结与合作，是我国对外关系的基本立足点。

二、我国周边安全环境的现状

冷战结束后，世界格局和安全形势发生了深刻变化，和平与发展成为新时代的主题。我国周边安全环境得到进步改善。缓和已成为我国周边安全环境的主流，但是影响我国周边安全环境的威胁与挑战依然存在。

(一) 缓和是我国安全环境的主流

进入 20 世纪 90 年代，和平与发展的时代主题进一步强固，多极化趋势继续发展，综合国力竞争成为国家间关系的中心，世界总体和平的格局得以巩固和加强。尽管世界形势动荡不安，有些地区的局势还相当紧张，但在我国周边却出现了一个相对和平的局面，我国周边安全环境处在新中国成立以来最好的时期之一，并有望继续延续。

1. 中国面临大规模外敌入侵的军事威胁逐渐减弱

从新中国成立到 20 世纪 80 年代中期，美苏两霸长期对我国保持直接的、强大的军事威胁。大兵压境，全线包围，甚至进行核讹诈，我国始终处于大战的阴影之下，不得不准备“早打大打、打核战争”。冷战结束后世界和平力量有了新的增强，我国经济发展迅速，国内稳定，综合国力和国际影响明显提高，中美关系在三个联合公报的原则下进步改善，中俄之间确定了“面向 21 世纪战略协作伙伴”关系。近年来，随着中俄、中哈、中吉、中塔领导人频繁互访，我国北面西部边界安全环境得到了进一步改善。

2. 我国与所有邻国都建立了友好合作关系

我国自新中国成立至 20 世纪 80 年代，受制于冷战大气候和美国的反华政策，周边多个邻国或集团与我国的关系曾出现过阶段性紧张状态，甚至发生武装冲突。冷战结束前后，在世界形势变化和我国睦邻友好政策的推动下，我国与邻国的关系出现了前所未有的改善势头，逐步在周边地区建立起全面稳定的睦邻友好关系。一是与朝鲜、巴基斯坦、缅甸、柬埔寨等国的传统友好关系进一步巩固和发展；二是与日本、菲律宾、泰国等在 20 世纪 70 年代建立的正常国家关系维续保持；三是与俄罗斯、蒙古、越南、印度等邻国实现了关系正常化，与韩国建立了外交关系；四是与从苏联分离出来的中亚五国建立了友好关系。目前，尽管我国与多个邻国之间尚存在领土、领海纠纷和其他矛盾，但近期发生大规模武装冲突的可能性不大，正常的国家交往不会被打破。

3. 我国积极参与和建立多边区域合作机制

经济全球化、一体化是一个趋势，这个趋势总的原则是将资源在世界范围内进行优化配置，这样的结果是资源更多流向发达国家，而贫穷落后国家将越来越穷。面对这样一种情况，世界许多地区形成了地域性的多边合作机制，成立某种组织，建立某种关系。这些年，中国积极参与和注重建立多边区域和次区域合作机制，为中国和平发展创造了良好的外部条件。上海合作组织就是一个比较成功的合作组织。该组织以相互信任、裁军与合作为主要内容的新型安全观，以结伴但不结盟为核心的新型国家关系，以大小国共同倡导，安全先行为特征的新型区域合作模式等“三新”为特征，倡导互信、互利、平等的“上海精神”，在国际上的影响日益增大。

（二）我国周边安全环境面临的威胁和挑战

进入21世纪以来，中国本着“与邻为善、以邻为伴”和“睦邻、安邻、富邻”的周边外交方针，积极有效地推动周边形势向着有利于和平与稳定的方向发展。但是，我们也应该看到，随着世界和地区战略格局的不断发展变化，特别是随着经济全球化的日益加剧，中国周边安全环境也增加了许多新的不确定和不稳定因素。传统安全威胁与非传统安全威胁交织，已经成为中国周边安全形势的重要特点。同时，地缘争夺加剧，经贸摩擦趋多，意识形态斗争依然尖锐，中国周边安全威胁多样化趋势更加明显。

1. 祖国统一面临复杂形势

2016年随着民进党重新执政，两岸关系的未来发展面临新的问题与挑战。“台湾问题”是21世纪中华民族复兴道路上必须排除的最大的一个障碍，是21世纪国家安全战的重中之重，祖国统一终将实现，这也是炎黄子孙的共同期盼。

2. 西方军事强国对中国的安全环境具有威胁

美国与我国虽远隔重洋，但对我国安全的影响却无处不在，在各大国与我国关系向前发展的同时，在以美国为首的西方世界仍然有一股企图遏制中国的逆流，顽固的坚持冷战思维，不愿意正视我国政治、经济的发展以及在国际社会中的积极作用。散布所谓的“中国威胁论”，以“人权”为幌子，干预中国的内政，继续坚持对台军售，阻挠中国统一大业。美国对华政策的两面性，是我国安全不稳定的主要因素之一。

3. 周边“热点”地区威胁因素增加

（1）朝鲜半岛

朝鲜半岛问题其根源在于南北方的分裂局面，表现为朝鲜和韩国的对立及朝鲜与美国的对立。朝韩与美国签署了关于核问题的框架协议后，朝鲜和韩国由对峙走向对话，随着“六方会谈”断断续续，朝鲜半岛的局势有趋向级和的可能也存在爆发战争的隐患。特别是近年来关于朝鲜的核武器实验及弹试射的传闻不断，更给半岛局势蒙上了阴影。

2017年，朝鲜半岛核问题终于从相互挑逗与武力恫吓的数量积累走向快速对撞。朝鲜于2017年9月3日进行了第六次核试验，并恫言对美国本土进行打击，先后于7月4日和11月29日以高角度发射方式进行两次洲际导弹试射。而美国总统特朗普等高官也相继发出“怒火”与“炮火”的回击，军事打击在华盛顿决策层的话语中的排序不断被提前。总之，就2017年的情况而言，令接近核门槛的朝鲜弃核几成妄想；而在朝鲜的核“敲诈”下，美国更不可能在兵临城下的情况下与朝和谈；军事打击的选项又面临着韩国与日本成为朝鲜“人质”的束缚，而对美国亚太战略未来的影响更不确定。

2018年，朝鲜半岛局势将前所未有的敏感、微妙，不可预测性高涨，或将走入战争风险高、威胁性语言和动作频发却又受到各方牵制的高危震荡状态。这一地区是我国周边地区中军事力量较为密集的地区，南北军事部署近在咫尺，军事对峙僵局很难打破，一旦发生战争，将会给我国造成极大压力。

（2）印度和巴基斯坦的对立

印度和巴基斯坦都致力于本国经济的发展，不希望彼此间爆发新的战争。但是由于历史原因，印巴两国既存在民族怨恨，又存在宗教纠纷，还存在领土争端，在短时间内难以得到解决。两国独立后发生过三次战争，现在，仍陈重兵于边境，互相对峙。多年来，印巴军事摩擦时有发生。近年来，印度和巴基斯坦两国在边境地区时不时发生冲突。尽管后来印巴军方于 2017 年 11 月曾达成一致，同意必须恢复 2003 年停火协议的“精神”以保护无辜平民。但 2018 年新年伊始，双方仍然沿实际控制线频繁发生交火，两国军队更是连续 4 天在边境地区进行激战，造成双方人员伤亡惨重。印巴核军事装备竞赛的升级和对立的加剧，对我国的安全环境产生了不利影响。克什米尔地区是印度和巴基斯坦争夺的焦点，如果战争爆发，必然会对我国边境安全构成较大威胁。

4. 边界和海洋权益争端尚存

我国与邻国的边界争议及海洋权益的争议情况复杂，解决起来难度很大，这些争议始终是可能威胁我国边境和领海安全的不稳定因素。

（1）中印边界争端问题

由于历史的原因，中印边界从未正式划定过，边界全线都存在争议。冷战结束后，随着中印关系的不断改善，1993 年 9 月，中印正式签署了《关于在中印边界实际控制线地区保持和平与安宁的协议》。1996 年 11 月，两国签署了《关于在中印边境实际控制线地区军事领域建立信任措施的协定》。但是 1998 年 3 月，人民党执政的印度政府上台伊始就大肆渲染“中国威胁论”，无端指责我国侵占印度的领土，对印度安全构成严重的威胁，为其发展核武器找借口。

2017 年 6 月 18 日，印度边防人员在中印边界锡金段越过边界线进入中方境内，阻挠我国边防部队在洞朗地区的正常活动。针对这起损害我国领土主权、威胁我国安全利益的行为，中国本着最大善意，保持高度克制并迅速表明态度且划出底线。2017 年 8 月 28 日 14 时 30 分许，印方将越界人员和设备全部撤回边界印方一侧，中方现场人员对此进行了确认。

应当看到，由于双方确信边界问题的早日解决符合两国的基本利益，因此将其视为共同战略目标，这为两国边界问题的解决奠定了基础。但是两国领土争端面积较大，对两国利益有重要影响，确定边界的工作复杂，问题最终的解决还需要两国一定时间的努力。

（2）南海权益争端问题

南海地区是我国周边环境中的一个重要战略方向，涉及我国领土主权、海洋利益维护等重大问题。在 1999 年 5 月，我国驻南联盟使馆被炸后，越南、菲律宾、马来西亚等国展开了新一轮对南海岛礁的争夺。目前，周边相关各国在南沙半岛问题上主要采取“巩固既占岛礁、维持南沙现状，加紧开采油、气资源，并努力促使南沙问题国际化”的做法。今后，随着对南海资源需求的进一步增长，相关各国围绕南沙岛礁、海域的争夺将趋于激烈，南沙争端在国际势力越来越明显地干预和参与下，有可能朝着“岛礁占领多元化、海域划分合法化、资源开发国际化、军事斗争复杂化”的方向发展。

众所周知，南海海权之争近年来十分敏感。有的域外大国以维护海上航行自由为名，频频插手南海争端，激发矛盾，挑拨离间。2016年所谓“南海仲裁案”一度甚嚣尘上，但是得益于我国和菲律宾等相关方做出的大量努力，南海紧张局势逐渐呈现缓和态势，使得这一问题被炒作的空间逐渐缩小。

尽管如此，域外大国仍不甘心，继续派军舰挑战我国在南海的主权。2018年1月17日，美国海军“霍珀”号导弹驱逐舰擅自进入我国黄岩岛附近海域，中方立即有力回应——我国军舰对美舰进行识别查证，并予以警告驱离。我国维护本国领土主权和海洋权益的决心坚定不移，维护南海和平稳定的意志坚定不移，同争端直接当事方以对话协商解决问题的抉择也坚定不移。一年半前，南海形势一度看似风雨欲来，我国未曾有过半点退缩犹豫，如今更不可能动摇战略定力。如果有关方面一再在本地区无事生非、制造紧张，最终只会让中方得出这样的结论：为切实维护南海和平，中方在南海的相关能力建设确实有必要加强、加快。

5. 中日之间的矛盾和斗争短时间内难以解决

近年来，中日之间在历史问题、东海问题以及台湾问题上存在一系列争端或分歧。

第一，日本当局歪曲历史，美化侵略战争，拒绝承担战争责任。在对待侵华历史，参拜靖国神社等问题上，日本当局不顾中国政府和人民的反对，多次做出伤害中国人民感情的事，致使中日关系出现严重倒退。日本领导人参拜靖国神社说明日本仍不能正确认识和对待日本军国主义的侵略历史，破坏了中日建交的政治基础，伤害了战争受害国特别是中国人民的感情。日本政府的这种倒行逆施只能破坏包括中日关系在内的它与亚洲邻国的关系，人们有理由怀疑日本能否继续坚持和平发展道路。

第二，中日之间在钓鱼岛、东海大陆架及东海油气资源开发方面存在严重争端。钓鱼诸岛自古以来就是中国领土不可分割的一部分。由于中国在中日甲午战争中战败，1895年清政府被迫与日本签订了丧权辱国的《马关条约》，将台湾及其附近岛屿包括钓鱼列岛等一并割让给了日本。1945年8月，日本战败投降，第二次世界大战结束，台湾岛归还中国。大战结束，台湾岛归还中国。但1951年的《旧金山对日合约》，却是地将日本所窃取的钓鱼岛等岛屿归由美国托管的琉球管辖区内。中国总理周恩来当时严正声明，中国政府坚决不承认《旧金山对日合约》，中国政府在1958年9月发表的关于领海的声明中宣布，日本归还所窃取的中国领土的规定“适用于中华人民共和国的一切领土，包括台湾及其周围岛屿”。1972年中日建交谈判以及1978年中日和平友好条约签署时中日双方同意将此问题“搁置争议”，“先放一下，以后解决”，但日本当局实际上从未认真履行过自己的诺言，相反，却一直在有预谋、有步骤地实施对钓鱼岛的侵占和控制，企图造成既占事实。中国政府一再严正声明，钓鱼岛是中国的固有领土。1992年2月25日，中国方面公布《中华人民共和国领海及毗连区法》（简称《领海法》），写明钓鱼岛等岛屿是中国领土。2012年9月10日，中国政府发表声明，公布了钓鱼岛及其附属岛屿的领海基点基线，再次向国际社会宣示了中国对钓鱼岛拥有无可争辩的主权，也向国际社会宣示了中国政府和人民护领土主权和海洋权益的坚定决心和意志。

关于东海大陆架划分与油气资源问题。依据《联合国海洋法公约》有关规定，东海的地形和地貌结构决定了中国大陆领土的大陆架自然延伸至冲绳海槽，该海槽是中国大陆自然延伸的陆架和日本琉球群岛的岛架之间的天然分界线。日本则主张采用等距离中间来划分中日两国之间的东海大陆架。与此相关，日本主张以两国海岸基准线的中间线来定专属经济区的界线，但不为中方所接受；中方主张根据东海大陆架自然延伸原则来划定两国的专属经济区界线。据勘探，东海区域油气储备的前景十分丰富，国际专家预测东海油气资源储量可达 200 多亿吨甚至更多。对于东海丰富的油气储量，根据邓小平“搁置争议，共同开发”的精神，从 20 世纪 70 年代开始，中方就向日方提出共同开发东海石油资源的提议，但日本方面始终加以拒绝。中国目前在东海已经勘探了“春晓”“断桥”“天外天”“冷泉”等油气田，全都在中国的大陆架范围之内，日方说“中国损害其利益”是完全没有根据的。

第三，日本当局在台湾问题上挑战中国的国家核心利益，伤害 13 亿中国人民的民族感情。从 1895—1945 年，台湾被日本殖民统治长达 50 年并留下了严重的后遗症。一方面，岛内的“台独”分裂势力具有浓厚的亲日情结，甚至公然要求日本承担更多“维护台海地区安全稳定的责任”。另一方面，日本国内的右翼势力总想着重温昔日殖民台湾的旧梦，甚至想借台湾问题阻挠中国的崛起。近年来，日本右翼势力支持“台独”分裂势力更加明目张胆，其动向值得我们关注。

6. 周边地区恐怖主义日益猖獗，严重威胁我国安全

中国处于国际恐怖势力猖獗的高危弧形地带。从北高加索、中东、中亚、南亚到东南亚，是国际恐怖势力的主要盘踞地和威胁高发区。近年来，在各种复杂因素的作用下，恐怖势力明显抬头，恐怖威胁有增无减，世界处于“越反恐越恐怖”的阴影中。国际恐怖势力在中国周边的频繁滋事，恶化了中国周边安全环境，直接危害着中国国家安全。

作为一个人口多的多民族国家，由于历史和现实的原因，中国在一定程度上也存在着不稳定因素。近期以来，以“东突”“藏独”“疆独”分裂势力为代表的民族分裂势力、国际恐怖势力和宗教极端势力等三股恶势力打着所谓“民族自决”和“宗教自由”的招牌，频繁活动，严重威胁我国的国家安全与地区稳定。尤其值得我们关注的是，我国境内民族分裂活动的国际化。一方面，我周边国家的民族分裂主义、宗教极端主义和国际恐怖主义活动猖獗，对我边境相关地区的稳定和民族团结构成了威胁。另一方面，我国境内的民族分裂活动，有着深远的国际背景。一些西方国家在我国打击“东突”恐怖主义的问题上不仅采取双重标准，甚至纵容、唆使或者暗中支持他们在我国境内继续搞恐怖活动，这就给我们的反恐斗争带来了更大的难度。

三、维护国家统一

（一）部分地区民族分裂主义活动频繁

我国是一个多民族的社会主义国家，共有 56 个民族。新中国成立后，由于我国实行了正确的民族宗教政策，中国各族人民关系融洽，团结和睦，共建中华美好大家庭。但随着冷战结束，民族主义情绪在世界范围内开始泛滥，加之西方，敌对势力的背后蛊惑。近几年，民族分裂主义在我国西藏、新疆地区有进一步加剧之势，突出表现为“藏独”势力和“东突”势力。

达赖集团在国外建立流亡政府，成为外国反华势力“分化”中国的工具，是西藏分裂主义的根源。达赖在国外到处游说，与国外反华势力勾结，就所谓“人权问题”和西藏问题攻击中国政府，妄图最终实现西藏“独立”。他打着宗教的幌子，千方百计向国内渗透，拉拢和迷惑信教群众，煽动民族分裂主义分子制造事端。2008 年 3 月 14 日，发生于拉萨的打砸抢烧事件，就是一伙暴徒在以达赖为首的分裂集团骨干的直接鼓动下制造的。

新疆的民族分裂分子自 20 世纪 50 年代逃到国外后，一直没有停止分裂祖国的活动，他们企图建立所谓的“东突厥斯坦”国家。另外，在新疆境内的一小撮民族分裂主义分子与之遥相呼应，成立分裂主义组织，煽动群众闹事，搞颠覆破坏，甚至搞暗杀、爆炸等活动。2009 年 7 月 5 日，发生于乌鲁木齐地区的打砸抢烧严重暴力犯罪事件暴乱活动，造成了 197 人死亡，1 700 人受伤的惨剧，严重地影响了民族团结。“疆独组织”已活脱脱地演变成一个恐怖主义组织，对新疆人民的正常生产生活秩序构成了严重危害。

（二）坚持一个中国原则

实现祖国统一，是包括台湾同胞在内的全体中国人民的根本意愿，是中华民族在 21 世纪屹立于世界的重要条件，是关系国家命运和民族威望的大事。香港、澳门分别于 1997 年和 1999 年相继回归祖国，成功地实行了“一国两制”，中国政府、中国人民完全有决心战胜一切艰难困苦，不懈努力，完成祖国统一大业。20 世纪 80 年代，制定和执行了“一国两制、和平统一”的政策方针，积极推进两岸交往，广泛团结爱国力量，增进统一共识，与台独势力和国际干预势力展开坚决斗争。实现祖国统一的主要精神表现在以下五个方面：

1. 坚持一个中国原则是发展两岸关系、实现和平统一的基础

世界上只有一个中国，祖国大陆和台湾同属一个中国，中国的主权和领土完整不容分割，台湾是中国领土一部分的地位不能改变。对任何旨在制造“台湾独立”“两个中国”“一中一台”的言行，我们都坚决反对。台湾前途系于祖国统一。现阶段发展两岸关系，就是要加强两岸人员往来和经济文化领域的交流，加深两岸的理解与合作。这样既有利于双方相互了解、消除敌意、增进信任，为进一步合作创造条件，为两岸和平谈判开辟道路，又有利于促进两岸共同发展，增强国家整体实力，为祖国统一奠定物质基础。

2. 坚持“一国两制、和平统一”的基本方针是两岸统一的最佳方式

按照“一国两制”实现两岸和平统一，台湾同胞的现实利益和长远利益不但不会受到损害，还可以得到更好的保护。因此，我们要坚定不移地实行“一国两制”的方针，力争首先运用和平方式实现两岸的统一。主张开展两岸对话，进行和平统一谈判。中国政府表示，在坚持一个中国的前提下，可以和任何人谈，任何问题都可以谈。

3. 不承诺放弃使用武力，统一是和平的前提

和平谈判是解决台湾问题的首选手段，但绝不是唯一手段。“有文事者必有武备”，我们在贯彻“一国两制、和平统一”的方针，不放弃任何和平解决希望的同时，决不放弃必要时使用武力的选择。采取什么方式解决台湾问题，完全是中国的内政，决不容外来势力干涉。如果出现台湾以任何名义从中国分割出去的重大事变，如果外国势力侵占台湾，如果台湾当局无限期地拒绝通过谈判和平解决两岸统一问题，中国政府只能被迫采取一切可能采取的断然措施，包括使用武力来实现祖国的统一。显然，这不是针对台湾人民的，而是针对分裂势力和外来干涉势力的。

4. 台湾问题是中国内政，不容别国干涉

台湾问题纯属中国内政，任何国家不得干涉。中国共产党及其领导下的 13 亿中国人民，有着不屈服于任何外来势力，“不怕鬼，不信邪”，坚决维护国家主权统、领土完整和安全的坚强意志和斗争经验，有着不畏强敌、英勇作战、敢于胜利、善于胜利的优良传统。因此，任何阻止中国统一的图谋注定是要失败的。

5. 坚决实现祖国统一大业，台湾问题不能无限期拖延下去

国家要统一，民族要复兴，符合包括台湾民众在内的全体中国人民的根本利益。台湾与祖国大陆的完全统一，不仅事关国家主权与领土完整，事关民族尊严，事关中国在政治上的完全独立，而且事关中华民族的生存与发展，事关中华民族在 21 世纪的伟大复兴。我们要加倍努力推进两岸关系发展，力争早日解决台湾问题。

2016 年 5 月 20 日，民进党候选人蔡英文成为台湾地区领导人。民进党当局拒不接受“九二共识”，单方面破坏两岸关系和平发展的政治基础，在岛内放任纵容“去中国化”“渐进台独”活动，阻挠两岸交流合作，打压、迫害支持发展两岸关系和和平统一的党派团体和人士。“台独”势力鼓噪公投“修宪”，挑动两岸敌意，破坏两岸关系和平发展。当前，两岸关系出现复杂严峻的局面，责任完全在台湾当局。

尽管两岸关系面临的复杂因素增多，风险挑战增大；但我们完全有信心、有能力应对挑战、把握方向，推动两岸关系继续克难前行。我们将继续坚持“和平统一、一国两制”方针，推动两岸关系和平发展，推进祖国和平统一进程，以最大诚意、尽最大努力争取和平统一的前景。同时，我们坚决维护国家主权和领土完整，有坚定的意志、充分的信心和足够的能力，挫败“台独”分裂图谋，绝不容忍国家分裂的历史悲剧重演。

四、我国的国家安全政策

国家安全政策，是一个国家在维护本国安全的实践中所形成的关于自身安全利益、安全目标、安全环境和安全手段等问题的系统化理性认识和安全战略指导方针与原则的总和。营造有利的周边安全环境，必须在国家安全政策指导下，积极应对周边安全环境面对的主要威胁。

（一）认清国家安全形势维护国家安全

党的十八大以来，党中央高度重视国家安全工作，成立中央国家安全委员会提出总体国家安全观。明确国家安全战略方针和总体部署，推动国家安全工作取得显著成效。2018 年 4 月 17 日，中央国家安全委员会主席习近平主持召开十九届中央国家安全委员会第一次会议并发表重要讲话。习近平强调，全面贯彻落实总体国家安全观，必须坚持统筹发展和安全两件大事，既要善于运用发展成果夯实国家安全的实力基础，又要善于塑造有利于经济社会发展的安全环境；坚持人民安全、政治安全、国家利益至上的有机统一，人民安全是国家安全的宗旨，政治安全是国家安全的根本，国家利益至上是国家安全的准则，实现人民安居乐业、党的长期执政、国家长治久安；坚持立足于防，又有效处置风险；坚持维护和塑造国家安全，塑造是更高层次更具前瞻性的维护，要发挥负责任大国作用，同世界各国一道，推动构建人类命运共同体；坚持科学统筹，始终把国家安全置于中国特色社

会主义事业全局中来把握，充分调动各方面积极性，形成维护国家安全合力。

（二）我国安全政策的目标

我国的安全政策立足于国家的长远战略利益，具有三个基本目标：一是确保国家主权与领土完整，二是维护周边和平与稳定，三是促进地区对话与合作。从总体上服从和服务于经济建设的根本任务，服从和服务于维护和平、促进发展的中国外交宗旨。在与周边各国的交往中，我们注重外交理念的和平性、军事战略的防御性、安全政策的合作性，承认各国的自主性，尊重地区的多样性。

（三）树立新的安全观

近年来，根据国际国内形势的发展，我国的安全政策也有新的调整：既重视传统安全威胁，又密切关注非传统安全威胁；既重视军事、政治安全，又密切关注经济、文化、信息、金融安全，特别是能源、气候和公共卫生安全；既重视加强本国安全，又密切关注国际安全合作，以营造互信协作的国际安全环境。

面对复杂的国家安全环境，为了更好地维护国家安全利益和发展利益，我们坚持倡导和践行以互信、互利、平等、协作为核心的新的国家安全观。所谓互信，是指超越意识形态和社会制度异同，摒弃冷战思维和强权政治心态，互不猜疑，互不敌视，互通情报；所谓互利，是指顺应全球化时代社会发展的客观要求，互相尊重对方的安全利益，在实现自身安全利益的同时，为对方安全创造条件，实现共同安全；所谓平等，是指国家无论大小强弱，都是国际社会的一员，应相互尊重，平等相待，不干涉别国内政，推动国际关系的民主化；所谓协作，是指以和平谈判的方式解决争端，并就共同关心的安全问题进行广泛深入的合作，消除隐患，防止战争和冲突的发生。和平共处五项原则以及其他公认的国际关系准则，是维护和平的政治基础；互利合作、共同繁荣，是维护和平的经济保障；平等对话、协商和谈判，是解决争端、维护和平的正确途径。

新安全观与旧安全观有着本质的区别。中国政府不仅是新安全观的积极倡导者，而且为在国际关系中实践新安全观做出了不懈的外交努力。多年来，中国一直提倡树立互信、互利、平等、协作的新安全观，坚持以对话增进互信，以协商化解矛盾，以合作谋求稳定，解决各种传统和非传统安全问题，共同应对全球性威胁和挑战。加强国际反恐合作、积极推进地区安全对话合作、致力于和平解决争端。

（四）实行睦“邻、安邻、富邻”政策，构建周边安全机制

积极促进亚洲的经济振兴与和平发展，努力营造安全稳定的周边环境，创造一个整体发展的良好格局，是中国的既定方针。“睦邻、安邻、富邻”是中国实现自身发展战略的重要组成部分。“睦邻”就是继承和发扬中华民族亲仁善邻、以和为费的哲学思想，在与周边国家和睦相处的原则下，政治上互谅互信、和睦相处，共筑本地区稳定、和谐的国家关系结构。“安邻”就是积极维护本地区的和平与稳定，坚持通过对话合作增进互信，安全上互商互让，通过和平谈判解决分歧，为亚洲的发展营造和平安定的地区环境。“富邻”就是加强与邻国的互利合作，深化区域和次区域合作，经济上互利互惠，共同发展，积极推进地区经济一体化，与亚洲各国实现共同发展。“睦邻、安邻、富邻”策的实行，有利于我国发展战略的顺利实现，有利于维护地区的和平稳定，有利于世界的繁荣与发展。

（五）准确把握大国利益边界，发展新型大国关系

我国要实现自己的安全战略目标，很大程度上依赖于国际战略平衡。我国历来重视与大国关系的发展，面对冷战后国际体系复杂化的挑战，在发展大国关系政策上也有新的定位。一是不对抗、不结盟、不针对第三国的原则定位。建立大国间健康、稳定的关系，对地区乃至世界的和平与安全至关重要。中国出于共同利益的考虑，重视与大国加强合作与协调，改善和发展与各大国的关系而提出的这一原则不仅符合今后大国关系发展的主流，也为中国塑造良好的国际形象发挥了积极作用。二是包容整体利益的双赢策略定位。我国在发展与大国关系中努力构筑伙伴关系框架，为我国营造一种良好的国际环境发挥积极作用，也不失为一种实现双赢的理念基础。三是多重角色并举、灵活多变、万变不离其宗的角色定位。伴随着冷战的结束，大国关系也出现了一些新的特点；摩擦但不放弃合作，并且以合作而不是冲突来解决争端的方式日益增加；大国关系中敌、我、友界限模糊，国家利益成为形成和解决国家间矛盾的主要因素。以国家利益为对外行为的根本出发点，可以在政治领域是对手而在经济领域是伙伴，或昨天是对手而今天是伙伴。

思考题

1. 什么是战略？什么是战略环境？
2. 战略主要有哪些构成要素？战略的特点及分类？
3. 研究国际战略环境应从哪几个方面入手？
4. 国内战略环境包含的内容有哪些？
5. 国际战略格局有哪些结构类型？
6. 国际战略格局的现状是什么？
7. 国际战略格局的发展趋势是什么？
8. 我国周边安全环境面临那些威胁和挑战？
9. 如何贯彻我国的安全政策？

第四章 军事高技术

教学目标

掌握军事高技术概况；掌握军事高技术在军事中的应用；了解军事高技术战争；了解军事高技术对军事变革的影响。

军事讲坛

故明智贤将，所以动而胜人，成功出于众者，先知也。先知者，不可取于鬼神，不可验于度，必取于人，知敌之情者也。

——孙子

【译文】那些明君贤将，之所以举兵就能战胜敌人，功业超出众人，就在于能事先了解敌情。要事先了解敌情，不可祈求于鬼神，不可拿类似的事情作形势类比进行推测，不能用星相运行度数去验证，必须取之于人，从熟悉敌情的人那里获取敌情。

军事高技术，就是应用于军事领域的现代高新科学技术。即已经应用或即将应用于军事领域中，并对现代军事和现代战争产生重大影响的高新科学技术群。按照科学分类方法，科学技术的体系结构通常划分为基础科学、技术科学和工程技术三个层次。军事高技术的体系结构是由科学体系中面向军事应用的那部分技术科学和工程技术所组成的，它包括两个层次，即军事基础高技术和军事应用高技术。

第一节 军事高技术概述

科学技术的发展特别是军事高技术的发展，正在军事领域引发一场深刻的变革。从20世纪80年代以来发生的屡次局部战争，特别是20世纪末发生的科索沃战争中，人们可以看出：现代战争已在很大程度上表现为高技术的较量，谁拥有军事高技术，谁就能够在战争中占据更大的主动权，现代战争已进入高技术时代。

高技术是指以当代科学最新成就为基础，处于科学技术发展前沿、对提高生产力、促进社会文明、增强综合国力起先导作用的技术群。高技术一般分为信息技术、新材料技术、新能源技术、生物技术、航天技术、海洋技术等六大技术群。军事高技术是高技术的重要组成部分。它具有高技术的一切特征，但同时又具有其自身的特点。

一、军事高技术的概念与分类

（一）军事高技术的概念

军事高技术指应用于军事领域的高技术。具体说，军事高技术是建立在现代科学技术成就基础上，处于当代科学技术前沿，以信息技术为核心，在军事领域发展和应用，对国防科技和武器装备发展起巨大推动作用的那部分高技术的总称。

（二）军事高技术分类

军事高技术的范围非常广泛，有不同的分类方法。按照从高技术向军事领域自然延伸的角度，军事高技术可以分为六大技术领域。

（1）军事信息技术，主要包括微电子、光电子、计算机、自动化、卫星通信和光纤通信技术。

（2）军事新材料技术，主要包括信息材料、能源材料、新型结构材料和功能材料技术。

（3）军事新能源技术，主要包括核能、太阳能、风能、地热能、海洋能和生物能技术。

（4）军事生物技术，主要包括基因工程、细胞工程、酶工程和发酵工程技术。

（5）军事海洋开发技术，主要包括海洋调查检测技术、海洋工程开发技术。

（6）军事航天技术，主要包括航天器的制造、发射和测控技术、航天遥感（空间侦察、监视）、空间通信以及空间工业技术等。

从军事高技术与高技术武器装备的关系划分，军事高技术还可划分为以下两类，一是支撑高技术武器装备发展的基础技术，包括军用微电子技术、军用光电子技术、军用计算机技术、军用新材料技术、军用新能源技术、军用动力技术、先进制造技术和仿真技术；二是应用于武器装备的应用性高技术，包括侦察监视技术、电子战技术、精确制导技术、航天技术、伪装与隐身技术、指挥自动化技术、核生化武器技术、新概念武器技术等。

二、军事高技术特点

高技术与一般技术相比，有七大特点：

（一）高智力

高技术是知识密集型技术，它的发展必须依靠创造性的智力劳动，依靠富有创新意识、创新能力的高素质人才，体现了高智力的特性。比如半导体集成电路，从成本上讲，原料及所需能源仅占其总成本的2%，而其余98%都是其智力含量。

（二）高投资

高技术的研究开发需要昂贵的设备和较长的研制周期，因而研制过程需要耗费巨额资金。据统计，目前，一般高技术企业用于研究开发的经费占其产品销售额的比例高达10%～30%，而科研成果产业化的投资又比研究开发投资高出5～20倍，形成高技术产业后的设备更新投资还会越来越大。比如制造集成电路的设备，十年之中关键设备就更新了三代，每更新一代，设备投资就要增加一个数量级。

（三）高竞争

高技术的时效性决定了谁先掌握技术、谁先开发出产品并抢先投放市场或用于战场，谁就能占据战争主动权。为此，世界军事强国和大国都制定了高技术发展计划，试图在世界高技术发展的竞争中占有一席之地。

（四）高风险

高技术竞争的失败，对企业而言，就意味着投资的失败；对国家而言，意味着国家利益将要受到损害。此外，高技术研究本身也蕴含着巨大的风险，甚至要以生命作为代价。以航天技术的发展为例，40 多年来，航天技术取得了神话般的巨大成就，但其风险也非常之高。1961 年 3 月 23 日，苏联的邦达连科就成为为航天事业献身的第一人；1986 年 1 月 28 日，美国"挑战者"号航天飞机失事；2003 年 2 月 1 日，"哥伦比亚"号航天飞机重返大气层时空中解体，可见其风险之大。

（五）高效益

高技术产品是高附加值产品，其形态是知识的物化形式，所以其价值远远超过所消耗的原材料和能源的价值。实践证明，高技术成果一旦转化为市场化的产品，就能获得巨大的经济收益，一旦得到实际应用，就能产生广泛的社会影响。比如航天技术，其投资效益比高达 1∶14，充分体现了高效益的特点。

（六）高渗透

高技术本身具有极强的综合性和技术辐射性或渗透性，隐含着巨大的技术潜力，不仅可以用于新兴产业的创立，而且可以用于传统产业的改造，成为经济、国防、科学、技术、政治、外交和社会生活等各个领域发展变化的驱动力。

（七）高速度

高技术产业是目前发达国家经济中最活跃也是增长最快的经济部门。美国经济在"9·11"事件前已连续十多年呈现高增长、低通胀趋势，而且美国 GNP 占世界总值的比例也由 20 世纪 90 年代初的 24.2%增加到 2000 年的 30%。这些都是以信息技术为龙头的高技术产业带来的结果。高技术产业的成功不仅表现在产值、产量的发展高速度上，而且还突出表现在产品性能更新的高速度，比如计算机芯片的处理速度，30 多年来，几乎每 18 个月就翻一番。现在普遍使用的高性能计算机，其运算速度已可达每秒十几万亿次，微机处理速度也已可达每秒 10 亿次。

三、军事高技术的发展与应用

目前，军事高技术前沿领域主要有：军用信息技术、作战平台技术、军事航天技术、新概念武器技术、军用新材料技术、先进推进与动力技术、军用生物技术和核武器技术等。主要介绍争夺比较激烈的几个"热点"方向。

（一）军用微电子技术

微电子技术，是使电子元器件及由它组成的电子设备微型化的技术，其核心是集成电路技术。微电子技术是军用高技术的基础，对整个军事高技术的发展起着巨大的推动作用，它是衡量一个国家武器装备水平的重要标志。

1958 年第一块集成电路的诞生，标志着微电子技术开始步入人类文明的殿堂。衡量微电子技术发展水平高低的标志是集成度。集成电路产品的生成主要包括两项关键技术，一是原材料，二是制造工艺。

随着微电子技术发展水平的不断提高和在军事领域的广泛应用，武器装备的性能将发生巨大变化：一是武器系统的体积、质量和功耗大大减少，可靠性大大提高；二是武器系统自身的信息处理能力得到质的飞跃，使一些原来作为设想的高技术兵器成为现实；三是传统装备的电子化水平将不断提高，从而使保障手段逐步走向多样化和智能化。

（二）军用计算机技术

计算机是由电子器件及相关设备和系统软件组成的自动计算系统。它具有极强的数据处理能力、较强的记忆能力和一定的思维能力。世界上第一台电子计算机为“埃尼阿克”于 1946 年 2 月 14 日诞生于美国宾夕法尼业大学莫尔学院，是美国冯诺依曼工作组为了计算炮弹射程面制造的。可见，世界第一台计算机就是为军事领域的应用而研制的。因此，现在的计算机技术更是早已被广泛应用在军事领城，成为现代战争中战斗力的倍增器。它是战略、战役、战术武器及航天系统的信息处理中心，也是军队指挥信息系统的核心，是实施战场指挥管理和武器控制的主要装备。比如计算机辅助制订作战计划，精确制导和定位，以及智能化武器系统等等。随着计算机技术的飞速发展，计算机在军事领域的应用还将更加广泛，对现代军事影响也将会更加强烈。

（三）军用信息技术

信息技术，就是认识信息、利用信息、同信息打交道的技术。它包括信息的产生、获取、变换、传递、存储、处理、显示、识别、提取、控制和使用的技术。军用信息技术则是军事技术的核心领城，以电子信息技术为核心的高新技术在军事领域的广泛应用。目前，军用信息技术已成为决定战争胜负的一个重要因素，许多国家都把大力发展电子信息技术作为增强国防实力的关键技术和措施。

（四）军用新材料技术

军用新材料技术，是指用于制造各种先进军事装备的高性能材料或新兴材料的研制与应用技术。目前信息技术、材料技术、能源技术已成为现代高技术的三大支柱。而新材料技术又是其他高技术发展的物质基础和重要依托。

按照材料的用途，可将军用材料技术分为信息材料、新能源材料以及在特殊条件下使用的结构材料和功能材料。目前，世界范围内的军用新材料技术已有上万种，并以每年5%的速度递增，正向高功能化、超高能化、复合轻量和智能化的方向发展。新材料已成为综合国力竞争的重要领域和国防力量的重要物质基础，是提高军队机械化水平的物质支撑和提高信息化程度的基础条件，许多国家都将开发新材料作为优先发展的重点项目。

（五）军用生物技术

生物技术是以生命科学为基础，利用生物（或生物组织、细胞及其组成部分）的特性和功能，设计、构建具有预期性状的新物质或新品系，以及结合先进的工程技术手段和其他基础学科的科学原理，进行加工生产，为社会提供产品和服务的综合性技术体系。主要包括基因技术、生物生产技术、生物分子工程技术、纳米生物技术、生物耦合技术及仿生技术等系列技术。随着生物技术的快速发展，在军事领域具有巨大的应用潜力。

目前军用生物技术主要有以下几种：基因武器，是运用基因技术对已有的生物战剂（细菌、病毒和毒素等）或良性物质，进行有目的的修饰或改造，制造出新的生物战剂；生物电子装备，是利用生物技术设计生产的大分子系统，是更高级的电子材料，能够确保电子设备在各种复杂条件下稳定工作；生物炸弹，利用生物技术制造炸药，威力更强，比常规炸药大 3 倍至 6 倍；军用仿生导航，利用生物技术模拟动物导航来简化军事导航系统，能够提高精度，缩小体积，减轻重量，降低成本。

军海泛舟

基因武器的威力

基因武器的杀伤威力极其巨大。利用生物技术制造的炸药，爆炸力强，威力比常规炸药大 3～6 倍。用生物炸药制成的武器战斗部，可使武器的战术、技术性能提高一个数量级。另据报道，前苏联研制的一种生物剧毒物质，只要万分之一毫克，就能毒死 100 只猫。前苏军研制的出血热菌武器投入敌方水源，可使整个流域的居民全部丧生。1979 年 4 月，前苏联的一个生物武器基地发生爆炸，溢出大量炭疽杆菌气溶胶，造成炭疽病流行，死亡 1 000 多人，影响持续十年之久。据美军测算，倘若一枚带有炭疽菌弹头的“飞毛腿”导弹落在华盛顿，便可夺去 10 万人的生命。世界卫生组织测算，1 架战略轰炸机对完全没有防护的人群进行袭击所造成的杀伤面积是：10 吨生物战剂可达 10 万平方米，而基因武器的杀伤力远远超过生物战剂的 10 倍、甚至上百倍。如果将“埃博拉病毒”、“艾滋病毒”、“O－157 病毒”制作成基因武器，这些“生物原子弹”足以毁灭人类。科学家称基因武器为“世界末日武器”，丝毫不是夸张。

生物技术是一项具有革命性的高技术。现阶段，虽然军事生物技术的发展尚处在初期，但随着生物学时代的到来，生物技术将在军事领域里大显身手。它的飞速发展将把军队武器装备的高技术化推向更高层次。

（六）军用航天技术

军用航天技术是以军事应用为目的，开发和利用太空的一门综合性工程技术。迄今世界各国共发射了 5 000 多个航天器，其中 70%用于军事目的。它的发展，使军事侦察、通信、测绘、导航、定位、预警、监视和气象预报等能力空前提高。军用航天技术的不断发展，必将加剧太空的军事争夺，对未来的军事活动将产生深远的影响。

四、军事高技术对现代战争的影响

随着高技术的发展及其在军事领域的广泛应用，军事高技术已经在现代战争行动中产生了巨大影响。这种影响可概括为“五化”，即侦察立体化、指挥控制智能化、反应快速化、打击精确化、防护综合化。

（一）对国家安全战略的影响

在高技术战争条件下，从保卫国家的安全角度来说，仅仅考虑核威胁、核保护战略已远远不够了。航天战略（或宇宙战略）将成为国家战略的重要内容。一个国家的高技术水平是这个国家威慑力量中不可分割的一部分。国家的安全除了有赖于必要的常规武器、核武器外，更加有赖于高技术武器。

（二）对国防经济的影响

高技术的发展，对国防经济要求很高。一方面是国家要以相当的经费来支持高技术武器的发展。另一方面，很多军事高技术与国家科技的发展密不可分，如用于外层空间的一些武器和设备，对开发宇宙资源和地球资源大有益处。在开始时需要国家经济投资，但不久就可受益，反过来促进国家经济的发展。高技术战争的基础是高技术，发展高技术仅仅用有限的国防经费是不够的，需要有国防经济整个系统来支撑。除了金钱以外，国防技术人才和国防技术设施要与高技术的发展相适应。为了发展高技术，需要动员整个国家的尖端技术力量，而不单纯是军事技术力量。经费和技术，是发展高技术的必不可少的物质基础。

（三）对战争样式和作战方式的影响

高技术武器用于战争，使战争的样式和作战方式有了很大发展。除了已经出现的用高技术手段进行的军事冲突和小型局部战争之外，还将有可能出现如外层空间的军事冲突和小型战争，以及星球大战和世界性高技术战争等新的战争样式。这些新的战争样式，反映了现代复杂的国际关系，影响着战争的规模和结局。对于核武器，美苏等国正在从高技术中寻找防御的积极手段。现在已有不少人相信，运用高技术武器就可以有效地抗击核武器。高技术战争发动的方式和进行的方式与以往也有很大不同。远战可能多于近战，导弹战可能多于枪炮战，电子战可能充斥整个战场。作战双方利用智能武器和借助现代指挥工具进行的斗争将日益凸显出来。

（四）对军队编制装备的影响

高技术战争将影响军队的组成、编制和装备。比如即将增加新的军种和兵种：天军、深海部队、机器人部队、飞行器部队等。军兵种的比例也将发生变化，天军、空军的比例将逐渐增大，陆军的比例将缩减。海军中深海潜艇的比例也将加大。军队人员的知识结构，必须要与高技术的装备水平相适应。军队文化水平大大提高，工程科技人员的比例将增大。军队人员要有高度的政治觉悟，高度的组织纪律性，坚强的体魄，娴熟的军事技能，能吃苦耐劳，克服困难，坚韧不拔，具有献身精神。同时军队需要有良好的训练水平和科学的管理水平。

（五）对作战行动的影响

使作战空间增大。如作战单位的任务，正面、纵深大于以往作战，再如空中的支援和防护将重新分为超低空、低空、中空、高空、超高空以及高天（外层空间）6 个层次，从几万米高空扩大到几百公里的外层空间。由于远程火器增多，部队机动速度加快，作战部队的任务纵深大大地加大了。作战行动的突然性也大大增强。需要我们在谋略思维上能够跳出常规，在复杂的战争现象中，寻找出其不意攻其不备之点，在谋求突然性的优势中居主导地位。高技术武器的杀伤破坏程度空前残酷，既有大面积杀伤武器，又有精确制导的杀伤点状目标的武器。点面结合，破坏面积大，杀伤目标准，对人类带来的灾难超过以往。如果高能激光武器使用于战场，对其破坏杀伤力目前还没有找到抗御的方法。目前，战场探测器材技术十分发达，凡是暴露的目标一般都可侦知，凡是侦知的目标，一般都可摧毁。在这种情况下，如何保存战场上的有生力量是个十分重要的问题。如果进攻者不能在冲击前对防御方进行十分有效的压制，那么防御者就有可能在瞬间将暴露的进攻军队予以毁伤。此外，电磁频谱的斗争更加激烈。除了干扰反干扰的斗争外，还反映在侦察反侦察、制导反制导、C^3I 系统与反 C^3I 系统等方面。高技术战争中，雷达是双方很关注的目标。电子干扰对方制导系统也将日益重要。破坏对方的指挥控制系统更有积极意义。电子压制斗争是火力压制的前提，否则，很难保障火力压制的效果。所以电磁环境的优势往往伴随着胜利。

（六）对指挥的影响

由于卫星技术和其他遥感遥测技术广泛使用于军队指挥系统，获取战略情报和战场情报已不是十分困难的事；由于电子计算机成为军队指挥的重要工具，大大提高了对信息的储存、处理能力；而使用激光通信、光纤通信、传真通信和数据通信等手段，通信的可靠性和适时性提高了。自动化的指挥控制系统使军队指挥既快速又准确，尤其运用人工智能专家系统，可以提出决策建议和行动方案供指挥员选择参考，做出最佳抉择。以高技术为支撑的 C^3I 系统，可供战略指挥（全国、全球，甚至外层空间）使用，也可供战役、战斗指挥使用，甚至单舰、单机、单车、单兵都可使用。这就要求指挥员和参谋人员必须既是军事专家，又是科学家和工程技术专家，熟悉自动化指挥程序和具有运用指挥设备的知识和能力。

（七）对后方保障的影响

高技术战争的极大消耗量对后勤保障提出了一个十分现实的问题：供应补给量与消耗量要成正比，要以极大的供应量来保障高技术战争的极大消耗量。由于高技术战争使前方后方的界限更趋淡薄，为了组织后方的有效保障，必须注意组织对后方机构的有效防御，防止空中袭击、远程武器袭击及空降兵袭击、敌方迂回穿插部队的袭击等。因此，后方地域必须组织防空、防炮、防导弹以及对地面和对外层空间的防御。这样，才能可靠而有效地组织后方保障。

五、正确认识高技术战争

（一）以发展的眼光看待战争

我们对待战争的态度是，既要十分珍视过去的经验，又要高度重视变化的现实。随着科学技术的发展，特别是信息技术的迅猛发展，战争本身也在不断变化，特别是战争观念与以往相比也发生了重大变化。战争观念包括：战争的胜负观、战争的平战观、战争的主权观。

信息时代的胜负观已不再以歼灭敌人多少有生力量为标准，而是以使作战对象失去多少战斗能力为标准。

信息时代的平战观表现为，信息技术的发展已使信息对抗成为最普遍的对抗形式，而信息对抗从一定意义上模糊了战争时期与和平时期的界限。和平时期对一个国家的电磁频谱进行大规模的侦察与干扰，严格地说，就是进行着一场无硝烟的战争。

信息时代主权观的变化主要体现为，信息时代的国家主权已不仅仅包括国土、领海和领空主权，而且还应包括频率资源在内的电磁领域的主权。保卫频率资源、电磁主权和信息安全已成为国家主权的重要内容。

在战争观念发生重大变化的同时，全球正在兴起一场新的军事革命，这场革命包括：作战理论、火力打击、协同作战、信息作战、应急作战、作战力量的编制体制、军队组织的等级化、作战样式、作战部署以及军队编成的变化以及这些变化给作战训练、条令条例等带来的深刻影响。面对这些变化，我们必须以发展的眼光，认真研究其特点和规律，同时针对未来我军将面临的战争环境，研究作战理论，探究作战方法，为打赢做好各项准备。

（二）以务实的态度研究战法

所谓“务实”，就是既要着眼于打高技术条件下的战争，又要立足于以劣势装备取胜。我们研究战法，不能脱离一个“中心”，这个中心就是中央军委提出的新时期积极防御的战略方针。离开了这个方针，我们的战法研究就要迷失方向，就要失去意义。同时我们还要着眼于“两个基本点”，一个基本点是打赢现代技术特别是高技术条件下的局部战争，另一个基本点是立足于以劣势装备，或者以手中武器来取胜。

未来的战争将是高技术战争，但从目前我国国力出发，我们还必须立足于以现有武器装备来打。同时，在力所能及的范围内，还应加紧研制出几件称得上我们拿手好戏的“杀手锏”。这些杀手锏，就是让“敌人丧胆，我们壮胆”的高技术武器装备。

（三）以全面的观点加强战备

所谓全面的观点就是，既要加速改善武器装备，又要抓紧人才素质的提高。我们不能只把眼睛盯在武器装备的差距方面，还要看到人才素质方面的差距。我们应该“两条腿走路”，一条是改善武器装备，一条是提高人才素质。从现代战争的经验中我们可以看出，不是光有高技术武器装备就能打赢高技术战争，作为一名现代军人，一要有很高的觉悟，二要有很高的科学素养，二者缺一不可。

总之，只要按照中央军委制定的积极防御的战略方针，抓住机遇，盯住条件，迎接挑战，内紧外松，少说多干，那么，我们的国防科学技术就会过几年上一个台阶，我们的武器装备就会不断地更新换代，实现中央军委提出的打赢可能发生的现代技术特别是高技术条件下的局部战争的要求。

第二节 高技术在军事上的应用

军事高技术的发展，使武器装备性能发生了质的飞跃，并对现代作战产生了重要影响。本节分别从侦察监视技术、伪装与隐身技术、精确制导技术、航天技术、电子对抗技术、指挥信息系统等方面介绍军事高技术对现代作战的影响。

一、侦察监视技术

“知彼知己，百战不殆”，情报保障历来都是决定战争胜负的重要因素。历代军事家都希望在战争中做到知彼知己，百战不殆。现代科学技术特别是高技术的发展，使军事侦察与监视的技术水平和能力有了极大提高，利用现代高性能的侦察监视系统可进行全时域、大空域甚至覆盖全球的侦察与监视，从而在战时和平时都可迅速、准确、全面地掌握敌方的情况，为实时地采取相应的对策提供依据。因此，现代侦察监视技术已成为军事高技术的一个重要领域。

（一）侦察监视技术的基本概念

侦察是军队为获取军事斗争特别是战争所需敌方或有关战区的情况而采取的措施，是实施正确指挥、取得作战胜利的重要保障。侦察监视技术是指发现、识别、监视、跟踪目标并对目标进行定位所采用的技术。侦察监视技术实现上述五项任务主要是使用高技术侦察设备来完成的。其工作过程大致是：目标的特征信息直接或间接以波的形式通过介质向外传输，被侦察设备接收后，经过加工处理传送至显示记录设备，经分析、判读来获取情报，并传送到指挥所。

（二）现代侦察监视技术和手段

现代侦察监视的基本技术原理是：利用多种媒介传感器，探测目标的红外线、光波、声波、应力（振动）波、无线电波等物理特征信息，从而发现目标并监视其行动。各种侦察监视器材装备搭载不同的作战平台，就形成了对战场侦察监视的不同手段。

1. 电子侦察技术

电子侦察是指利用己方的电子侦察装备去搜索、截获敌方电子设备的电磁信号，经过分析、识别和定位，以掌握敌方电子设备的有关技术参数、威胁程度、部署情况和行动企图等情报的侦察手段。

根据任务和用途的不同，电子侦察通常分为预先侦察和现场侦察两类。电子侦察的主要手段有：设立地面电子侦听站，使用电子侦察飞机，使用电子侦察船，使用电子侦察卫星，使用投放式侦察设备。

2. 光电侦察技术

军用光电侦察装备是利用光源在目标和背景上的反射或目标、背景本身辐射电磁波的差异来探测、识别目标并对它们进行跟踪、瞄准的军用侦察仪器或系统。

军用光电侦察装备经过长期发展，品种越来越齐全、性能越来越先进、应用越来越广泛。现代光电侦察装备包括可见光、微光、红外、激光和光电综合侦察仪器，它们是以激光、红外、微光、光纤、半导体、微电子、计算机、精密机械等现代技术为基础构成的光电器材。光电侦察装备获得的地域和目标图像、数据可以直接用于观察和记录，可显示在荧光屏上供间接观察，可记录在胶片或录像带上供事后审查，或通过数据传输系统传至千里以外的信息中心。

现代光电侦察装备在军事上可用于战场侦察、战役侦察和战略侦察，用来探测洲际导弹发射井和机动洲际导弹的位置，以及跟踪洲际导弹的发射。还可监视空中、地面和地下核武器爆炸试验，探测和跟踪水面舰艇和潜艇的活动，探测地面和地下埋设的地雷，探测化学战剂的使用，跟踪战术导弹和飞机的来袭，探测和监视敌部队和单兵的活动，对战场进行监视以及对敌打击效果的侦察等。

由于现代光电侦察装备在搜集战略和战术情报中的重要作用，各国在卫星和无人驾驶侦察机、固定翼飞机、直升机、地面机动车辆和固定侦察阵地，广泛采用各种光电侦察器材。光电侦察器材与雷达、电子等侦察器材的配套使用，相辅相成，取长补短，共同完成部队的侦察任务。

3. 雷达侦察技术

雷达侦察技术是利用物体对无线电波的反射特性来发现目标和探测目标状态（距离、高度、方位角和运动速度）的一种侦察手段，雷达侦察主要探测敌方飞机、导弹、卫星、舰船、车辆、兵器，同时可探测工厂、桥梁、居民点、云雨等。

(1) 雷达的基本组成。雷达的工作方式通常分为两大类：一类发射的电波是连续的，称为连续波雷达；另一类发射的电波是间歇的，称为脉冲雷达。广泛应用的是脉冲雷达，它由发射机、天线、接收机、收发转换开关、显示器、定时器、天线控制器和电源等部分组成。

(2) 侦察雷达的类型及应用。雷达作为武器系统的重要装备，根据其用途分为远程预警雷达、警戒雷达、导航雷达、炮瞄雷达、导弹制导雷达、机载截击雷达、火控雷达、侦察雷达等。根据其技术特征分为波束扫描雷达、单脉冲雷达、相控阵雷达、连续波雷达、脉冲多普勒雷达、电控相扫雷达、超视距雷达、二坐标雷达、三坐标雷达、测高雷达、测速雷达、多基地雷达、被动式多基地雷达等。

常规侦察雷达主要包括战场侦察雷达、警戒雷达、超视距雷达、侧视雷达和相控阵雷达。

战场侦察雷达是陆军使用的地面活动目标侦察雷达，用于侦察和监视敌方地面兵器、车辆、人员和低空飞行器的活动，它能够从地面各种固定回波中发现活动目标。战场侦察雷达按照作用距离可分为远程、中程，近程三种。远程战场侦察雷达安装在车辆上，可以探测 20～30 千米范围内敌方部队调动、车辆和火炮等活动情况和 7 千米距离内的单兵活动情况；中程战场侦察雷达可以探测 8～10 千米范围的坦克、车辆活动情况和 5 千米以内活动的人员；近程战场侦察雷达可以探测 0.5～3 千米范围的敌方活动情况，质量在 2.5 千克以内，可安装在三脚架上工作，携带方便。

警戒雷达是配置在沿海、边界线以及国土纵深地区，用于探测远距离的敌方飞机、导弹、舰艇的雷达。其特点是探测距离远，但探测精度不是很高。警戒雷达按探测距离间分为：近程警戒雷达（探测距离 200～300 千米）、中程警戒雷达（探测距离 300～500 千米）、远程警戒雷达（探测距离 500～4 000 千米）以及超远程警戒雷达（探测距离 4 000 千米以上）。

超视距雷达是应用了短波波段电磁波不能穿透电离层而反射回地面产生跳跃式传播的特点，不受地球曲率限制、探测不能直视（视距）目标的雷达。超视距雷达能够发现刚从地面发射的弹道导弹、轨道轰炸武器，可提供更长的预警时间，但情报的准确度有待提高。

侧视雷达是从空中侦察地面目标并绘制图像的高分辨率雷达，它的天线安装在飞行器下方，波束很窄，覆盖两侧几十千米地带目标，因此获得“侧视”之名。雷达采用合成孔径技术对接收信号进行处理，等效为庞大天线阵（增大几百至上千倍）和极窄波束，因而分辨率非常高，图像清晰度与光学照相类似，可全天候工作。侧视雷达用于测绘战场地形图非常方便和快捷。

相控阵雷达是应用计算机控制发射和接收信号的相位，增强发射功率、天线增益和接收机灵敏度，可以集远程警戒雷达、引导雷达、多目标跟踪雷达、制导雷达于一身，效率非常高。这是计算机技术与现代雷达技术相结合的成果，天线面阵可以实现360°全方位探测而不必转动。如果能解决雷达信号远距离相控问题，便有可能把雷达的天线面阵分散布设到全国，形成一个十分巨大的雷达网。

4. 传感器侦察技术

（1）地面传感器侦察。地面传感器是一种能够对地面目标引起的战场环境的物理场变化进行探测的小型侦察设备。我们知道，任何一个地面目标在运动时总会引起其周围环境磁场、声音、震动、温度等方面的变化，这些变化都是可以被探测到的。地面传感器正是利用自身的探测器去获取目标引起的这些物理量变化，产生出信号，而后用天线发射出去，从而完成侦察任务。

（2）水下传感器侦察。水下传感器主要是“声呐”。声呐是接收水中声波的装置，主要用于对水中目标的搜索、测定、识别和跟踪，也可以用于水声对抗、水下通信、导航和对水下武器（鱼雷、水雷等）的制导或控制。声呐的基本原理是捕捉、接收水声信息，将水声信号转换成电信号，经过放大处理后，由显示控制台显示定位。

军海泛舟

地面传感器

地面传感器历来受到各国军队的宠爱，早在越南战争就被广泛使用，现在已经发展成为一个包括震动传感器、压力传感器、声响传感器、红外传感器、磁性传感器和扰动传感器的大家族。2005年美国海军陆战队在伊拉克试验了“龙信使”机动地面传感器，该传感器携带时可以装进士兵的被囊，投放后能够穿窗户、爬楼梯或翻墙壁而到达指定地点实施侦察，主要用于城市作战和沙漠环境作战。在未来作战中，这些“隐形侦察兵”将会悄悄地监视着对方的一举一动。

5. 其他侦察技术

（1）战场窃听侦察。它是以偷听敌方语音来获取情报的一种手段。其基本样式可分为声音窃听、电话窃听和激光窃听。

（2）战场电视侦察。它是利用电视技术获取图像情报的一种技术。其特点是音像共存，形象直观，情报传递速度快、传播面广、时效性强，可搭载各种平台实现立体侦察。

（3）炮位声测侦察。火炮发射时，巨大的声响是火炮无法隐蔽的征兆。声测侦察就是利用声音探测装置发现敌人正在发射的炮兵阵地，确定其位置以引导我炮兵或火箭兵以火力进行压制或摧毁。

（三）侦察监视技术对现代作战的影响

1. 作战空间扩大

现代侦察技术装备可以覆盖整个战场并在全球范围内进行全纵深、大面积的侦察和监视。陆战场监视系统侦察纵深可达150千米远；高空侦察机飞行距离达4 800千米，值勤时间达12小时，每小时监视能力达38.9万平方千米；卫星侦察与监视可覆盖数百万平方千米。作战侦察距离的增大，不仅为实施远距离作战提供了条件，也使传统近战战法受到严重挑战，所以必须探索新的对敌作战方式。

2. 信息获取手段改善

侦察技术的发展使现代战争的情报侦察方式发生了变革，过去战场侦察主要依靠侦察兵或特工人员使用目视观察器材进行侦察，而现代战争的情报侦察主要使用配备有先进的光、电、磁传感器的侦察设备，获取军事情报，为制订作战计划和作战行动提供依据。使用现代侦察手段可以深入敌人后方，全面详细地了解和掌握战场的情况。

3. 指挥质量提高

现代战场复杂多变，实时获得高质量的情报信息越来越重要。现代侦察监视技术特别是卫星、遥感技术应用于军事领域后，使获取信息的范围显著增大，速度和准确率也大大提高。高技术侦察装备以实时、快速、准确传递信息的能力和手段，极大地提高了作战指挥的时效性。现代侦察监视系统不仅能为指挥员提供直读、直观、直闻的不同距离的、全方位的、有声有色的情报，还可用计算机的逻辑功能帮助计算、分析和判断，对指挥员做出的计划方案进行“对抗模拟”，比较方案的可行性，以便于选择最佳方案，进而提高指挥质量。

4. 促进反侦察技术发展

侦察技术在战场上的运用促进了反侦察技术的发展。战场“透明度”越来越大，部队隐蔽行动企图更加困难，必须探索新的伪装方法和行动方法。例如，常用的伪装方法对目视侦察和微光侦察有效，但热成像器材出现后，这些方法失去了作用。高技术侦察设备大量使用，使战场目标的生存面临更大的威胁。为提高战场目标的生存能力和达成战役战斗的突然性，必须发展反侦察技术。

二、伪装与隐身技术

侦察检测技术的迅猛发展，必然使与之相对抗的反侦察技术的不断发展。伪装技术已成为对付侦察探测和精确打击最有效的技术之一。而隐身技术作为伪装技术领域的拓展和延伸，更是现代进攻性武器装备增加突防能力的重要手段。

军海泛舟

军事伪装在局部战争中的作用

在海湾战争中，伊拉克成功运用了伪装技术，虽然以美国为首的多国部队，连续不断地对伊进行了38天的空袭，但攻击的目标有80%是假目标，消耗了多国部队大量的弹药，美国自己也承认最多损坏伊军军力的20%。在科索沃战争中，以美国为首的北约出动了数万架次飞机扔下了1万多吨的弹药，对南联盟实施了空前野蛮、残酷的轰炸，而南联盟只有462名军人和114名警察为国捐躯，80%的军事实力得以保存。这充分说明军事伪装在高技术局部战争中仍作用巨大。

（一）伪装与隐身技术的概念

伪装就是为隐藏自己和欺骗、迷惑敌人所采取的各种隐真示假的措施。伪装技术的基本原理是：减少目标和背景在可见光、红外、微波等电磁波段的散射或辐射特性的差别，以隐蔽真实目标或降低目标的可探测性特征；模拟或扩大目标与背景的这些差别，以构成假目标欺骗敌方。伪装技术在战争实践中主要是通过天然伪装、迷彩伪装、植物伪装、人工遮障伪装、烟幕伪装、假目标伪装、灯火与音响伪装等措施和方法来实现的。

隐身技术，亦称隐形技术，是指在一定遥感探测环境中采用反雷达探测措施，以及反电子探测、反红外探测、反可见光探测和反声学探测多种技术手段，降低飞机、导弹、坦克等目标的可探测信号特征，使其在一定范围内不易或难以被敌方各种探测设备发现、识别、跟踪、定位和攻击的综合性技术。隐身技术不仅要求隐身，还要求隐声、隐光、隐电和隐磁。

（二）伪装与隐身技术的分类

1. 伪装技术的分类

目前军事上采用的伪装技术主要有天然伪装、迷彩伪装、植物伪装、人工遮蔽伪装、烟雾伪装、假目标伪装、灯火与音响伪装等系列技术。

（1）天然伪装技术是充分利用地形、地物、夜暗和不良天候（风、雪、雨、雾）等天然条件，隐蔽或降低目标暴露征候的一种手段。该技术主要用于对付光学侦察，在一定条件下也能对付红外侦察、雷达侦察、声测侦察和遥感侦察。

（2）迷彩伪装是利用迷彩技术生产的涂料、染料和其他材料来改变目标表面，达到消除或减小目标与背景之间反射或发射可见光、热红外和雷达波，以改变目标外形，达到伪装的目的。按照目标类型、背景特点和涂料技术，可分为保护色迷彩、变形迷彩、仿造色迷彩和多功能迷彩等。

（3）植物伪装技术是利用种植植物、采集植物和改变植物颜色等方法对目标实施伪装的技术。由于其简单有效，在现代战争中仍经常使用。例如，在目标上种植植物予以覆盖；利用垂直植物遮蔽道路上的运动目标；利用树木在目标地区形成植物林；利用种植物改变目标外形和阴影；利用新鲜树枝和杂草对人员、火炮、汽车和工事实施临时性伪装等。

（4）人工遮障伪装是利用各种制式伪装器材设置对目标进行遮蔽的一种手段。它由遮障面和支撑构件组成。遮障面采用制式的伪装网或就便材料编扎，制式遮障面有叶簇式薄膜伪装网、雪地伪装网、伪装伞、反雷达伪装网、反红外侦察伪装遮障和多普勒伪装遮障等。支撑遮障按其用途和外形，可分为水平、垂直、掩盖、变形和反雷达遮障等。

（5）烟雾伪装是利用烟雾遮蔽目标，迷盲、迷惑敌人或使来袭制导武器失效所实施的伪装。这种伪装可以通过散射、吸收的方法衰减光波能量，来干扰敌方的光学侦察。由于发烟材料的发展，现代烟幕对雷达和红外波段同样具有干扰和遮蔽作用。同时，还可以对付激光制导炸弹等。随着纳米材料技术的发展，纳米材料可用于形成新型气溶胶，具有吸收微波、热红外和光学波段的能力，能全波段干扰敌方的侦察。

（6）假目标伪装是指为欺骗、迷惑敌人而模拟目标暴露征候所实施的伪装。其主要包括形体假目标和功能假目标两类。形体假目标主要是指仿造的兵器、人员、工事、桥梁等，目的是迷惑敌人，吸引敌人的注意力和火力，从而有效地保护真目标。功能假目标是指各种角反射器、尤伯透镜反射器、热目标模拟器、综合红外箔条等具有反射雷达波或产生热辐射功能的假目标。

（7）灯火与音响伪装技术是通过消除、降低和模拟目标的灯火与音响暴露征候，以隐蔽目标或迷惑敌人所实施的伪装。灯火伪装分为室内灯火伪装和室外灯火伪装。音响伪装可通过消除音响使目标音响在到达侦听点时比环境噪声小 15 分贝。如不能达到消除音响的要求，也应尽量降低音响，声级每降低 6 分贝，可使侦听距离缩小 1/2。

2. 隐身技术的分类

常规的工作在不同电磁波波谱段的侦察监视技术分别是可见光侦察、红外侦察，雷达侦察、电子侦察和声波侦察。针对这些不同的侦察监视技术，相应的隐身技术也应运而生。

（1）可见光隐身技术。可见光隐身技术是对目标特征信号进行控制，降低敌方可见光探测系统的探测概率。具体方法有控制光反射特性、控制色度和控制亮度等。

（2）红外隐身技术。红外隐身技术是抑制目标在敌方红外探测系统方向上的红外辐射。减少红外辐射的方法有屏蔽、冷却、吸收和散射等。在设计飞行器时需要考虑的方法有减少热源数量、减少机体红外辐射、改进发动机喷管设计和改进燃料等。

（3）雷达隐身技术。雷达隐身技术是采取措施使雷达波反射到其他方向，或者将雷达波吸收掉，使目标不容易被发现的技术。这也是雷达隐身的基本原理。使用各种办法来降低目标雷达散射截面积，而同时武器装备的战术技术性能不受大的影响，是雷达隐身武器的设计目标。

（4）电子隐身技术。电子隐身技术通常采用抑制目标自身电子辐射的方法，以降低敌方电子探测系统对目标的探测概率。具体的措施和方法有屏蔽电子设备、实施电子欺骗和干扰、减少电缆辐射和改变天线结构。

（5）声波隐身技术。声波隐身技术是控制声波辐射特征，降低目标自身的噪声，减小声波探测系统探测概率的技术。具体方法有改进发动机和辅助机的设计、减小运动介质的振动噪声、减小共振和使用阻尼声材等。

（三）伪装与隐身技术对现代作战的影响

1. 伪装对现代作战的影响

未来信息化条件下的局部战争，侦察与反侦察、制导与反制导的斗争异常激烈，伪装对于隐蔽自己、欺骗或迷惑敌人将起着关键作用。伪装对作战的影响主要表现为以下四个方面：

（1）伪装是造成敌人获取错误情报的重要方法。敌对双方的作战企图和行动是建立在所获取情报基础上的。战争史上，敌对双方无一不重视利用伪装技术造成对方错觉，使其指挥员做出错误的决策，采取错误的作战行动。尽管现代光电侦察技术具有全天候、实时化、高分辨率和准确的定位识别能力，但由于伪装技术的发展，伪装仍是欺骗敌人、造成敌人错觉的重要方法。

（2）伪装是提高作战部队生存能力的重要措施。随着光电侦察和精确制导武器的发展，任何目标只要被发现，就有可能被摧毁。因此，无论在进攻还是防御中，作战双方首先面临的问题是如何保存自己。而有效地运用伪装技术将成为解决这个问题的一项有力措施。通过伪装，既可增加敌人侦察的困难，使其不易发现真目标，又可故意暴露假目标，诱骗敌人实施攻击，分散敌人火力。即使真目标被发现，也会由于真假难辨，使敌人无所适从，从而降低敌方武器的命中率和杀伤率，提高部队的生存能力。

（3）伪装成为夺取作战主动权的重要手段。可靠的伪装不仅可以隐蔽自己的作战行动及战场配置，还可以给敌人制造错觉，为自己创造可乘之机。特别是隐身技术的使用，使武器的突防能力大大提高，从而增强了作战行动的突然性，成为现代战争中有效的进攻手段。这些都为夺取战争的主动权和达成作战企图创造了有利条件。

（4）伪装使作战任务和作战方法发生了变化。为增强部队的打击力和提高部队的生存能力，未来将有更多的部队担负欺骗、佯攻任务；为使自己不成为敌人攻击的目标，伪装已成为所有部队的重要任务之一。伪装技术的发展将使人们重新认识近战、夜战和步兵的作用。高技术条件下作战如果缺少夜视侦察和伪装器材，将失去夜战的主动权。战术、战役机动的方式将改变，小群、多路、多方向、出其不意成为机动作战的重要方法。

2. 隐身技术对现代作战的影响

隐身技术的发展及广泛应用，尤其是各种隐身武器装备的研制成功及在战争中的应用，对现代作战产生了深刻的影响。

（1）隐身武器装备突防能力的提高，使作战行动的突然性进一步增大。传统的伪装隐身技术大多是被动式的，而现代的隐身技术则能主动对付敌方防御武器，从而改变了袭击兵器传统的突防方式，使战争的突然性增大。

（2）隐身技术对侦察探测及防御提出了更高的要求。为了及早发现隐身目标，必须提高探测系统的性能，增大探测范围。为了防止隐身兵器的突入，防御一方必须加大雷达探测范围和探测密度，或者增加预警飞机的巡逻范围和巡逻密度，对组织战场侦察提出了更高的要求。由于隐身技术的应用，增大了作战行动的突然性，这对防御的组织与实施也提出了更高的要求。

（3）隐身技术使侦察与反侦察的对抗更加激烈。在现代战争中，由于侦察手段越来越先进，交战双方装备的电子器材也越来越多，侦察与反侦察的斗争越来越激烈。一方面，诸如隐身飞机、隐身机器人等用于战场侦察，使空中侦察和地面侦察更加隐蔽；另一方面，隐身技术给伪装增添了新内容，可使电子器材隐去电子特征，发热器材隐去红外特征，振动设备隐去噪声特征，从而使敌方探测系统更难以进行侦察探测。

三、精确制导技术

精确制导技术是指按照固定的规律控制武器的飞行方向、姿态、高度和速度，引导武器系统的战斗部准确打击目标的军事技术的总称，精确制导技术是以微电子技术、计算机技术和光电转换技术为核心，以自动化控制技术为基础发展起来的现代军事高技术。

（一）精确制导技术的分类和制导原理

在军事斗争的应用中，精确制导系统由引导系统和控制系统两部分组成。各种控制系统的工作原理没有太大的差别，引导系统的工作原理差别比较大。按引导系统的工作原理不同，制导技术可以分为以下几种：

1. 自主制导

自主制导是指将预先拟定的飞行方案输入到导弹的制导系统中，由它自动控制导弹的飞行，最终达到目标的制导方式。其特点是隐蔽性好，抗干扰力强。但由于在发射前就将目标的有关数据和运行弹道存放在弹上的计算机内，所以导弹一经发射其飞行弹道就不能再改变，因此只适于攻击固定目标或运动轨迹已知的活动目标。

自主制导包括惯性制导、天文制导、图像匹配制导、程序制导和卫星制导等。下面主要介绍惯性制导、图像匹配制导和卫星制导。

（1）惯性制导是事先测定出发射点和目标点的位置，计算出一条标准的弹道数据，并存入弹上计算机中，导弹按照预定的弹道控制行程和方向，直至准确命中目标。惯性制导依靠弹上设备独立工作，不易受干扰，可全天候工作。其缺点是在飞行过程中存在积累误差，所以应与其他制导方式组成复合制导，以便校正积累误差，提高导弹的命中精度。

（2）图像匹配制导是事先测出目标所在点的地形、地貌特征，把图文信号转为数字信号，再储存到弹上计算机中。导弹在飞行过程中，弹上的图像遥感装置不断摄取实际地表图像（即实时图），并将实时图与事先储存的基准图加以比较。如果实时图与基准图一致，就叫“匹配”，表示导弹是按预定弹道飞行；如果实时图与基准图不一致，就表示导弹飞行有误差。这时，弹上计算机会自动算出偏差，导引系统发出修正令，控制系统改变发动机的矢量，或改变弹翼、尾翼的方向。控制导弹飞回正确弹道。

（3）卫星定位系统制导是通过全球卫星定位系统来实现制导的技术。它的工作原理是利用导弹上安装的导航接收机接收 3～4 颗导航定位卫星播发的信号来测出导弹的实际飞行弹道，与拟定飞行弹道比较，发现并修正偏差，提高制导精度。其最大优点是可在恶劣气象条件与干扰环境下精确地进行制导，并可保证武器在没有任何图像信息的情况下准确击中目标。

2. 寻的制导

寻的制导是指在导弹上安装的接收设备在导弹的飞行中接收目标辐射或反射的能量，如电磁波、红外线、激光，声波等，自己寻找、跟踪并击毁目标的制导方式。寻的制导按接收的能量来源不同可分为主动寻的制导、半主动寻的制导和被动寻的制导三种基本类型。

主动寻的制导是利用弹上装置向目标发射某种能量，并接收目标反射回来的这种能量，形成导引信号，控制导弹飞向目标的制导。

（2）半主动寻的制导是利用其他的制导站向目标发射能量，弹上装置的接收器接收目标反射回来的能量，形成导引信号，控制导弹飞向目标的制导方式。

（3）被动寻的制导是由弹上安装的接收装置接收目标辐射的能量（如雷达波、声波和红外线等），形成导引信号，控制导弹飞向目标的制导方式。

3. 遥控制导

遥控制导就是由其他的遥感设备捕捉和跟踪目标并随时测量目标的运动参数，再由控制系统向导弹发出指令，从而引导导弹飞向目标的制导方式。按指令传输方式和手段的不同，遥控制导可分为指令制导和波束制导两大类。

（1）指令制导可分为有线指令制导、无线指令制导和电视指令制导。

有线指令制导是通过导线将导引信号（指令）传输给导弹，操纵导弹飞向目标的制导方式。其主要优点是设备简单，抗干扰能力强。但只适用于攻击低速和机动性较差的目标。射程受导线限制，一般只有几千米，常应用于反坦克导弹。如果采用了光纤制导，射程可以达到几十千米。

无线指令制导是用无线电波发送制导指令，引导导弹攻击目标的制导方式。工作原理是由目标跟踪雷达和导弹跟踪雷达分别对目标和导弹的运动参数进行观测并将这些参数送入计算机，根据选定的导引方式给出控制指令，弹上接收设备形成导引信号，控制导弹飞向目标。

电视指令制导是利用弹上的电视摄像机摄取目标和背景的图像信息，并将信息发送到其他的制导站，由其他制导站经过处理以后，再发出指令控制导弹飞向目标的制导方式。电视指令制导是利用目标的图像信息对导弹进行制导能清楚识别目标和选择目标，因而制导精度高。但是电视指令制导不能获得远距离信息，且作用距离受大气能见度的限制，不适于全天候工作。

（2）波束制导是由制导站发射电磁波束照射目标，弹上导引装置控制导弹沿波束中心飞向目标的制导方式。可分为雷达波束制导和激光波束制导。雷达波束制导和激光波束制导都是利用制导站发射的电磁波束去寻找和锁定目标，导弹在沿着电磁波飞向目标的过程中，依靠安装在弹体中的装置测定其偏离波束旋转轴的角度和方向，不断地修正偏差，使导弹始终处于波束中心飞行，直至命中目标。

4. 复合制导

复合制导就是采用两种或两种以上的制导方式，引导、控制自己发射的导弹去攻击目标。复合制导的方式有串联复合制导和并联复合制导。串联复合制导就是导弹的飞行路线比较复杂，为了保证精确制导，在不同的路段上采用相对应的制导方式，依次引导导弹的飞行；并联复合制导就是导弹在同一飞行阶段，同时或交替采用几种不同的制导方式，引导导弹的飞行，以提高命中精度。采用并联复合制导的优点是可有效地发挥各种传感器的优势，保持系统的可靠性，提高命中精度；可以增强系统的抗干扰能力；能够有效地提高武器系统的快速反应能力等。

（二）导弹武器

在精确制导武器中，发展最早、进展最快的是导弹。在现有的精确制导武器中，数量最多的也是导弹。海湾战争、科索沃战争和伊拉克战争中使用了大量精确制导武器，其中绝大部分是各种导弹。在现代战争中，导弹将充斥整个战场，无论是空战、海战还是陆战，都主要是导弹战。

1. 导弹的定义

导弹是依靠自身动力装置推进，由制导系统导引其战斗部打击目标的一种现代武器。

它是在第一次世界大战期间开始研制，20 世纪 50 年代中期装备部队的一种新式武器。自从导弹武器问世以来，世界各国都非常重视，各国竞相研制的导弹武器达数百种，并且不断地在战争中使用，不断发展，使它成为现代战争中不可缺少的重要武器之一。导弹的数量和质量成为衡量一个国家现代军事力量的重要标志。

2. 导弹的发展概况

自从产生战争以来，作战双方都力求使武器朝着远、准、快、狠的方向发展，达到保存自己、消灭敌人的目的。特别是远和准已成为四者中最重要的部分。因为武器打得远，可不必面对面作战；而打得准，可有效地杀伤敌人。导弹武器正是在这种思想指导下从简单到复杂、从低级到高级逐步发展起来的。早在公元 7 世纪，唐代著名医学家孙思邈就总结记载了火药的配方；公元 10 世纪，宋朝军队就在军事上应用了火箭武器；16 世纪末，明朝军队发明了能装多支火箭并能齐射的火箭车，既增强了射击密度，又能赋予火箭一定的发射方向，提高了命中精度。19 世纪时，出现了线膛炮，它具有射程远、射击密度大、命中精度高等优点，使原始阶段的火箭相形见绌。20 世纪初，飞机发明之后，很快就作为一种新式武器应用于战争中。特别是第二次世界大战期间，飞机很快在许多国家得以普及。第二次世界大战后期，日本人制造了一种特殊的武器——“自杀飞机”。同一时期，德国造出了不需人驾驶的命中精度较高的飞行武器“V－1”“V－2”飞弹，并于 1944 年 9 月 8 日首次对英国伦敦进行了空袭，虽威力不大，精度有较大差距，但由于它的突然出现，却给人们心里留下了恐怖和神秘的色彩。这就是世界上第一次出现在战场上的导弹。V 型导弹的出现是战争史上的第一次。它拉开了导弹进入现代战争的序幕，改变了战争的传统打法，影响到了战争的全局。从 1962 年 10 月在加勒比海爆发的第一次世界导弹危机，到近年来的多次局部战争，充分显示了导弹武器在现代战争中的巨大作用。

3. 导弹的分类

目前，导弹武器种类繁多，名称各异。为了使用和研究方便，通常采用以下几种分类方式：

（1）按作战使命分类可分为战略导弹和战术导弹。

战略导弹是用于打击战略目标的导弹，具有 1 000 千米以上的射程，使用核战斗部，由国家最高统帅机构控制使用。其特点是突击性强、杀伤威力大、投射工具战斗性能好、射程远、准确性能高。通常按射程划分，射程为 1 000～3 000 千米称为中程导弹，3 000～8 000 千米称为远程导弹，8 000 千米以上的称为洲际导弹。

战术导弹是指担负战术作战使命。射程在 1 000 千米以内导弹，由战役、战术指挥员掌握使用。

（2）按飞行弹道特点分类可分为弹道导弹和有翼导弹。

弹道导弹是指由火箭发动机将其推送到一定高度和速度后，弹头靠其惯性沿着预定弹道飞向目标的导弹。这种导弹的弹道轨迹如同普通炮弹的自由抛物弹道。

有翼导弹也叫飞机或飞航导弹。这种导弹的弹体上装有翼面，在稠密的大气层中飞行，通过弹体、弹翼和舵面产生空气动力，控制和稳定导弹的飞行，如空对空导弹、地对空导弹以及巡航导弹等。

（3）按发射点特征可分为机载导弹、舰载导弹、车载导弹和炮射导弹等。

（4）按目标特性可分为反坦克导弹、反舰导弹、反潜导弹、反雷达导弹、防空导弹、反导弹导弹和反卫星导弹等。

（5）按发射点和目标位置分类可分为空中导弹、地面导弹、水面导弹和水下导弹。空中导弹主要有空对空导弹、空对地导弹、空对舰导弹、空对潜导弹；地面导弹主要有地对空导弹、地对地导弹、地对舰导弹、地对潜导弹；水面导弹主要有舰对空导弹、舰对地导弹、舰对舰导弹、舰对潜导弹；水下导弹主要有潜对空导弹、潜对地导弹、潜对舰导弹、潜对潜导弹。

（三）精确制导弹药

精确制导弹药是除导弹之外的一种非常重要的精确制导武器，通常可分为末制导弹药和末敏弹药两类。

1. 末制导弹药

（1）制导炸弹。在普通炸弹的基础上加装制导装置后即为制导炸弹，又称“灵巧炸弹”。美国20世纪60年代初开始研制制导炸弹，并于1967年装备部队，随后在越南战场用于实战，取得了良好的效果。在1991年海湾战争中，制导炸弹命中率达90%以上，美军使用激光制导炸弹摧毁了巴格达95%左右的要害目标。制导炸弹主要有激光制导炸弹和电视制导炸弹两种。

激光制导炸弹的原理是：用激光照射器发射激光照射目标，弹头的激光制导装置根据接收到的激光回波引导弹体命中目标。命中率比普通炸弹高十几至几十倍，抗干扰能力强，成本低。但激光受天气和战场硝烟的影响较大。

电视制导炸弹的原理是：事先拍摄目标的多方位照片，当飞机进入目标区后，将摄像机对准目标，舱内的电视机荧光屏出现目标影像，投弹后，电视导引头能自动控制炸弹命中目标。这种炸弹只能在能见度较好的白天使用，而且投弹的飞机较低，易受对方防空兵器的威胁。

（2）制导炮弹。在普通炮弹上加装制导系统即为制导炮弹。它与导弹的主要区别是其本身没有动力装置，靠火炮发射的初速度、稳定翼和控制舵使炮弹稳定飞行，制导装置自动导向目标。主要用于攻击坦克、装甲车、反坦克导弹的发射装置、观察所、掩蔽部和火力发射点等小型目标。

2. 末敏弹药

末敏弹药是指一些子弹药，又称末端制导子弹或末端制导弹头。这种子弹药由炮弹、炸弹、子弹药撒布器携带至目标上空抛撒分散，撒布面积取决于抛撒高度和子弹药的数量。子弹药被抛撒（投放）后，立即开始工作，用自身携带的探测器在小范围内探测目标，发现目标后，沿探测器瞄准的方向发射弹丸，进行攻击。这种子弹药是子母弹技术、自锻碎片技术和先进的传感技术相结合的产物，既有较大的毁伤面积，又有较高的命中精度。

末敏弹药的典型代表有“萨达姆”“斯基特”和“钻石”等。“萨达姆”是美国于1977年开始研制，从1986年开始作为155毫米榴弹炮和多管火箭炮配用的末敏弹药。子弹头在目标区上空撒布后，落至离地面150米左右时，其内的毫米波辐射计开始工作。由于子弹头挂有涡旋环形降落伞，所以它能自动旋转扫描搜索目标。随着子弹头高度下降，天线搜索半径缩小，直到对准目标中心，然后引爆子弹头内的自锻碎片弹头，使自锻碎片以10倍音速所产生的巨大动能贯穿坦克的顶部装甲。

（四）精确制导技术对现代作战的影响

精确制导技术在军事上的应用主要体现在精确制导武器上。精确制导武器，就是指采用精确制导技术，直接命中概率在50%以上的武器。直接命中则是指制导武器的圆概率误差（英文符号为CEP）小于该武器弹头的杀伤半径。CEP值越小，制导武器的命中精度越高；CEP值越大，制导武器的命中精度就越低。

精确制导武器具有命中精度高、射程远、杀伤威力大等特点，给现代作战行动带来深刻影响，主要表现在以下四个方面：

1. 超视距、多模式、多目标精确打击成为可能

巡航导弹的打击距离达1 000千米以上，可从陆地、空中、海上多方式发射，自行打击各种重要战略目标。如美国“爱国者”地空导弹系统就配备了相控阵雷达和100万次/秒的计算机，可同时跟踪50～100个目标，或同时控制9枚导弹分别攻击不同方向、不同高度的目标。

2. 旷日持久的消耗战将被速战速决取代

精确制导武器快速、高效的作战特点，使得战争可以在短期内达成战略目的。据统计，自20世纪80年代以来发生的高技术局部战争，战争持续的时间与精确制导武器的投入量成反比。例如，1986年4月，美国空军出动机群，绕过欧洲数个国家偷袭非洲国家——利比亚，倾泻了大批激光制导炸弹和带“眼睛”的集束炸弹，摧毁了利比亚6个地方的重点目标。空袭时间仅为30分钟，一场战斗就结束了。当美国的飞机空袭完毕返航时，利比亚军队才组织火力还击。

3. 远程火力打击的突然性空前增大

精确制导武器具有精确的远程打击能力，附带杀伤较小，作战持续时间短，军事打击行动造成的国际影响也相对降低，因而成为军事打击行动的主要手段，使远程火力打击的突然性空前增大。如阿富汗的恐怖分子训练基地、苏丹的“化学工厂”和波黑的弹药库都曾经受到美军实施的“点穴”式打击。

4. 作战效能有了很大提高

精确制导武器是一种作战效能很高的武器，其效费比通常为常规炸弹的25～30倍。例如，美国的GBU-28“宝石路Ⅲ”系列激光制导炸弹能钻入地下建6米深的加固混凝土建筑物或30米深的地下土层，一枚GBU-28激光制导炸弹就能摧毁地下的钢筋混凝土隐蔽工事，而“二战”时期摧毁同样一个钢筋混凝土隐蔽工事需要9 000枚炸弹，越南战争时也需要300枚炸弹。

据有关资料统计，过去平均使用250发155毫米的常规炮弹，只能击毁一辆动坦克，现在使用精确制导炮弹仅需1～2发即可，其效能提高了125～250倍。一枚“陶”Ⅱ反坦克导弹造价虽达1万美元，但用它可击毁一辆造价为244万美元的的M1型坦克，二者比值为1∶244。而使用常规炮弹击毁一辆M1型坦克，约需炮弹250发，每发以150美元计算，共需要3.75万美元。

四、航天技术

航天技术是当今世界上最引人注目的技术种类之一，它推动着人类科学技术的进步，使人类活动的领域由大气层内扩展到宇宙空间。航天技术是现代科学技术的结晶，是基础科学和技术科学的集成，是一个国家科学技术水平的重要标志。

（一）航天技术概述

1. 航天技术和军事航天技术的基本概念

航天技术，又称空间技术，是一项探索、开发和利用太空以及地球以外天体的综合性工程技术，是一个国家现代技术综合发展水平的重要标志。

军事航天技术是把航天技术应用于军事领域，为军事目的进入太空和开发、利用太空的一门综合性工程技术，是军事技术的一个组成部分。

2. 航天技术的组成

航天技术是由运载器技术、航天器和航天测控技术三大部分组成。

（1）运载器技术是航天技术的基础。要想把地球上的物体运送到外层空间去，就必须克服地球引力和空气阻力，而运载器技术的发展为各种航天器提供了强大的动力装置。目前使用得较多的运载器是运载火箭和航天飞机。

（2）航天器是在地球大气层以外的宇宙空间执行探索、开发或利用太空等航天任务的飞行器。

（3）航天测控技术。为了保证航天器在轨道上正常工作，必须使航天器不断将有关信息向地面报告，地面也必须依靠所建立的测控系统对航天器进行遥测、遥控、跟踪和通信。

（二）航天器的军事应用

航天器的军事应用大致可分为三大类：一是已经大量使用的支援地面军队行动的卫星系统，如侦察卫星、预警卫星、军用通信卫星、导航卫星、气象卫星、测地卫星等；二是处于研究发展中的天基或部分天基武器，主要指攻击敌方航天器用的反卫星系统，包括反卫星卫星、反卫星导弹和各种天基定向能武器（激光、粒子束武器）等；三是在理论上可行，但仅进行个别探索和试验的，主要用于执行军事任务的载人航天器，包括载人飞船、空间站、航天飞机、空天飞机等。

1. 军用卫星

军用卫星是指专门用于各种军事目的的人造地球卫星的统称，它是发射数量最多的一类卫星，现已达 6 000 多颗，约占世界各国航天器发射总数量的 2/3。军用卫星按用途可分为侦察卫星、通信卫星、导航卫星、测地卫星、气象卫星等。

（1）侦察卫星是指用于获取军事情报的人造地球卫星，其优点是侦察面积大、范围广、速度快、直观效果好，可定期或连续监视特定地区，不受国界和地理条件限制，生存能力强，能取得其他手段难以获得的情报，不仅对军事，而且对政治、经济和外交等均有重要作用。

根据任务和侦察设备的不同，侦察卫星通常分为照相侦察卫星、电子侦察卫星、导弹预警卫星、海洋监视卫星和核爆炸探测卫星等。

（2）通信卫星是指用作无线电通信中继站的人造地球卫星，是卫星通信系统的空间部分。它转发无线电信号，实现地球站之间或地球站与航天器之间的通信。与一般通信方式相比，卫星通信具有通信距离远、传输容量大、覆盖区域广、通信质量好、经济效益高、机动性和生存能力强等优点，因而在军事通信中有举足轻重的作用。

（3）导航卫星是指从卫星上连续发射无线电信号，为地面、海洋、空中和空间用户导航定位的人造地球卫星。利用卫星来导航或定位，具有精度高、全天候、能覆盖全球和用户设备简单等优点，在军用和民用上均有极其重要的意义。

北斗卫星导航系统是中国研发的全球卫星导航系统。它与美国GPS、俄罗斯“格罗纳斯”、欧盟“伽利略”系统并称全球四大卫星导航系统。

（4）测地卫星是指专门用于大地测量的人造地球卫星。其任务是测量地面点位坐标、地球形体和地球引力场参数。

（5）气象卫星是从外层空间对地球及其大气层进行气象观测的人造地球卫星。形象地说，它是一个无人太空气象站，是获取军事气象情况的重要手段，对全球天气监视和天气预报业务均有十分重要的作用。气象卫星主要有两种类型，即极地轨道的近地气象卫星和同步轨道上的静止气象卫星。这两类卫星大都是军用与民用相结合，但也有专门的军用气象卫星系统。

2．空间武器类航天器

空间武器类航天器，也称天基武器系统，主要是指攻击敌方航天器用的卫星及卫星平台。其中，反卫星卫星是对我方有威胁的敌方卫星，是可以实施摧毁、破坏或使其失效的人造卫星。在这种卫星上装设跟踪识别装置和杀伤武器，并使其具有一定的机动变轨能力，以识别、接近并摧毁敌方卫星。

3．军用载人航天器

载人航天器包括载人飞船、空间站、航天飞机和正在研制中的单级火箭武空天飞机。

（1）载人飞船是能保证宇航员在空间轨道上生活和工作以执行航天任务并返回地面的航天器。它的运行时间有限，仅供一次性使用，可独立进行航天活动，也可以作为往返于地面和空间站之间的“渡船”，还能与空间站或其他航天器在轨道上对接后进行联合飞行。神舟飞船是中国为载人航天计划研制的载人宇宙飞船系列。其原型机“神舟一号”于1999年11月20日成功发射，而其发展型号“神舟五号”于2003年10月15日第一次完成载人飞行。2016年10月19日，“神舟十一号”与“天宫二号”空间实验室成功实现自动交会对接。

（2）空间站是大型、绕地球轨道做较长时间航行的载人航天器，是多用途的空间基地，空间站的建立标志着载人航天技术发展进入一个新阶段。“天宫一号”与“神舟九号”飞船的载人交会对接为中国“空间站”的搭建奠定了坚实的基础，掀开了极具突破性的一页。2016年9月15日22时04分12秒，“天宫二号”空间实验室在酒泉卫星发射中心发射，开启了中国航天领域的又一个中国时刻。

（3）航天飞机是一种往返于地面和近地轨道之间，运送有效载荷并完成特定任务的有人驾驶空间飞行器，它兼有航空和航天两种本领，具有航天器和运载器双重功能，并可多次重复使用。航天飞机与火箭、卫星和飞船相比，具有更多的优点和更多的用途，在军事上也有巨大的应用潜力。

（三）军事航天技术对现代战争的影响

军事航天技术的发展极大地扩展了现代战场的空域，使现代战场由陆、海、空三维一体发展为陆、海、空、天四维一体，使太空成为现代战争新的“制高点”。它对现代战争的影响主要表现在以下四个方面：

1. 极大地增强了军事侦察能力和军事指挥控制能力

在空间轨道上部署军事卫星等航天器，可以居高临下，全时域、全空域、全天候地监视和掌握地面、海上和空中战场所发生的一切变化，为军事指挥员不断实时获取并提供所需的有关敌方军事目标、军队部署与调动、军队武器装备的数量和性能等各方面的情报，保证作战方案的正确制定，实现全球范围内的统一指挥和快速反应。在高技术战争中，军事指挥员实施有效的作战指挥越来越依赖航天技术获取情报和传输信息的能力。太空已成为现代战场新的重要组成部分。

2. 有效地提高了武器装备的作战效能

利用军事空间系统可以为火炮、导弹、飞机、舰艇提供敌方目标的精确坐标，并为它们导航，引导它们准确攻击和摧毁目标，甚至还可通过空间系统的侦察对作战效果进行评估，便于决定是否需要再次发起攻击。所有这些作用是地面系统或空中系统难以起到的。

3. 对建立以信息技术为基础的数字化部队和数字化战场发挥关键作用

信息技术的军事应用、数字化部队的建立和数字化战场的出现，一刻也离不开军事航天技术。数字化部队和数字化战场，其物质基础从单兵武器到弹药、火炮、坦克、直升机、作战飞机、军舰及指挥技术器材等，都要装备数字化的处理与传输设备或装置，它们都需要各种军事侦察卫星和通信卫星提供与传输数字化的战场信息，即使是一个小分队，甚至是单兵，都必须携带并使用卫星终端。可见，军事航天技术对于未来的军队建设、作战指挥、武器装备及战场的信息化、数字化、自动化都起着关键的作用，它在很大程度上将决定未来军事革命的特点和历程。

4. 促使战场进一步向空间延伸

随着军事航天技术的发展，“天军”和“天战”已经不再仅仅是人们口头议论的话题，而是已经实实在在地走进了战略指挥员的指挥台面。目前，“天军”已经担负着侦察、预警、指挥、导航、通信、控制以及收集军事气象资料等任务。随着航天技术的发展，可以预见，在未来，太空中的空间站不但可以是住人的军营和天军的军事基地，还可以作为太空指挥所、太空武器的试验基地、太空航天器和太空武器的修理所，以及用来装备定向能武器、摧毁敌方的军用卫星和导弹。建立了“天军”，就必然有“天战”。目前，美国和欧洲已初步建立起了弹道导弹防御系统。可以预见，随着太空争夺的日趋激烈和航天技术的发展，战场也将进一步向空间延伸。

（四）我国航天事业开创大国新高度

我国航天事业在以习近平同志为核心的党中央科学决策和坚强领导下，秉承“两弹一星”、载人航天精神等光荣传统，一系列航天重大工程建设顺利推进，火箭运载能力进入国际先进行列，空间科学、空间技术、空间应用取得丰硕成果，发展航天事业，建设航天强国，是我们不懈追求的航天梦想。中华民族伟大复兴的征程中，航天事业必将循着千百年来伟大先辈的飞天印记，不断开创航天强国、科技强国的全新高度。

1. 年发射次数跃居世界首位：重大工程塑造航天大国“强气质”

据统计，2016 年我国全年发射次数首次超过美国，跃居世界首位。近五年，长征系列运载火箭共完成 86 次发射任务，将 100 多个航天器成功送入预定轨道，发射成功率达 97.67%，运载火箭的可靠性和高密度发射能力持续增强。随着我国载人航天、月球探测、北斗卫星导航系统、高分辨率对地观测系统等重大工程建设顺利推进，空间科学、空间技术、空间应用领域取得丰硕成果。我国航天创建 60 余年来，取得了以“两弹一星”、载人航天、月球探测为代表的系列辉煌成就。随着未来我国对重型火箭、无毒无污染中型火箭、低成本运输火箭等关键技术的不断攻关，我国进入空间能力将进一步提升，探索浩瀚宇宙的脚步将越发轻快。

此外，我国通过实施航天重大工程，带动了科学技术前沿领域的创新发展，促进了国家科技整体进步。据统计，近年来我国开发使用的 1 100 多种新材料中，80%是在航天技术的牵引下研制完成的，北京奥运会火炬点火技术、煤化工核心装备气化炉技术等都源于航天科学技术。

2. 重大工程接续发力：未来还将探索更多“星空的奥秘”

过去的五年，我国航天对浩瀚宇宙的探索一往直前。五年来，我国已突破掌握载人天地往返、空间出舱、空间交会对接、组合体运行、航天员中期驻留等载人航天领城重大技术，载人航天重大工程建设顺利推进。

2012 年 1 月和 2013 年 6 月，“神舟九号”和“神舟十号”载人飞船先后成功发射，与“天宫一号”目标飞行器分别实施自动和手控交会对接，标志着我国全面突破了空间交会对接技术，载人天地往返运输系统首次应用性飞行取得圆满成功。

2016 年 9 月和 10 月，“天宫二号”空间实验室和“神舟十一号”载人飞船先后成功发射，形成组合体并稳定运行，开展了较大规模的空间科学实验与技术试验，突破掌握了航天员中期驻留、地面长时间任务支持和保障等技术。

2017 年 4 月，我国发射“天舟一号”货运飞船，与在轨运行的“天宫二号”与空间实验室成功实现交会对接，突破和掌握货物运输和补给等关键技术，为空间站建造和运营积累经验。

面向未来，我国航天事业还有许多“大动作”。除继续实施现有项目外，一批新的航天重大工程也将陆续启动，包括以火星探测、小行星探测、行星穿越探测等为代表的深空探测工程，备受关注的“探月工程”，以及重型运载火箭的研制等。

3.“北斗”来导航，“风云”知天象：航天创造美好生活

航天不只是高大上，更与百姓生活息息相关。近年来，我国航天人坚持创新驱动发展，勇攀科技高峰，为服务国家发展大局和增进人类福祉做出巨大贡献。我国航天驶入空间应用发展的快车道，不仅让“航天创造美好生活”成为现实，也更多惠及国民经济、百姓生活。

从北斗导航系统到“天眼工程”的高分专项，再到实践十三号高通量通信卫星……一

系列普惠民生的航天重大工程为大家绘出了一幅由航天高科技支撑的美好生活画卷：不论身在何方，“北斗”帮你导航；足不出户，“风云”帮你知天象；万米高空的飞机里上网、打电话也不再是梦想。截至 2017 年 6 月，我国民用遥感卫星数据分发量累计超过 1 000 万景，卫星电视直播用户突破 7 000 万。“北斗”终端持有量 400 万余套，卫星应用年产值超过 2 000 亿元。

4. 人民的需要和呼唤，是科技进步和创新的时代声音

五年来，一大批“高精尖”的航天技术悄然“幻化”成各类便民“福利”：“航天云网”工业互联网平台、“快舟系列”商业航天发射计划、“设备精灵”物联网全局管理系统、“天网一号”低慢小航空器挡截系统，“吃垃圾吐能源”的垃圾裂解“微超级波炉”、无源空气再生呼吸装置、高层建筑“灭火导弹”、中国版“矿下特斯拉”新能源深井作业车……未来，我国航天科工“虹云工程”还将通过发射 156 颗卫星，帮人们在世界任何角落自由接入宽带互联网。

五、电子对抗技术

现代战争中，敌我双方在一定时间和空间范围内及一定电磁环境中，为争夺作战行动的控制权而进行大量电子技术的较量，这就是电子战。它已与地面、海上、空中和空间作战并列，称为“第五维战争”。电子对抗是实施电子战的主要手段。

（一）电子对抗技术的基本概念

电子对抗技术是指为削弱和破坏敌方电子设备的使用效能，保护己方电子设备正常发挥效能所采用的技术。电子对抗是现代战争中一种重要的作战手段。

实施电子对抗的目的，是通过对抗设法使敌方的电子设备性能降低或完全丧失工作能力，造成通信中断、雷达迷盲、兵器失控，使敌人变成“聋子”和“瞎子”，同时保障己方电子设备充分发挥“千里眼”“顺风耳”的作用，有效地控制各类兵器，为夺取战争的胜利创造有利条件。

（二）电子对抗技术的分类

现代战争中的电子对抗手段主要包括：通信对抗、雷达对抗、光电对抗、反辐射对抗和网络对抗。

1. 通信对抗

通信对抗是敌对双方利用普通的无线电通信设备及专门的通信对抗设备，在无线电通信领域内进行的电磁斗争。其目的在于截获敌方无线电通信情报，阻碍或削弱敌方无线电通信，保障己方无线电通信设备正常工作。通信对抗手段包括无线电通信侦察和无线电通信干扰。

（1）无线电通信侦察。无线电通信侦察是运用专门的无线电侦察设备或普通的通信设备，对敌方各种无线电通信信号进行搜索、截获、识别、定位和分析，以获取有关情报的一种电子侦察。

（2）无线电通信干扰。无线电通信干扰是指利用无线电干扰设备或普通的电台等发射强大的干扰信号，使敌方的无线电通信设备不能正常工作的作战行动，其基本原理是：将

功率强大的干扰信号插入对方通信信道，当其频率与对方通信信号相同或相近时，接收设备就会同时接收到干扰信号和通信信号，或只能接收到功率强大的干扰信号，从而扰乱对方的正常通信。

军海泛舟

击毙杜达耶夫

击毙杜达耶夫是现代战场上捕捉电磁信号进行无线电通信侦察最著名的战例。1996年，俄罗斯的车臣硝烟正浓，俄军电子战部队与叛军首领杜达耶夫在电子战领域斗智斗勇，展开了一场生死搏斗。杜达耶夫常使用卫星电话与部下联络，因此，俄军决定用软硬兼施的电子战手段消灭他。俄军首先通过秘密渠道获取了杜达耶夫无线电话的频率，然后动用“伊尔-76”电子战飞机在车臣上空不停地飞行。只要杜达耶夫打电话，电子战飞机上的侦察设备就会引导空地导弹进行攻击。杜达耶夫是空军出身，对俄军电子战飞机的能力是有所了解的。因此，他每次通话时间都很短，而且关机后就迅速转移，使俄军的4次攻击都没有成功。但在1996年4月21日夜晚，杜达耶夫因为一个十分重要的通话而忘记了来自空中的威胁，这一次通话时间稍长。就在他疏忽的这一刻，两枚空地导弹追踪着他的卫星电话信号从天而降，杜达耶夫当场毙命。

2. 雷达对抗

雷达对抗是指交战双方为保障己方雷达有效工作，并极力破坏对方雷达正常效能的发挥而进行的雷达侦察与反侦察、干扰与反干扰、摧毁与反摧毁的斗争。雷达对抗手段包括雷达侦察、雷达干扰和反辐射摧毁。

（1）雷达侦察。雷达侦察是指为获取敌方雷达的战术技术参数而实施的电子侦察，其目的是实施告警和引导干扰或为摧毁提供坐标。雷达侦察设备有以下三类：一是雷达情报侦察设备，情报侦察设备安装在飞机、舰船、车辆和卫星上，用来侦察敌方雷达的技术情报和敌方的军事情报；二是雷达告警设备，是一种安装在作战飞机、舰艇、装甲车辆上，用于截获、识别雷达信号并判断威胁程度，为己方提供实时告警的设备，它可及时发现敌方雷达控制的武器系统的攻击，以便采取干扰、规避等技术或战术对抗措施；三是侦察引导设备，用于获取敌方雷达所在方位、工作频率等技术参数，然后指引干扰机在方向上和频率上对准敌方雷达实施干扰。

（2）雷达干扰。雷达干扰是利用雷达干扰设备和器材发射、反射、散射或吸收敌方雷达波，扰乱或欺骗敌方雷达系统，使其效能降低或完全失效。雷达干扰分为有源干扰和无源干扰两大类：雷达有源干扰是利用专门的干扰机发射干扰信号，以扰乱敌方雷达的正常工作。由于这类干扰具有主动性，因而又称“积极干扰”；雷达无源干扰是利用无源器材来改变目标对电磁波的反射，改变电磁波的传播特性以破坏雷达对目标的发现和跟踪。无源干扰包括箔条干扰、角反射器干扰、吸收层干扰、假目标干扰。

（3）反辐射摧毁。反辐射摧毁是用反辐射武器对敌方的雷达等电子设备实施火力摧毁，使其无法工作的一种最彻底的电子攻击措施。其基本原理是利用敌方雷达等电子设备的电磁辐射作为反辐射武器的制导信号，对雷达进行寻的、跟踪直至摧毁；或是利用高能电磁脉冲，使敌方雷达等电子设备元器件过载而烧毁。反辐射武器主要有反辐射导弹、反辐射无人机和高功率微波定向能武器等。

3. 光电对抗

光电对抗是指敌对双方从紫外线、可见光到红外线的宽广波段上，利用各种设备和措施进行光电侦察与反侦察、干扰与反干扰的综合光电子斗争。光电对抗技术，可区分为光电侦察告警技术、光电干扰技术和光电防御技术。其中，光电侦察告警是指利用光电技术手段对敌方光电武器和侦测器材辐射或散射的光信号进行探测、截获、识别，并及时提供情报和发出告警。光电干扰是采取某些技术措施破坏或削弱敌方光电设备的正常工作，以达到保护己方目标的一种干扰手段。光电干扰技术的发展集中在红外诱饵、红外烟幕、光电干扰机及光电摧毁四个领域。光电防御是指在有光电对抗的条件下，为提高光电武器装备的作战能力而采取的一切措施，包括光电反侦察告警和光电反干扰。光电反侦察告警是为防止和破坏敌方光电侦察告警设备实施有效侦察告警而采取的一切措施。光电反干扰是指为排除或破坏敌方光电干扰效果而采取的一切措施，是提高武器装备突防能力、命中精度的重要手段。

4. 反辐射对抗

反辐射对抗就是以敌方的电磁辐射信号为引导，利用反辐射武器摧毁敌方雷达、通信、无线电制导、无线电干扰、红外辐射等发出电磁辐射信号的电子设备。在现代战争中，被人们誉为“国防千里眼”的雷达，已广泛用于预警、侦察、防空、指挥、控制、制导、火控等系统中。进攻性武器性能的改善，尤其是隐身技术的采用，促使雷达加速发展和更新。在电磁环境日趋复杂的背景下，进攻性武器单靠电子干扰的软杀伤手段，已难以有效地摆脱雷达的“跟踪盯梢”。因此，很多国家开始加紧发展摧毁雷达的硬杀伤武器——反辐射武器。利用雷达的电磁辐射，反辐射武器可对雷达进行寻的、跟踪直至摧毁。除了可摧毁敌方雷达阵地外，它还能杀伤雷达操作人员，迫使敌方重新装备或进行长时间维修，使雷达在作战中不能有效地发挥作用，从而使防空武器和其他有关武器失效。目前的反辐射武器包括反辐射导弹和反辐射无人机等。

5. 网络对抗

随着社会信息化程度的提高、军队网络化的发展、战场网络化的形成，现代作战指挥系统把各指挥、预警、作战以及情报等有机联系起来，通过战略通信网、战役通信网、野战通信网、卫星通信网等构成一个四通八达、纵横交错的战场中枢系统。同时，战场中枢系统也成为最为敏感的网络神经。计算机硬件和软件、网络协议和结构以及网络管理等方面不可避免地存在安全漏洞，使得网络攻击成为可能。在未来的信息化战争中，电子计算机网络面临电磁泄露、病毒攻击、黑客侵扰、电磁干扰、实体摧毁等多方面的威胁，网络对抗已成为电子对抗的一个重要分支。网络对抗手段的使用，能够达到“兵不血刃”的目的。近年来，一些军事强国竞相把制网络权作为夺取制信息权的重要内容。

（三）电子对抗技术对现代战争的影响

现代战争中夺取制电磁权已经成为敌我双方争夺的一个新的“制高点”，电子对抗技术具有其他技术所不具备的独特之处，对现代战争产生了重大影响。

1. 获取军事情报

通过电子侦察，可以获取敌方无线电通信的内容，查明敌方电子设备的有关技术参数以及兵器属性、类别、数量和配置位置等情报，从而可以判断敌军兵力部署和行动企图。

2. 破坏敌方作战指挥

无线电通信是军队作战指挥的主要手段。在陆海空军协同作战、坦克集群突防、飞机或舰艇编队行动、空降作战、海上登陆作战以及军队被围时，无线电通信是唯一的通信手段。有效地干扰、欺骗或摧毁敌人的无线电通信设备，可使其联络、指挥瘫痪，严重削弱敌军战斗力。

3. 保卫重要目标

在机场、桥梁、指挥所等重要目标附近部署雷达干扰设备，干扰敌轰炸机轰炸瞄准雷达，可以使其炸弹投不准；干扰导弹的雷达制导系统，可以使其导弹失控。在地面炮兵阵地的位置，使用伪装器材对机场、桥梁、炮阵地、坦克集群等目标进行反可见光、反红外、反雷达的伪装，可以隐真示假，减少被敌人打击摧毁的机会。

4. 保护己方电子设备正常工作

战时，对己方电子设备和系统采取多种行之有效的反侦察、反干扰、反摧毁等防御措施，使无线电通信迅速、准确、保密、不间断，使雷达探测及时准确，制导兵器控制自如，对于保障作战任务的顺利完成具有重要意义。

六、指挥信息系统

战争离不开指挥，战争史从某种意义上来说就是指挥手段不断改进的历史。农业时代，军队作战指挥靠的是令旗、号角、锣鼓、烟火等。工业时代的战争，特别是两次世界大战广泛使用了无线、有线电报、电话等工具以及雷达、无线电侦听器、光学观测器等设备。随着科学技术的飞速发展，人类开始跨入信息社会，军队由机械化迈向信息化，指挥信息系统便应运而生。

（一）指挥信息系统的基本概念

指挥信息系统，是以计算机网络为核心，由指挥、情报、信息对抗、综合保障等分系统组成，可对作战信息进行实时的获取、传输、处理，用于保障各级指挥机构对所属部队和武器实施科学高效指挥控制的军事信息系统。指挥信息系统是在军队指挥自动化系统发展到一定阶段后建立起来的，西方发达国家称之为 C^4KISR 系统，即指挥（command）、控制（control）、通信（communication）、计算机（computer）和杀伤（killing）、情报（intelligence）、监视（surveil－lance）、侦察（reconnaissance）系统的简称。

（二）指挥信息系统的组成

一个完整的指挥信息系统应包括以下五个分系统：

指挥系统——“神经中枢”。指挥系统综合运用现代科学和军事理论，实现作战信息收集、传递、处理的自动化和决策方法的科学化，以保障对部队的高效指挥，其技术设备主要有处理平台、通信设备、应用软件和数据库等。

控制系统——“手脚”。控制系统是用来搜集与显示情报、资料，发出命令、指示的工具，主要有提供作战指挥用的直观图形、图像的显示设备，控制键钮，通信器材及其他附属设备等。

通信系统——“神经脉络”。通信系统通常包括由专用电子计算机控制若干自动化交换中心以及若干固定或机动的野战通信枢纽。

电子计算机系统——“大脑”。电子计算机是构成指挥信息系统的技术基础，是指挥信息系统中各种设备的核心。指挥信息系统要求计算机存储容量大、功能多、速度快，特别要有好的软件，并形成计算机网络。

情报、监视与侦察系统——“耳目”。情报系统包括情报收集、处理、传递和显示，它的主要设备有光学、电子、红外侦察器材、侦察飞机、侦察卫星以及雷达等。监视与侦察系统的作用是全面了解战区的地理环境、地形特点、气象情况，实时掌握敌友兵力部署及武器装备配置及其动向。

（三）指挥信息系统在现代战争中的运用

指挥信息系统在现代战争中的运用，主要体现在作战指挥的各个阶段，包括收集情报、传递情报、处理情报、显示情报、辅助决策和实施指挥。

1. 收集情报

情报获取是系统工作的首要步骤，及时可靠的情报是指挥员定下决心的依据，由于指挥信息系统便于和各种信息化的探测、侦察设备相连结，或者使其作为一个终端，故能使无论采用何种途径、何种手段获取的情报都能够直接、及时地汇集。如将声呐和计算机连在一起，不仅能测出目标的方位、距离，而且能测出目标的类型，甚至能立即指出是敌人的哪一艘舰艇。因为计算机的数据库里可存储敌人所有舰船的噪声资料以供鉴别使用。

2. 传递情报

迅速、准确、保密和不间断地传递情报，是保证适时、连续和隐蔽指挥的前提。军队指挥信息系统除了拥有高质量的通信网和各种功能的终端设备，为迅速、准确传递信息创造有利条件外，更重要的是它采用数字通信方式，运用计算机等自动化设备，使多种通信业务高速自动完成。通信交换中心的电子计算机，不仅能记住各用户的直达线路和迂回线路，而且能对所有线路不间断地进行监测，掌握每条线路的性能及其工作状况。当某条直达线路发生故障或者占线时，它能按最好、次好的顺序自动选择和接通迂回线路，保证信息不间断地传递。由于交换中心的计算机具有存储信息的功能，所以可对信息进行分组交换，即先将信息存储起来，然后自动分成若干组，通过多手段、多渠道传给对方，再按原来顺序予以还原，因而大大提高了通信的保密性。

3. 处理情报

处理情报是指对原始情报进行分类、研究、分析和综合。为了全面及时地了解战场情况，指挥员及司令部总是希望增加收集情报的手段，加快情报处理的速度。当大量情报涌来，如果处理不及时，势必造成积压，不能发挥应有的作用。据美军统计，美集团军司令部用常规手段只能处理所获情报的30%。利用电子计算机处理情报，不但自动化，而且简单化。对于数字情报，如雷达、声呐、传感器以及其他数据获取设备传来的数字信号，无须任何交换，直接输入计算机即可进行处理或存储。对于已经格式化或较易格式化的情报，如电报、图表、报告等，通过预先规范化并予以编码，变成数字信号，尔后利用计算机进行处理。

4. 显示情报

情报信息只有显示出来才便于了解和使用。军队指挥系统的情报显示系统可以采用多种形式，可在大屏幕或显示器上显示出文字、图形、图像，可以用快速打印设备打印出文字、图表、符号。除了对情报实时显示外，当指挥员判断情况，定下决心需要从积累的大量情报资料中寻找有关情报并加以显示时，借助计算机检索，可以很快从大量资料中找出所需要的情报。如存有数以万条情报资料的信息系统，指挥人员利用身边的信息指令设备，便可以通过数据库或缩微系统检索情报。

5. 辅助决策

通过上述各个环节，指挥员获得了大量的情报，为及时定下决心创造了有利条件。在定下决心时，仍然要靠指挥员精心运筹施谋定计，对此指挥信息系统不能代替。但是系统可以帮助指挥员选择方案，通过计算机对各个方案进行逼真的推演，进行优劣对比，从而权衡各个方案的利与弊，从中选出最佳方案。

6. 实施指挥

实施指挥是指挥员的决心付诸实施的过程，是指挥周期中最后一个环节。在过去的战争中，指挥员的谋略虽然很高明，但由于指挥渠道不畅，常常不能得到很好的贯彻执行。而以电子计算机为核心的指挥信息系统，可以使指挥员的决心及时准确地下达，而且十分保密。这对下级及时了解上级意图，更好地遂行作战任务，具有非常重要的意义。同时，指挥信息系统及时监督决心的执行情况，并准确、及时地反馈给指挥员，确保指挥员决心的落实，以实施不间断的作战指挥。

军队指挥信息系统以其突出的情报获取能力、信息传输能力、分析判断能力、决策处置能力和组织协调能力，在军队现代化建设和信息化战争中的地位和作用日益突出。可以预见，随着科学技术的发展，军队指挥信息系统也将越来越完善。

七、新概念武器

新概念武器是指在工作原理和杀伤机理上有别于传统武器、能大幅度提高作战效能的一类新型武器。这种新型武器在设计思想、系统结构、总体优化、材料应用、工艺制造、部署方式、作战样式、毁伤效果等方面都不同于传统武器。新概念武器的研究和应用将为未来高科技战争带来革命性的影响和变化。目前，正处于探索和发展中的典型新概念武器，主要有定向能武器、动能武器、声波武器、气象武器、基因武器和计算机病毒武器等。这些新概念武器装备的发展开辟了崭新的领域，在一定程度上代表了未来武器装备的发展方向。

（一）定向能武器

定向能武器是定向传输能量来打击目标的武器。它发出的能束，可对目标的结构或材料以及电子设备进行硬杀伤，也可以通过调节功率的大小，对目标进行软杀伤。目前，定向能武器主要包括激光武器、高功率微波武器和粒子束武器等。

1. 激光武器

激光武器又称辐射武器或死光武器，是直接利用激光的巨大能量，在瞬间危害和摧毁目标的一种武器。激光武器分为三类：一是致盲型，利用低能激光束干扰和破坏人眼与武器中的光电传感器。二是近距离战术型，可用来击落导弹和飞机。1978 年美国进行的用激光打“陶”式反坦克导弹的试验，就是用的这类武器。三是远距离战略型，这类武器的研制困难最大，但一旦成功，作用也最大，它可以反卫星、反洲际弹道导弹，是最先进的防御武器。

激光作为武器，有很多独特的优点。首先，它可以用光速飞行，每秒 30 万千米，任何武器都没有这样高的速度。其次，它一旦瞄准，就立刻击中目标，用不着考虑提前量。最后，它可以在极小的面积上、在极短的时间里集中超过核武器 100 万倍的能量，还能很灵活地改变方向，没有任何发射性污染。

鉴于激光武器的重要作用和地位，美、俄、以色列和其他一些发达国家都投入了巨额资金，制订了宏伟计划，组织了庞大的科技队伍，开发激光武器。20 世纪 80 年代中后期，苏联和英国的军舰或陆上已有实验性战术激光武器装备，美、法、德等国也做了大量试验。至 20 世纪 90 年代初，仅美国政府对激光武器的研究投资就达 90 亿美元。战略激光武器研究费用高，技术难度大，其前景还有待观察。

激光武器的效费比是比较高的。在防空武器方面，当前主体是导弹，激光武器与之相比，消耗费用要便宜得多。例如，一枚“爱国者”导弹要 60 万～70 万美元，一枚短程“毒刺”式导弹要 2 万美元，而激光发射一次仅需数千美元，今后随着技术的发展，发射一次激光的费用可降至数百美元。

2. 高功率微波武器

高功率微波武器即利用高功率微波摧毁敌方电子装备或使其暂时失效的武器，同时也可以杀伤人员。它通常由初级能源、能量转换装置、脉冲调制装置、高功率微波源和发射天线等部分组成，主要分为单脉冲式微波弹和多脉冲重复发射装置两种类型。这种武器的辐射频率一般在 1～30 吉赫，功率在 1 吉瓦以上，通过破坏敌方的电子元件、干扰敌方的电子设备来瓦解地方武器的作战能力、破坏敌方的通信、指挥与控制系统，并造成人员的伤亡。

目前，美国发展高功率微波武器主要用于飞机自卫、反舰导弹防御、反弹药、压制敌防空武器以及指挥控制战和信息战。在微波元器件方面，已研制出了频率 1.17 吉赫、功率 7.5 吉瓦的虚阴极振荡器和 40 吉赫、功率超过 1 吉瓦、效率为 30％的自由电子激光器等。高功率微波反传感器武器目前已进入实用开发阶段。

3. 粒子束武器

所谓粒子束武器，是将电子、质子或离子等粒子，利用粒子加速器加速到光速的 60％～70％，然后发射出去。当粒子在前进方向上遇到障碍物时，粒子所带有的巨大的动能就传输到障碍物上，使其毁坏。它能够穿过云雾，又不怕反射，比激光武器还略胜一筹。人们估计，用它对付带有核弹的洲际导弹是很有效的。

粒子束武器的原理并不复杂，但要进入实战难度非常大。首先是能源问题。粒子束武器必须有强大的脉冲电源。要在导弹壳体上烧个小孔，粒子束到达目标的脉冲功率须达到 10^{13} 瓦，能量为 10^{7} 焦耳。假设粒子加速器的效率为 30％，即使不考虑粒子束在传输中的能量损失，加速器脉冲电源功率也至少要达到 3×10^{13} 瓦，而目前在研究的最先进的脉冲

电源的功率也只有 10^7 瓦。

正因为存在上述一系列技术难题，尽管俄、美都在积极研究粒子束武器，但地基和天基粒子束武器目前尚处于实验室的可行性验证阶段，估计 2020 年以后有可能进入实战部署。美国已做的基础工作包括：进行粒子束产生、控制、定向和传播技术理论验证以及实验室的试验，用加速试验台进行试验，验证中性粒子束方案的可行性，同时探讨带电粒子束方案。

（二）动能武器

动能武器，又称超高速射弹武器或超高速动能导弹，动能武器是能发射超高速飞行的具有较高动能的弹头，利用弹头的动能直接撞毁目标，可用于战略反导、反卫星和反航天器，也可用于战术防空、反坦克和战术反导作战。动能武器代表了反战术弹道导弹的一个重要发展方向，并将很快成为弹道导弹、卫星、飞机等高速飞行目标的有力杀手。动能武器主要由超高速发射装置、探测系统、制导系统和射弹等几部分组成。超高速发射装置提供射弹达到高速所需的动力，它可以是火炮、火箭、电场或磁场加速装置；探测系统用于探测、识别和跟踪目标，是动能武器的“眼睛”；传感器是探测系统的灵魂；制导系统是动能武器的“大脑”。

根据推进系统的推进原理不同，动能武器可以分为火箭型、电磁型和电热型三类。目前，火箭型超高速动能弹已率先达到了工程实用阶段。而电磁型动能武器，尤其是电磁炮的产生，将给常规火炮带来一场革命。它既可以用作反装甲武器、舰艇防空和反导武器、机载武器等战术武器，也可用于发射航天飞行器。电热型动能武器，又称电热化学炮，性能也十分卓越，目前正在紧锣密鼓的发展中。

根据作战范围的不同，动能武器可以分为战略、战区和战术应用三类。而根据攻击对象的不同，又可以分为反装甲动能武器、反飞机动能武器、反导弹动能武器、反卫星动能武器等。根据武器平台的不同，还可分为天基、空基（机载）、地基（固定或移动）和舰载动能武器等。

目前，世界上正在进行研制或已在部署的战区动能武器，主要为火箭型。按反导防御的区域分为短程、末段大气层内低空防御的点防御，远程、中段高空拦截的面防御和助推段拦截等几种。在美国，电发射技术初始时考虑的主要方向是战术应用研究，1983 年才根据“星球大战”计划的需要，转向了战略应用的研究。目前，美国军方适应国家战略的调整，已将战术应用研究作为重点。

（三）声波武器

根据共振原理，人类正在开发与试验声波武器。这种武器不是虚拟的神经性武器，而是作用于人体的武器。目前，声波武器主要有以下四种：

1. 次声波武器

次声波武器就是一种能发射频率低于 20 赫兹的次声波，使其与人体发生共振，致使共振的器官或部位发生位移、变形甚至破裂，从而造成损伤以至死亡的高技术武器。它可分为两类：一类是神经型次声波武器，其振荡频率同人类大脑的节律极为近似，产生共振时，会强烈刺激人的大脑，使人神经错乱、癫狂不止。另一类是内脏器官型次声波武器，其振荡频率与人体内脏器官的固有振荡频率相近，当产生共振时，会使人的五脏六腑剧痛无比，甚至导致人体器官运行变异，直至死亡。

2. 强声波武器

会对人体造成长期的危害。强声波武器能发出足以威慑来犯者或使来犯者失去行动能力的强声波，而不会对人体造成长期危害。它主要用于保护军事基地等重要设施。当有人靠近时，这种声学武器先发出声音警告来人。如果来人继续靠近，声音就会变得令人胆战心惊。假如来人置之不理还继续逼近，这种声学武器就会使他们丧失行动能力。

3. 超声波武器

超声波武器利用高能超声波发生器产生高频声波，造成强大的空气压力，使人产生视力模糊、恶心等生理反应，从而使人员战斗力减弱或完全丧失作战能力。这种武器甚至能使门窗玻璃破碎。

4. 噪声波武器

噪声波武器可以分为两种：一种是专门用来对准敌方指挥部的定向噪声波武器，它利用小型爆炸产生的噪声波来麻痹敌指挥人员的听觉和中枢神经，必要时可使人员在两分钟内昏迷；另一种是噪声波炸弹，它同样可以麻痹人的听觉和中枢神经，使人昏迷，主要用于对付劫机等恐怖分子活动。

（四）气象武器

所谓气象武器，是指运用现代科技手段，人为地制造地震、海啸、暴雨、山洪、雪崩、热高温、气雾等自然灾害，改造战场环境，以实现军事目的的一系列武器的总称。随着科学和气象科学的飞速发展，利用人造自然灾害的“地球物理环境”武器技术已经得到很大提高，必将在未来战争中发挥巨大的作用。下面主要介绍四种具有代表性的气象武器：

1. 温压炸弹

温压炸弹由美国国防部国防威胁降低局在 2002 年 10 月组织海军、空军、能源部和工业界专家，利用两个月时间突击研制而成，并成功应用于阿富汗战场。温压炸弹爆炸时能产生持续的高温、高压，并大量消耗目标周围空气中的氧，打击洞穴和坑道目标效果显著。除用温压炸弹打击洞穴、坑道和掩体等狭窄空间目标外，美国海军陆战队还计划利用便携式温压炸弹打击城市设施，包括建筑物和沟道等。

2. 人工消云、消雾武器

人工消云、消雾是指采用加热和播撒催化剂等方法，消除作战空域中的浓雾，以提高和改善空气中的能见度，保证己方目视观察、飞机起飞、着陆和舰艇航行等作战行动的安全。在第二次世界大战中，英军曾使用一种名为“斐多”的加热消雾装置，成功地保障了 2 500 架次飞机在大雾中安全着陆。1968 年，美军为保障空军飞机安全着陆，曾使用过人工清雾武器。

3. 化学雨武器

化学雨武器是从早先的气象武器演变过来的一种新型武器，在海战中的作战效能尤为明显。它主要由碘化银、干冰、食盐等使云层形成水滴，造成连续降雨的化学物质和能够造成人员伤亡或使武器装备加速老化的化学物质组成。该武器分为两大类：一类是永久性的，一类是暂时性的。永久性的化学雨武器主要由隐形飞机或其他无人飞行器运载，隐蔽地飞临敌国上空撒布，使敌军武器加速腐蚀，进而丧失作战能力；而暂时性的化学雨武器主要是使敌军部队瞬间丧失抗击能力，它由高腐蚀性、高毒性、高酸性的物质组成。

4. 人工控制雷电

人工控制雷电，是指通过人工引雷、消雷的方法，使云中电荷中和、转移或提前释放，控制雷电的产生，以确保空中和地面军事行动的安全。人工控制雷电的方法有：利用对带电云团播撒冻结核，改变云体的动力学和微物理学过程，以影响雷电放电；采用播撒金属箔以增加云中电导率，使云中电场维持在雷电所需临界强度以下来抑制雷电；人为触发雷电放电，使云体小部分区域在限定的时间内放电。

（五）基因武器

基因武器是一种新型的生物武器，也叫遗传工程武器、DNA 武器，它是通过基因重组而制造出来的新型生物武器。根据其原理、作用的不同，可分为以下三类：

1. 致病或抗药的微生物

这类基因武器是指通过基因重组，在一些不致病的微生物体内“插入”致病基因，或者在一些致病的细菌或病毒中接入能对抗普通疫苗或药物的基因，从而培育出新的致病微生物或新的抗药性很强的病菌。

2. 攻击人类的动物兵

据称，只要研究和破译出一种攻击人类的物种基因，便可以将这种基因转接到同类的其他物种上，其繁育的后代也将具有攻击性而成为动物兵。据外刊报道，如将南美杀人蜂、食人蚁的基因进行破译，然后把它们的残忍基因转接到普通的蜜蜂和蚂蚁身上，再不断把这些带有新基因的蜜蜂、蚂蚁进行克隆，这些克隆后的蜜蜂、蚂蚁，便可以成为大批量的动物兵。据称，某国科学家已经培育出了一种老鼠，这些经基因改造的老鼠具备了很强的进攻性。

3. 种族基因武器

众所周知，基因决定了人类及民族的特征，如肤色、头发、眼睛、身高等。国外专家认为，随着人类基因组图谱完成测序，人类将掌握不同种族、不同人群的特异性基因，这就有可能被用来研制攻击特定基因组成的种族或人群的基因武器，即种族基因武器。如诱发艾滋病的 HIV，不同人种的易感性就有很大区别，而理论上基因武器的特异识别能力要比 HIV 还高。

（六）计算机病毒武器

计算机病毒武器借助通信线路扩散计算机病毒，也可预先把病毒植入相应智能机构，再按给定信号或预定时间使其发作，破坏计算机资源，使计算机网络系统出现故障。计算机病毒是一颗长在计算机网络上的毒瘤，它能够自我繁殖，具有很强的传染性和破坏力。计算机一旦染上病毒，轻则工作效率降低，重则整个系统瘫痪。如何将病毒投放到电子计算机及其网络中，是世界各军事强国致力研究的热门课题。

计算机病毒武器主要有以下五种攻击方式：

第一种是将病毒预先植入计算机芯片，潜伏在电子设备中，一旦需要，通过无线遥控方式激活，使其发作。这种方法美军在海湾战争中曾经试用并尝到了甜头。海湾战争开战前，美特工人员探知伊拉克将从法国进口一批电脑打印机，通过“偷梁换柱”的方法将有毒芯片悄悄装入，为了掩人耳目，电脑打印机途经约旦安曼运往伊拉克。战略空袭发起前，美利用无线遥控方式激活病毒，致使伊的预警系统、火控系统、通信和雷达系统瘫痪，战事未起，伊军就挨了一记闷棍。战后，美军宣称，“用计算机病毒进行战争，比用核武器进行战争更为有效，也更为现实，且不承担世界政治舆论的风险”。美军如果使用核武器，众目睽睽，众人讨伐，用计算机病毒进行战争，无声无息，可掩人耳目。

第二种是利用无线电波从空间注入。例如，人们使用的手机是利用无线电波沿空间传播实现通信的，而且机内安装有计算机芯片。手机中“毒”后通常会出现以下三种症状：手机持续发出刺耳的尖叫声；无法操作手机上的键盘；篡改、清洗掉机内数据，使手机成为“高级废铁”。已经有的案例是：铃声响，手机显示屏上出现“Unavailable”（不能使用），用户若不知情接了电话，机内所有数据将被清洗，电话卡烧坏，手机无法再使用。手机功能越强，档次越高，染毒的可能性就越大。这种病毒最早在越南被发现，被称作“越南病毒”。有的手机上出现的“乱码电话”，就是这种病毒的变种。

第三种是将病毒制成弹头（子弹、炮弹、炸弹等），利用发射工具投掷到敌军电子计算机系统中。美军扬言用病毒手枪袭击俄米格战机，只需 10 秒钟，就可使它变成空中的废铜烂铁。

第四种是通过有线信道“送毒上门”，打电话就将病毒打进来，倘若电话机与计算机联网，计算机就会染毒。

第五种是从网络中的计算机接口输入，而殃及全网。

第三节　高技术战争

高技术战争是交战双方或一方主要使用高技术武器装备及与之相适应的作战方法所进行的战争。从迄今为止的战争实践看，高技术战争是使用高技术常规武器系统、作战目的和规模有限的局部武装对抗。高技术战争是当代高技术发展并应用于军事的产物。第二次世界大战后，特别是 20 世纪 70 年代以后，随着世界新技术革命的深入发展，涌现出了以信息技术、生物技术、新材料技术、新能源技术、空间技术、海洋开发技术等为主体的一大批高新技术。这些高技术广泛应用于军事领域，使武器装备产生质的飞跃，其杀伤威力、命中精度、机动能力等作战效能空前提高，从而改变了战争的原有形态，使战争呈现高技术特征，发展为高技术战争。

一、高技术战争概述

交战双方至少有一方大量使用高技术武器和相应的战略战术进行的战争，称为高技术战争。应用高技术研制的新武器和改造的现有武器，称为高技术武器，例如，多国部队在海湾战争中使用的精确制导武器、隐身飞机、先进的 C^3I 系统、航天系统、反导系统、电子战系统、夜视器材等。高技术武器命中精度高、射（航）程远、反应速度快、机动性好、可靠性高，对战争的战略战术和结局将产生重大影响。海湾战争是未来高技术战争的雏形，从中可以看出高技术战争的某些特点。传统的战争以歼灭敌人有生力量和攻城掠地为主要目的。现在可以利用高技术武器从远距离打击敌国的指挥中心、交通枢纽、电力设施、工业中心等经济基础设施，摧毁其中50%，将使对方的经济、军事、社会活动陷于混乱或停顿。这就是所谓"打击基础设施战略"，又称"瘫痪战略"，用不着占领敌国领土，就可以迫使敌人投降。

在高技术战争中，信息作为一种新的战斗力要素，与火力、机动力和防护力等战斗力要素紧密结合，使传统的大规模使用火力杀伤的战争，变成更多依靠信息加火力实施精确打击的战争。对特定目标的"外科手术"式的打击，就是利用高技术武器创造的一种新的战争样式。高技术武器大量列装，特别是有了先进的C^3I系统，实现诸军兵种联合作战变得更加容易，可同时从陆地、空中和海上发动以电子战为先导、以精确制导武器为主要打击手段的突然袭击。

电子战贯穿于战争的始终，指挥机关和C^3I系统将成为对方攻击的首要目标。保护己方的电磁频谱使用权，同时阻止对方使用电磁频谱的斗争，已成为战争的第四维战场。空战的作用更加突出，"空地一体战""空海一体战"将代替过去以陆战为主的战争，因为没有可靠的空中保护，坦克、舰艇等就很容易成为对方空中力量打击的目标而丧失战斗力。战略、战区、战术机动能力继续提高，必将扩大战场的范围和提高部队推进的速度。未来战争将以同时、连续打击整个战场纵深，代替前线的短兵相接，前方与后方的界线变得模糊，战场将呈流动状态，成为非线或无战线的战场。未来局部战争在夜间爆发的可能性极大。大量装备可昼夜使用的武器和夜视器材，使黑夜不再是作战行动的障碍，也不再是夜战的掩护。拥有这类武器装备，就掌握了夜战的主动权。高技术武器装备还将改变部队的规模和结构，部队编制将发生变化，规模不断缩小，但战斗力更强。高技术武器大量列装，对军人的素质提出了更高的要求。部队中专业技术人员的比例更大，各级指挥员和士兵的文化程度将普遍提高。

高技术战争的一些特征，在20世纪70年代初的越南战争，80年代的马尔维纳斯群岛战争，以及美国入侵格林纳达、美国空袭利比亚等局部战争与武装冲突中，不同程度地得到体现。90年代初爆发的海湾战争，以其区别于传统战争的作战样式、作战手段、作战方法、作战指导和作战理论而成为当代高技术战争比较典型的战例。

军海泛舟

海湾战争——高技术战争时代开始的标志

1991年1月17日爆发的海湾战争，是高技术战争时代开始的标志。

海湾战争，是以美国为首的多国部队于1991年1月17日—2月28日在联合国安理会授权下，为恢复科威特领土完整而对伊拉克进行的局部战争。

海湾战争是美军自越南战争后主导参加的第一场大规模局部战争。在战争中，美军首次将大量高科技武器投入实战，展示了压倒性的制空、制电磁优势。通过海湾战争，美国进一步加强了与波斯湾地区国家的军事、政治合作，强化了美军在该地区的军事存在。

海湾战争对冷战后国际新秩序的建立产生了深刻影响，同时，它所展示的现代高科技条件下作战的新情况和新特点，对军事战略、战役战术和军队建设等问题带来了众多启示。

二、高技术战争与信息化战争

高技术战争与信息化战争，既有联系又有区别。高技术战争与信息化战争都是高技术大量使用于战争的产物，在现阶段，这两种不同的称谓，其本质是一致的，但也有区别。说其本质一致，一是表现在二者都是以战争中使用的武器的质量作为其称谓的依据，也就是说，以高技术武器装备为主的战争，即为高技术战争；以使用信息武器为主，信息为战争的主导因素时，即为信息化战争；二是高技术战争与“现代化战争”比较近似，都是动态的概念；高技术包括信息技术在内的技术群，从这个意义上讲，高技术战争就是信息化战争。但高技术战争与信息化战争的区别也是很明显的。

一是所依赖的军事技术不同。战争经常是从科学技术的最新成就中利用最多、最快的一个领域，因而高技术战争是当代高技术群体出现后，人类处于高技术时代的产物，而信息化战争只能是人类进入信息化时代的产物。当代高技术主要是指信息技术群、新材料技术群、新能源技术群、生物技术群、海洋技术群、航天技术群等六大技术群，这六大高技术群对当代战争的武器装备、作战方式、战争进程与结局产生了巨大影响，因此高技术战争登上了人类战争历史舞台。海湾战争之前，人们对信息战、信息化战争的谈论还不多，海湾战争后，对信息战和信息化战争的研究才逐渐丰富起来，而且人们普遍认为当前和今后相当长时间内，信息武器是高技术武器的核心；信息在战争中居于主导地位，因此信息化战争具有时代代表性，是高技术战争的核心内容，也是崭新的战争形态。

二是发展趋势不同。高技术为支撑的高技术战争，始终可以用来反映不同时代的战争的内容和本质，然而信息化战争是反映信息和信息技术、信息化武器为标志的高技术战争的一种形态。当机器人武器等其他高技术武器在战争中占主导地位并控制战争的进程，影响和决定战争的结局时，信息化战争这一战争形态，就可能分别向机器人战争等其他高技术战争发生转变。

三、高技术战争特点

从达成战争的目的和手段看，高技术战争具有较强的可控性特点；从战争的领域、范围看，高技术战争具有战场空间空前广阔的特点；从战争的表现形式看，高技术战争具有系统对抗的特点；从作战手段发展变化看，高技术战争具有作战方式多样化的特点；从作战力量的运用的效果看，高技术战争具有指挥控制自动化的特点；从对后勤保障的要求看，高技术战争具有消耗巨大的特点。

（一）战争可控性强

高技术局部战争目的的有限性，战争发动者无论有多大的优势，通常都会把战争目标规定在谋求有限的、特定的国家利益范围内。这表现为对战争目的、作战范围、打击目标、作战手段、投入兵力、持续时间诸方面进行有限控制。

在战争目的的控制上，通常不是以威胁对方生存和全面剥夺对方军事能力为目标。而是“不必打死它，只要打服它”。在作战范围控制上，往往不是依据自己所拥有的作战能力来确定交战的地理范围，而是把作战行动限制在一定区域内。在打击目标控制上，主要是打击指挥控制枢纽、重要军事设施和重兵集团等军事目标，尽可能减少无谓的破坏特别是平民的伤亡上。在作战手段控制上，基本尊重国际法，注意控制在常规武器范畴内。在投入兵力控制上，不强调人多势众，而是注意合理够用。在战争持续时间上，由于战争目的的有限，作战能量高效，使战争节奏大大加快，速决性更加突出。现代局部战争不仅受国际社会强有力的影响和制约，常常在国际社会干预下，通过政治外交途径得以解决。

由于以往战争的目的和手段的不同，战争缺乏可控性。当战争机器启动后往往不依人的意志为转移，使战争的规模和进程难以控制，战争不仅难以达到预期的目的，而且造成资源的大量消耗，造成人员的大量伤亡，比如第一次世界大战（1914—1918），直接或间接被卷入战争的国家和地区有 35 个，对阵双方的动员军队 6 540 万人，死亡军民 2 100 多万人，直接用于战争的费用多达 1 863 亿美元，财产损失 3 300 亿美元；第二次世界打大战（1939—1945），参战国 61 个，动员军队 1.1 亿人，军民死亡 7 000 万人，财产损失高达 4 万亿美元，直接战争费用达 13 520 亿美元。造成了重大的人员和财产损失，造成政治上的被动，战争的结果甚至违背了政治家们的初衷。而高技术武器装备则是杀伤破坏力可以被有效控制的战争手段，因此，战争这个难以驾驭的机器，也具有了可控性，成了实现政治家的政治目的的有效工具。

高技术战争的可控性，主要表现在以下三个方面。

1. 有效控制打击的目标

精确制导武器的发展为控制战争提供了相对有效的工具，与传统武器相比精确制导武器可以有效控制实现战争目的，而相对减少对非打击目标的毁伤程度。使“点穴”式的精确打击代替了“地毯式”的狂轰滥炸，以前需要多次轰炸的目标，现在只需一二次精确攻击即能达到目的。比如，二战时，用 B－17 飞机，需出动 4 500 架次，投弹 9 000 枚方能摧毁一个目标，到了越战期间，用 F－105 飞机，需出动 95 架次，投弹 190 枚，方能摧毁一个目标。而在海湾战争中，用一架 F－117 飞机投下一枚炸弹，就能准确地命中目标，例如，美国空军投下的制导炸弹在伊拉克电讯大楼爆炸时，紧挨电讯大楼的希拉德饭店却安然无恙。在开战后的 36 小时中，仅炸死平民 23 人。在科索沃战争中，北约使用的精确制导武器的数量占总投弹量的 90%，轰炸了南联盟 40 多座城市，而造成人员的死亡总共不到 2 000 人，这与二战期间相同天数中人员平均伤亡 100 万人相比，是天壤之别。1945 年 3 月 9 日，美国 334 架轰炸机对日本东京的一天空袭，就造成了 8.4 万平民死亡，毁坏房屋 26.7 万余间。

2. 有效控制战争的规模

对战争规模的控制，除政治因素外，关键在于武器装备的高技术化。高技术武器装备精度高，威力大。一方面，它能够有效控制交战双方的兵力兵器投入的数量。因为在战场上，交战双方都追求较高的军事经济效益。一般来说，能使用少量的兵力、兵器完成的任务，就无需投入更多的兵力。另一方面，高技术武器装备可控制战争的升级和避免战火的外延。虽然高技术战争可能在核威慑下进行，但由于某些高技术兵器的精度与威力空前提高，可达到或超过小型核武器的毁伤力。因此，可避免动用核武器而引起的战争升级。此外，武器的高精度，也能有效避免战火的扩散和战争的升级。

3. 有效控制战争的进程

高技术战争由于作战兵器侦察范围广，打击距离远，战争不再像以往那样，从战场的前沿到纵深逐次进行。高技术武器已经能够通过对纵深重要目标的打击，直接达成战略目的。这样也就避免了战争的久拖不决，缩短了战争的进程，使战争能按照预先计划的那样如期结束。以往战争的时间都比较长。我们且不说历史上长达103年的英法百年战争，就是较近的几场战争持续时间也都相当长，比如第一次世界大战打了4年，第二次世界大战打了6年，朝鲜战争打了4年，越南战争打了14年，两伊战争打了8年。而高技术战争通常以天、小时甚至以分、秒来计算，第四次中东战争只持续了18天，美军入侵巴拿马只有15天，美军入侵格林纳达只有8天，美军空袭利比亚只有18分钟就宣告结束，而以色列攻击伊拉克的核反应堆，仅用了2分钟。像英阿马岛战争、海湾战争这两个中等规模的战争也只分别持续了74天和42天。特别是在海湾战争被称为“沙漠军刀”的地面作战中，多国部队仅用100小时就达到了作战目的，结束了地面作战。

高技术战争这种较强的可控性，使战争与政治、外交手段能够更好地配合，更好地适应国家政治、外交斗争的需要，更有利于政治目的的实现。“兵久而国利者，未之有也。”无限延长战争进程，导致有限国力的过大消耗，从根本上来说都是不利的。

（二）战场空间广阔

作战空间，随着科学技术和武器装备的发展逐渐呈现出日益拓展的趋势。在高技术战争中，一方面，两军直接交战的战场空间缩小，使用的力量高度集中，对目标的打击高度精确。另一方面，由于大量高新技术综合运用于战场，战争以由陆地、海洋、空中的三维空间，扩展为陆、海、空、天、电多维空间，军队的战略机动能力、远程打击能力和情报侦察能力显著增强，前线与后方、进攻与防御的界线模糊，战争的相关空间即战争部署和作战行动涉及的空间大大扩展。现在，战略导弹可以打到外层空间或地球任何角落；战役战术导弹的射程已超过1 000千米；空对地导弹的射程已达110多千米；火炮射程已突破70千米。

1. 区域向全球战场延伸

第一次世界大战中，决定战争胜负的第一次马恩河战役，战场范围仅有数百至数千平方千米；第二次世界大战中，奥得河战役、柏林战役、诺曼底战役，战场范围也不过数万或数十万平方千米。而海湾战争，战场空间急剧扩展，东起波斯湾、西至地中海、南到红海、北达土耳其，总面积达1 400万平方千米。人类进入21世纪后的首场战争——阿富汗战争，其作战规模远远不及海湾战争和科索沃战争，但其作战空间范围要远比海湾战争和科索沃战争大得多。虽然战争的主战场限制在65万平方千米的阿富汗境内，但战争的相关空间延伸到美国本土，遍及全球。美军从距阿富汗5 000千米外印度洋上的迪戈加西亚基地，使用B－52和B－1B轰炸机进行远程奔袭，B－2远程隐形轰炸机甚至从本土起飞实施作战；除主战场外，在世界范围内有89个国家向美军用飞机授予领空飞越权，76个国家授予美军飞机着陆权，23个国家同意接纳美军部队。18世纪到海湾战争，战场面积扩大了几十万倍，战场高度扩大了上万倍。今后随着高新技术的继续发展，战场还会继续扩大，从发展的角度看，战场正在由区域战场向全球战场延伸。

2. 空中向太空战场延伸

1903 年美国莱特兄弟发明了飞机，从此打开了空战的大门。1957 年，苏联发射了第一颗人造卫星，人类又把战争的触角伸向了遥远的太空。目前，“太空”已成为军事争夺最激烈的领域。随着空间军事化的迅猛发展，外层空间已成为当今维护国家安全和国家利益所必须关注和占据的战略“制高点”。未来战争将是陆、海、空、天一体化的战争，没有强大的航天力量，不但没有制天权，还将严重削弱制空权和制海权，甚至可能因最终丧失战争的主动权而不能保证国家安全。军事强国都把控制太空看作是赢得未来战争的必要条件。作为在全球范围内收集、分析、发送信息的重要手段，太空在分析、追踪和处理危机方面发挥着掌握信息的重要作用。从军事战略的角度看，从监视、监听、通讯、大量信息的远距离发送，或者想知道每个时刻己方人员的方位及敌人方位的角度讲，太空都是最好的位置之一，它在获得军事优势方面发挥着极重要的作用。美国空军少将布赖恩·阿诺德一针见血地指出：“从一定意义上讲，控制太空比导弹防御的意义要大得多。”

美国前国防部长拉姆斯菲尔德，在太空委员会发表的一份报告中指出，太空将成为 21 世纪的战场。美国的一些军事战略家认为，在 19 世纪，谁控制了欧亚大陆，谁就能称霸世界；20 世纪，谁控制海洋，谁就能称霸世界；而 21 世纪，决定霸业的关键领域将是太空。

太空是无可比拟的战略制高点。它不受地球、国界、天候、地形等因素的影响，在轨道机动能力允许的范围内，卫星、航天器等可以全方位行动，使战争达到真正意义上的灵活和协调。据统计，目前在太空运行的美俄几百颗卫星中，70%以上是军用目的。其中美国和苏联占世界航天器发射总数的 93.8%。目前，世界主要军事大国 70%的战略情报来自侦察卫星，在航天技术日益发展的今天，任何重大军事行动和地面目标都难以躲过卫星的侦察。为保障对伊战争的顺利进行，美军动用了 60 颗军用卫星。战前，各种侦察卫星对伊拉克的各种战略目标进行了详细的侦察。在作战中，这些卫星对整个海湾战场进行了全时监控，分别向作战部队提供电子侦察、定位导航、通信支援和气象服务，为美军各个军种提供适时的情报和精确打击的数据。因此，各种航天器是影响陆、海、空军事行动的一个重要因素。

空间技术已经成为现代战争中不可缺少的支援保障体系。当前，在太空战场中的军事活动，还仅仅局限于军用卫星对其他战场的支援和保障，真正太空武器之间的直接对抗还没有开始。但从发展趋势看，“天战”将不可避免。因为美、俄都已成功地进行了导弹打卫星、卫星打卫星的试验。并且美军在 2001 年 1 月 22 日至 26 日，美国空军在科罗拉多州斯普林斯空军基地秘密举行了新世纪首次太空演习。在模拟演习中，动用了大批军事航天器，模拟拦截战略导弹和使用地面激光武器打击太空目标等，甚至使用了卫星武器，以干扰“敌方”卫星的通讯指挥。演习的目的就是要“加强美军的太空战威慑能力”。美国 1982 年组织成立了空军航天司令部，1983 年成立了海军航天司令部，1985 年美军把空军、海军航天司令部及陆军导弹防御司令部合并共同组建了联合军事航天司令部，集中执行太空作战任务。

2001 年 1 月 11 日，美国国家安全太空管理与组织委员会发表报告建议，在陆、海、空三个军种之外，建立一支独立的约 3 万人的太空作战部队。为了加快太空作战部队的建设，美军于2000年成立了太空作战学院，专门为美军培养太空作战人才。

针对美军的这一行动，2001年1月25日俄罗斯总统普京做出决定，将其空间力量完全独立出来，组织一支可与美国抗衡的新的“军种”部队。3月28日，普京签署命令，任命原战略火箭军参谋长兼第一副总司令别尔米诺夫上将为俄罗斯“天军”的首任司令。正式成立新的太空部队。“天军”是一支凭借航天技术和一些尖端武器装备来执行空间军事任务的高技术队伍。它由航天发射部队、航天测量跟踪管理部队、航天监视作战部队、军事航天员部队等四大部分组成，统一由航天司令部指挥。其主要任务是拦截攻击外层空间目标和地面目标以及为其他军兵种提供侦察、预警、指挥、控制、导航、通信、气象等多种支援保障。

3. *有形向无形战场延伸*

陆、海、空、天战场对我们来说都比较好理解，因为这些战场上的各种武器，如坦克、飞机、舰艇、卫星都是看得见、摸得着的东西，这些战场都属于有形战场，那么无形战场指的又是什么样的战场呢？这就是我们看不见的电磁波所形成的战场，也称之为电子战场。电子战是敌对双方利用电子技术设备进行的电磁领域的斗争，它以电子侦察和反侦察、电子干扰与反干扰、电子摧毁和反摧毁为基本内容，其目的是削弱、破坏对方电子设备的正常工作，使其通信中断、指挥瘫痪、武器失控、雷达致盲，最终丧失作战能力，它是现代战场上夺取胜利的神经中枢。尽管这个战场我们看不见，但实践证明，谁掌握和拥有制电磁权谁就能取得主动权，谁就有可能赢得战争的胜利。比如，在1973年第四次中东战争中，以色列没有重视在电磁领域的斗争，结果被叙利亚的防空导弹一下子击落了一百多架飞机，损失极为惨重。1982年6月9日，以色列与叙利亚在贝卡谷地展开了一场“中东历史上最大的空战”。贝卡谷地是位于黎巴嫩东部靠近叙利亚边境一块狭长谷地，谷地两侧高山连绵，地势险要，历来为兵家必争之地。叙利亚在此部署了19个萨姆-6地空导弹连，直接威胁着以军空中作战的安全，以色列吸取了上一次作战的教训，加强了电磁斗争的手段，首先用电子干扰，压制和破坏叙军的防空雷达、指挥、通信系统，然后实施了猛烈的空中突击，先后击落叙利亚飞机90架，而自己才损失了10架飞机，以色列仅用了6分钟的时间就摧毁了叙利亚价值20亿美元的19个萨姆-6地空导弹连，取得了重大的胜利。从以上两个例子，我们不难看出制电磁战在战争中的巨大作用。电磁优势已成为现代战争争夺的制高点。海湾战争再一次以血的教训向人们展示了夺取制电磁控制权的重大意义。在“沙漠风暴”空袭行动开始前5个小时，多国部队开始对伊军实施代号为“白雪”的电子战行动，对伊军雷达、侦察和通信系统发起猛烈的“电子轰炸”。在地面使用了电子干扰车和一次性使用的干扰器材，在空中出动预警机和大批EA-6E、C-130等电子战飞机，对伊军防空雷达、通信系统进行压制性大功率干扰，使伊军处于雷达迷盲、通信中断、制导失灵、无法指挥的混乱之中。“白雪”行动奇迹般的打击效果，使得伊拉克在开战不到7天的时间里雷达开机量下降了90%，防空系统基本处于瘫痪状态。伊拉克在失去了电磁控制权以后，自动化指挥系统瘫痪，防空系统失灵。虽然它拥有作战飞机680架，却没有能击落一架多国部队的作战飞机；拥有1 700枚防空导弹，只打下了一架多国部队的作战飞机。而多国部队呢，共出动了11万多架次，整个战斗损失只有9架，基本上没有遇到什么威胁，通过上述战例我们不难看出，电子战在未来战争中的地位和作用的重要性。所以，美国前参谋长联席会议主席穆勒，这位海军上将曾大胆地预言："如果发生第三次世界大战，获胜者必将是最善于控制和运用电磁频谱的一方。"

伊拉克战争美军凭借在电子技术上的显著优势，出动EA－6B"徘徊者"电子飞机等，实施超强电子干扰，保障空中突防和地面进攻。所以，未来高技术战争，将是在陆、海、空、天、电的五维战场空间里进行。

（三）作战方式多样化

从战争史来分析，技术决定战术，有什么样的武器，就有什么样的作战方式，在冷兵器时期，双方使用的是刀枪剑戟，当时采用的是集团战术，非常重视摆兵布阵，无论怎么打，都要求自己的阵形不能散，阵脚不能乱。到了热兵器战争时期，枪的出现，使作战队形发生了变化，原来的密集整齐的队形，变成了疏开零散的队形。机关枪、铁丝网出现以后，堑壕战成为一种比较管用的作战方式，当坦克出现以后，又发展成了机动作战。到了高技术战争中，由于一大批高、新技术群在战争中的广泛运用，出现了各种各样的作战方式，比如，导弹袭击式的"精确战"；外科手术式的"点穴战"；破坏结构式的"瘫痪战"；非致命式的"软杀战"；指挥控制式的"信息战"；陆、海、空、天、电一体的"全维战"，此外，还有"环境战""太空战""心理战"等等，可以这样说，"作战方式"这个大家族已进入了空前未有的繁荣时期。分析这些作战样式，不外乎两类，一类是全新的作战样式，如非致命战，计算机病毒战等等；另一类是传统的作战方式，由于高技术的运用，又赋予了传统作战方式新的内涵。

总之，作战方式多样化，为指挥员提供了新的回旋余地，增强了作战选择的灵活性。如，美军1986年3月至4月中旬，为了教训利比亚，采取了"外科手术"式的新的空袭作战方式，使美军在极短的时间内即达到了战争的目的，这次行动只用了12分钟的时间。从而避免了像朝鲜战争和越南战争那样，进行兵力入侵而深陷泥潭、不能自拔的窘境。

1. 计算机病毒战

海湾战争爆发前，美国中央情报局获悉，伊军从法国购买的一批用于防空系统的打印机，准备通过约旦首都安曼运到巴格达，随即派特工在安曼机场偷偷用一块固化病毒芯片与打印机中的同类芯片作了调包，海湾战争爆发后，美军用无线遥控装置将隐藏在计算机中的病毒激活，致使伊军防空系统陷入瘫痪。

在科索沃战争中，自从北约开始对南联盟空袭之日起，北约的官方网站便不断遭到来自贝尔格莱德及其他热爱和平的国家的黑客的攻击，被称为科索沃战争的"第二战场"。黑客通过网络潜入北约官方网站的服务器，致使北约官网网页出现空白；北约官方网站的内部电子信箱系统也被黑客光顾，每天收到2 000多封非法邮件的"电子轰炸"，使北约的部分计算机的软件和硬件多次遭到来自南联盟的电脑病毒的重创。

2. 指挥控制自动化

计算机走上战场也给指挥手段带来了革命性变化，其标志就是军队指挥自动化系统的产生。20世纪70年代以来，大量新技术兵器应用于战场，参战军兵种不断增多，战场日益扩大，使得部队机动高速化，战场情况变化急剧，战机稍纵即逝，战争指挥的工作量大大增加，而用于指挥的时间却大大缩短。这就要求指挥员和指挥机关对瞬息万变的战场情况能实时掌握和了解，周密分析，准确判断和迅速定下决心。微电子技术和计算机技术的迅速发展，为军队作战指挥提供了新型的指挥工具，于是便发生了军队指挥方式上的重大变革——实施自动化指挥。

在高技术条件下的战场空间上，在极短的时间内，要对多种作战力量、多种作战方式实施有效的指挥，发挥整体威力，没有高度自动化的指挥控制手段，是很难完成作战任务的。如，海湾战争中，美军在海湾建立的战区自动化指挥系统，通过通信卫星和地面通信设备构成通信网，与美国五角大楼、中央总部以及参战各国军队的指挥系统联为一体。美军中央总部每天都要协调 30 多个国家 78 万人的各类作战行动。指挥协调来自 12 个国家 40 多个型号的 2 000 多架次飞机，从数十个机场和多艘航空母舰上起飞，共出动 11 万多架次，对伊拉克上千个目标进行轰炸，仅每日颁布的“空袭任务程序”就长达 700 多页，整个战争期间处理的军事信息达上千万字，相当于一部大型百科全书的文字量。这完全得益于它先进的指挥自动化系统。

伊拉克战争是美国进行的一场信息化战争，以信息技术为基础，以信息环境为依托，用数字化设备将指挥、控制、通信、计算机、情报、电子对抗系统联为一体，实现各个军兵种信息资源共享、作战信息及时交换。大大提高了指挥员指挥作战的能力。

同样，从马岛战争中，英军击沉阿根廷唯一的一艘万吨级巡洋舰“贝尔格拉诺将军”号这一过程，我们也能看出指挥自动化系统的巨大作用。当美国侦察卫星发现阿根廷巡洋舰“贝尔格拉诺将军”号正在马岛附近行驶，就及时将这一情报提供给英国特混舰队，该舰队立即制定了消灭巡洋舰的作战方案，并报送英国战时内阁，战时内阁批准了这一方案，特混舰队又把任务下达给已在靠近该舰海域的英国核动力潜艇“征服者”号。“征服者”号随即发射了两颗鱼雷，就将“贝尔格拉诺”号葬身海底。从这个例子可以看出：战争发生在海上，而情报却来自天上的侦察卫星；作战在南半球进行，而指挥命令却发自北半球。信息由空到地，由东到西，由南半球到北半球多次远程传递。这一切仅凭借感官是无法详察和控制的，必须依靠自动化的手段来实施指挥。

从上面两个例子我们可以看出，指挥控制自动化是高技术战争的必然要求，没有指挥控制自动化，高技术战争就无法进行。从某种意义上说，没有指挥控制自动化，就没有高技术战争，这也是指挥控制自动化成为高技术战争特点的重要原因。

现代科学技术的发展，特别是侦察技术、通信技术和计算机技术的发展，促进了军队 C^4 ISR 系统的建立，使军队指挥自动化得以成为可能。C^4 ISR 系统（指挥、控制、通信、情报、监视和情报）紧密地联成一体，帮助指挥员进行正确的决策和指挥。而且，它就像“粘合剂”一样，把战场上的各种力量形成一个整体，使作战能力获得成倍的增长，所以，人们通常把 C^4 ISR 系统称之为“力量的倍增器”。有人把军队实现指挥控制自动化，是自航空母舰、核武器之后“军事上的第三次革命”。

（四）战争消耗巨大

从作战保障这个角度看，高技术战争呈现出“消耗巨大”的特点，其主要原因有以下两个方面。

1. 武器装备费用上升

由于武器装备日益向着自动化、智能化、集约化方向发展。一件先进的武器装备，往往集中了许多科学研究成果，研制难度大、周期长、风险高。因此研究生产高级战术武器装备的费用和购置费用明显增加。美国国防部曾对20世纪70年代初期新、旧两代战斗机的13项主要技术性能进行过比较，结果明显表明：飞机的主要性能每提高1～2倍，研究费用就要增加4.4倍，生产成本增加3.2倍，不仅研制费及采购费用高，而维修费用也相应增加。二次世界大战后，世界各国的装备费的增长率平均超过45倍，以美军为例，1999年武器装备的研制费用为440亿美元，2000年达到530亿美元，2001年又增至600亿美元。

高技术武器装备比以往的武器装备复杂，在装备研制、采购、维修费用上的投入比以往大幅度的上升。在二战结束时，坦克只有5万美元，战斗机才10万美元，即使是航空母舰也只有700万美元。而海湾战争中，武器装备的价格比以前以几十倍、甚至上百倍的上升，如M1坦克为200万美元，相当于二战时40辆坦克的价格；“爱国者”导弹为110万美元；F－15战斗机为5 040万美元，相当于二战时500架飞机的价格；F－117隐形战斗轰炸机为1.06亿美元；航空母舰也已达到了35亿美元，比以前提高了近500倍。仅海湾战争多国队投入的武器装备价值就达1 020亿美元，而第一次和第二次世界大战各国投入的武器装备总价值才分别为20亿和400亿美元。例如，美国第四代战斗机F－22，研制费约200亿美元，单机采购费1.5亿美元；B－2隐形轰炸机，研制费约450亿美元，单机采购费达到10亿美元。

海湾战争后，武器装备的价格近一步上涨，特别是新一代的高技术武器装备，其价格更是呈几倍甚至几十倍增长。

美国学者詹姆士·F·邓尼根指出：“如果武器装备的价格以过去70年的速度增长，那么大约再过70年，美国现在的国防预算（3 100亿美元）将只能够生产一架作战飞机。”

2. 战场物资消耗增多

以单兵每天平均物资消耗为例，二战时是20公斤，越南战争时是90公斤，海湾战争时已经达到了200公斤；再看战场每月弹药消耗，朝鲜战争是1.8万吨，越南战争是7.7万吨，海湾战争时已经达到了35.7万吨。战场物资消耗猛增，使后勤运输面临严重困难。为了保证美军在海湾作战，美国建立了第二次世界大战以来最庞大的后勤运输体系。在空运上，动用了军事空运司令部90％的运输机，还租用了国内、韩国和德国等30多家航空公司的飞机。

在海运上，军事海运司令部出动了135艘运输船，后备役船队出动了170艘商船，还租用了78艘外籍船。在地面运输上，美国本土动用了7个州的2 400节火车皮，在沙特组织了5 000辆运输车。有人计算，海湾战争中，美国从国内运往中东的各种物资总量达到了1亿8千6百万吨，等于把像美国亚特兰大这样规模的一个中等城市搬运到了海湾。

正是由于以上两点，使高技术战争的军费消耗相当惊人。第二次世界大战时，美军日消耗军费只有1.94亿美元；越南战争时，也只有2.3亿美元；而海湾战争，光美军平均一天的消耗就高达14亿美元。这样的战争不要说我们打不起，即使美国这样的超级经济强国也感到力不从心。在海湾战争之前，美国就扮演了乞丐的角色，四处游说乞讨，最终获得了540亿美元的援助。这540亿美元占了海湾战争总耗费的88％，正是这540亿美元解了美军的燃眉之急，使他们得以把这场仅有42天的战争维持下来。有人据此预测：如果伊拉克能有办法将战争再拖延2个月，那整个战争军费消耗就将会达到几千亿美元，这对美国来说将是打不起的战争。

美军一个装甲师在地面战斗阶段，每天需要燃料 50 万～75 万加仑；将一枚普通炸弹改装成直接攻击弹药需要 2.1 万美元的改装费；进行一个架次的轰炸任务每小时的开支 1 万～1.5 万美元；部署一个航母战斗群一天则需要 300 万美元；一份军用速食食品 6.77 美元，30 万美英联军一天的饭费就需 600 万美元；战争结束将部队和装备运回国内将花费 90 亿美元。这次战争的费用达到 990 亿美元。

四、高技术战争对国防建设要求

军事对抗从来就是一种系统对抗。在高技术战争中，这种对抗表现的更为突出。随着高技术的发展，武器系统“矛盾相互制约”的状况已被“多矛多盾相互制约”系统对抗所代替。武器战斗效能的发挥，不仅取决于其战斗的杀伤威力，而且还取决于构成战斗体系的情报探测系统、指挥控制系统、通信系统、信息处理系统、机动系统、防护系统等各个子系统的共同作用。整个作战体系的作战效能不再是各个作战系统效能的简单相加，而是整体大于部分之和的倍增关系，特别表现为几个关键性系统的效能之乘积。现代战争不在是单个或数个作战力量单元之间的对抗，而是整个作战体系的较量。由此，在高技术战争条件下，对国防建设提出了新的要求。

（一）武器装备方面

从武器装备方面讲，以往军事装备建设大都是重视单项战术技术性能的提高。在高技术条件下作战，任何一种单一武器，如果没有其他武器装备的配合，无论它的技术如何先进是无法完成任务的。例如，美国的“爱国者”防空导弹作战系统，它由预警卫星、多功能相控阵雷达、百万次高速信息处理机、导弹发射架、导弹等多部分组成。

在拦截“飞毛腿”导弹时，当伊拉克“飞毛腿”导弹一发射，预警卫星立即探测到导弹尾部的火焰，并将信息传到澳大利亚的地面站，同时通过通信卫星传送到美国本土的航空航天司令部夏延山指挥中心。两地的计算机把“飞毛腿”发射红外特征和可能的弹道数据进行比较，然后再利用来自预警卫星的数据确定弹着点，再经过卫星将处理好的信息传到利雅得的中央司令部前线指挥中心和“爱国者”防空导弹中心，这两个中心控制和引导“爱国者”导弹对“飞毛腿”进行拦截。同时中央司令部前线指挥中心把“飞毛腿”发射阵地的坐标通报给正在巡逻的作战飞机，并命令作战飞机向“飞毛腿”导弹发射架攻击，将其摧毁。

未来战争的胜负在很大程度上取决于谁的军事装备体系更完善、更配套，谁的军事装备一体化程度更高，谁能掌握信息优势并将其转化为全面优势。有鉴于此，我们在武器装备的建设和使用上亦应确立“体系”的新观念，从体系的角度来思考和谋划武器装备的建设和发展，使武器装备体系具有极大的黏合强度和聚合能力，达到战斗力的最佳集成。

（二）作战力量方面

从作战力量方面讲，按照系统集成的观点，建立超联合的一体化作战部队。未来信息化战争是高度一体化的作战，使用传统的诸军兵种力量实施联合作战，已难以适应这种高度一体化作战的需要。为此，未来军队组织的编成，将打破传统的陆、海、空、天等军种体制，按照侦察监视、指挥控制、精确打击和支援保障四大作战职能，建立四个子系统，即：探测预警子系统、指挥控制子系统、精确打击子系统与作战子系统和支援保障子系统。探测预警子系统将所有天基、空基、陆基和海基侦察监视平台和系统联为一体，完成对作战空间全天候、全方位的实时感知；指挥控制子系统把所有战略级、战役级和战术级指挥控制和通信系统联为一体，将对作战空间的感知和信息转变为作战决策和控制；精确作战和打击子系统将所有作战单元和打击兵器联为一体，按照指挥控制系统的决策和控制，对敌方实施精确作战和精确打击；支援和保障子系统为作战行动提供实时精确的保障。这四个子系统的功能紧密衔接，有机联系，构成一个大的一体化作战系统。

按照这样一个思路构建的军队，将从根本上抛弃工业化军队建设的模式，革除偏重发挥军种专长和追求单一军种利益的弊端，使作战力量形成“系统的系统”或“系统集成”，从而能够充分发挥整体威力。

（三）军种兵力结构方面

美军认为，现代高技术局部战争随着战争战略企图的变化，作战中依靠单一军兵种或作战手段，难以取得预期的战略目的，战争行动的成败最终取决于作战系统的整体作战效能的发挥。所以在当前军队建设上，特别重视提高自己不足之处，也就是使军队的整体作战能力能够获得全面提高。

高技术战争中各种作战力量已形成为一个整体，它们之间相互关联、相互依赖。这就要求各军兵种之间发展必须要协调。否则，就会因为某一作战力量在某一战场上的被动，而造成全局的被动。就拿陆、海、空三军来说，如果没有了空中力量，那地面和海面的力量就等于失去了行动的自由权。而对一个濒海国家来说，没有海上力量，就等于失去了半壁江山。

海湾战争中，伊拉克遭到惨败，这与他的军兵种结构不合理有很大关系。伊拉克拥有120万军队，号称是世界上第四大军事强国，但军兵种比例很不协调，120万人中，陆军占了115万人，占总兵力的96.5%，而空军兵力只有4万，占3%，海军更少，只有5 000人，只占0.4%，对伊拉克军兵种构成来说，构成桶壁的木板是长的太长，短的太短，这个木桶基本上装不了水，军队的整体作战能力也就无从谈起，所以出现失败的结局也就不足为怪了。当前，各个国家在保证军兵种的协调发展上普遍的做法是，减少陆军的比例，适当增加海、空军和特种部队的比例。

例如，美军在本世纪初陆军裁减25%，海军裁减了14%，空军则只裁减19%，美军现役兵力由210万人减至140万人。在武装力量构成上，现役兵力的比例将下降，预备役兵力的比例将有较大幅度上升。在核力量和常规力量的对比上，常规力量的地位将上升，核力量的数量将相对下降。在陆、海、空三军兵力的对比上，陆军兵力所占比例将下降，海、空兵力比例将上升。在战斗部队与保障部队的比例上，战斗部队将相对减少，保障部队将增加，各军兵种的结构进一步趋于合理。实现部队结构的整体优化和作战力量的系统集成。

（四）武器配套建设方面

1982年在黎巴嫩贝卡谷地发生了一场空战，交战双方分别为以色列空军和叙利亚空军，当时叙利亚方面共出动了110架飞机，以色列出动了180架飞机，这场空战的结果是84∶0，也就是以色列击落叙利亚84架飞机，而自己无一损失。这个空战结果在当时引起了世界的震惊。为什么会出现这么大的悬殊比分呢？从飞机的性能上看，双方差距并不悬殊，那么差距到底在哪里呢？我们看一下它的兵力结构，叙利亚无论是米格-21，还是米格-23都是歼击机，即只有歼击机一种型号，而以色列出动的不仅有相当于歼击机的F-15、F-16战斗机，还实施对地面攻击的F-4、F-16和“幼狮”飞机，除此之外，它还出动了用波音707改装的电子干扰机、预警指挥机E-2C。对叙利亚来说，不用说最低的那块板在那里，而是有几块板根本就不存在。

在整个空战过程中，叙利亚的飞机从机场上刚刚滑出跑道、就被盘旋在地中海上空的两架以色列E-2C鹰眼预警机的牢牢地监视之下，被它看得一清二楚，然后预警机就把叙利亚的飞行数据情况通报给以色列的空中战斗机编队，并且引导自己的战斗机编队以最佳的路线，在最佳的位置上对叙利亚的飞机进行拦截。而叙利亚方面，飞机一起飞，它的地面引导雷达网就受到以色列电子干扰机强烈的干扰，地面雷达网失效，与空中联络中断，同时机载雷达也失去了作用。好似盲人瞎马，误打误撞，这样，只能依靠飞行员用眼睛来搜索空中的目标，导致双方的作战环境严重不平衡。一个是千里眼，一个是近视眼，一个在明处，一个在暗处。所以叙利亚的飞机在升空二三分钟后，还没有发现敌人在哪里，就稀里糊涂的被击落了。战后，许多军事专家无不感慨地指出：“使人畏惧的战斗力正是源于这种由一架预警机和若干架高级战斗机组合成一体的体系。

以上战例说明，在武器的发展和使用上，也一定要做到系统配套，不但要使作战系统的发展配套，同时，特别重要是要重视支援和保障系统的配套和发展。因为现在作战支援和保障系统在整个武器系统中所占的比例越来越大。例如，海湾战争中的“沙漠风暴”行动中，每出动100架飞机中，真正执行轰炸任务的飞机只有30架，而战斗掩护飞机达到20架，支援保障的飞机达到了50架。所以我们认为，作战系统与支援保障系统之间的发展一定要配套。

（五）军人综合素质方面

人和武器是战斗力构成的两个基本因素。那么，对一场战争来说，它的胜负是由人决定的，还是由武器决定的呢？对这个问题，我们从军事史来看，每当一种重要的新式武器出现时，人们总会对这一问题进行争论。18世纪，新式步枪出现并在战场上发挥主要作用时，经过一番争论后。恩格斯做出了结论，他说赢得战争胜利的是人而不是枪。当高技术战争到来时，特别是高技术武器在战争中大出风头时，许多人对这个根本问题再一次产生了疑问。那么在高技术战争中，决定战争胜负的究竟是人，还是高技术武器呢？我们不妨仍以海湾战争为例再作一分析。

在海湾战争中，伊拉克的武器装备虽然与美国为首的多国部队相比，虽有一定差距，但伊拉克同样也拥有许多世界一流的先进装备。就拿飞机来说，它拥有米格-29、幻影-F1等世界一流的作战飞机，再比如防空导弹，它有各种苏制防空导弹、法国的罗兰导弹以及美国的霍克式防空导弹，只不过由于它的人员素质不高，致使许多新式武器没有能在战场上发挥出应有的作用。伊拉克还从科威特手中缴获了一批“隼”式防空导弹，这是一种性能比较先进的武器，对美军的空中行动构成一定的威胁，令美军十分担忧。但随后他们就觉得这种担心是多余的了，这是为什么呢？因为他们通过情报获悉，伊拉克官兵素质低，在短时间内根本无法掌握这种导弹的技术性能。那么伊拉克官兵素质低到什么程度呢？据资料统计表明，有一半以上是文盲或半文盲。

与伊拉克官兵素质低而形成鲜明对比的是，1991年的海湾战争，负责战场指挥的7名美国高级指挥官中，有6人具有硕士以上学位，成功地实施了战略协同和作战指挥，被称为“硕士导演的战争”。参战的美军军官98%以上是大学本科毕业生，士兵98%以上是高中毕业生。这些高素质的官兵使装备的各种高技术武器的性能得到了淋漓尽致的发挥。海湾战争后，美国国防部在给国会的最后报告中，直言不讳的指出：“尽管武器装备在战后成为人们赞扬和谈论的重点，但归根到底，获得这场战争胜利的还是美国的男女军人。”美军认为：“高素质的军事人才是美国军事力量中最重要的决定性因素。”目前，美国军官全部为大学本科以上学历，其中硕士、博士占38.4%。俄罗斯军官98%以上受过高等教育，日本军官全部具有大学以上文化程度，印度也要求营以上军官必须获得硕士学位。所以，在高技术战争中，决定战争胜负的依然是人，而不是几件高技术兵器。在高技术条件下战争对人的素质要求，已经从侧重体力和精神素质，转到了侧重于知识、智力、能力和心理等综合素质。

在伊拉克参战的美军军官的情况，美中央战区司令上将佛兰克斯是公共管理硕士（希彭斯堡大学），中央战区陆军司令、第三集团军军长基庭中将（威廉姆与玛利大学），中央战区空军司令、第九航空队司令中将莫斯里（得克萨斯州大学）是政治学硕士，中央战区空军副司令准将爱兰德是底特立大学工学博士，第三集团军副军长少将斯特拉曼是南加利福尼亚大学硕士，第十八空降军长中将麦克尼尔是北卡罗来纳州立大学工学学士，第十八空降军参谋长准将金米特哈佛大学硕士，第三机步师师长少将布朗特三世是防务安全与战略研究硕士（海军学院），101空中突击师师长少将佩特鲁斯是国际关系学博士（普林斯顿大学），第四机步师师长少将是核效工程硕士（北卡罗来纳州立大学）、国家安全与战略硕士（海军学院）。

当前，世界各国越来越深刻地认识到知识的重要性，美国等发达国家正在致力于建立一支以智能为基础的军队，一些技术水平较低的国家也在努力提高其军队的知识密集程度。

从历史上看，不同时期的战争，对人员的素质要求是不一样的。冷兵器时期的战争，作战主要靠人的体能，即使没有文化的人，经过短期训练也能够打仗；热兵器时期的战争，靠的是人的技能，只要有一定的文化知识，经过严格的训练，就可以驾驭现代武器；而高技术战争靠的是人的智能，必须要有较高的科学文化知识才能驾驭高技术武器装备。

第四节　高技术与新军事变革

当今世界，在以信息技术为核心的高技术推动下，军事领域正在发生着一场新的军事变革。这场军事变革的实质，是一场以信息化为主要特征的军事信息化革命。其产生的主要动因与高技术的发展密切相关。随着高技术的进一步发展，当前这场新军事变革已进入到一个新的质变阶段，并将发展成为一场遍及全球、涉及所有军事领域的深刻革命，将对世界军事形势、国际战略格局乃至战争形态的演变产生深刻影响。

一、新军事变革概述

“新军事变革”是从英文RMA（Revolution in the military affairs）翻译而来。目前，最热衷于这场军事变革的国家主要是美国等西方军事大国。然而，首先洞察这场军事变革的并不是美国人，而是苏联人。二战后，随着信息技术的迅猛发展及在军事领域的广泛应用，使得军队指挥手段不断向自动化方向发展。20世纪70年代，美苏等军事强国基于战略需求，基本都实现了军队指挥自动化。越南战争中，美国率先使用精确制导炸弹并产生出巨大的作战威力。此后，各军事大国纷纷投入巨资开始研制并生产精确制导武器。随着指挥自动化系统与精确制导武器的研制与发展，为军事变革的孕育提供了最基本的物质技术条件。在这种历史背景下，苏联军总参谋长奥加尔科夫元帅于1979年提出了“新军事技术革命”的概念。他认为：新兴技术将使军事学说、作战概念、训练、兵力结构、国防工业和研制重点发生革命性变化，即出现新的军事技术革命。

《苏联军事百科辞典》定义新军事变革为：“由于科学技术进步和武装斗争工具的发展，在军队建设和训练、在进行战争和实施作战的方法上发生的根本变化”。

美国新军事变革的积极倡导者安德鲁·马歇尔说：“军事变革是使作战理论和战争形态发生重大变化的一个特殊历史时期。”美国战略与国际问题研究中心则认为“一场真正的军事变革是指把先进的技术与正确的作战理论和体制编制相融合，使武器发挥出最大效能的变革”。我国学者对“新军事变革”的定义为“随着武器装备的断代性发展，并由此引起军队编成、作战方法与军事理论的根本性变革，从而导致整个军事形态发生质变的特殊社会活动”。

新军事变革自20世纪60年代以来已经历了三个发展阶段，即萌芽阶段、全面展开阶段和质变发展阶段。

（一）第一阶段：军事变革的孕育萌芽期（20世纪60年代中期至80年代）

这个阶段，以军事工程变革和军事探测革命为标志。在军事工程领域，通过采用新的工程工艺技术，使各武器和作战平台的射程、航程、速度等性能指标达到或接近物理极限。例如，洲际导弹可打击世界上任何地点的目标，大型轰炸机可飞到地球上的任何角落。同时，军事探测领域的技术突破为提高武器装备性能又开辟了新的途径。20世纪60年代中后期，单个作战平台和武器系统开始计算机化，作战性能指标成倍提高。1967年，美军首次在越南战场上使用了激光制导炸弹。据统计，装有新型传感器的作战平台，其探测距离相当于过去的5倍，探测范围和信息处理能力都是过去的25倍。

（二）第二阶段：军事变革全面展开期（20世纪90年代初期至本世纪初）

海湾战争是新军事变革的一次重要演习，以美国为首的多国部队在战争中，使用了可处理大量数据信息的指挥、控制、通信、情报与计算机系统（即C^3I）和大量信息化弹药，对传统的作战观念产生了强烈的冲击，在科索沃战争、阿富汗战争中出现了集探测、情报、跟踪、火控、指挥、攻击、毁伤评估为一体的“系统综合集成”等概念，各军事大国纷纷加快了新军事变革的步伐，从而掀起了新军事变革的新一轮高潮。

（三）第三阶段：军事变革质变发展期（伊拉克战争至今）

新军事变革经过几十年的酝酿、发展，在伊拉克战争中取得了突破性的进展。例如，美军在这场战争中实现了近乎于“数字化的实时通信”。战争结束后，开展新军事的观念已深人人心，成为不可阻挡的历史潮流。作为新军事变革领头羊的美国已经成立了专门的军事变革组织领导机构，制定了一系列新军事变革“蓝本”文件，有组织、有计划、有步骤地全面推进新军事变革，力图以此来保持和发展自己的军事优势。俄、英、法、德、日、印等国家，亦纷纷将新军事变革问题纳入军事科研的视野和长远的国防发展规划，并以此来推动军队的革新和作战力的提高。德国制定了新的《联邦国防军未来建设计划》，确定了建设一支“现代化联邦国防军”的目标。日本也公布了新《防卫计划大纲》，强调对白卫队进行根本性改革。印度推出了新《国防建设规划》，加紧质量建军。总之，以信息化为标志的新军事变革具有划时代意义，其规模之大，内涵之广，影响之深，是历史上任何一次军事变革所望尘莫及的。

二、新军事变革的主要动因

新军事变革的主要动因是科学技术的突破性发展、军事需求的强力拉动以及军事理论的有力牵引等等。其中，科学技术的突破性发展是新军事变革产生的重要因素。

（一）科学技术的突破性发展是新军事变革的强大动因

马克思主义认为，科学技术是最高意义上的革命力量，是推动社会进步和军事变革的强大动力。当代科学技术，特别是以信息技术为核心的高新技术的飞速发展是新军事变革最直接的推动力。以信息技术为核心，以航天技术、生物技术、新材料技术、新能源技术和海洋开发技术等为代表的一大批高新技术和高技术产业蓬勃兴起，在被广泛应用于军事领域后，催生了新军事变革，并不断推动世界新军事变革向深度和广度发展，成为推动世界新军事变革最有力的杠杆。同时，新军事变革的出现和不断发展，又必然要求武器装备的不断更新，从而牵引和推动军事高技术的深入发展。

在当代高技术领域，信息技术是基础，是核心。信息技术在军事领域引发的变化，主要表现在它物化出新一代的信息化武器装备，并使军事理论和体制编制发生革命性的变化。其中，武器装备及其体系的变化是直接的、基础的和革命性的。一是信息技术的迅猛发展导致武器装备信息化；二是信息领域的激烈对抗导致信息系统武器化；三是信息技术的综合应用导致指挥系统自动化，成为军队战斗力的倍增器。

（二）军事需求的强力拉动是新军事变革产生的内在动因

军事变革不是自然发生的客观物质运动，而是对抗主体之间的主观能动行为，是军事需求驱动和军事主体选择的必然结果。因此，在一定物质技术基础上，战略需求和战略主体的选择便成为决定军事变革进程和结局的重要因素。

（三）军事理论的创新是新军事变革产生与发展的基础和先导

军事理论的创新，对新军事变革的产生与发展起着基础性和先导性的作用。20 世纪 50 年代以来，随着军事理论的不断创新与发展，引导着新军事变革沿着正确的方向顺利进行，从而使新军事变革的进程缩短、速度加快。军事理论的创新促进了军事战略的调整。冷战结束后，世界各军事大国和强国的军事战略已经由机械化战争形态的军事战略向信息化战争形态的军事战略转变。军队建设理论的创新引导了军队的改革与发展，军队建设的质量特别是高科技含量在不断提高。作战理论的创新推动了作战方式的变革。“空地一体战”理论、信息作战理论、空间作战理论和联合作战理论等相继提出与运用，催生了超视距打击、精确打击等新的作战方式，极大地改变了现代战争的面貌。

三、新军事变革的基本内容

新军事变革的本质与核心是信息化。其目的是建设信息化军队，打赢信息化战争。基本内容可概括为“四新”。

（一）创新军事技术，实现武器装备的信息化

武器装备的断代性发展，是军事领域出现革命性变化的重要标志。现阶段，主要是应用信息技术成果对现有武器装备进行改造，同时研制和发展新型信息化武器系统，从而实现武器装备的信息化、智能化和高效化。目前，发达国家军队已经实现了高度机械化和部分信息化。同时，在战争中大量使用经过信息化改造的精确制导武器。2003 年 5 月，伊拉克战争结束不久，美国副总统切尼就宣布：“从战场投放的精确制导弹药占总投弹量的比例看，海湾战争是 9%左右，这次伊拉克战争则占到 68%。”信息装备已成为现代战争的主战装备。

（二）创新体制编制，重组军队组织结构

一场军事变革的完成，是以军队组织结构调整的最终实现为标志。调整改革军队的体制编制、是实现人与武器有机结合，最终完成军事变革的关键。世界各国为适应世界新军事变革的发展，高度重视优化军队的内部结构，使军队的体制编制向着精干、高效、合成的方向发展。总的趋势是，压缩常备军规模，裁减一般部队，增编高技术军兵种部队，使军队向小型化、多能化、一体化方向发展。现阶段，主要是建设便于灵活组合的中小型模块式部队，建立适合信息快速流通的扁平式作战指挥体制。伊拉克战争中，美军在指挥上，改变了以往各军兵种分别指挥的方式，由联合作战中心实行一体化指挥；在保障上，改变了以往逐级实施的方式，由后方基地统供，直接投送到前沿部队和分队，这就是所谓的“聚焦后勤”。

（三）创新军事理论，推动军队建设转型

随着高新技术武器装备的发展，传统的战争理论、作战原则以及战略、战役、战术之间的关系等都随之发生变化，出现了一些建立在新的物质基础之上的军事理论。比如，信息化战争理论、信息战理论、联合作战理论、精确化作战理论、非对称作战理论、空间作战理论、非接触作战理论和网络中心战理论等。在伊拉克战争中，美军所使用的“快速决定性作战”作战理论，就是一种全新的作战理论。它强调作战行动必须充分利用信息化装备优势，采取“远程精确打击＋小规模地面快速突击”的新战法，尽快由有限规模的战役行动达成战略目的。通过实战检验，这一理论得到了充实验证，说明适应信息化战争要求的创新军事理论是完全必须的，并要根据新的军事理论完成军队由机械化向信息化转型。

（四）创新作战方式，适应新的战争形态

20 世纪 90 年代后，非接触、非线式作战日益成为重要作战方式。网络中心战、太空攻防战等也将在不久的将来登上实战舞台。美军在伊拉克战争中所采用的基本作战方式就

是非接触、非线式作战。这种作战方式不再是逐次突破推进，而是一开始就超越防御地带和自然地理屏障，直接对敌战役和战略纵深目标实施中远程精确打击，通过瘫痪对方的整个作战体系、摧毁对方的战争潜力和国家意志来达成战略目的。2003 年 3 月 20 日凌晨伊拉克战争打响，美军第 3 机步师就从科威特出动，第二天便深入伊拉克腹地 160 千米、5 天内急进 400 多千米，直插巴格达外围。不少人认为，这样用兵是孤军冒险。其实，这正是为了以最快的速度推翻萨达姆政权。这种“闪电”行动，使伊拉克军队来不及纵火油田、炸毁桥梁、设置交通障碍，更来不及组织坚强有力的巴格达防御战。因此，创新作战方式是适应战争形态发展的需要，必须灵活多变。

四、新军事变革的重要影响

新军事变革，促进了世界军事力量的大发展、大动荡和大调整，将对重建国际军事安全秩序、重建世界军事力量格局、重塑未来战争形态和重建未来型军队等产生决定性影响。

（一）进一步加剧了世界战略力量对比的失衡态势

两极格局的结束，使世界战略力量对比失衡。作为这场新军事变革“领头羊”的美国，拥有当今世界上最雄厚的经济实力、最先进的科学技术和最强大的军事力量，加重了其称霸世界的筹码，使它有可能具备全球投送、全球抵达、全谱作战的能力，实施全球性扩张、干涉和控制。根据美陆军《目标部队》白皮书，至 2020 年前，美军可在 4 天内向全球地区部署 1 个旅战斗队，5 天内部署 1 个师，30 天内部署 5 个师。空军可在很短时间内到达全球各地，战略轰炸机经空中加油可连续洲际飞行。这种结果，必将导致世界军事力量的严重失衡，使弱国与强国之间已经存在的差距越拉越大，并由此引发新轮军备竞赛。

目前，不仅世界大国加快了军事变革的步伐，一些中小国家也积极创造条件进行军事变革，大力推进军事理论、作战思想、武器装备、组织体制、教育训练和后勤保障等各个方面的创新，从而使新军事变革呈现出向广度和深度加速发展的趋势。英、法、德、日等发达国家和俄罗斯，为拉近与美国的距离，正逐步增大投入，力争在某些领域谋取优势。许多发展中国家，为避免陷入被动挨打的境地，也在千方百计发展国力，壮大军力，力求防止和消除出现“隔代差”。这就构成了各国竞相发展、全球战略互动的新局面。

（二）进一步推动了世界各国军事战略的全面调整

新军事变革极大地冲击了传统的战争理念，改变了现代战争面貌，促使各国重新审视安全环境和战略策略，依据客观环境和主观需求积极主动地进行战略调整。自 20 世纪 90 年代以来，美国出于维护其霸权的需要，先后进行过四次军事战略调整。俄罗斯从苏联解体后也已调整了三次军事战略。英、法、德等欧盟集团，出于集团利益的需要，在反映各成员国战略主张的同时，积极谋求“联盟战略”。日本以建立“合理、高效、精干”军队为目标，对其军事战略进行了全面调整。此外，一些发展中国家基于维护自身安全的考虑，在战略上也做出了必要调整。可以预见，随着新军事变革的深入发展，各国还会进行新的战略调整并促进国际战略格局进行新的整合。

（三）进一步拉大了世界各国军队武器装备和作战能力的“时代差距”

在机械化战争时代，武器装备和作战方式上的“时代差距”（简称“代差”），曾经使法西斯德国军队在二战初期的陆战场上取得了显赫战果，也曾使军国主义日本在海战场上独占鳌头，但与其主要对手的差距往往并非十分悬殊。而新军事变革中所产生的武器装备和作战能力上的“代差”，却使优劣差距极端明显。一旦存在“代差”的两军在战场上对垒，就会出现“占有优势的一方，可以看到劣势的一方，而劣势的一方却看不到优势的一方；优势的一方可以打到劣势的一方，而劣势的一方却根本打不到优势的一方；优势的一方可做到攻守自如，而劣势的一方则手足无措”的局面。这就是这场新军事变革在武器装备和作战能力上所产生的“时代差距”的突出表象。

（四）进一步增强了军事手段维护国家安全的作用

新军事变革的飞速发展，使强国在短时间内变得愈强、弱国变得愈弱，两者之间的差距可能越拉越大，而且这种差距一旦形成，则难以消除，其结果是一方力量的失衡导致战争的危险性增加；而由于“代差”形成，增强了战争的可控性，从而为强国运用军事手段达成政治目的，提供了低风险、高效益、多样化的战略选择。据统计，冷战时期发生的局部战争和武装冲突年均为 4 次，而冷战后年均却达 10 次之多。特别是 20 世纪 90 年代以来发生的海湾战争、科索沃战争、阿富汗战争、伊拉克战争，更显示出军事手段在解决争端中的“泛化”趋势。以美国为首的西方发达国家认为，拥有绝对军事优势是处理国际危机的前提。在这种理念支配下，自 1990 年以来，美国对外出兵达 60 多次，占二战后对外出兵总数的一半以上。新军事变革不仅使军事手段的地位和作用明显上升，而且刺激了新干涉主义进一步抬头，给世界和平与地区安全带来了新的威胁和挑战。

五、新军事变革的发展趋势

未来 10～20 年，随着纳米技术、隐形技术和定向能技术的更新突破，将为世界新军事变革提供新的物质技术基础。在可以预测的未来，新军事变革将呈现出以下趋势。

（一）军事科学技术的发展水平将有进一步突破

20 世纪 70 年代起，属于信息化军事范畴的信息革命便拉开序幕，这场信息革命分为军事传感革命和军事通信革命两个阶段。

军事传感革命主要表现为：出现了计算机控制的探测器材以及单个作战平台和武器系统的计算机化，武器的命中精度有了极大提高，单个作战平台的性能成倍提升。据测算，装有新型传感器的作战平台，其探测距离相当于过去的 5 倍，探测范围和探测到的信息量是过去的 25 倍。

军事通信革命主要表现为：数字技术广泛应用于军事领域，出现了可以处理大量数据信息的指挥、控制、通信、情报与计算机系统（即 C^4I 系统）。目前，传感器材可搜集超视距信息，卫星可搜集全球信息。如果这些信息只供给单个作战平台使用，目标识别和快速攻击问题就无法解决。为此，美国国防部投入巨资，加速信息网络技术的发展，预计到 2025 年建成 C^4ISRW（W 是 weapon，指武器）系统，从而实现侦察预警、指挥控制和打击手段的一体化。

（二）武器装备信息化建设将进一步向广度和深度发展

当前，世界各国武器装备发展的大趋势是由机械化逐步向信息化过渡。自海湾战争以来，人们发现，经信息化改造的武器装备都具有较强的综合作战效能，为此，世界各国开始投人巨大的人力、物力和财力来加强武器装备的信息化建设。目前，美国陆军正在研制的“未来战斗系统”，就是一种新型的信息化陆战武器系统。该系统把陆军的各种作战平台和各种作战需求与部队各要素紧密结合起来，使之共享作战信息并最大限度地发挥协同优势，以缔造先发制人、决战决胜的新型陆军。美国空军也在不断加强信息化建设。现已装备部队的F－22与F－35，将替代F－15与F－16。前者将具有更好的隐身性、更高的机动性，同时还将具备超音速巡航和远程作战等能力，届时可使美国空军作战能力大大提高。

空间武器将逐步由后台走向前台。从发展的角度看，空间作战飞行器和空天飞机将是未来空间作战的威慑和实战力量，其可以在数十千米的高空或数百千米的近地轨道上执行多种作战任务。空天飞机集飞机、运载器、航天器等多种功能于一身，将是21世纪遂行全球作战乃至控制空间、争夺制天权的“杀手锏”装备。美国已把重点放在发展空间作战飞行器上，把研制空天飞机作为20年后的长远目标，近期将推出技术难度比较小的具有空天飞机部分功能的空间作战飞行器。

（三）军事组织体制将向便于信息快速流动与使用的方向发展

新军事变革主要内容之一，就是使军事组织体制实现从工业时代向信息时代的跨时代跃升。这种跃升的实质，是使信息这一主导要素能在军队内部和战场上快速、顺畅、有序地流动，以适应打未来信息化战争的要求。反映到体制编制上，就是用信息化时代的体制编制改革工业时代机械化的军事形态，从而使信息化武器装备和创新性作战理论所蕴含的作战潜力实现“物化”。因此，军队体制编制改革的总体趋势，是向便于信息快速流动和使用的方向发展。一是变纵长形“树”状领导指挥体制为扁平形“网”状领导指挥体制。二是进行陆军结构改革。高技术局部战争表明，陆军的地位和作用与以往相比在下降，陆、海、空协同作战的理念正日益深入人心。为此，改变陆军结构就成了各国面临的重大军事问题，小型化、轻型化、多能化，是军事强国陆军改革的大方向。三是组建信息战部（分）队。为了实施和打赢信息战，一些国家开始组建信息战攻防部（分）队，如建立专门负责实施进攻信息战的航空队，“黑客”与“反黑客”等各种计算机应急反应分队和计算机网络防护分队等等。这些新型部队的建立，将在未来信息化战争中发挥举足轻重的作用。

（四）作战双方的对抗方式将呈现出以网络为中心的体系对抗

随着以计算机为核心的网络技术的发展，战争中作战双方不再是力量单元之间的较量，而是以网络为纽带、以整体对抗为表现形式的体系与体系之间的对抗。在这种以网络为中心的体系对抗中，作战人员并不像过去那样仅仅依赖单元武器装备，每个作战人员面对的是己方和敌方两大网络化的信息网络系统，一切作战资源，都必须依赖信息网络才能发挥最大的作战效能。在双方对抗中，谁先获取信息，并以最快的速度处理信息、分发信息，谁就能夺取制空权和制海权，进而谁就能够掌握战争的主动权。如果从武器装备构成体系上分析，在未来战争中，武器装备的使用将从突出强调利用坦克、飞机、军舰等作战平台的单元作战性能，转到强调综合利用信息化武器装备系统的整体效能上来，突出武器装备系统的体系对抗。目前，美军正加紧研制 C^4KISR 系统，该系统是将预警、侦察、监视、指挥、控制、通信、计算机和情报系统与精确打击系统联成一体，从而形成一个以网络为中心的庞大的武器装备系统。

（五）战争形态将逐步由机械化战争向信息化战争转变

随着信息化武器装备的大量使用，战争形态正逐渐由机械化战争向信息化战争转变。据统计，海湾战争中，使用的信息化武器装备只占 8%，科索沃战争中则占到了 35%，阿富汗战争中占到了 56%，而到了伊拉克战争，信息化武器装备占到了美军装备总量的 70%。由此可以看出，信息化武器装备在战争中的使用量在不断增加。由于信息化武器装备的大量使用，使得战争双方在信息空间的争夺日趋激烈，继争夺制陆权、制海权和制空权之后，争夺制信息权已成为战争双方争夺的新焦点，并出现诸如信息战、网络战、指挥控制战和心理战等许多新的作战样式，战场空间也从三维地理空间拓展到电磁空间、心理空间和信息空间等多维空间，并形成陆、海、空、天、电以及心理等多维一体的全方位联合作战，战争的形态也开始由机械化战争向信息化战争转变。这些变化，都与信息化武器装备的性质和结构的发展变化有关。

思考题

1. 军事高技术特点有哪些？
2. 军事高技术对现代战争有哪些影响？
3. 航天技术在军事上的应用有哪些？
4. 自动化指挥系统对作战的优势是什么？
5. 高技术战争与信息化战争的区别是什么？
6. 高技术战争的特点有哪些？

第五章

信息化战争

教学目标

了解信息化战争的基本概念、基本特征及发展趋势，掌握信息化战争与国防建设的关系，强化建设信息化国防的意识。

军事讲坛

凡用兵之法，全国为上，破国次之；全军为上，破军次之；全旅为上，破旅次之；全卒为上，破卒次之；全伍为上，破伍次之。是故百战百胜，非善之善者也；不战而屈人之兵，善之善者也。

——孙子

【译文】衡量战争取胜的一般原则是，以能使敌国完整无损的降服于我为上策，而攻破敌国使其残缺受损便略逊一筹；能使敌人一军将士完整无缺全员降服为上策，而动武力击溃敌人一个军，便略逊一筹；能使敌人一旅将士完整无缺全员降服为上策，而用武力击溃敌人一个旅便略逊一筹；能使敌人一卒官兵全员降服为上策，击溃一卒兵众就差一等了；能使敌人一伍士卒全员降服为上策，击溃一伍士卒就差一等了。所以百战百胜，虽然高明，但不是最高明的；在攻城之前，先让敌人的军事能力（包括指挥能力和作战能力）严重短缺，根本无力抵抗，才是高明之中的最高明的。

第一节　信息化战争概述

人类社会正在进入信息时代，战争方式也发生了重大变化。信息化战争作为一种全新的战争形态，开始登上现代战争的舞台。

一、信息化战争的基本概念

信息化战争是一种充分利用信息资源并依赖于信息的战争形态，是指在信息技术高度发展以及信息时代核威慑条件下，交战双方以信息化军队为主要作战力量，在陆、海、空、天、电等全维空间展开的多军兵种一体化的战争。信息化战争依托网络化信息系统，大量地运用具有信息技术、新材料技术、新能源技术、生物技术、航天技术、海洋技术等当代高新技术水平的常规的武器装备，并采取相应的作战方法，在局部地区进行的，目的手段规模均较有限的战争。

二、信息化战争的主要作战样式

作战样式是指按敌情、战场环境等不同情况，对作战类型的具体划分。目前信息战所出现的主要样式有以下几种。

1. 网络战

网络战是指敌对双方针对战争可利用的信息和网络环境，围绕“制信息权”的争夺，通过计算机网络在保证己方信息和网络系统安全的同时，扰乱、破坏与威胁对方的信息和网络系统。网络战具有突然性、隐蔽性、不对称性和代价低、参与性强等特点。网络战的主要目的是通过侵入对方经济、军事网络，攻击其软件、硬件设施，从而导致对方政治、经济、军事情报大量泄露，经济军事信息系统遭受破坏，经济活动陷于停顿，社会发生混乱，作战指挥系统失灵，失去战争主动权。

2. 情报战

情报战在信息化战争中无处不在。今天，战场上的各种传感器能对电磁波、声波及化学气味等多种信源，进行全方位、全天候、全时空的探测。指挥员们不仅可以看到“山那边”，而且可以看到山里边、树丛中、地底下、水中间。这使得指挥员所面临的问题已不再是信息够不够用，而是如何更好地选择信息，判断信息真伪，并尽可能地不让敌方获取己方信息。

3. 电子战

电子战是指敌对双方利用电子设备或器材，运用电子对抗手段进行的作战，是信息化战争中的重要作战形式。其目的是利用电磁能探测识别敌方使用的电磁频谱和电子设备，并根据探测和识别结果，采取相应的电子或非电子措施予以干扰，甚至破坏，从而保护己方电子设备正常应用电磁频谱，发挥最高效能。其形式主要有电子侦察、电子干扰、电子防御三方面。

4. 指挥控制战

指挥控制战的实质是在保护己方指挥控制能力的同时，削弱或破坏敌方的指挥控制能力，以便最终夺取制信息权。指挥控制战的目的是通过攻击敌信息系统，特别是信息系统的薄弱环节和关键相关设施，破坏敌指挥控制能力，使敌指挥官无法了解战场情况，最终因得不到信息，患“信息饥饿症”而就范。由于己方信息情报系统不可避免地存在着易受攻击的弱点，因而要使己方保持有效的指挥控制能力，就必须严密地组织与实施指挥控制防护。

5. 虚拟现实战

虚拟现实战是利用“虚拟现实”技术创造的逼真作战环境与敌方进行的模拟演习式的作战行动。其目的是不动一刀一枪，便使敌人就范。下面三种情况都属于虚拟现实战：一是在战争进行过程中，用虚拟现实和计算机成像技术制出敌国最高统帅的影像，让他发表不利于战争继续进行的言论，如让其通过本国电视系统宣布，鉴于某种原因，与敌方休战，军队全部撤回。二是用虚拟现实技术创造“虚拟部队”或“虚拟机群”，让敌方从卫星或雷达上观察到的这支作战力量来自东方，而实际上来自西方的一支真实部队正准备发起攻击，即用技术手段实施“声东击西”。三是创造宗教全息圣像，动摇敌方军心。1993年，美陆军的心理战部队在索马里维和时已经进行过这方面的试验。在索马里摩加迪沙以西15千米处，突然刮起一阵沙暴，随即便在沙尘飞扬的昏暗的空中，出现了一幅高150～200米的耶稣基督的全息圣像。见此情景，许多美军维和士兵都纷纷跪下祈祷。

6. 计算机空间战

遍布全球的计算机空间战，包括信息恐怖活动、“语义攻击”“朋客盯梢”等。信息恐怖活动是恐怖分子利用计算机网络系统进行的活动。在通常情况下，这些恐怖分子攻击的不是群体，而是个人，特别是敌国的军政首脑。其做法是：查询进入网络的攻击对象的档案材料，以公布其档案相威胁进行讹诈，或篡改档案内容。实施“语义攻击”的目的是“使系统给出的答案与实际不符”，办法是向计算机系统的探测器输送假数据或假信号。“朋客盯梢”是指计算机“朋客”利用信息系统对有关人员，其中包括对重要军政人物的活动进行跟踪。

7. “黑客”战

“黑客”泛指进入计算机网络，违章操作造成不良后果的计算机使用者。实施“黑客”战的作用是：全面瘫痪敌电子信息系统；迫使敌信息系统周期性关闭；大规模偷窃敌方信息数据；使随机数据出现差错；以输入假电文和提取数据进行讹诈。通常使用的手段是计算机病毒、逻辑炸弹、特洛伊木马和“截取程序”等。计算机病毒攻击主要有三种方式：一是空间注入，即利用计算机病毒武器将带有病毒的电磁辐射信号，向敌方电子对抗系统进行辐射，使其接收辐射后能将病毒植入；二是网络节点注入，即通过敌方电子系统或C^4I系统中某些薄弱的网络节点，将病毒直接注入；三是设备研制期注入，主要指在电子装备研制期间，通过一定的途径将病毒植入计算机硬件、操作系统、维修工具或诊断程序中，长期潜伏，待设备交付使用后，病毒由某些特定的条件激活而起作用。

8. 心理战

心理战是指敌对双方运用心理学原理，通过宣传和其他活动，从精神上瓦解敌方国家及其军队的作战样式，是未来信息化战争中非常重要的一种作战样式。其实质是以各种高新军事技术为心理信息载体，以心理信息能为主要作用手段，重点攻击敌认识与信念，特别是敌军领导人的认识与信念，以迫使对方接受己方意愿，放弃抵抗意志，最终停止对抗，结束战争。

军事泛舟

宣传心理战

宣传心理战是指在战场上，用传单、报纸、广播等精神武器使对方意志衰退，从而达到不战而屈人之兵的效果的方式，因其特殊效果，被称为战场上的无形杀手。第二次世界大战中，美国海军就是用宣传心理战击败德国海军。通常，德海军每击沉一艘盟军船只，舰长就会得到一枚纳粹授予的铁十字勋章，而下级军官则什么也得不到。美国情报局立马广播，说德国军官歧视海军士兵。后来，德国海军宣布授予两位下级军官骑士勋章，美国海军情报局又大肆广播，称这是美国海军批判的结果，从而赢得德国海军欢心，并使其成为自己的俘虏。

第二节 信息化战争的基本特征

与其他战争形态比较，信息化战争呈现出鲜明的时代特征。全面分析信息化战争的基本特征，准确把握信息化战争发生、发展的基本规律，是正确研究信息化战争的前提和依据。

一、信息资源主导化

信息对战争影响的关键是要准确获得战场信息并把信息及时用于决策和控制。机械化战争，起主导作用的是物质和能量，打的主要是"钢铁仗"和"火力仗"。在信息化战争中，信息是核心资源，是决定战争胜负的关键因素。信息化战争是以争夺战场"制信息权"为主要行动的战争，信息成为部队战斗力的核心要素。

在未来战争中，对信息的争夺将发挥核心作用，可能会取代以往冲突中对地理位置的争夺。攻城略地已经成为机械化战争的历史，在信息化战争中，地理目标将日趋贬值，信息资源将急剧升值。制信息权必然成为凌驾于制空权、制海权和制陆权之上的战场对抗的制高点。拥有信息资源，握有信息优势，是取得战争胜利的先决条件。

急剧升值的信息资源，决定了争夺制信息权的斗争将在全时空进行，决定了战争中交战双方将倾全力去争夺"信息优势"。海湾战争中，争夺信息优势的斗争贯穿于战争全过程，渗透于所有作战空间。美军利用了世界上最先进的计算机系统所提供的大型智能平台和 C^4KISR 指挥信息系统，完成了超大容量信息处理，赢得了战场信息优势。在科索沃战争和阿富汗战争中，由于美军夺取和保持了全时空的信息优势，因而以很小的代价夺取了战争的胜利。战争的实践，不仅使人们越来越充分地认识到物质、能量和信息在战争中的作用将发生革命性变化，更使人们清晰地看到了信息、信息系统和信息化武器装备的巨大作用，感受到了未来信息化战争的无限前景。传统的火力、防护力和机动力仍是战斗力的重要组成部分，但已经不处在核心位置，取而代之的是信息系统和信息化武器装备系统。

二、武器装备信息化

信息时代的战争，是以信息化武器装备系统为物质基础。信息化的武器装备系统，又是以计算机技术为核心、以信息技术为基础的一体化的武器装备系统。其构成主要包括信息武器、单兵数字化装备和 C^4KISR 系统。

信息武器系统，包括软杀伤型信息武器和硬杀伤型信息武器。软杀伤型信息武器，是指以计算机病毒武器为代表的网络攻击型信息武器和以电子战武器为代表的电子攻击型信息武器。这类武器已在海湾战争中开始使用。硬杀伤型信息武器，主要是指精确制导武器和各种信息化作战平台。信息化作战平台，装有大量的电子信息传感设备，并与 C^4KISR 系统联网。它们集侦察、干扰、欺骗和打击功能于一体，既可实施战场探测，为精确打击和各种战场行动提供目标信息，还可实施信息攻防作战，是信息化战争的重要物质基础。

单兵数字化装备，是指士兵在数字化战场上使用的个人装备，也称信息士兵系统（它由单兵计算机和无线电分系统、综合头盔分系统、武器分系统、综合人体防护分系统和电源分系统 5 个部分组成）。信息化的士兵装备，既是战场网络系统的一个终端，也是基本的作战单元，具有人机一体化的远程传感能力、攻击和生存能力，能够实时实地为炮兵和执行空地作战任务的飞机提供数字化的目标信息。单兵数字化装备的出现和运用，意味着陆军作战效能将出现革命性变化。

C^4KISR 系统，是战场指挥、控制、通信、计算机、杀伤、情报、监视和侦察系统的简称，它把作战指挥控制的各个要素、各个作战单元黏合在一起，是军队发挥整体效能的"神经和大脑"。在信息化战争中，C^4KISR 系统是敌对双方的主要作战目标，围绕着 C^4KISR 系统展开的攻击和防护成为战争的重要作战行动。

三、作战空间多维化

作战空间随着科学技术和武器装备的发展逐渐呈现出日益拓展的趋向。信息化战争中，决定战争胜负的因素主要取决于信息空间，主要包括网络空间、电磁空间和心理空间。高技术局部战争的实践表明，信息化战争的作战空间明显拓展，呈现出陆、海、空、天、电等多维一体化趋势。信息化战争作战空间的这种多维性和复杂性，打破了传统的作战空间概念。

首先，物理空间超大无限。第一次世界大战中，决定战争胜负的马恩河战役、亚眠战役，战场范围仅有数百至数千平方千米。第二次世界大战中，决定战争胜负的维斯瓦河—奥得河战役、柏林战役、诺曼底战役，战场范围也不过数万或数十万平方千米。而海湾战争，战场空间急剧扩展，东起波斯湾、西至地中海、南到红海、北达土耳其，总面积达到 1400 万平方千米。阿富汗战争，其作战规模远不及海湾战争和科索沃战争，但其作战空间范围要远比海湾战争和科索沃战争大得多。美军在空中部署有各种侦察、预警飞机，全方位、全时段监视对方的所有行动。在外层空间利用多颗卫星组成太空侦测网，全面监视、搜寻塔利班和本·拉登动向。随着军事信息技术的高速发展，未来信息化战争的作战空间将在目前陆、海、空、天的基础上进一步拓展。

其次，信息空间多维广阔。信息空间是一个全新的概念，它包括电磁空间、网络空间和心理空间，渗透于陆、海、空、天各个战场领域。由于信息和信息流"无疆无界"，使得信息作战的领域大大突破了传统的战场界限，是一个超大无形、领域广阔的作战空间。

电磁空间是信息空间的重要组成部分。电磁战场被称作继陆、海、空、天之后的"第五维战场"，是信息化战争的重要作战空间。

网络空间是人类进入信息社会的必然产物。信息时代的一个明显标志就是计算机和计算机网络技术的广泛应用。目前，国际互联网络将全世界 170 多个国家和地区的计算机网络连为一体。信息高速公路在全球范围内逐步建成，时空的概念正在急剧缩小。网络空间的出现，使地理上的距离概念和国家之间的地理分界线将在信息对抗中失去意义，凡是与网络空间相联系的目标都可能遭到攻击。

心理空间特别是决策者的思维空间是信息化战争的重要作战空间。心理是控制和决定人行为的重要因素，心理空间的对抗备受各国军队的重视。美军不仅编有心理战部队，而且正在研制“噪声仿真器”“电子啸叫器”等专用心理战武器。美军在近期几场局部战争中都采取了军事打击与攻心并举的方针，成功地实施了心理战。战争的实践证明，心理空间作为信息作战空间的一个重要组成部分已体现得非常明显。

四、作战节奏快速化

随着计算机、电子通信、卫星技术和信息化武器装备的发展，信息化战争的作战节奏和作战速度将比机械化战争大大提高，持续时间明显缩短，呈现出迅疾、短暂、快速化的特征。信息时代，数字信息技术广泛运用于战场侦察监测设备和信息快速传输网络，实现了信息的实时获取、实时传输、实时处理，使得信息流动速度空前加快，空间因素贬值，时间急剧增值，作战行动得以快速进行。在网络化的战场上，尽管基本作战程序和信息流程没有发生根本变化，同样要经过发现目标、进行决策、下达指令、部队行动等环节，但这几乎都是实时同步进行的。

五、作战要素一体化

信息化战争，一是作战力量一体化。通过信息网络和信息技术，可以将处于不同空间位置的各种作战能力联结成一个有机整体，形成一体化作战力量。二是作战行动一体化。信息化战争中的主要作战样式，是两个以上的军种按照总的企图和统一计划，在联合指挥机构的统一指挥下共同进行的联合作战，其作战行动具有一体化的特征。三是作战指挥一体化。信息化战争中，集指挥、控制、通信、计算机、火力、情报、侦察和监视于一体的 C^4KISR 系统，为作战指挥提供了准确的战场情报、快速的通信联络、科学的辅助决策、实时的反馈监控，从而使树状的指挥体制逐渐被扁平的网络化指挥体制所代替，使作战指挥实现了一体化。四是综合保障一体化。保障军队为遂行作战任务而采取的作战保障、后勤保障、装备保障、政治工作保障等各项保障措施实现了一体化。

六、作战行动精确化

信息化战争中，在多层次、全方位、全时空的情报、侦察和监视网络的支持下，使用大量的精确制导武器，使各种作战行动的精确化程度越来越高。一是精确侦察、定位控制。精确侦察、定位和控制是实现精确打击的前提和基础。二是精确打击。精确打击是信息化战争精确化的核心内容，它是靠提高命中精度来保证作战效果，而不是通过增加弹药投射数量增强作战效果。三是精确保障。充分运用以信息技术为核心的高技术手段，精细而准确地筹划、实施保障，高效运用保障力量，使保障的时间、空间、数量和质量要求尽可能达到精确的程度，最大限度地节约保障资源。

军海泛舟

海湾战争

海湾战争是美国领导的联盟军队为恢复科威特主权、独立与领土完整，并恢复其合法政权而对伊拉克进行的一场战争。包括3个主要军事行动：沙漠盾牌行动、沙漠风暴行动和海上拦截行动。联盟军队以较小的代价取得决定性胜利，重创伊拉克军队。在战争中，美军首次将大量高科技武器投入实战，展示了压倒性的制空、制电磁优势。通过海湾战争，美国进一步加强了与波斯湾地区国家的军事、政治合作，强化了美军在该地区的军事存在。海湾战争所展示的现代高科技条件下作战的新情况和新特点，为军事战略、战役战术和军队建设等问题带来了众多启示。

第三节　信息化战争的发展趋势

从世界范围看，战争形态正处在一个从机械化战争向信息化战争过渡的转型期。因此，在当前条件下，要准确地预测信息化战争的发展趋势还比较困难。然而，历史的发展有其自身的逻辑轨迹。运用历史唯物主义的方法，仍然可以大致地勾画出未来信息化战争的发展趋势。

一、战争的内涵不断拓展

未来的信息化战争将在战争的暴力性、战争的层次以及战争的主体等方面发生重大变化，从而使传统的战争概念受到冲击。

（一）战争的暴力性减弱

信息化战争中，由于各种经济活动和社会活动的高度计算机化、信息化和网络化，社会的经济生活和政治生活更多地依赖于各种信息系统。战争则有可能成为不流血或少流血的政治。像支撑社会经济和政治活动的金融系统、能源系统、交通系统、通信系统和新闻媒介系统等，都是以计算机为基础的信息网络系统。信息和信息系统既是武器，也是交战双方攻击的主要目标。而只需通过网络攻击、黑客入侵和利用新闻媒介实施大规模信息心理战等“软”打击的方式，破坏敌方的计算机信息网络，瘫痪敌方指挥系统，瘫痪敌国经济，制造敌方社会动乱，把战争意志强加给对方，以不流血的形式换取最大的政治和经济利益。在使用各种“硬”摧毁手段的作战中，进攻一方也不再以剥夺敌国的生存权利，或完全夺占敌方的领土等作为最终目标，而是注重影响对手的意志，尽可能地减少战争的伤亡，力争以最小的伤亡代价换取最大的胜利。战争暴力性将会减弱，传统战争的暴力行动将被非暴力的“软”打击行动所替代。

（二）战争的层次更加模糊

在未来信息化战争中，战争的战略、战役和战术层次会逐渐模糊。一方面，战役或战术行动具有战略意义。由于大量信息化、智能化装备和系统的集中运用，武器装备的作战效能越来越高，精确打击和信息战等作战行动对敌方军事、政治、经济和心理的攻击威力越来越大，因而小规模的作战行动和高效益的信息进攻行动就能有效达成一定的战略目的。这使得战争进程更为短暂，战争与战役甚至战斗在目的上的趋同性更为突出。另一方面，作战行动将主要在战略层次展开。信息化战争不再是从战术突破到战役突破再到战略突破，而是战争一开始，打击的对象就将主要集中于关乎敌方政治、经济和军事命脉的重要战略目标。尤其是在信息化战争中起主导作用的战略信息战，它对敌方经济和政治信息系统的攻击，以及对敌方民众和决策者心理的攻击，更具有全纵深和全方位的性质。大规模的信息进攻和超视距的非接触作战将成为未来信息化战争的主要行动样式。

（三）战争的主体多元化

传统的战争主要发生在国家和政治集团之间，战争打击的目标主要是对方的军事力量和战争潜力，战争的主体是军队。而在信息时代，由于信息技术和信息系统高度发展，计算机网络联通了整个世界，使得整个世界的政治、经济、科技和文化的联系日益密切，国家的安全受到来自多个方面、多种势力的威胁，表现出易遭攻击的脆弱性。实施信息攻击的主体既可能是军队，也可能是社会团体，还可能包括恐怖组织、贩毒集团和宗教极端分子等。

当战争爆发时，受到攻击的一方，可能难以判明谁是真正的对手，也难以迅速做出有效的反应和反击。战争不仅会在国家与国家之间展开，也可能会在社会团体与社会团体之间、社会团体与国家之间、少数个人与社会团体之间展开。为了应对这种挑战，仅仅依靠军队力量是不够的，还必须依靠社会的各种力量，进行广泛的全民战争。

二、信息系统一体化

未来信息化战争是高度一体化的作战，未来军队编成的一体化，将主要表现为按照系统集成的观点，建立“超联合”的一体化作战部队。为此，未来军队信息系统的构成，将按照侦察监视、指挥控制、精确打击和支援保障四大作战职能建成四个子系统。侦察监视子系统将所有天基、空基、陆基和海基侦察监视平台和系统连为一体，完成对作战空间全天候、全方位的实时感知；指挥控制子系统把所有战略级、战役级和战术级指挥控制和通信系统联为一体，将对作战空间的感知信息转变为作战决策和控制；精确打击子系统把陆、海、空、天的信息和火力系统构成一体化的精确打击平台；支援保障子系统为作战行动提供实时精确的保障。这四个子系统的功能紧密衔接、有机联系，构成一体化的作战系统。

按照这个思路构建的军队，将从根本上抛弃工业化时代军队建设的模式，克服偏重发挥军种专长和追求单一军种利益的弊端，使作战力量形成“系统的集成”，从而能够充分发挥整体威力，实现真正意义上的一体化作战。

三、作战手段智能化

信息化发展的高级阶段是智能化，因此信息化战争的发展趋势之一就是实现指挥平台与作战手段的高度智能化。随着纳米技术的发展，军用微型机器人将大量地投放于战场，执行侦察探测、信息传递、破袭敌电子设备和武器系统以及杀伤敌作战人员等任务。

一是指挥控制手段的高度自动化和智能化。其标志是C^4KISR系统的高度成熟与发展。未来的C^4KISR系统将真正实现侦察监视、情报搜集、通信联络、火力打击和指挥控制的无缝链接，成为作战指挥与控制的信息高速公路，可以高度自动化地确保指挥员近实时地感知战场，定下决心，协调、控制部队和武器平台的作战与打击行动。C^4KISR系统的高度发展，将使军队指挥员观察战场和指挥作战的能力大幅度提高。计算机是自动化指挥控制系统的核心，是实现智能化作战指挥的基础。随着高技术群体的不断发展，未来将相继出现智能计算机、神经网络计算机、光计算机、高速超导计算机、生物计算机等新概念计算机，这将使人工智能技术迈上新的台阶。人工智能技术将由运算、存储、传递、执行命令转向思维和推理；由信息处理转向知识处理；由代替和延伸人的手功能转向代替和延伸人的脑功能。从而为作战指挥控制提供更加先进的智能化手段，使作战指挥与控制进入自动化、智能化时代。

二是大量智能化的武器系统和平台将装备军队，投入作战。在未来信息化战争中，精确制导武器系统、对空防御系统、勤务支援系统、物流分配保障系统和具有发射后不管和自动寻的功能的智能化弹药将得到更加广泛的运用；无人驾驶的智能化坦克、飞机和舰船也将规模化投入战场。无人机在阿富汗战争中已经发挥了重要的作用。尤其值得关注的是，众多类型不同、功能各异的纳米机器人，可能在战争中被大规模地投放于战场，执行侦察探测、信息传递、破袭敌电子设备和武器系统以及杀伤敌作战人员等任务。

三是许多作战行动将发生在智能化领域。在传统的机械化战争中，虽然在智能化领域中也存在着敌我对抗活动，如敌我之间的谋略对抗就是一种思维对抗，但这种对抗是间接的，需要用部队真实的作战行动才能表现出来。然而，在未来的信息化战争中，由于信息战的广泛运用，智能化领域将会发生激烈的对抗。认知、信息和心理这些智能化的范畴，既有可能是作战所使用的手段，也有可能是作战所要打击的目标，因此在智能化领域将会发生大量的直接对抗的作战行动。为了阻止敌方及时制定出正确的作战决心，不仅需要采用谋略行动欺骗敌方，而且更需要采取信息攻击手段，直接打击敌方的 C^4KISR 系统，破坏敌方的决策程序。

四、作战威力大幅提升

战争的发展，从某种意义上说就是作战效能不断提升的历史。核武器的出现，使热兵器作战效能的发展走到了极限。人类对武器作战效能的追求，反而使得具有最大杀伤威力的核武器无法在实战中运用。然而人类并没有放弃对武器作战效能的追求，大量信息化武器和新概念武器的出现和运用，将使未来信息化战争具有亚核战争的威力。

首先，信息化时代的军事技术将把常规作战效能推到极致。未来信息化战争的常规作战效能将是建立在军事工程革命、军事探测革命、军事通信革命和军事智能革命已经完成或基本完成的基础之上。在这四大军事技术革命中，军事工程革命的起步最早。军事工程革命已经使传统武器装备跨越空间和速度基本达到物理极限。军事探测革命将使得侦察、探测的空域、时域和频域范围大大扩展，使对作战行动的感知、定位、预警、制导和评估达到几乎实时和精确的程度。军事通信革命将在未来信息化战争中实现军事信息的无缝链接和实时传输，使各指挥机构和部队、各侦察和作战平台之间达到在探测、侦察、跟踪、火控和指挥方面的信息畅通，真正实现实时指挥和控制。军事智能革命将真正实现作战指挥活动和作战武器装备的自动化和智能化。智能化指挥系统将使指挥控制活动的准确性和时效性大幅度提高。作战平台将集发现、跟踪、识别和自主发射为一体。智能化弹药将具有自动寻的和发射后不管功能，远程打击的精度将达到米级。同时大量高度智能化的机器人将投放战场，使指挥活动和作战行动的效率极大提高。

其次，大量新概念武器的使用将使信息化战争的作战效能具有亚核战争效果。在信息化时代，随着科学技术的进一步发展，大量新概念武器会不断出现和应用于战争。这些新概念武器具有完全不同的杀伤和破坏机理，它们不以大规模杀伤对方人员的生命为目标，而是通过使对方的作战人员和武器装备丧失作战功能，或通过改变敌国的生态和自然环境来达成战争目的。

新概念武器中具有大面积破坏与毁伤效果的主要有次声波武器、电磁脉冲武器、激光武器和气象武器等。次声波武器具有洲际传送能力，并且可以穿透10多米厚的钢筋混凝土，因此作用范围极广。在高空施放的电磁脉冲弹可以在瞬间使大范围的电子设备丧失功能。在信息化战争中，大量新概念武器装备虽然不具备核武器那种大规模、大范围的物理杀伤和破坏作用，但它们所拥有的系统集成能力、战场控制能力、精确摧毁能力和能够高效达成战略目的的能力是核武器所无法相比的。从这个意义上说，信息化战争具备了亚核战争的威力。

第四节　信息化战争与国防建设

信息化战争的到来，加剧了世界各国战略力量对比的不平衡性，增大了发展中国家战略选择的难度，特别是对我国国防建设与发展提出了严峻挑战。对此，我们必须立足当前，着眼未来，从发展的角度搞好国防和军队的信息化建设，以求在未来信息化战争中立于不败之地。

一、树立信息化条件下国防建设新理念

信息安全是国家总体安全的“基石”，信息安全不能得到保障，国家就会经济紊乱、社会不稳、军事失效、文化迷途、技术落后，进而影响国家在国际上的地位和形象。经济信息安全关系到国家经济的正常运转；军事信息安全关系到国家军事力量的可靠程度；科技信息安全关系到国家的发展潜力；文化信息安全关系到国家文化艺术的发展和民族价值观的继承。必须把信息安全提高到国家安全的最顶层。信息使国家的政治、经济、军事、科技、外交正以前所未有的整合度联系在一起。军事战略所涉及的范围日益广泛，国防的战略边疆不断扩展，国家安全的内涵向外延伸。军事战略筹划中保卫国防、维护安全已不仅仅是军队的职能而成为全体国民的共同责任。

二、大力加强国家信息基础建设

在信息时代，国家的信息基础建设是国家战略能力的重要组成部分。国家战略能力，是指一个国家在需要进行战争或应对突发事件时，所能调动的各种力量的总称。

完善的国防信息基础设施是国防信息化的基础，如果没有快速、准确和高效的国防信息基础设施，就不可能真正实现国防和军队的信息化。加强国防信息基础设施建设，要促使传统的军事通信网向一体化指挥控制平台过渡，逐步实现综合、智能和“无缝”的国防信息网络；支持各级指挥员在任何时间、任何地点获取作战指挥信息，为满足信息化战争

需求提供支撑和保障。国家的信息基础建设是军队信息化建设的基石，是打赢未来信息化战争的重要支撑。因此，必须把加强国家的信息基础建设作为应对信息化战争的首要举措。当前，我国信息基础设施建设，已获得了长足的发展。虽然交通、金融和通信等主要行业的信息化建设，我国已经接近发达国家水平；在数字地球领域，我国和发达国家也处在同一起跑线上；但与发达国家相比，在其他许多方面我国仍存在差距。因此，必须大力加强我国的信息基础建设，努力提升国家战略能力。

信息基础建设的重点在三个方面：一是努力发展以微电子技术、计算机技术和通信技术为主体的信息技术。二是加快国家大型网络系统建设。三是大力开发各种软件技术。目前我国软件技术的研制、开发能力远远落后于发达国家，与一些发展中国家相比也不占优势。此外，国家信息安全的防护，在相当程度上是通过先进的软件技术来保障的。因此，应加大研制和开发软件技术的资金、技术和人力投入，使我国在软件技术上跻身于世界先进行列。因此，必须把加强国家的信息基础建设作为应对信息化战争的首要措施。

三、努力培养国防信息化人才队伍

人才是强国兴军之本，决定未来信息化战争胜负的关键是高素质国防和军队信息化人才。随着信息技术的飞速发展及其在社会各领域的广泛运用，信息科技人才的紧缺已经成为一个世界性问题。必须加大力度，努力培养新型国防信息化人才，为我军打赢信息化战争提供强大的智力支撑。为此，我们必须把国防信息化人才队伍的培养工作作为国防信息化建设的根本大计，树立超前意识，构建我军新型的国防信息化人才培养体系，抓紧培养复合型人才，尽快缩小与发达国家军队在人员素质上的“知识差”，以适应国防信息化建设和未来信息化战争的需要。

当前，我国信息技术人才的匮乏问题突出。必须采取多种有效措施加强国防信息技术人才的培养、引进与保留，建设一支雄厚的信息人才队伍，确保我国的信息基础建设能够持续不断的发展。一方面，要依托地方进行信息化人才的双向培养；另一方面，军事院校教学中要加大高新技术知识的比重，提高部队信息化条件下的训练水平，创造良好的信息化环境和信息化文化氛围。

四、加速推进国防和军队信息化建设的进程

推进国防和我军信息化建设的进程，必须解决好两个问题：

首先，要树立信息主导的思想。观念是行动的先导，一是确立信息化在军队建设中的主导地位，全面推进国防和军队的信息化建设。二是“系统集成观”。要用大系统的观念来筹划军队建设。在“作战力量”建设上，强调加强作战空间预警、C^4KISR和精确使用作战武器等方面建设；在战场准备上，建立数字化战场；在部队建设上，建立数字化部队；在装备建设上，积极推行“横向技术一体化”。三是“虚拟实践观”。虚拟现实技术的发展，为人们“虚拟实践”提供了可能。人们可以面向未来，创造一种“人工合成环境”，在实验室里“导演”战争，主动适应未来。

其次，要实现我军信息化建设的跨越式发展。国防和军队的信息化建设是一个十分复杂的系统工程。我军信息化建设要抓住三个重点：一是要大力发展信息化武器装备。我军

一方面要致力于发展信息化武器装备；另一方面要在信息化弹药、信息化作战平台、专用信息战武器三个方面取得突破性进展，这样才能缩小与发达国家的时代差。二是要大力推进数字化部队建设。在建设思路上要突出我军的特色，走出一条投入少、周期短、效益好的发展路子。三是要大力加强数字化战场建设。数字化部队和数字化战场是信息化战争的两大支柱，有了数字化战场，数字化部队才有可靠依托。我军数字化战场建设，应充分运用空间基础数据建设成果，将导航定位、天基立体测绘和时间基准、地球中心坐标系统相统一，建设成能够覆盖整体作战空间的多维信息获取系统，形成平战结合、诸军一体的战场信息系统，推进我军的国防和信息化建设。

思考题

1. 什么是信息化战争？
2. 信息化战争有哪些主要作战样式？
3. 信息化战争有哪些基本特征？
4. 信息化战争的发展趋势是什么？
5. 谈谈如何加强国家和军队的信息化建设？

第六章

条令教育与训练

教学目标

了解中国人民解放军共同条令的主要内容；掌握队列动作的基本要领，养成良好作风习惯，增强组织纪律观念，培养集体主义精神。

军事讲坛

卒未亲附而罚之，则不服，不服则难用也。卒已亲附而罚不行，则不可用也。故令之以文，齐之以武，是谓必取。令素行以教其民，则民服；令不素行以教其民，则民不服。令素行者，与众相得也。

——孙子

【译文】士兵尚未亲附就贸然处罚士兵，那士兵一定不服，不服就很难调用；士兵已经亲附，但不执行法纪，仍旧无法调用。所以，要施加恩德使他们归心，严明法纪使他们行为整肃，这才能成为必胜之军。平素能认真执行命令、教育士兵，士兵就能养成服从的习惯；平素不认真执行命令、教育士兵，士兵就会养成不服从的习惯。命令能贯彻执行下去的，是将帅与士兵之间关系融洽的表现。

第一节　中国人民解放军共同条令概述

一、共同条令颁布的历程和意义

中国人民解放军共同条令是军队各级组织和全体人员必须共同遵照执行的基本军事法规，包括《中国人民解放军内务条令》（以下简称《内务条令》）、《中国人民解放军纪律条令》（以下简称《纪律条令》）、《中国人民解放军队列条令》（以下简称《队列条令》，也被称为我军的“三大条令”。

从20世纪50年代到90年代，我军三大条令共修订和颁发8次，内容也日渐完善。进人新世纪，根据中央军委的决定，我军于2002年对《内务条令》《纪和条令》做了局部修改，于2010年再次对《内务条令》《纪律条令》《队列条心》作了全面修改。2018年4月，中央军委主席习近平签署命令，发布新修订的《中国人民解放军内务条令（试行）》（以下简称《内务条令（试行）》、《中国人民解放军纪律条令（试行）》（以下简称《纪律条令（试行）、《中国人民解放军队列条令（试行）》（以下简称《队列条令（试行）》），自 2018 年 5 月 1 日起施行。新修订的共同条令，增强了时代性、科学性、精准性和操作性，是新时代军队正规化建设的基本法规和全体军人共同遵守的行为准则。

新修订的共同条令，全面贯彻习近平强军思想，坚持党对人民军队的绝对领导，全面深入贯彻军委主席负责制，贯彻新形势下军事战略方针，坚持“五个更加注重”战略指导，适应军委管总、战区主战、军种主建新格局，把全面从严治军要求体现在条令的各个方面。新修订的共同条令颁布施行，对在新的历史起点上坚定不移走中国特色强军之路，全面推进国防和军队现代化，实现党在新时代的强军目标、把人民军队全面建成世界一流军队具有重要意义。

二、新修订的共同条令的指导思想和修订原则

新修订的共同条令，坚持以习近平新时代中国特色社会主义思想为指导，全面贯彻习近平强军思想，坚持党对军队绝对领导的根本原则和制度，全面深入贯彻军委主席负责制，贯彻新形势下军事战略方针，贯彻全面从严治军要求，适应时代之变、改革之变、战争之变，着眼实现党在新时代的强军目标、全面建成世界一流军队，着力固化党的军事指导理论最新成果、深化国防和军队改革全新成果、正风肃纪制度机制创新成果，使新一代共同条令成为高举旗帜、维护核心的条令，成为全面从严治军、转变治军方式的条令，成为解决突出矛盾、回应官兵关切、具有时代特色、便于操作执行的条令。

修订工作主要把握六条原则。一是坚持根本遵循，把习近平强军思想作为条令修订的“魂”和“纲”，通篇贯穿、充分体现；二是聚焦备战打仗，突出体现军队备战打仗主责主业，作为条令修订的根本出发点和着力点；三是适应改革之变，对部队反映的重大现实问题集智攻关，确保新条令跟上军队改革发展步伐；四是瞄准世界一流，系统研究梳理我军优良传统和外军相关法规，在比较借鉴中实现超越；五是坚持全面从严，落实严字当头、一严到底的治军要求，进一步编实扎紧制度规矩；六是力求通用管用，既强化条令共性，又兼顾军兵种个性特色。

军事泛舟

蛙鸣助战突破防线

第一次世界大战期间的 1918 年 5 月，英法联军计划突破德军的松姆河防线。联军指挥官发现，松姆河西段的南岸有一大片沼泽地，每到晚上，蛙声四起，打破了方圆四五十里的寂静，而且对面德军的防守也比较薄弱。因此，联军决定将主攻方向选择在沼泽地附近。为了隐蔽作战企图，联军所有兵力调动均在夜间蛙声四起的时候进行。一阵高过一阵的蛙鸣声，把工兵架桥的敲打声和其它一切声音都淹没了。联军作好一切准备时，突然发起攻击，一举占领滩头阵地，随即向纵深发展，松姆河防线立刻瓦解。

三、新修订的共同条令简介

（一）《内务条令（试行）》简介

《内务条令（试行）》是全军建立和维护良好的内外关系以及正规的内部秩序，服行

职责，培养优良作风和进行行政管理的依据。

《内务条令（试行）》于2018年3月22日中央军委常务会议通过，自2018年5月1日起施行。该条令共有总则、军人宣誓、军人职责、内部关系、礼节、军人着装、军容风纪、与军外人员的交往、作息、日常制度、日常战备、军事训练和野营管理、日常管理，国旗、军旗、军徽的使用管理和国歌、军歌的奏唱以及附则等15章325条；并有中国人民解放军军旗式样、中国人民解放军军徽式样、中国人民解放军军歌、报告词示例、军服的配套穿着和标志服饰的佩带、标志服饰的缀钉方法、宿舍物品放置方法、基层单位要事日记式样、外出证式样、军人发型示例等10项附录。

《内务条令（试行）》由原来的21章420条，调整为15章325条，重塑内务建设的指导思想和原则，坚持政治建军、改革强军、科技兴军、依法治军，聚焦备战打仗，着眼新体制新要求，调整规范军队单位称谓和军人职责，充实日常战备、实战化军事训练管理内容要求；落实全面从严治军要求，修改移动电话和互联网使用管理、公车使用、军容风纪、军旗使用管理、人员管理等方面规定，新增军人网络购物、新媒体使用等行为规范；着眼保障官兵权益，调整休假安排、人员外出比例和留营住宿等规定，新增训练伤防护、军人疗养、心理咨询等方面要求，回应官兵期盼关切。

（二）《纪律条令（试行）》简介

《纪律条令（试行）》是规定军队纪律的条令，是全军维护和巩固纪律的依据。

《纪律条令（试行）》于2018年3月22日中央军委常务会议通过，自2018年5月1日起施行。该条令共有总则，纪律的主要内容，奖励，表彰，纪念章，处分，特殊措施，控告和申诉，首长责任和纪律监察，附则等10章262条；并有三大纪律、八项注意，个人奖励登记（报告）表，单位奖励登记（报告）表，处分登记（报告）表，行政看管审批表，行政看管登记表，士官留用察看审批表，控告、申诉登记表等8项附录。

《纪律条令（试行）》由原来的7章179条，调整为10章262条，围绕听党指挥、备战打仗和全面从严治军，调整了体例结构，提出了政治纪律、组织纪律、作战纪律、训练纪律、工作纪律、保密纪律、廉洁纪律、财经纪律、群众纪律、生活纪律等10个方面纪律的内容要求；充实思想政治建设、实战化训练、执行重大任务、科技创新等奖励条件；新增表彰管理规范，对表彰项目、审批权限、时机等作出规范，同时取消表彰与奖励挂的的相应条款；充实违反政治纪律，违规选人用人、降低战备质量标准、训风演风考风不正、重大决策失误、监督执纪不力等处件；调整奖惩项目设置、奖惩权限和承办部门，充实奖惩特殊情形的处理原则和规定。

（三）《队列条令（试行）》简介

《队列条令（试行）》是规定部队和单个军人队列动作的条令，是全军队列训练和队列生活的依据。

《队列条令（试行）》于2018年3月22日中央军委常务会议通过，自2018年5月1日起施行。该条令共有总则，队列指挥，队列队形，单个军人的队列动作，分队、部队的队列动作，分队乘坐交通工具，国旗的掌持、升降和军旗的掌持、授予与迎送，阅兵，仪式，附则等10章89条；并有队列口令的分类、下达的基本要领和呼号的节奏，队列指挥位置示例，标兵旗的规格，符号等4项附录。

《队列条令（试行）》由原来的 11 章 71 条，调整为 10 章 89 条，着眼进一步激励官兵士气、展示我军良好形象、激发爱国爱军热情，新增誓师、组建、凯旋、迎接烈士等 14 种仪式，规范完善各类仪式的时机、场合、程序和要求；调整细化阅兵活动的组织程序、方队队形、动作要领；调整队列生活的基准单位和武器装备操持规范，统一营门卫兵执勤动作等内容。

第二节　单个军人的队列动作

队列动作是对单个军人和部队所规定的队列训练、队列生活和日常生活的制式动作。队列动作训练是加强组织纪律性、培养战斗力的一种必要形式。

一、立正、跨立、稍息

（一）立正

立正是军人的基本姿势，是队列动作的基础。军人在宣誓、接受命令、进见首长和向首长报告、回答首长问话、升降国旗、迎送军旗、奏唱国歌和军歌等严肃庄重的时机和场合，均应当立正（图 6－1）。

图 6－1　立正

口令：立正。

要领：两脚跟靠拢并齐，两脚尖向外分开约 60°；两腿挺直，小腹微收，自然挺胸；上体正直，微向前倾；两肩要平，稍向后张；两臂下垂自然伸直，手指并拢自然微曲，拇指尖贴于食指第二节，中指贴于裤缝；头要正，颈要直，口要闭，下颌微收，两眼向前平视。参加阅兵时，下颌上仰约 15°。

（二）跨立（即跨步站立）

跨立主要用于军体操、执勤和舰艇上分区列队等场合，可与立正互换（图 6－2）。

口令：跨立。

要领：左脚向左跨出约一脚之长，两腿挺直，上体保持立正姿势，身体重心落于两脚之间；两手后背，左手握右手腕，拇指根部与外腰带下沿或者内腰带上沿同高；右手手指并拢自然弯曲，拇指贴于食指第二节，手心向后。携枪时不背手。

图 6－2 跨立

(三) 稍息

口令：稍息。

要领：左脚顺脚尖方向伸出约全脚的三分之二，两腿自然伸直，上体保持立正姿势，身体重心大部分落于右脚。携枪（筒）时，携带的方法不变，其余动作同徒手。稍息过久，可以自行换脚，动作应当迅速。

二、停止间转法

(一) 向右（左）转

口令：向右（左）——转；半面向右（左）——转。

要领：以右（左）脚跟为轴，右（左）脚跟和左（右）脚掌前部同时用力，使身体协调一致向右（左）转 90°，体重落在右（左）脚，左（右）脚取捷径迅速靠拢右（左）脚，成立正姿势。转动和靠脚时，两腿挺直，上体保持立正姿势。

半面向右（左）转，按照向右（左）转的要领转 45°。

(二) 向后转

口令：向后——转。

要领：按向右转的要领向后转 180°。

三、坐下、蹲下、起立

(一) 坐下

口令：坐下。

要领：左小腿在右小腿后交叉，迅速坐下（坐凳子时，听到口令，左脚向左分开约一脚之长；女军人着裙服坐凳子时，两腿自然并拢），手指自然并拢放在两膝上，上体保持正直。

(二) 蹲下

口令：蹲下。

要领：右脚后退半步，前脚掌着地，臀部坐在右脚跟上（膝盖不着地），两腿分开约

60°（女军人两腿自然并拢），手指自然并拢放在两膝上，上体保持正直。蹲下过久，可以自行换脚（图6-3）。

图6-3　蹲姿

（三）起立

口令：起立。

要领：全身协力迅速起立，左脚取捷径常拢右脚（蹲下时，右脚取捷径靠拢左脚），成立正姿势或者成持枪、肩枪（筒）立正姿势。

四、行进间队列动作

（一）行进

行进的基本步法分为齐步、正步和跑步，辅助步法分为便步、踏步、移步和礼步。

1. 齐步

齐步是军人行进的常用步法（图6-4）。

口令：齐步——走。

要领：左脚向正前方迈出约75厘米，按照先脚跟后脚掌的顺序着地，同时身体重心前移，右脚照此法动作；上体正直，微向前倾；手指轻轻握拢，拇指贴于食指第二节；两臂前后自然摆动，向前摆臂时，肘部弯曲，小臂自然向里合，手心向内稍向下，拇指根部对正衣扣线，并高于春秋常服最下方衣扣约5厘米（着夏常服、水兵服时，高于内腰带扣中央约5厘米；着作训服时，与外腰带扣中央同高），离身体约30厘米；向后摆臂时，手臂自然伸直，手腕前侧距裤缝线约30厘米。行进速度为每分钟116～122步。

2. 正步

正步主要用于分列式和其他礼节性场合（图6-5）。

口令：正步——走。

要领：左脚向正前方踢出约75厘米腿要绷直，脚尖下压，脚掌与地面平行，离地面约25厘米，适当用力使全脚掌着地，同时身体重心前移，右脚照此法动作；上体正直，微向前倾；手指轻轻握拢，拇指伸直贴于食指第二节；向前摆臂时，肘部弯曲，小臂略成水平，手心向内稍向下，手腕下沿摆到高于春秋常服最下方衣扣约15厘米处（着夏常服、水兵服时，高于内腰带扣中央约15厘米处；着作训服时，高于外腰带扣中央约10厘米处），离身体约10厘米；向后摆臂时左手心向右，右手心向左，手腕前侧距裤缝线约30

厘米。行进速度为每分钟 110～116 步。

图 6－4　齐步

图 6－5　正步

3. 跑步

跑步主要用于快速行进（图 6－6、图 6－7）。

口令：跑步——走。

要领：听到预令，两手迅速握拳（四指蜷握，拇指贴于食指第一关节和中指第二节），提到腰际，约与腰带同高，拳心向内，肘部稍向里合。听到动令，上体微向前倾，两腿微弯，同时左脚利用右脚掌的蹬力跃出约 85 厘米，前脚掌先着地，身体重心前移，右脚照此法动作；两臂前后自然摆动，向前摆臂时，大臂略垂直，肘部贴于腰际，小臂略平，稍向里合，两拳内侧各距衣扣线约 5 厘米；（着海军藏青色春秋常服、冬常服时，两拳内侧各距双排扣中间位置约为 5 厘米）；向后摆臂时，拳贴于腰际。行进速度为每分钟 170～180 步。

4. 便步

便步用于行军、操练后恢复体力及其他场合。

口令：便步——走。

要领：用适当的步速、步幅行进，两臂自然摆动，上体保持良好姿态。

5. 踏步

踏步用于调整步伐和整齐（图 6－8）。

图 6-6　跑步预备姿势

图 6-7　跑步姿势

图 6-8　踏步

停止间口令：踏步——走。

行进间口令：踏步。

要领：两脚在原地上下起落（抬起时，脚尖自然下垂，离地面约 15 厘米；落下时，前脚掌先着地），上体保持正直，两臂按齐步或跑步摆臂的要领摆动。

6. 移步（5 步以内）

移步用于调整队列位置。

(1) 右（左）跨步

口令：右（左）跨×步——走。

要领：上体保持正直，每跨 1 步并脚次，其步幅约与肩同宽，跨到指定步数停止。

(2) 向前或者后退

口令：向前×步——走；后退×步——走。

要领：向前移步时，应当按照单数步要领进行（双数步变为单数步）。向前 1 步时，用正步，不摆臂；向前 3 步或 5 步时，按照齐步走的要领进行。向后退步时，从左脚开始，每退 1 步靠脚一次，不摆臂，退到指定步数停止。

7. 礼步

礼步用于纪念仪式中礼兵的行进。

口令：礼步——走。

要领：左脚向正前方缓慢抬起（腿要绷直，脚尖上翘，与腿约成 90°，脚后跟离地画约 30 厘米），按照脚跟、脚掌顺序缓慢着地，步幅约 55 厘米，右脚照此法动作；上体正直，两臂下垂自然伸直、轻贴身体（拾祭奠物除外）；手指并拢自然微曲，拇指尖贴于食指第二节，中指贴于裤缝。行进速度为每分钟 24～30 步。

(二) 立定

口令：立——定。

要领：齐步、正步和礼步时，听到口令，左脚再向前大半步着地（脚尖向外约 30°），两腿挺直，右脚取捷径迅速靠拢左脚，成立正姿势。跑步时，听到口令，再跑 2 步，然后左脚向前大半步（两拳收于腰际，停止摆动）着地，右脚取捷径靠拢左脚，同时将手放下，成立正姿势。踏步时，听到口令，左脚踏 1 步，右脚靠拢左脚，原地成立正姿势跑步的踏步，听到口令，继续踏 2 步，再按上述要领进行。

（三）步法变换

步法变换，均从左脚开始。

（1）齐步、正步互换，听到口令，右脚继续走 1 步，即换正步或齐步行进。

（2）齐步换跑步，听到预令，两手迅速握拳提到腰际，两臂前后自然摆动；听到动令，即换跑步行进。

（3）齐步换踏步，听到口令，即换踏步。

（4）跑步换齐步，听到口令，继续跑 2 步，然后换齐步行进。

（5）跑步换踏步，听到口令，继续跑 2 步，然后换踏步。

（6）踏步换齐步或者跑步，听到“前进”的口令，继续踏 2 步，再换齐步或者跑步行进。

五、敬礼

敬礼表示军人之间相互团结友爱，表示部属与首长、下级与上级的互相尊重。部属和下级应当先向首长和上级敬礼，首长和上级应当还礼。敬礼分为举手礼、注目礼和举枪礼。

（一）举手礼

口令：敬礼、礼毕。

要领：上体正直，右手取捷径迅速抬起，五指并拢自然伸直，中指微接帽檐右角前约 2 厘米处（戴卷檐帽、无檐帽或者不戴军帽时微接太阳穴，约与眉同高），手心向下，微向外张（约 20°），手腕不得弯曲，右大臂略平，与两肩略成一线，同时注视受礼者。

听到“礼毕”的口令后，将手放下，成立正姿势（图 6－9）。

（二）注目礼

口令：敬礼、礼毕。

要领：面向受礼者成立正姿势，同时注视受礼者，并目迎目送，右、左转头角度不超过 45°。

听到“礼毕”的口令后，将头转正，恢复立正姿势。

（三）举枪礼

举枪礼主要用于阅兵或者执行仪仗任务（图 6－10）。

口令：向右看——敬礼；礼毕。

要领：右手将枪提到胸前，枪身垂直并对正衣扣线，枪面向后，离身体约 10 厘米，枪口与眼同高，大臂轻贴右肋；同时左手接握表尺上方，小臂略平，大臂轻贴左肋；同时转头向右注视受礼者，并目迎目送，右、左转头角度不超过 45°。

听到“礼毕”的口令后，将头转正，右手将枪放下，使托前踵轻轻着地，同时左手放下，成持枪立正姿势。

图 6-9　举手礼

图 6-10　举枪礼

（四）单个军人敬礼

要领：单个军人在距受礼者 5～7 步处，行举手礼或者注目礼。

徒手或者背枪时，停止间，应当面向受礼者立正，行举手礼，待受礼者还礼后礼毕；行进间（跑步时换齐步），转头向受礼者行举手礼，并继续行进，左臂仍自然摆动，待受礼者还礼后礼毕。

携带武器（除背枪）等不便行举手礼时，不论停止间或者行进间，均行注目礼，待受礼者还礼后礼毕。

（五）分队、部队敬礼

1. 停止间敬礼

要领：当首长进到距本分队（部队）适当距离时，指挥员下达“立正”的口令，跑步到首长前 5～7 步处敬礼。待首长还礼后礼毕，再向首长报告。例如“团长同志，××连正在进行队列训练，应到××名，实到××名，请指示，连长×××”。报告完毕，待首长指示后，答“是”，再敬礼。待首长还礼后礼毕，然后跑步回到原来位置，下达“稍息”口令或者继续操练。

2. 行进间敬礼

要领：由带队指挥员按照单个军人行进间敬礼的规定实施，队列人员按照原步法行进。

要求：敬礼时，精神振奋，姿态端正，动作敏捷有力；行举手礼时，动作迅速、准确、协调，做到取捷径、动作快、手腕直、大臂平且与两肩成一线；行注目礼时，转头迅速，两眼注视受礼者，目迎目送角度要准确；行举枪礼时，动作规范，大臂不得抬起，左小臂略平，举枪和转头同时到位；行进间敬礼时，拍手、转头要一致，行进敬礼要协调（图 6-11）。

六、脱帽、戴帽、整理着装与宣誓

图 6－11　徒手行进间敬礼

（一）脱帽

口令：脱帽。

要领：立姿脱帽时，双手捏帽檐或者帽前端两侧，将帽取下，取捷径置于左小臂，帽徽朝前，掌心向上，四指扶帽檐或者帽墙前端中央处，小臂略成水平，右手放下。

坐姿脱帽时，双手捏帽檐或者帽前端两侧，将帽取下，置于桌（台）面前沿左侧或者膝上（帽顶向上，帽徽朝前），也可以置于桌斗内（图 6－12）。

图 6－12　徒手脱帽姿势

（二）戴帽

口令：戴帽。

要领：双手捏帽檐或者帽前端两侧，取捷径将帽迅速戴正。

携枪（筒）时，用左手脱、戴帽。需夹帽时，双手捏帽檐或帽前端两制，取捷径将帽取下，左手握帽墙（女军人戴卷檐帽时，将四指并拢，置于下方帽檐与帽墙之间），小臂夹帽自然伸直，帽顶向左，帽徽向前。

（三）整理着装

整理着装，通常在立正的基础上进行。

口令：整理着装。

要领：两手（持自动步枪时，将枪夹于两腿间）从帽子开始，自上而下，将着装整理好。必要时，也可以相互整理。整理完毕，自行稍息。听到“停”的口令，恢复立正姿势。

（四）宣誓

口令：宣誓；宣誓完毕。

要领：听到“宣誓”的口令，身体保持立正姿势，右手握拳取捷径迅速抬起，拳心向前，稍向内合；拳眼约与右太阳穴同高，距离约 10 厘米；右大臂略平，与两肩略成一线；高声诵读誓词。

听到“宣誓完毕”的口令，将手放下。

军事泛舟

鹦鹉预报空袭消息

第一次世界大战期间，法国和德国作战时，由于当时还没有发明雷达，远距离发现飞机是相当困难的，因此，法军经常遭到德军的空袭。为了对付德军的空袭，法国人把经过精心训练的鹦鹉放在埃菲尔铁塔上，让它来报告空袭消息。当德机在远处起飞后，人们毫无觉察，而听觉十分灵敏的鹦鹉却能准确地分辨出飞机马达的响声，立即发出信号，致使法国军民能够及时躲避空袭，减少了损失。

第三节　分队的队列动作

分队的队列动作分为队列队形，集合、离散，整齐、报数，出列、入列、行进、停止，队形变换，方向变换等内容。通过队列动作的学习，养成良好的组织纪律观念、积极协作的意识和令行禁止的战斗作风。

一、队列队形

(一) 基本队形和列队的间距

队列的基本队形有横队、纵队和并列纵队。需要时，可以调整为其他队形。队列人员之间的间隔（两肘之间）通常约 10 厘米，距离（前一名脚跟至后一名脚尖）约 75 厘米。需要时，可以调整队列人员之间的间隔和距离。

(二) 班、排、连的队形

1. 班的队形

班的基本队形有横队和纵队。需要时可以成二列横队或二路纵队（图 6－13)。

2. 排的队形

排的基本队形有横队和纵队。排横队由各班的班横队依次向后排列组成；排纵队由各班的班纵队依次向右并列组成。横队时，排长的列队位置在第一列基准兵右侧；纵队时，

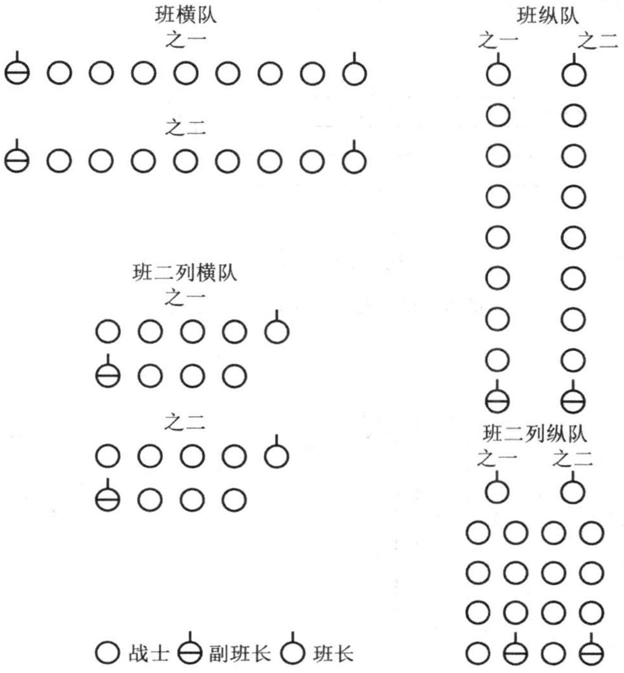

图 6 - 13 班的队形

在队列中央前（图 6 - 14）。

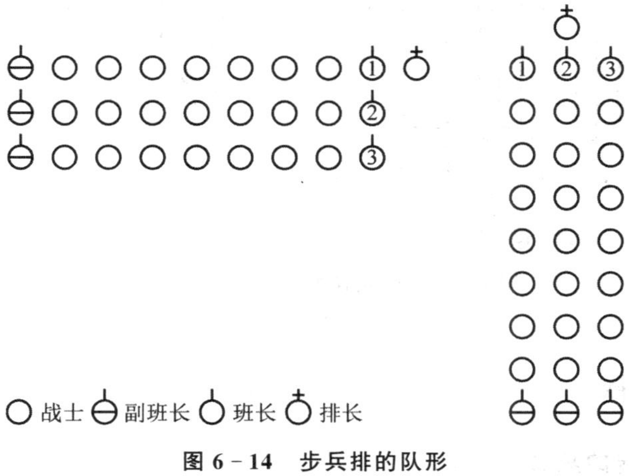

图 6 - 14 步兵排的队形

3. 连的队形

连的基本队形有横队、纵队和并列纵队。连横队由各排的排横队依次向左并列组成；连纵队由各排的排纵队依次向后排列组成；连并列纵队由各排的排纵队依次向左并列组成。连部和炊事班等以二列（路）或者三列（路）组成相应的队形，位于本连队尾。

横队、并列纵队时，连指挥员的列队位置位于一排长右侧，前列为连长、副连长，后列为政治指导员、副政治指导员；纵队时，位于一排长前，前列为连长、政治指导员，后列为副连长、副政治指导员（未编有副政治指导员时，后列中央为副连长）（图 6－15、图 6－16）。

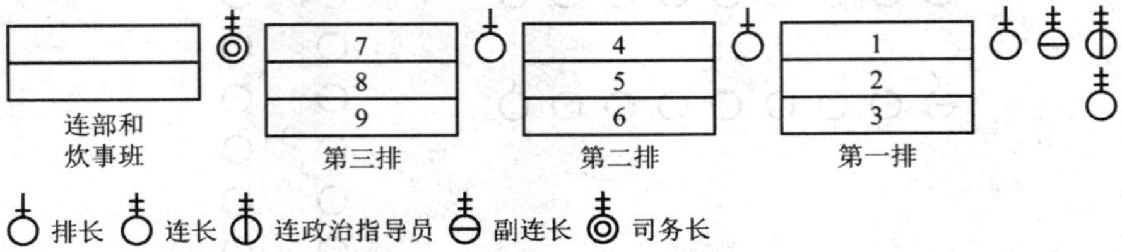

图 6－15　步兵连的队形（横队）

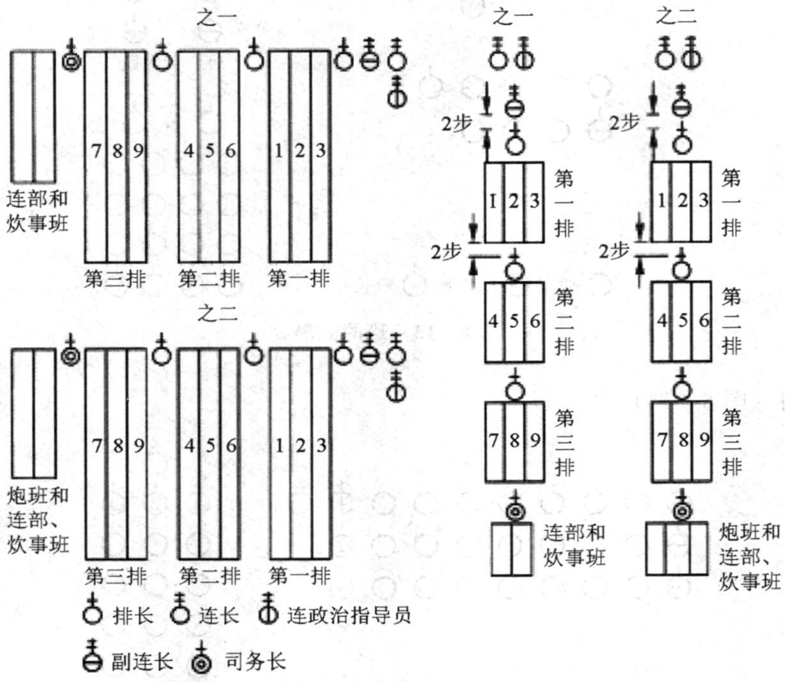

图 6－16　步兵连的队形（并列纵队）

二、集合、离散

（一）班、排、连的集合

集合是使单个军人、分队、部队按照规范队形聚集起来的一种队列动作。集合时，指挥员应当先发出预告或者信号，如“全连（或×排）注意”，然后，站在预定队形的中央前，面向预定队形成立正姿势，下达“成××队——集合”的口令。所属人员听到预告或者信号，原地面向指挥员成立正姿势；听到口令，跑步到指定位置面向指挥员集合（在指挥员后侧的人员，应当从指挥员右侧绕过），自行对正、看齐，成立正姿势。

1. 班集合

口令：成班横队（二列模队）——集合。

要领：基准兵迅速到班长左前方适当位置，成立正姿势；其他士兵以基准兵为准，依次向左排列，自行看齐。

成班二列横队时，单数士兵在前，双数士兵在后。

口令：成班纵队（二路纵队）——集合。

要领：基准兵迅速到班长前方适当位置，成立正姿势；其他士兵以基准兵为准，依次向后排列，自行对正。

成班二路纵队时，单数士兵在左，双数士兵在右。

2. 排集合

口令：成排横队——集合。

要领：基准班在指挥员前方适当位置，成班横队迅速站好；其他班成班横队，以基准班为准，依次向后排列，自行对正、看齐。

口令：成排纵队——集合。

要领：基准班在指挥员右前方适当位置，成班纵队迅速站好；其他班成班纵队，以基准班为准，依次向右排列，自行对正、看齐。

3. 连集合

口令：成连横队——集合。

要领：队列内的连指挥员或者基准排，在指挥员左前方适当位置，成横队迅速站好；各排和连部成横队，以连指挥员或者基准排为准，依次向左排列，自行对正、看齐。

口令：成连纵队——集合。

要领：队列内的连指挥员或者基准排，在指挥员前方适当位置，成纵队迅速站好；各排和连部成纵队，以连指挥员或者基准排为准，依次向后排列，自行对正、看齐。

口令：成连并列纵队——集合。

要领：队列内的连指挥员或者基准排，在指挥员左前方适当位置，成纵队迅速站好；各排和连部成纵队，以连指挥员或者基准排为准，依次向左排列，自行对正、看齐。

（二）离散

离散是使列队的单个军人、分队、部队各自离开原队列位置的一种队列动作。

1. 离开

口令：各营（连、排、班）带开（带回）。

要领：队列中的各营（连、排、班）指挥员带领本队迅速离开原列队位置。

2. 解散

口令：解散。

要领：队列人员迅速离开原列队位置。

三、整齐、报数

（一）整齐

整齐是使列队人员按规定的间隔、距离，保持行、列平齐的一种队列动作。整齐分为向右（左）看齐和向中看齐。

口令：向右（左）看——齐；向前——看。

要领：基准兵不动，其他士兵向右（左）转头（持枪时，听到预令，迅速将枪稍提起，看齐后自行放下），眼睛看右（左）邻士兵腮部，前四名能通视基准兵，自第五名起，以能通视到本人以右（左）第三人为度。后列人员先向前对正，后向右（左）看齐。听到“向前——看”的口令，迅速将头转正，恢复立正姿势。

口令：以×××为准，向中看——齐；向前——看。

要领：当指挥员指定“以×××为准（或者以第×名为准）”时，基准兵答“到”，同时左手握拳高举，大臂前伸与肩略平，小臂垂直举起，拳心向右。听到“向中看——齐”的口令后，其他士兵按照向左（右）看齐的要领实施。听到“向前——看”的口令后，基准兵迅速将手放下，其他士兵迅速将头转正，恢复立正姿势。

一路纵队看齐时，可以下达“向前——对正”的口令。

（二）报数

口令：报数。

要领：横队从右至左（纵队由前向后）依次以短促洪亮的声音转头（纵队向左转头）报数，最后一名不转头。数列横队时，后列最后一名报“满伍”或“缺×名”。连集合时，由指挥员下达“各排报数”的口令，各排长在队列内向指挥员报告人数，如“第×排到齐”或者“第×排实到××名”。

必要时，连也可以统一报数。

要领：连实施统一报数时，各排不留间隔，要补齐，成临时编组的横队队形。报数前，连指挥员先发出“看齐时，以一排长为准，全连补齐”的预告，然后下达“向右看——齐”的口令，待全连看齐后，再下达“向前——看”和“报数”的口令，报数从一排长开始，后列最后一名报“满伍”或者“缺×名”。

四、出列、入列

单个军人和分队出、入列通常用跑步，5 步以内用齐步，1 步用正步，或者按照指挥员指定的步法执行；然后进到指挥员右前侧适当位置或者指定位置，面向指挥员成立正姿势。

（一）单个军人出列、入列

1. 出列

口令：×××（或者第×名），出列。

要领：出列军人听到呼点自己姓名或者序号后应当答“到”，听到“出列”的口令后，应当答“是”。

位于第一列（左路）的军人，按照上述有关规定，取捷径出列；位于中列（路）的军人，向后（左）转，待后列（左路）同序号的军人向右后退 1 步（左后退 1 步）让出缺口后，按照上述有关规定从队尾（纵队时从左侧）出列；位于“缺口”位置的军人，待出列军人出列后，即复原位；位于最后一列（右路）的军人出列，先退 1 步（右跨 1 步），然后按照上述有关规定从队尾出列。

2. 入列

口令：入列。

要领：听到“入列”口令后，应当答“是”，然后按照出列的相反程序入列。

（二）班（排）出列、入列

1. 出列

口令：第×班（排），出列。

要领：听到“第×班（排）”的口令后，由出列班（排）的指挥员答“到”，听到“出列”的口令后，由出列班（排）的指挥员答“是”，并用口令指挥本班（排），按照上述有关规定，以纵队形式从队尾（位于第一列的班取捷径）出列。

2. 入列

口令：入列。

要领：听到“入列”的口令后，由入列班（排）指挥员答“是”，并用口令指挥本班（排），以纵队形式从队尾（位于第一列的班取捷径）入列。

五、行进、停止

横队和并列纵队行进以右翼为基准，纵队行进以左翼为基准（一路纵队行进以先头为基准）。

（一）行进

指挥员下达“×步——走”的口令。听到口令，基准兵向正前方前进，其他士兵向基准翼标齐，保持规定的间隔、距离行进。纵队行进时，排、连通常成三路纵队，也可以成一、二路纵队。行进中，需要时，用“一二一”（调整步伐的口令）、“一二三四”（呼号）或者唱队列歌曲，以保持步伐的整齐和振奋士气。

（二）停止

指挥员下达“立——定”的口令，听到口令，按照立定的要领实施，分队的动作要整齐一致。停止后，听到“稍息”的口令，先自行对正、看齐，再稍息。

军事泛舟

一条广告引发一场恶战

1863 年 6 月，美国宾州，当时的南军，由詹姆斯-佩蒂格将军率领的部队，在经过了几天的急行军后，大部分士兵的鞋子都已经严重磨损，不少人不得不光着脚走路。在路上，佩蒂格将军偶然从报纸上看到了一条鞋子广告，那是葛底斯堡出版的一张报纸。当时，部队正准备宿营，宿营地离葛底斯堡还有 9 公里，于是佩蒂格将军决定部队继续前进，到葛底斯堡去买鞋。不料，路上竟遭遇了一支北军部队，两军随即开战，双方兵力不断增加，伤亡不断扩大，最后竟演变成了美国南北战争中双方伤亡最为惨重的一次战役，死伤失踪人数达四万余人。

六、队形变换

队形变换是由一种队形变为另一种队形的队列动作。

(一) 横队和纵队的互换

横队变纵队：停止间口令为“向右——转”；行进间口令为“向右转——走”。

纵队变横队：停止间口令为“向左——转”；行进间口令为“向左转——走”。

要领：停止间，按照单个军人向右（左）转的要领实施。行进间，按照单个军人向右（左）转走的要领实施。分队动作要整齐一致。队形变换后，排以上指挥员应当进到规定的列队位置。

(二) 停止间班横队和班二列横队、班纵队和二路纵队互换

1. 班横队变班二列横队

口令：成班二列横队——走。

要领：变换前，先报数。听到口令后，双数士兵左脚后退1步，右脚（不靠拢左脚）向右跨1步，左脚向右脚靠拢，站到单数士兵之后，自行对正、看齐。

2. 班二列横队变班横队

口令：间隔1步，向左离开；成班横队——走。

要领：听到“间隔1步，向左离开”的口令后，取好间隔；听到“成班横队——走”的口令后，双数士兵左脚左跨1步，右脚（不靠拢左脚）向前正，左脚向右脚靠拢，站到单数士兵左侧，自行看齐。

3. 班纵队变班二路纵队

口令：成班二路纵队——走。

要领：变换前，先报数。听到口令后，双数士兵右脚右跨1步，左脚（不常拢右脚）向前1步，右脚向左脚靠拢，站到单数士兵右侧，自行对正、看齐。

4. 班二路纵队变班纵队

口令：距离2步，向后离开；成班纵队——走。

要领：听到“距离2步，向后离开”的口令，取好距离；听到“成班纵队——走”的口令，双数士兵右脚后退1步，左脚（不靠拢右脚）站到单数士兵之后，自行对正。

(三) 连纵队和连并列纵队的互换

1. 连纵队变连并列纵队

停止间口令为“成连并列纵队，齐步——走”；行进间口令为“成连并列纵队——走”。

要领：连指挥员或者基准排踏步，其他排和连部逐次进到连指挥员或者基准排左侧踏步并取齐，然后，听口令前进或者停止。

连、排指挥员位置的变换方法：听到口令，连长左脚继续踏1步，右脚向右前1步，进到政治指导员前方仍踏步，政治指导员继续踏步，副连长向前2步（未编有副政治指导员时，副连长向左前2步），进到连长左侧，副政治指导员向左前1步，进到政治指导员

左侧，排长、司务长进到预定列队位置，继续踏步并取齐。

2. 连并列纵队变连纵队

停止间口令为“成连纵队，齐步——走”；行进间口令为“成连纵队——走”。

要领：连指挥员或者基准排照直前进，其他排和连部停止间和行进间均踏步，待连指挥员或者基准排离开原位后，各排按照排长、连部和炊事班按照司务长的口令依次跟进。

连、排指挥员位置的变换方法：听到口令，连长向左前 1 步，进到副连长前方踏步，政治指导员向前 2 步，进到连长右侧继续踏步，副政治指导员向右前 1 步，进到副连长右侧继续踏步（未编有副政治指导员时，副连长右跨半步并踏步），排长、司务长进到预定列队位置继续踏步，取齐后照直前进。

七、方向变换

方向变换是改变队列面对的方向的一种队列动作。

（一）横队和并列纵队方向变换

停止间，通常是左（右）转弯或者左（右）后转弯，必要时可以向后转。

停止间口令：左（右）转弯，齐（跑）步——走，或者左（右）后转弯，齐（跑）步——走。向后——转，齐（跑）步——走（当需要向后转走时，应当先下“向后——转”的口令，待方向变换后，再下“齐步——走”或者“跑步——走”的口令）。

行进间口令：左（右）转弯——走，或者左（右）后转弯——走。

要领：一列横队方向变换时，轴翼士兵踏步，并逐渐向左（右）转动；外翼第一名士兵用大步行进并同相邻士兵动作协调，逐步变换方向（越接近轴翼者，其步幅越小），其他士兵用眼睛的余光向外翼取齐，并保持规定的间隔和排面整齐，转到 90°或 180°时踏步并取齐，听口令前进或者停止。

数列横队和并列纵队方向变换时，第一列轴翼士兵停止间用踏步、行进间用小步，外翼士兵用大步行进，保持排面整齐，边行进边变换方向，转到 90°或 180°后，听口令前进或者停止；后续各列按照上述要领，保持间隔、距离，取捷径进到前一列转弯处，转向新方向跟进。

（二）纵队方向变换

停止间，通常是左（右）转弯，或者左（右）后转弯，必要时可以向后转。

停止间口令：左（右）转弯，齐（跑）步——走，或者左（右）后转弯，齐（跑）步——走。向后——转，齐（跑）步——走（按照横队和并列纵队向后转走的方法实施）。

行进间口令：左（右）转弯——走，或者左（右）后转弯——走。

要领：一路纵队方向变换时，基准兵在左（右）转弯时，按照单个军人行进间转法（停止间，左转弯走时，左脚先向前 1 步）的要领实施，在左（右）后转弯时，用小步边行进边变换方向，转到 90°或 180°后，照直前进；其他士兵逐次进到基准兵的转弯处，转向新方向跟进。

数路纵队方向变换时，按照数列横队和并列纵队方向变换的要领实施。

第四节 阅 兵

阅兵是对武装力量进行检阅的仪式。通常在国家重大节日、迎送国宾和军队出征、凯旋、校阅、授旗、授奖、大型军事演习时举行，以示庆祝、致敬，展现部队建设成就，并可壮观瞻，振军威，鼓士气。

一、阅兵权限

阅兵是由党和国家领导人，中央军事委员会主席、副主席、委员及团以上部队军政主要首长或者被上述人员授权的其他领导和首长实施。通常由 1 人检阅。

二、阅兵形式

阅兵分为阅兵式和分列式。通常进行两项，根据需要，也可以只进行一项。

三、阅兵程序

阅兵分为上级首长检阅和本级首长检阅。当上级首长检阅时，由本级军事首长任阅兵指挥；当本级军政主要首长检阅时（由 1 人检阅，另 1 名位于阅兵台或者队列中央前方适当位置面向部队），由副部队长或者参谋长任阅兵指挥。

步兵团阅兵程序如下：

（一）迎军旗

迎军旗在阅兵式开始前进行。

步兵团迎军旗时，主持迎军旗的指挥员下达“立正”“迎军旗”的口令，听到口令后，掌旗员（扛旗）、护旗兵齐步行进；当由正前或者左前方向本团右翼进至距队列 40～50 步时，主持迎军旗的指挥员下达“向军旗——敬礼”的口令。听到口令后位于指挥位置的军官行举手礼，其余人员行注目礼；掌旗员（由扛旗换端旗）、护旗兵换正步，取捷径向本团右翼排头行进，当超过团机关队形时，主持迎军旗的指挥员下达“礼毕”口令，部队礼毕；掌旗员（由端旗换扛旗）、护旗兵换齐步。军旗进至团指挥员右侧 3 步处时，左后转弯立定，成立正姿势。

（二）阅兵式

团阅兵式的队形，通常为营横队的团横队，或者由团首长临时规定。列队时，各枪手持枪（冲锋枪、手握枪）。

阅兵程序如下：

1. 阅兵首长接受阅兵指挥报告

当阅兵首长行至本团队列右翼适当距离时或者在阅兵台就位后（当上级首长检阅时，通常由团政治委员陪同入场并陪阅）阅兵指挥在队列中央前下达“立正”的口令，随后跑到距阅兵首长 5～7 步处敬礼待阅兵首长还礼后礼毕并报告。例如“师长同志步兵第×团列队完毕，请您检阅。”报告后，左跨1步，向右转，让首长先走，而后在其右后侧（当上级首长检阅时，团政治委员在团长右侧）跟随陪阅。

2. 阅兵首长向军旗敬礼

阅兵首长等到距军旗适当位置时，应立正向军旗行举手礼。（陪阅人员面向军旗，行注目礼）

3. 阅兵首长检阅部队

当阅兵首长行至团机关、各营部、各连及后勤分队队列右前方时，团机关由副团长或者参谋长，各营部由营长，各连由连长，后勤分队由团指定的指挥员下达“敬礼”的口令，听到口令后，位于指挥位置的军官行举手礼，其余人员行注目礼，目迎目送首长（左、右转头不超过45°）。当首长问候“同志们好”或者“同志们辛苦了”，队列人员应当齐声洪亮地回答“首—长—好”或者“为—人民—服务”，当首长通过后，指挥员下达“礼毕”的口令，队列人员礼毕。

4. 阅兵首长上阅兵台

阅兵首长检阅完毕后上阅兵台，阅兵指挥跑步到队列中央前，下达“稍息”口令，队列人员稍息。当上级首长检阅时团政治委员陪同首长上阅兵台，然后跑步到自己的列队位置。

（三）分列式

团分列式队形由团阅兵式队形调整变换，或者由团首长临时规定。团分列式，应当设四个标兵。一、二标兵之间和三、四标兵之间的间隔各为15米，二、三标兵之间的间隔为40米。标兵应携带自动步枪，并在枪上插标兵旗。

分列式程序如下：

1. 标兵就位

分列式开始前，阅兵指挥在队列中央前，下达“立正”“标兵，就位”的口令。标兵听到口令，成一路纵队持（托）枪跑步到规定的位置，面向部队成持枪立正姿势。

2. 调整部（分）队为分列式队形

标兵就位后，阅兵指挥下达“分列式，开始”的口令，而后跑步到自己的列队位置。听到口令后，各分队按规定的方法携带武器（掌旗员扛旗），团、营指挥员分别进到团机关和营部的队列中央前，各分队指挥员进到本分队队列中央前，下达“右转弯，齐步——走”的口令，指挥分队变换成分列式队形。

3. 开始行进

变换成规定的分列式队形后，团机关由副团长或者参谋长下达“齐步——走”的口令。听到口令后，团指挥员、团机关人员齐步前进，其余分队依次待前一分队离开约15米时，分别由营、连长及后勤分队指挥员下达“齐步——走”的口令指挥本分队人员前进。

4. 接受首长检阅

各分队行至第一标兵处，将队列调整好。进到第二标兵处，掌旗员下达“正步——走”的口令，并和护旗兵同时由齐步换正步，扛旗换端旗（掌旗员和护旗兵不转头）。此时，阅兵首长和陪阅人员应当向军旗行举手礼。副团长或者参谋长和各分队指挥员分别下达“向右——看”的口令，队列人员听到口令后（可喊“一、二”），按照规定换正步（步枪手换端枪）行进，并在左脚着地的同时向右转头（位于指挥位置的军官行举手礼，并向右转头，各列右翼第一名不转头）不超过45°注视阅兵首长，此时阅兵台最高首长行举手礼其他人员行注目礼。进到第三标兵处，掌旗员下达“齐步——走”的口令，并与护旗兵由正步换齐步，同时换扛旗；其他分队由上述指挥员分别下达“向前——看”的口令，队列人员听到口令后，在左脚着地时礼毕（将头转正），同时换齐步（步枪手换托枪）行进。

当上级首长检阅时，团长和团政治委员通过第三标兵后，到阅兵首长右侧陪阅。各分队通过第四标兵，换跑步到指定的位置。待最后一个分队通过第四标兵，阅兵指挥下达“标兵撤回”的口令，标兵按照相反顺序跑步撤至预定位置。

（四）阅兵首长讲话

分列式结束后，阅兵指挥调整好队形，请阅兵首长讲话。讲话完毕，阅兵指挥下达“立正”口令，向阅兵首长报告阅兵结束。当上级首长检阅时，由团政治委员陪同阅兵首长离场。

（五）送军旗

送军旗在阅兵首长讲话后或者分列式结束后进行。

步兵团送军旗时，主持送军旗的指挥员下达“立正”“送军旗”的口令。听到口令后，掌旗员（成扛旗姿势）、护旗兵按照迎军旗路线相反方向齐步行进。军旗出列后行至团机关队形右侧时，主持送军旗的指挥员下达“向军旗——敬礼”的口令。听到口令后，掌旗员（由扛旗换端旗），护旗兵换正步，全团按照迎军旗的规定敬礼。当军旗离开距队列正面40～50步时，主持送军旗的指挥员下达“礼毕”的口令，部队礼毕；掌旗员（由端旗换扛旗）、护旗兵换齐步，返回原出发位置。

军事泛舟

情急生智，人充“鱼雷”

1988年10月27日，一艘秘鲁潜水艇在同美国海军进行演习准备时，突然与一艘日本渔船相撞沉没。艇长和6名士兵当场死亡，24名水兵逃出，但还有22名水兵随着潜水艇一起沉到海底。在紧急关头，被困在艇内的水兵们想出了一个危险的自救方法，即从管道中把人当作鱼雷一样弹射出去。他们估计从33米深的海底达到海面需要约30秒，这期间人要承受巨大的压力，可能会患致命的“沉箱病”。在弹出之前，艇长告诉大家必须呼出自己肺内的所有氧气。否则人的肺在上升途中会像气球一样爆开。在逃生过程中，水兵们忍受着压力急剧变化带来的极大痛苦，在尖叫声中被弹出水面，除一人出现脑出血外，其余21人安然脱险。

第五节　学生军训内务、纪律条令及急救常识

一、学生军训内务、纪律条令

（一）一日生活制度

1. 起床

听到起床号（信号）后，全体人员立即起床（连值班员当提前 10 分钟起床），按照规定着装，迅速做好出操准备；各类值班（值日）人员按照规定认真履行职责；卫生员检查有无病号，对患病者根据情况处理；因集体活动超过熄灯时间 1 小时，可以确定推迟次日起床时间。

2. 早操

除了休息日、节假日之外，通常每日出早操，每次时间通常为 30 分钟，主要进行队列训练和体能训练。除担任公差、勤务的人员和经医务人员建议并经领导批准休息的伤、病员外，都应当参加早操。听到出操号（信号）后，各班、排迅速集合，检查着装和携带的武器装备。跑步带到连集合场，向连值班员报告。连值班员整理队伍，清查人数，向连首长报告，由连首长或者连值班员带队出操；结合早操每周进行一至二次着装、仪容和个人卫生的检查，每次不超过 10 分钟。

3. 整理内务和洗漱

早操后，整理内务、清扫室内外卫生和洗漱，时间不超过 30 分钟。值班人员协助检查并整理本班的内务卫生。连值班员检查全连的内务卫生。连首长每周组织一次全连的内务卫生检查。

4. 开饭

按照规定时间准时开饭，开饭时间通常不超过 30 分钟。听到开饭号（信号）后，以班、排或者连为单位带到食堂前，由连值班员整队，按照连值班员宜布的次序依次进入食堂，就餐时保持肃静，餐毕自行离开。

5. 操课

操课前，根据课目内容做好准备。听到操课号（信号）后，连（排、班）迅速集合整队，清查人数，检查着装和装备、器材，带到课堂（训练场、作业场）；操课中，按照训练计划周密组织，严格课堂（训练场、作业场）纪律，严防事故；课间休息（操课通常每小时休息十分钟，野外作业和实弹射击时根据情况确定休息时间），由连值班员发出休息信号；休息完毕，发出继续操课信号；操课结束后，检查装备，清理现场，集合整队，进行讲评；操课往返途中应当队列整齐，歌声嘹亮。

6. 午睡（午休）

听到午睡号（信号）后，除执勤人员外均应当卧床休息，保持肃静，不得进行其他活动，连值班员检查全连人员午睡情况。午休时间由个人支配，但不得私自外出，不得影响他人休息。

7. 点名

连队通常每日点名，休息日和节假日必须点名。点名由名连首长实施。每次点名不得超过 15 分钟；点名通常以连为单位于就寝前或者其他时间队列进行（也可以排为单位进行）。点名的内容通常包括清点人员、生活讲评、宣布次日工作等。

8. 就寝

连值班员在熄灯号（信号）前 10 分钟，发出准备就寝信号，督促全体人员做好就寝准备。就寝人员应当放置好衣物装备，听到熄灯号（信号）立即熄灯就寝，保持肃静；休息日的前一天可以推迟就寝，时间通常不超过 1 小时；休息日和节假日可以推迟 30 分钟起床。起床后，整理内务，清扫室内外。早饭后至晚饭前，主要用于整理个人卫生，处理个人事情。

（二）着装和整理军容制度

（1）着军训服时，应当戴军训帽。戴大檐帽、军训帽时，男学生帽檐前缘与眉同高，女学生帽稍向后倾；大檐帽饰带应当并拢，并保持水平。大檐帽风带不用时应当拉紧并保持水平。大檐帽松紧带不使用时，不得露于帽外。

（2）军训服应当保持整洁，配套穿着，不得混穿。不得在军训服外罩便服。不得披衣、敞怀、挽袖、卷裤腿。扣好领钩、衣扣。着长袖村衣（内衣）时，下摆扎于裤内。军训服内春毛衣、绒衣、棉衣等内衣时，下摆不得外露。内衣领不得高于外衣领。

（3）操课和集体活动时通常着解放鞋，不得赤脚穿鞋。

（4）参加训练、集会、检阅等活动的着装，按照主管（主办）单位规定执行。

（5）参加执勤、操课、检阅时，通常扎腰带，其他场合需扎外腰带时，由主管（主办）单位规定。

（三）请销假制度

（1）外出必须按级请假，按时归队销假；未经领导批准不得外出。在执勤和操课（工作）时间内，无特殊事由不得请假。

（2）请假外出时，由连值班员负责登记，检查着装和仪容，交代注意事项；归队后，必须向连值班员销假，连值班员应当将外出人员的归队情况，报告领导。

（3）请假人员续假，因特殊情况经批准后方可以续假。未经批准，超假或者逾假不归者，应当予以追究。

（四）内务整理制度

（1）床铺应当铺垫整齐。被子要叠成“豆腐块”——竖叠三折，横叠四折；叠口朝前，置于床铺一端中央。

（2）蚊帐悬挂应当整齐一致，白天可以将外侧两角移挂在里侧两角上，并将中间部分折叠整齐；也可以取下叠放。

（3）经常穿用的鞋置于床下的地面上，有条件的放在床下的鞋架上。鞋子放置的数量、品种、位置、顺序应当统一。

（4）洗漱用具通常放在宿舍内，有条件的也可以放在洗漱室内，毛巾统晾置在绳、架上。

（5）暖瓶、水杯、等物品的放置应当统一。

（6）小凳放置位置应当统一，可以集中放在各自床下一端。

二、军训中的急救常识

（一）中暑

中暑一般有以下三种情况：一种是长时间在高温环境下，身体散热难，热量积蓄体内，体温调节发生障碍，使人发烧，同时出现头晕、胸闷、口渴、恶心等症状。另一种是出汗过多，因为每100毫升的汗水里约含有200～500毫克的盐，大量出汗会使身体排出许多盐。盐少了，肌肉就会酸痛，甚至发生痉挛，还有一种是由于太阳光直接照射头部，使脑膜和大脑充血、水肿，引起头痛、头晕、耳鸣、眼花，严重者可以昏迷、抽筋。发现中暑病人，应尽快让其到阴凉的地方休息；发烧的病人可用冷水毛巾敷头部，给病人服一些仁丹、十滴水，喝一些带盐的茶水，病情严重者，应立即送医院抢救。预防中暑主要措施包括：通风、降温、及时补充水份等。

（二）食物中毒

食物中毒一般是由进食不洁或污染食物后引起，其症状是：头痛、头晕、胃痛、恶心，有时呕吐、上腹有压痛等。此时，必须立即把有毒的食物从胃里吐出来。可先让患者喝5～6杯加盐或苏打水，然后用两个指头伸到嘴里，抵住舌根催吐。若是严重中毒，上述方法要重复好几次。若患者已失去知觉，就要把患者的头偏到一边，以免呕吐物倒吸入呼吸道，对患者进行初步急救处理后，迅速将其送往医院。

（三）外伤出血

外伤出血是指有明显外伤造成的出血。一般分为外伤后骨折或软组织损伤和外伤引起内脏破裂出血两大类。大腿股骨和骨盆骨折可导致大出血。股骨骨折出血可达500毫升至2 000毫升；骨盆出血可多达500毫升，也就是说相当一个成人全身的血液量。其他部位骨折出血虽较少，但是如不及时处理，也会影响身体的健康。对于四肢远段骨折出血，可以采取局部包扎压迫和固定，一般是可以止住血的。骨盆骨折和股骨骨折是一种严重骨折，应该及时转送医院。如果外伤引起内脏出血，一般比较危险。例如左上肢肋部外伤后可以引起脾出血；右上肢肋部外伤可引起肝破裂，这时病人不仅外伤部分疼痛，而且有满腹痛，脉搏快，血压下降，如果进行腹腔穿刺可吸出血。内脏出血需要手术止血。一般来说，只要及时就医，是完全可以治愈的。

军事泛舟

日本大将撞在炮口上

1942年12月18日，天气晴朗。我国驻守在大别山区的某高炮部队的几个炮兵，正在趁着好天气擦拭武器。因怕炮弹年久失效，想放几炮试试。正当他们摆好高射炮要放的时候，沿着长江飞来一架日军飞机，于是炮兵们就以这架飞机为目标，迅速开炮，一炮就把敌机击中了。说来也巧，乘坐这架飞机的是驻汉口日军第十一军军司令官冢田攻大将，这日正由南京飞返汉口，同机十一人全部丧生。这是我国军队在抗日战争中击毙的日军陆军军阶最高的将领。

思考题

1. 单个军人的队列动作有哪些？

2. 立正的动作要领是什么？
3. 分队的队列动作包括哪些内容？
4. 新修订的共同条令包含哪些新内容？

第七章

轻武器射击

教学目标

了解常用轻武器的基本构造和战斗性能；掌握射击原理、动作要领。

军事讲坛

凡用兵之法，驰车千驷，草车千乘，常甲十万，千里馈粮，则内外之费。实客之用，胶漆之材，车甲之奉，日费千金，然后十万之师举矣。

——孙子

【译文】用兵之花费址以千里迢道去运送宏的成法是：用战车千辆，辎重车千辆，甲卒十万，加以千里迢迢去运送军粮，那么前方后方的费用，款待使节食客的花销，作战器材的用度，车辆甲的维修开支，每天要耗资巨万（十万钱），然后十万大军才能够出动。

第一节　轻武器常识

轻武器是指枪械及其他各种由单兵或班组携行战斗的武器，又称“轻兵器”。主要装备对象是步兵，也广泛装备于其他军种和兵种。轻武器的主要作战用途是杀伤有生力量，毁伤轻型装甲车辆，破坏其他武器装备和军事设施。轻武器主要包括枪械和手榴弹、枪弹、榴弹发射器、火箭发射器和无坐力发射器，此外还有轻型燃烧武器和单兵导弹等。轻武器的主体是枪械。

一、81 式自动步枪

（一）81 式自动步枪介绍

81 式自动步枪与 81 式班用轻机枪组成班用枪族，其活动机件和弹匣、弹鼓可以互换，并能用实弹直接发射 40 毫米枪榴弹，使射手具有全面杀伤和反装甲的能力，是近战中消灭敌人有生力量的自动武器和步兵分队反装甲目标的辅助武器。81 式自动步枪对单个目标在 400 米内射击效果最好，集中火力可射击 500 米内的敌人飞机、伞兵以及集团目标，弹头在 1 500 米处仍有杀伤力。可实施短点射（2～5 发），还可实施长点射（6～10 发）和单发射。战斗射速：点射 90～110 发/分钟，单发射 40 发/分钟。理论射速：680～750 发/

分钟。使用 56 式普通弹在 100 米距离上能射穿 6 毫米厚的钢板，15 厘米厚的砖墙，30 厘米厚的土层和 40 厘米的木板。使用杀伤枪榴弹，在 290 米距离内射击时，有效杀伤半径为 14 米（有效杀伤破片约 400 片），使用破甲枪榴弹在 290 米内射击时，其静破甲能力为 250 毫米。

81 式自动步枪口径 7.62 毫米；枪全重 3.5 千克；枪全长 1 105 毫米；普通弹的初速 710 米/秒；弹头最大飞行距离约 2 000 米。

（二）主要机件名称和用途

81 式自动步枪由刺刀（匕首）、枪管、瞄准具、活塞及调节塞、机匣、枪机、复进机、击发机、弹匣和枪托十大部组成（图 7－1），另有一套附品。

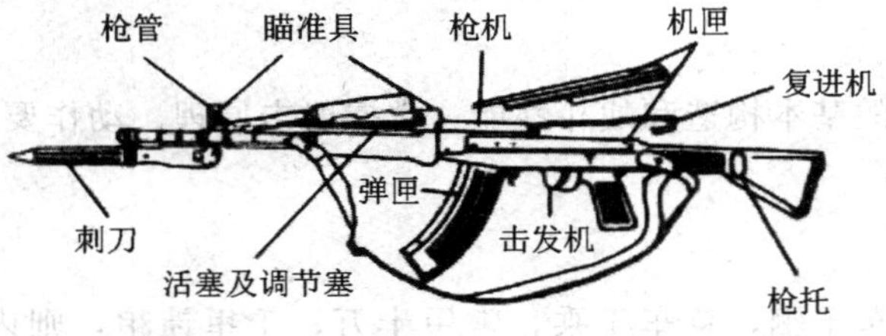

图 7－1 自动步枪十大部件

1. 刺刀

用以刺杀敌人。刺刀上有刺刀柄、连接环、限制凸笋及卡笋，平时做匕首用，并装入刀鞘挂在腰带上，战时结合在枪上（图 7－2）。

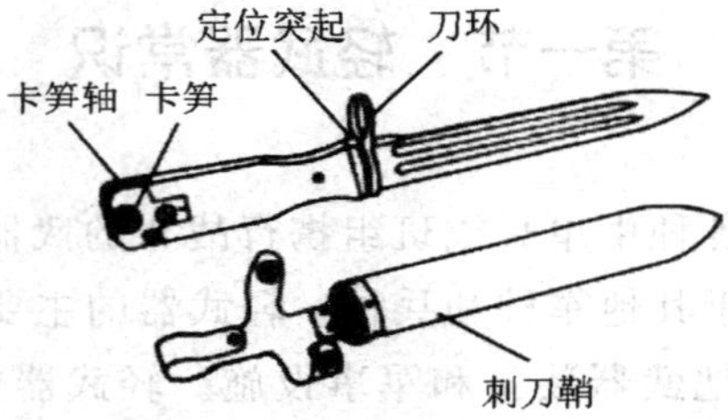

图 7－2 刺刀

2. 枪管

用以赋予弹头及枪榴弹的飞行方向。枪管内是枪膛，枪膛分为弹膛和线膛。弹膛用以容纳子弹，线膛能使弹头在前进时旋转运动，以保持飞行的稳定性。线膛有四条右旋膛线（阴膛线），两膛线间的凸起部分叫阳膛线，两条相对的阳膛线间的距离是枪的口径（图 7－3）。

枪管前端有枪榴弹发射具。发射具前端下方有凹槽，用以控制刺刀的安装位置。枪管外有导气箍，用以引导火药气体冲击活塞。导气箍上刻有“0”“1”“2”的数字，用以表示火药气体冲击活塞的大小。下护木，便于操作和携带。枪管外有刺刀座、通条头槽。

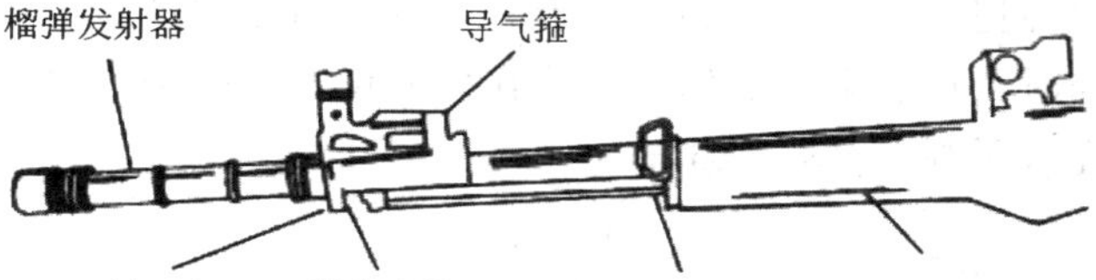

图 7－3　枪管

3. 瞄准具

由表尺和准星组成，用以瞄准。表尺板上有缺口和护铁。缺口用以通视准星向目标瞄准，护铁用以保护缺口。表尺转轮，用以装定所需的表尺分划和固定活塞护盖，转轮上刻有 0～5 的分划，“0”分划用以分解结合，1～5 的分划，每一分划相应 100 米。表尺座侧面圆点为表尺定位点，用以指示所装定的分划（图 7－4）。

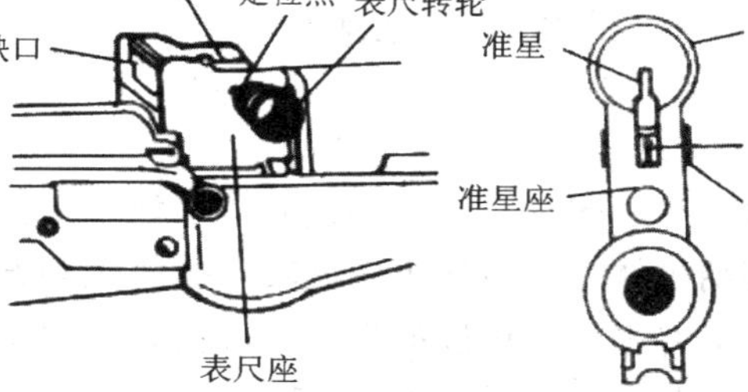

图 7－4　瞄准具

准星可拧高、拧低，准星移动座可左右移动，准星移动座和准星座上刻有一条刻线，用以检查准星位置是否正确。准星座上还有护圈。

4. 活塞及调节塞

用以承受火药气体的压力，推压枪机向后。活塞簧、用以使活塞回到前方位置，护盖上有护木和活塞定位凸笋。导气箍上的“1”“2”，分别表示调节塞上的小孔和大孔，通常装定在“1”上，当武器过脏来不及擦拭或在严寒的条件下射击时装定在“2”上。变换调节塞位置可用弹壳底部卡入底槽。当发射枪榴弹时，必须将调节塞转动到“0”的位置，以防损坏活动机件（图 7－5）。

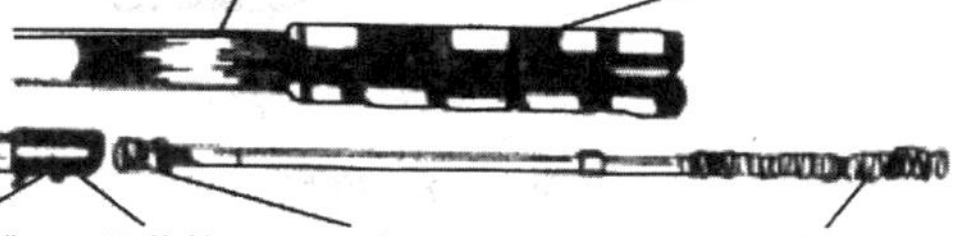

图 7－5　活塞及调节塞

5. 机匣

用以容纳枪机、复进机、固定击发机和弹匣。机匣外有机匣盖，用以保护机匣内部免沾污垢。机匣外还有握把、扳机护圈和弹匣卡笋。机匣内有闭锁卡槽，能保证枪机闭锁枪膛。当弹匣内无子弹时，枪机阻铁能使枪机停在后方位置，凹槽用以容纳复进机导座。拨壳凸笋用以拨出弹壳（子弹）（图 7-6）。

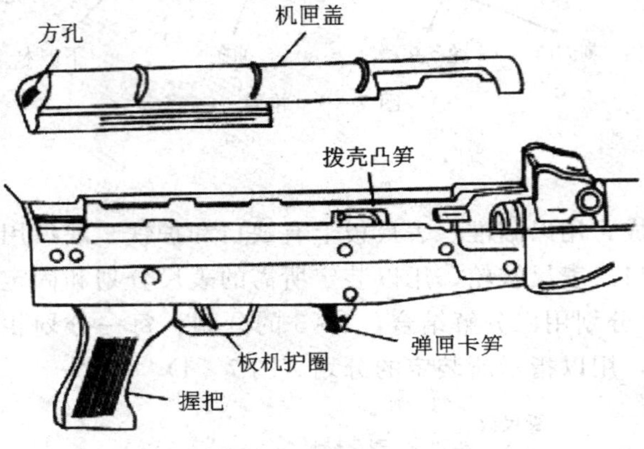

图 7-6　机匣

6. 枪机

由机栓和机体组成。用以送弹、闭锁、击发和退壳，并能使击锤向后成待发状态。机栓上有圆孔和导笋槽，用以容纳机体，并引导机体旋转形成闭锁和开锁。机栓上还有解脱凸笋、机柄和复进机巢。机体上有击针，用以撞击子弹底火，抓弹钩用以从膛内抓出弹壳（子弹）。机体上还有导笋、送弹凸笋和弹巢（图 7-7）。

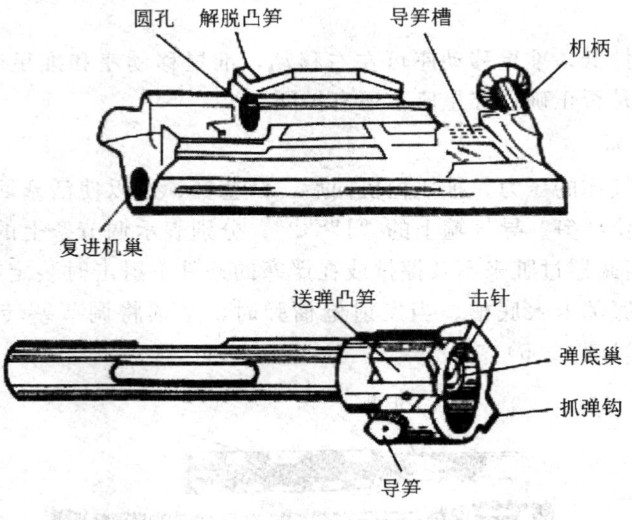

图 7-7　枪机

7. 复进机

由导管、导杆、导管座、复进簧和支撑环组成。用以使枪机回到前方位置。导管座上有机匣盖卡笋（图 7-8）。

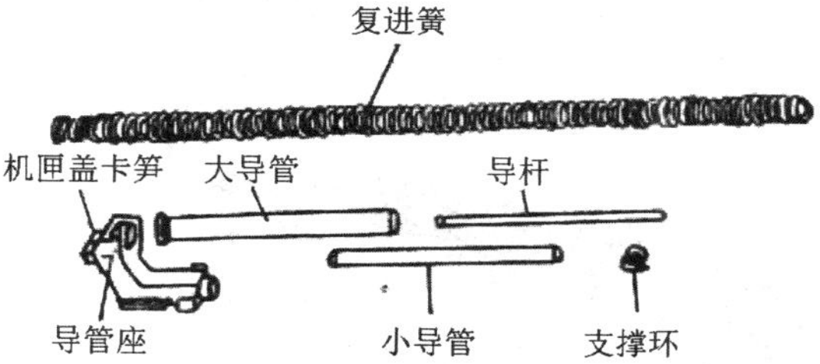

图 7－8　复进机

8. 击发机

用以与枪机相互作用形成待发和击发。击发机上有击发控制机，能在枪机闭锁枪膛前防止击发；保险机，用以保险和控制单发射、连发射（“1”“2”“0”分别为单发射、连发射、保险）。击发机上还有击发阻铁、单发阻铁、击锤和扳机（图 7－9）。

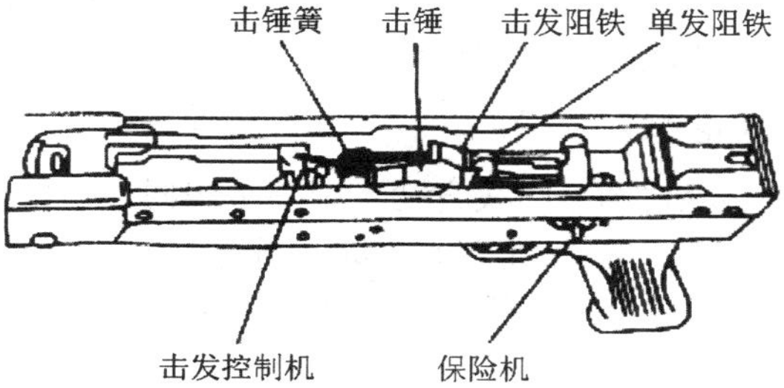

图 7－9　击发机

9. 弹匣

用以容纳和托送子弹。可装 30 发子弹。弹匣由弹匣体、托弹钣、托弹钣簧、固定钣、弹匣盖组成。弹匣体上有：凹槽和挂耳，用以将弹匣固定在枪上；检查孔，当看到子弹时，则已装满子弹。

10. 枪托

便于操作。枪托上由枪颈、托底钣、附品盒巢和枪托卡笋组成，平时成打开状态，必要时可折叠。

11. 附品

用以分解结合、擦拭上油、携带乖排除故障。附品包括擦拭杆、鬃刷、铳子、附品盒、通条、油壶、背带和弹匣袋。

二、56 式半自动步枪

（一）56 式半自动步枪介绍

56 式半自动步枪，生产于 1956 年，是苏联 SKS 半自动步枪的仿制品，为中国人民解放军第一支制式列装的半自动步枪，和 56 式轻机枪、56 式自动步枪统称 56 式枪族。1985 年，56 式半自动步枪正式撤装，由 81 式步枪或 56 式冲锋枪取代，但 56 式半自动步枪仍装备民兵部队。目前，我国军队中仅保留了少数56式步枪作仪仗队的礼仪用枪（图7-10）。

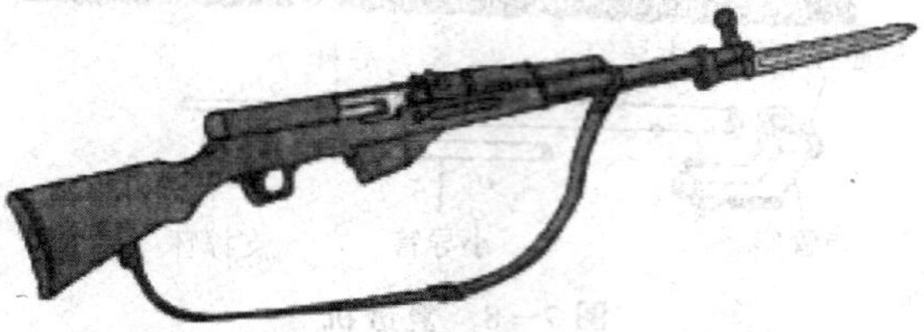

图7-10　56式半自动步枪

56式半自动步枪是步兵使用的单人武器，它以火力、刺刀及枪托杀伤敌人。56式半自动步枪是步兵分队在近战中消灭敌人有生力量的主要武器。它对400米内的单个目标射击效果最好，集中火力可射击500米内的飞机、伞兵和杀伤800米内的集团目标，弹头飞行到1 500米仍有杀伤力。战斗射速每分钟35～40发。使用56式普通弹，在100米距离上能射穿6毫米厚的钢板，15厘米厚的砖墙，30厘米厚的土层和40厘米厚的木板。

（二）主要机件名称和用途

56式半自动步枪的主要机件和81式自动步枪基本相同，由枪刺（刺刀）、枪管、瞄准具，活塞及推杆，机匣、枪机、复进机、击发机、弹仓、木托十大部件组成。

1. 枪刺（刺刀）

用以刺杀敌人。

2. 枪管

用以赋予弹头的飞行方向。枪管内是枪膛和线膛。弹膛用以容纳子弹，线膛能使弹头在前进时旋转运动，以保持飞行的稳定性。线膛内有四条右旋膛线（阴膛线），两条膛线间的凸起部分叫阳膛线，两条相对的阳膛线间的距离是枪的口径，枪管外有导气箍，用以引导火药气体冲击活塞。

3. 瞄准具

由表尺和准星组成，用以瞄准。表尺上有缺口和游标，并刻有1～10的分划，每一分划相应100米。表尺座上有固定栓扳手，用以固定活塞和推杆。准星可拧高、拧低，准星移动座可左右移动。准星移动座和准星上各有一条刻线，用以检查准星位置是否准确。

4. 活塞及推杆活塞

用以传导火药气体压力推压推杆向后，活塞筒上有护木。推杆及推杆簧装在表尺座内，推杆能将活塞的推力传送到机栓上。推杆簧能使推杆和活塞回到前方位置。

5. 机匣

用以容纳枪机和复进机，固定击发机和弹仓。机匣外有机匣盖和连接销。机匣内有枪机阻铁，当弹仓内无子弹时，能使枪机停在后方位置。机匣内还有闭锁卡槽和拨壳凸笋等。

6. 枪机

由机栓和机体组成。用以送弹、闭锁、击发和退壳，并能使击锤向后成待发状态。机栓上挂钩，用以与机体挂钩相连并带动机体运动。机栓上还有闭锁凸出部、机柄、复进机巢和弹夹槽。

7. 复进机

用以使枪机回到前方位置。

8. 击发机

用以使枪机相互作用形成待发和击发。击发机上有击发控制杆，能在枪机闭锁枪膛前，防止击锤松回。保险机，可限制扳机向后，保险机扳到前方为保险。击发机上还有击锤、弹仓盖卡笋和扳机等。

9. 弹仓

用以容纳和托送子弹。可装 10 发子弹。

10. 木托

便于操作。木托上有下护木、枪颈、枪托、托底板和附品筒巢。

11. 附品

附品用以分解结合、擦拭上油、携带和排除故障。附品包括擦拭杆、鬃刷、铳子、附品筒、通条、油壶、背带和子弹袋。

三、81 式步枪与 56 式步枪相比的改进处

56 半式自动步枪和后期改进的 56 式冲锋枪装三棱刺刀，不能拆卸，只能折叠，而且只有单一刺杀功能，又增加了枪的附加重量。81 式的刺刀兼作匕首使用，但不具备其他功能。刺刀作一个独立部件，由刺刀、刀鞘、挂带组成。刀刃部分为剑形，长 170 毫米，不开刃口。刺刀的两面有纵向加强突筋，突筋两边呈凹形血槽，表面镀乳白铬。刀柄为褐色塑料柄。刺刀全长 300 毫米，重量 0.22 公斤。刀鞘为军绿色塑料壳，重量 0.072 公斤。该刀的刚度极好，虽说原设计不是多功能刺刀，但作战部队经常把该刺刀用于挖、刨、攀登、撬开罐头等。

81 式步枪在简化结构方面富有成效，例如自动机、发射机、机匣等都比 56 式冲锋枪简单。以机匣为例，同样是冲铆机匣，81 式的机匣的刚度、强度、制造工艺要好得多。机匣体由厚度 1.5 毫米 50 钢板冲压而成，盒形断面，形状简单，两侧突出大筋增加了刚度，前部与节套铆接，中部有中衬铁支撑，后部有尾座固定，机匣的刚度、强度得到保证，使用和生产中没有变形。机匣的导轨，创造性的只用一层，在机匣体冲压时形成，取消了一般枪机匣上均具有的下导轨，方便了生产。

56 式半自动步枪，虽然射击精度较好，但只能单发射击，弹仓容弹 10 发，不能更换弹匣，只能打完之后才可补充，火力不足的缺陷在 1979 年自卫反击战中已经暴露出来。56 式冲锋枪虽然火力猛、动作可靠，但单、连发射击精度差。

81 式自动步枪设计要求是同时代替 56 式半自动步枪和 56 式冲锋枪，把猛烈火力和射击精度结合起来。据装备了 81 式枪族的部队反映，该枪射击精度好。作战部队也反映，曾在一百多米的距离上，用两支 81 式自动步枪压制敌方碉堡的枪眼，使其无法开火。

四、子弹

子弹由弹头、弹壳、底火和发射药组成。弹头，用以杀伤敌人的有生力量；弹壳，用以容纳发射药，安装弹头和底火；底火，用以点燃发射药；发射药，用以产生火药气体，推送弹头前进。

子弹分为普通弹、曳光弹、燃烧弹和穿甲燃烧弹。普通弹，用以杀伤敌人有生力量；曳光弹，主要用以试射、指示目标和发信号，弹头头部为绿色；燃烧弹，主要用以引燃易燃物体，弹头头部为红色；穿甲燃烧弹，主要用以射击飞机和轻装甲目标（在 200 米距离上穿甲厚度为 7 毫米），并能在穿透装甲后引燃汽油，弹头头部为黑色并有一道红圈。

另外，还有空包弹、教练弹。空包弹用以演习，没有弹头，弹壳口收口压花并密封教练弹用以练习装弹、退弹、击发等动作，外形和重量与普通弹相似，弹壳上有三道凹槽，无发射装药，底火为橡皮制成。

军海泛舟

穿甲弹

穿甲弹是一种典型的动能弹，依靠弹丸强度、重量和速度穿透装甲的炮弹，现代穿甲弹弹头很尖，弹体细长，采用钢合金、贫铀合金等制成，强度极高。它主要依靠弹丸强大的动能强行穿透装甲摧毁目标的炮弹。其特点为初速高，直射距离大，射击精度高，是坦克炮和反坦克炮配用的主要弹种。

穿甲弹是在与装甲目标的斗争中发展的。穿甲弹出现于 19 世纪 60 年代，最初主要用来对付覆有装甲的工事和舰艇。第一次世界大战出现坦克以后，穿甲弹在与坦克的斗争中得到迅速发展。普通穿甲弹采用高强度合金钢做弹体，头部采用不同的结构形状和不同的硬度分布，对轻型装甲的毁伤有较好的效果。在第二次世界大战中出现了重型坦克，相应地研制出碳化钨弹芯的次口径超速穿甲弹和用于锥膛炮发射的可变形穿甲弹，由于减轻弹重，提高初速，增加了着靶比动能，提高了穿甲威力。

五、爱护和检查武器

（一）爱护武器的要求

（1）爱护武器是军人的重要职责，必须做到勤检、勤擦拭、不碰摔、不生锈、不损坏、不丢失，使武器、子弹经常保持完好状态。

（2）使用武器必须按操（携）枪要领进行，不得违章操作。

（3）行军、作战和训练时，应尽量避免碰撞和沾上污物，注意防止机件和子弹生锈，防止灰沙进入枪内。

（4）严禁随意拆卸武器各部件和强敲硬卸。

（5）使用武器后，应折回枪刺，松回击锤，关上保险，游标定在常用表尺分划上。

（二）擦拭上油

（1）训练、演习、实弹射击后，应适时地用干布和油布进行擦拭上油。

（2）擦拭前，应有组织地进行验枪、验弹，并应分解武器，准备擦拭用具。

（3）擦拭时，应先擦拭枪膛和其他细小部件，后擦拭枪表面，擦拭干净后，用布条或鬃刷涂油。

（4）擦拭后，应拉送枪机数次，检查是否结合正确，并松回击锤，关上保险。

（三）检查

（1）检查外部。主要检查金属部分是否有污垢、锈痕和碰伤，木质部分有无裂伤，各部机件号码是否一致，准星是否弯曲和松动等。

（2）检查枪膛。检查枪膛是否有污垢、生锈和损伤。

（3）检查机能。装上数发教练弹，拉送枪机数次，检查送弹、闭锁、击发、退壳及保险时各部件机能是否正常。

（4）检查附品和子弹。检查附品是否齐全完好，子弹有无锈蚀、凹陷、裂缝，弹头是否松动。

第二节 简易射击学原理

一、发射与后坐

（一）发射及其过程

火药气体压力将弹头从膛内推送出去的现象，叫发射。其过程具体为：击针撞击子弹底火，使起爆药发火，火焰通过导火孔引燃发射药，产生大量火药气体，在膛内形成很大的压力，迫使弹头脱离弹壳，沿膛线旋转加速前进，直至推出枪口。

（二）后坐

发射时，武器向后运动的现象，叫后坐。

1. 后坐的形成

发射药燃烧时，产生的气体同时作用于各个方向，作用于膛壁周围的压力被膛壁所抵消；向前作用于弹头后部的压力推送弹头前进；向后作用于弹壳底部的压力经过枪机传给整个武器，使武器向后运动，形成后坐。武器的后坐和弹头的运动是同时开始的。在弹头脱离枪口瞬间，大量的火药气体随弹头后部从膛内向外喷出，形成了反作用力，使武器后坐更加明显。

2. 后坐对命中的影响

后坐对单发（连发首发）射击的命中影响极小。因为弹头在膛内运动的时间极短（约千分之一秒），并且枪比弹头重得多（冲锋枪、半自动步枪 400 倍以上），所以弹头在脱离枪口以前，枪的后坐距离只有 1 毫米多。而且是正直向后运动，加之衣服和肌肉的缓冲，射手是感觉不出来的。射手感觉到的后坐，主要是弹头在脱离枪口的瞬间，火药气体猛烈向枪口外喷出形成的反作用力造成的。此时，弹头已脱离枪口。因此，后坐对单发（连发首发）射击的命中影响极小。

后坐对连发射击的命中有一定的影响。因为连发射击时，第一发子弹发射后，由于枪的明显后坐变动了原来的瞄准线，所以对第二发以后的射弹命中有一定的影响。但只要射手据枪要领正确，适应连发武器射击时后坐的规律，就能减小后坐对连发命中的影响，提高射击精度。

二、弹道形状及其实用意义

（一）弹道

1. 弹道及其形成

弹头运动过程中，其重心所经过的路线，叫弹道。

弹头脱离枪口之后，如果没有地心引力和空气阻力的作用，它将保持其所获得的速度，沿着发射线无止境地匀速直线飞行。实际上，弹头在空气中飞行，一面受到地心引力的作用，逐渐下降，一面受到空气阻力的作用，越飞越慢。因此，形成了一条不均等的弧线。升弧较长较直。降弧较短较弯曲。

2. 弹道要素

弹道的基本要素包括以下方面（图 7－11）：

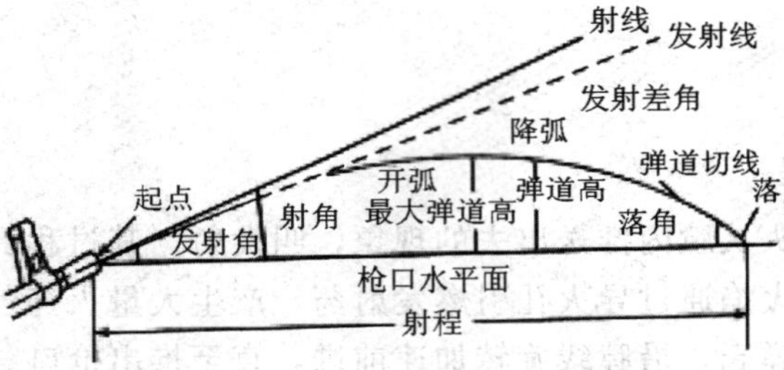

图 7－11　弹道要素

（1）起点：枪口中心点（外弹道开始点）。

（2）枪口水平面：通过起点的水平面。

（3）射线：发射前枪轴线的延长线。

（4）射角：射线与枪口水平面所夹的角。

（5）发射线：发射瞬间枪轴线的延长线。

（6）发射角：发射线与枪口水平面所夹的角。

（7）发射差角：射线与发射线所夹的角。

（8）升弧：由起点到弹道最高点的弹道。

（9）降弧：由弹道最高点到落点的弹道。

（10）弹道高：弹道上任何一点到枪口水平面的垂直距离。

（11）最大弹道高：弹道最高点到枪口水平面的垂直距离。

（12）射程：起点到落点的水平距离。

（13）落角：落点的单道切线与枪口水平面的夹角。

（14）弹道切线：与弹道弧线任何一点相切的直线。

（15）落点：弹道降弧终止的点（外弹道结束点）。

3. 直射

（1）直射和直射距离。瞄准线上的弹道高在整个表尺距离上不超过目标高的射击，叫直射。这段表尺距离叫直射距离。

（2）直射距离的求法。直射距离的大小，决定于目标的高低和弹道的低伸程度。目标越高，弹道越低伸，直射距离就越大；目标越低，弹道越弯曲，直射距离就越小。

（3）直射的实用意义。对在直射距离内的目标进行射击时，瞄准目标下沿，不变更表尺分划即可进行连续射击，以增大战斗射速，提高射击效果。直射可以弥补测量距离的误差对命中的影响。

4. 危险界、遮蔽界和死角

（1）危险界。危险界分为表尺危险界和实地危险界。瞄准线上的弹道没有超过目标高的部分，称为表尺危险界；在实际地形上弹道高没有超过目标高的一段距离，称为实地危险界。决定实地危险界大小的条件：

一是弹道低伸程度。对同一地形上的同一目标射击时，弹道越低伸，实地危险界就越大，反之越小。

二是目标高低。用同一武器对同一地形上的不同目标射击，目标越高，实地危险界越大，反之越小。

三是目标所在位置的地貌。用同一武器对同一种目标射击，目标所在位置的地貌与弹道形状越相一致，实地危险界越大，反之越小。

（2）遮蔽界和死角。从弹头不能射穿的遮蔽物顶端到弹着点的一段距离，叫遮蔽界。目标在遮蔽界内不会被杀伤的一段距离，叫死角。遮蔽界内包括死角和危险界，如遮蔽界和死角的大小是由遮蔽物的高低和落角的大小决定的。死角的大小还决定于目标的高低（图 7－12）。

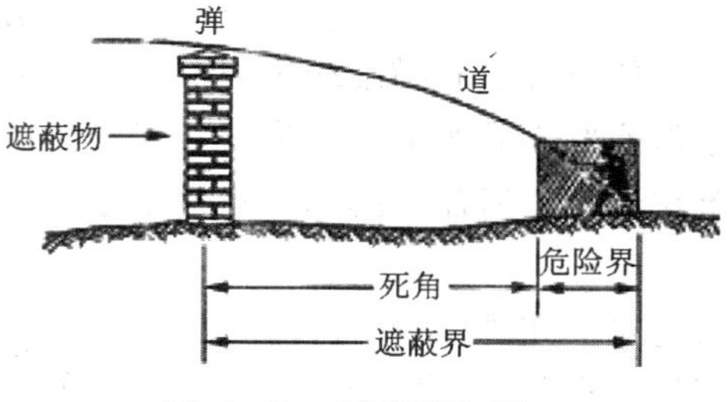

图 7－12　遮蔽界和死角

遮蔽界和死角的大小是由遮蔽物的高低和落角的大小决定的。死角的大小还决定于目标的高低（图 7－13）。

同一弹道，同一目标，遮蔽物越高，遮蔽界和死角就越大，反之越小。

同一遮蔽物，同一目标，落脚越小，遮蔽界和死角就越大，反之越小。

同一遮蔽物，同一弹道，目标越高，死角越小，反之越大（图 7－14）。

了解危险界、遮蔽界和死角的实用意义，是为了在战斗中更好地隐蔽身体，发扬火力，灵活地利用地形地物，隐蔽地运动、集结和转移，以避开或尽量减少敌火力的杀伤。

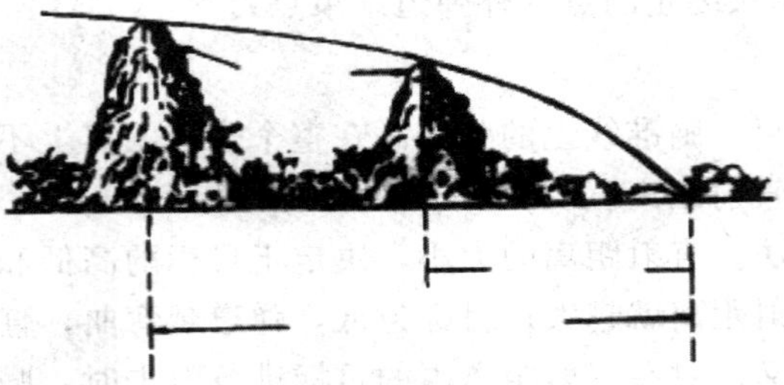

图 7－13　遮蔽界和死角

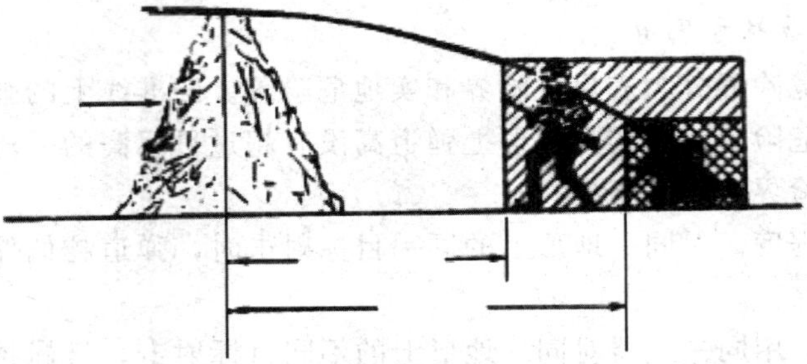

图 7－14　目标高低与死角的关系

在组织火力配系时，就能正确选择射击位置和组织火力，千方百计地增大危险界和减少射击地带内的遮蔽界和死角，并善于运用弯曲弹道和各种武器的侧射、斜射火力消灭隐蔽在遮蔽界和死角内的敌人。

三、表尺分划和瞄准点

由于重力和空气阻力的作用，如果用枪管瞄向目标射击，射弹就会打低或打近。为了命中目标，必须将枪口抬高，使枪轴线和瞄准线之间形成一定的夹角，即瞄准角。

瞄准角的大小，是根据射弹在不同距离上的降落量来确定的。距离越远，所需要的瞄准角越大；距离越近，降落量越小，所需要的瞄准角也就越小。瞄准具就是根据这一原理设计制成的。

可见，瞄准具的作用就是对一定距离上的目标射击时，赋予武器相应的瞄准角和射向。射击时，只要按照目标的距离装（选）定表尺分划瞄准射击，就能命中目标。

（一）瞄准要素

瞄准通常包括以下要素（图 7－15）：

（1）瞄准基线：缺口的上沿中央到准星尖的直线。

（2）瞄准线：视线通过缺口上沿和准星尖的延长线。

（3）瞄准点：瞄准线所指向的一点。

（4）瞄准角：射线与瞄准线的夹角。

（5）高低角：瞄准线与枪口水平面的夹角（目标高于枪口水平面时，高低角为“＋”，目标低于枪口水平面时，高低角为“－”）。

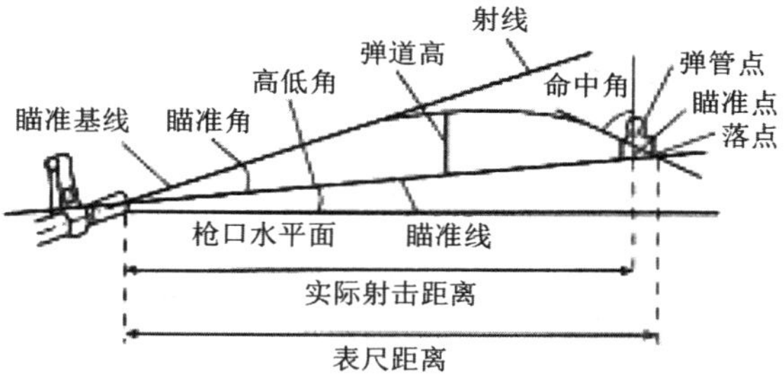

图 7－15　瞄准要素

（6）瞄准线上弹道高：弹道上的任何一点到瞄准线的垂直距离。

（7）落点：弹道降弧与瞄准线的交点。

（8）弹着点：弹道与目标表面或地面的交点。

（9）命中角：弹着点的弹道切线与目标表面或地面所夹的角，命中角通常以小于 90°的角计算。

（10）表尺距离：起点到落点的距离。

（11）实际射击距离：起点到弹着点的距离。

（12）枪口水平面：通过起点的水平面。

（二）选定表尺分划和瞄准点

为了使射弹更准确地命中目标，射击时，射手应根据目标距离、大小和武器的弹道高。正确地选定表尺分划和瞄准点。

1. 定实距离表尺分划，瞄目标中央

目标距离为百米整数时，可根据目标的距离装定相应的表尺分划，瞄准点选在目标中央，如自动步枪队 100 米距离人胸靶射击时，定表尺“1”，瞄准目标中央射击，即可命中目标中央。

2. 定大于或小于实距离表尺分划，适当降低或提高瞄准点

目标距离不是百米整数时，通常选定大于实距离表尺分划，根据武器和该距离上的弹道高，相应降低瞄准点射击。如冲锋枪在 250 米距离上对人胸目标射击时，定表尺“3”，在 250 米处的弹道高为 19 厘米，这时，瞄准目标下沿中央射击，即可命中目标中央。

3. 定常用表尺分划，小目标瞄下沿，大目标瞄中央

对 300 米距离以内的目标射击时，通常定常用表尺（表尺“3”）分划，小目标瞄下沿，大目标瞄中央射击。

四、外界条件对射击的影响及修正

（一）风对射击的影响及修正

风是种具有速度和方向的气流，它能改变射弹的飞行方向和距离。在各种外界条件下风对射弹的飞行影响最大。因此，必须准确地判定风向和风力，根据风对射弹的影响进行修正，以保证射弹准确命中目标。

1. 风向和风力的判定

按风吹的方向和射击方向所形成的角度可将风分为横风、斜风和纵风。横风是指从左或右与射向成90度角的风。斜风是指与射向成锐角的风。纵风是指从后或前与射向平行吹来的风。射击时，通常以射向成45°角的风计算。风与射向成60°角时，可按横风计算，小于30°角时可按纵风计算，顺射向吹来的风为顺风，逆射向吹来的风为逆风。

在气象上把风划分为12个等级，在军事上为了便于区分和应用，按风力的大小将风划分为强风、和风和弱风三种。风力的大小，可用测风仪测出，也可根据人的感觉和常见物体被风吹动的情况来判定。

为了便于记忆，对风力的判定，可以和风为基准归纳成如下口诀：迎风能睁眼，耳听呼声响，炊烟成斜角，草弯树枝摇，海面起轻浪，旗帜迎风飘，强风比它大，弱风比它小。

2. 风对射弹的影响及修正

（1）横（斜）风对射弹的影响及修正

横（斜）风能对弹头的侧面施以压力，使射弹偏向一侧，产生方向偏差（斜风还能使射弹产生距离偏差，因偏差很小，故不考虑）。风力越大，距离越大，偏差也就越大。风从左吹来，射弹偏右；风从右吹来，射弹偏左。

为了便于记忆，图中修正量（人体）可归纳为：距离200米，修1/4人体，表尺“3”“4”“5”，减去2．5，强风加一倍，弱斜风各减半。

为了运用方便，根据不同距离上的修正量，将在横和风条件下，对400米内目标射击时的瞄准景况归纳成如下口诀：一百不用修，二百瞄耳线，三百瞄边沿，四百边接边（图7－16）。

图7－16　横（斜）风的修正情况

（2）纵风对射弹的影响及修正

纵风能影响射弹的飞行距离。顺风时，空气阻力较小，使射弹打远（高）：逆风时，空气阻力较大，使射弹打近（低）。

在近距离内，风速为10米/秒时，纵风对射弹影响很小，一般可不修正。对远距离目标射击时，应适当降低或提高瞄准点。

（二）光对射击的影响及克服办法

1. 阳光对瞄准的影响

在阳光下瞄准时，由于阳光照射作用，缺口部分产生虚光，形成三层缺口：虚光部分、真实部分、黑实部分。如不注意辨清真实缺口的位置，就容易产生误差，使射弹产生如下偏差：

（1）若用虚光部分瞄准，射弹就偏向阳光照来的方向。阳光从右上方照来时，缺口的左边和上沿产生虚光，用虚光部分瞄准，准星实际上偏右高，因此射弹偏右上。阳光从左上方照来，用虚光部分瞄准，射弹则偏左上。

（2）若用黑实部分瞄准，射弹就偏向阳光照来的相反方向。阳光从右上方照来时，用黑实部分瞄准实际上偏左低，因此射弹偏左下。阳光从左上方照来时，射弹则偏右下。

（3）在阳光照射下，缺口和准星尖同时产生虚光时，若用虚光部分瞄准，射弹偏低，若用黑实部分瞄准，射弹偏高。

2. 克服方法

要克服阳光对射击的影响可采取如下方法：

（1）可在不同方向的阳光照射下瞄准，采取遮光瞄准不遮光检查，或不遮光瞄准遮光检查的方法，反复练习，切实辨清真实缺口的位置和正确瞄准的景况。

（2）平正准星与缺口要细致，但瞄准时间不宜过长，以免眼花而产生误差。

（3）平时要注意保护好瞄准具，不使其磨亮而反光。

（三）气温对射弹的影响及修正

1. 气温对射弹的影响

气温变化，空气密度即随之变化，对射弹的阻力也就不同。气温升高时，空气密度减少，射弹在飞行中受到的空气阻力就减少，射弹也就打得远而高，气密度减少。反之，射弹就打得近而低。

2. 修正方法

由于各地区各季节的气温不同，很难与标准气温（±15℃）条件相符。因此，应当在当地的气温条件下矫正武器的射效，并以矫正射效时的气温条件为准。射击时，若气温差别不大，在400米内对射弹命中的影响极小，不必修正，若气温差别很大或对远距离目标射击时，应当适当提高或降低瞄准点射击。

军海泛舟

约翰·坎特厄斯·加兰德

约翰·坎特厄斯·加兰德（1888—1974），美国枪炮工程师，出生于魁北克，1898年全家移居康涅狄格州。第一次世界大战期间，他设计了一种轻型的全自动步枪，该设计虽未被美国陆军用，却使他在美国标准局获得一个枪支设计师的职位（1918—1919），后被调往春田兵工厂。工作了17年后，他建议生产一种3寸口径，由一支8发弹匣供弹，长109厘米却仅4.3公斤重的气动武器。1936年被采用后，M1式加兰德步枪成为世界上第一种标准型号的自动装弹陆军步枪。第二次世界大战和朝鲜战争中，这种准确、高效又耐用的武器使美国部队获得了强大的火力优势，在太平洋战场上，两支加兰德步枪轮流射击往往能够压制日军的一个步兵班，乔治·巴顿将军称其为“历来装备中最伟大的战斗武器”。

第三节　射击动作和方法

一、验枪

验枪是一项保证安全的重要措施。使用武器前后及必要时，均应验枪，认真检查弹膛和教练弹中有无实弹。验枪时，严禁枪口对人（图 7 - 17）。

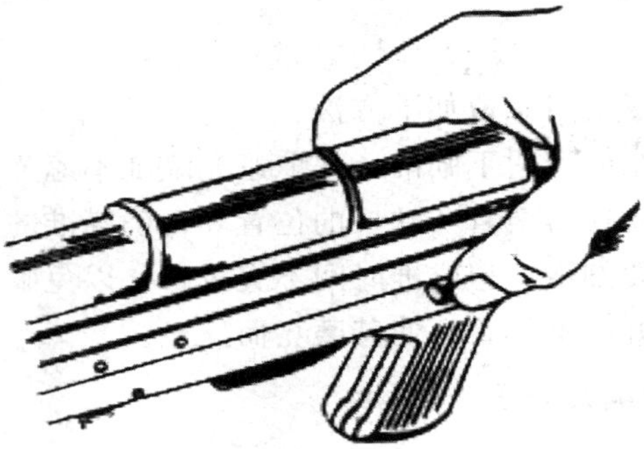

图 7 - 17　验枪

口令："验枪""验枪完毕"。

动作要领：听到"验枪"口令后，右手将枪提起，以右脚掌为轴，身体半面向右转，左脚顺势向前迈出一步（两脚约与肩同宽），同时右手将枪向前送出；左手接握下护木，左大臂紧靠左肋，枪托贴于胯骨，枪刺尖约与眼同高；右手打开弹仓盖，移握机柄。

当指挥员检查时，拉枪机向后，验过后，自行送回枪机，关上弹仓盖，打开保险，扣扳机，关保险，移握枪颈。

听到"验枪完毕"口令后，右手移握上护木，身体半面向左转，在右脚靠拢左脚的同时，恢复持枪姿势。

二、射击准备

射击准备主要包括向弹匣（夹）内装子弹和采取各种射击姿势装退子弹。

（一）卧姿装退子弹及定复表尺

口令："卧姿—装子弹""退子弹—起立"。

动作要领：听到"卧姿—装子弹"口令后，右手将枪提起稍向前倾，左脚向右脚尖前迈出一大步（也可右脚顺脚尖方向迈出一大步），左手在左（右）脚尖前支地，顺势卧倒，以身体左侧、左肘支撑全身；右手将枪向目标方向送出；左手接握表尺下方，枪托着地，右手拉枪机到定位。解开弹袋扣，取出一夹子弹，插入弹夹槽，以食指或拇指将子弹压入弹仓（单发装填时，不应将第一发子弹压在右侧），取出弹夹，送弹上膛，将弹夹装入弹袋并扣好。右手拇指和食指捏压游标卡笋，移动游标，使游标前切面对正所需要的表尺分划。右手移握枪颈，全身伏地，两脚分开约与肩同宽，身体与射向角度为 30 度，枪刺离地，目视前方，准备射击，(图 7－18、图 7－19)。

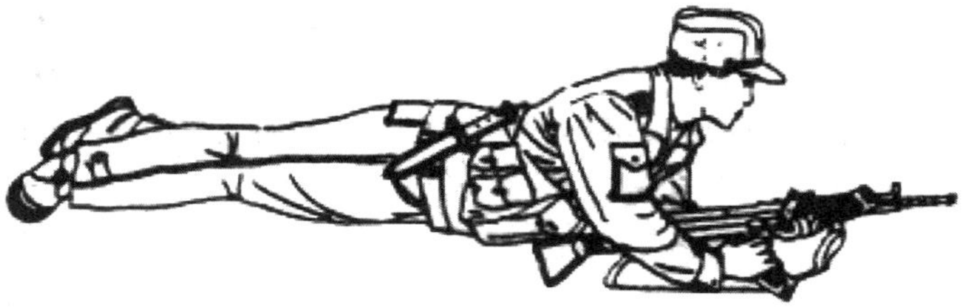

图 7－18　卧姿装子弹

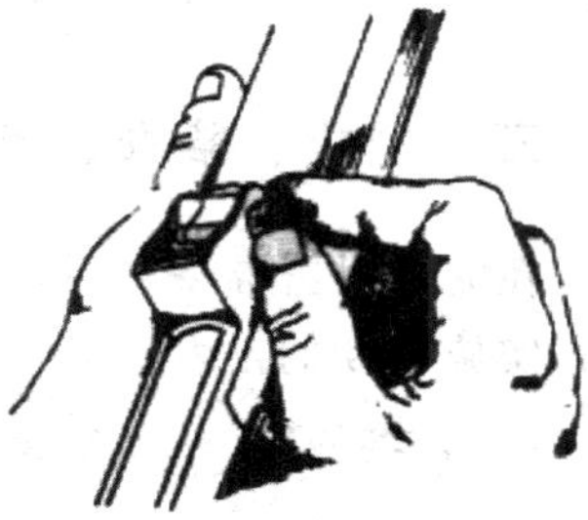

图 7－19　装定表尺

听到“退子弹—起立”口令后，稍向左侧身，右手解开弹袋扣，打开弹仓盖，接住落下的子弹，装入弹袋，拇指拉机柄向后，食指和中指夹住从膛内退出的子弹，送回枪机，将子弹装入弹袋并扣好，关上弹仓盖，打开保险，扣扳机，关保险，复表尺，移握上护木，将枪收回；同时左小臂向里合，屈左腿于右腿下。以左手和两脚撑起身体，右脚向前一大步，左脚再向前一步，在右脚靠拢左脚的同时，恢复持枪姿势（图 7－20）。

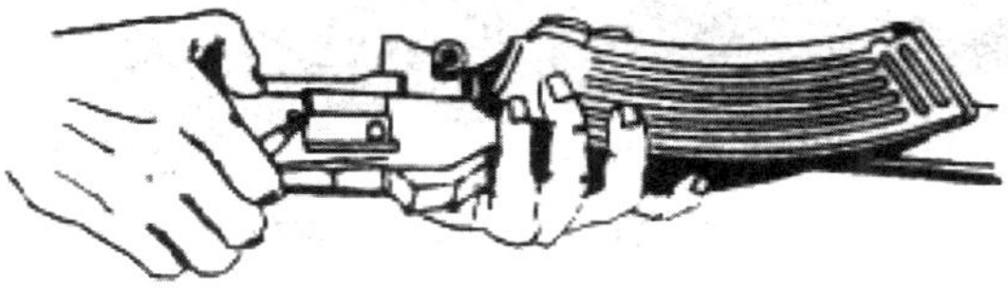

图 7－20　退子弹

（二）跪姿装退子弹及定复表尺

口令：“跪姿—装子弹”“退子弹—起立”。

动作要领：听到“跪姿—装子弹”口令后，右手将枪提起，左脚向右脚前方迈出一步，右手将枪向目标方向送出；左手接握表尺下方，同时右膝向右跪下，臀部坐在右脚跟上，左小腿略垂直，两腿约成 90 度，左小臂放在左大腿上。枪刺尖约与眼同高，然后，按要领装子弹，定表尺，右手移握枪颈，目视前方，准备射击。

听到“退子弹—起立”口令后，按要领退出子弹，打开保险，扣扳机，关保险，复表尺，右手移握上护木，左脚尖向外打开的同时起立，在右脚靠拢左脚的同时，恢复持枪姿势。

（三）立姿装退子弹及定复表尺

口令：“立姿—装子弹”“退子弹”。

动作要领：听到“立姿—装子弹”口令后，右手将枪提起，以右脚掌为轴，身体大半面向右转，左脚顺势向前迈出一步（两脚与肩同宽，成外八字），体重落在两脚上，右手将枪向目标方向送出；左手接握表尺下方，左大臂紧靠左肋，枪托贴于胯骨，枪刺尖约与眼同高。然后，按要领装子弹，定表尺，右手移握枪颈，目视前方，准备射击。

听到“退子弹”口令后，按要领退出子弹，打开保险，扣扳机，关保险，复表尺，右手移握上护木，身体大半面向左转，在右脚靠拢左脚的同时恢复持枪姿势。

三、据枪、瞄准、击发

在完成射击准备之后，一旦发现目标，就应正确的据枪，快速构成瞄准线，指向瞄准点，实施果断的击发。

（一）据枪

1. 有依托据枪

自然、稳固、持久地据枪是准确射击的基础，要想做到稳固和持久，就应尽量充分利用地形，进行有依托射击。

卧姿要有依托据枪时，下护木放在依托物上，枪身要正，身体右侧与枪身略成一线。右手将保险机扳到所需的位置，虎口向前紧握握把（半自动步枪握枪颈），食指第一节靠在扳机上，右大臂略成垂直，右肘着地外撑，左手握护木（也可握弹匣），左肘着地外撑，两肘保持稳固，胸部挺起，身体稍前跟（右肘不离地），上体自然下塌，两手用力保持不变，使枪托切实抵于肩窝。头稍前倾，枪托自然贴腮（图 7 - 21）。

图 7 - 21　卧姿有依托据枪

跪姿有依托据枪时，通常跪左膝，右膝紧靠依托物前崖或右胸向后蹬，也可跪双膝，上体紧靠依托物前崖，两肘抵在臂座上。

立姿有依托据枪时，上体左前方侧紧靠依托物前崖，左腿微屈，右脚向右后蹬，两肘抵在臂座上。

2. 无依托据枪

在战场上不可能时时处处都有依托物可利用，因此我们还应掌握无依托据枪的动作。

卧姿无依托据枪时，左手托握下护木或握弹匣，小臂尽量里合于枪身下方，小臂与大臂约成 90°角，将枪自然托住，右手握握把（半自动步枪握枪颈）右臂约成垂直，两肘保持稳固，两手正直向后用力，使枪托切实抵于肩窝，自然贴腮（图 7 - 22）。

图 7 - 22　卧姿无依托据枪

跪姿无依托据枪时，左手移握下护木或弹匣，左肘放于左膝盖上，使枪、左小臂和左小腿略在同一垂直面上，右手握握把，大臂自然下垂，上体稍向前倾，两手正直向后用力，使枪托切实抵于肩窝（图 7-23）。

立姿无依托据枪时，左手移握弹匣，大臂紧靠左肋。小臂尽量里合于枪身下方，也可左手托下护木，大臂不靠左肋。右手握握把，大臂自然抬起，两手正直向后用力，使枪托确实抵于肩窝（图 7-24）。

图 7-23　跪姿无依托据枪

图 7-24　立姿无依托据枪

（二）瞄准

正确的瞄准是整个射击过程的重要环节。其方法是：右眼通视缺口和准星，使准星位于缺口中央，准星尖与缺口上沿平齐，指向瞄准点。此时，正确瞄准景况是准星与缺口的平正关系看得清楚，而目标看得较模糊。

如果准星与缺口关系不正确，对射弹命中目标影响很大，准星偏哪儿，弹着偏哪儿。如准星尖在缺口内偏差 1 毫米，自动步枪弹着点在 100 米距离上的偏差为 32 厘米，距离增加几倍，偏差量就增大几倍；若准星与缺口的关系正确，而瞄准点产生偏差，射弹也会产生偏差；枪面倾斜对命中精度也有一定影响，枪面偏左，射弹偏左下；枪面偏右，射弹偏右下（图 7-25）。

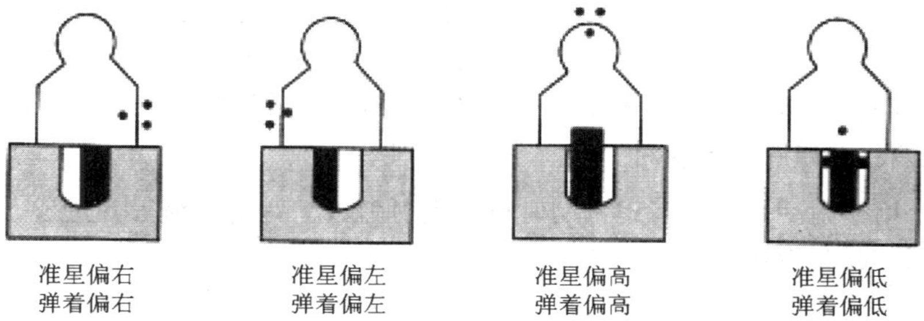

图 7-25　准星与缺口关系不正确对命中的影响

（三）击发

击发是完成射击的最后一个环节。均匀正直地击发是准确射击的关键，击发动作的正确与否直接关系到射击的效果。因此，必须准确掌握击发的动作要领。

击发时，射手用右手食指第一指节均匀正直地向后扣压扳机（食指内侧与枪机应有一点空隙），余指力量不变。当瞄准线接近瞄准点时，开始预扣扳机，并减缓呼吸。当瞄准线指向瞄准点时，应停止呼吸，继续增加对扳机的压力，直至击发，击发瞬间应保持正确一致的瞄准。若瞄准线偏离瞄准点或不能继续停止呼吸时，应既不增加也不放松对扳机的压力，待修正或换气后，再继续扣压扳机，完成击发。操纵点射时，应稳扣快松，扣到底松开为2～3发。在扣扳机的过程中，应始终保持姿势稳固，操枪力量不变，以提高连发射击的命中率。

四、射击时常见错误及纠正方法

（一）抵肩、贴腮位置不正确

射击时，射手若不能正确地抵肩、贴腮，会使射弹产生偏差。在通常情况下，抵肩过低易打低，抵肩过高易打高。贴腮用力过大易打左高。

纠正方法：要反复体会正确的抵肩位置，并通过他人摸、推的方法检查抵肩位置是否正确，强调贴腮要自然。

（二）两手用力不当

射击时，射手为了命中目标，往往以强力控制枪的晃动，造成肌肉紧张、用力方向不正、姿势不稳，使枪产生角度摆动，增大射弹散布。

纠正方法：应强调据枪时正直向后适当用力，使用力与后坐方向一致。

（三）击发时机掌握不好

无依托射击时，有的射手常为捕捉瞄准点，造成勉强击发或猛扣扳机。

纠正方法：应强调首先选择好瞄准点，并指出瞄准线的指向在瞄准点附近轻微晃动时，应达到适时击发，练习时可让射手反复体会在保持准星与缺口平正关系的基础上，自然指向瞄准点的景况，不断摸索枪的晃动规律，掌握击发时机。

（四）停止呼吸过早

射击时，停止呼吸过早，易造成憋气，使肌肉颤动、据枪不稳或猛扣扳机。

纠正方法：应使射手反复体会瞄准线指向在瞄准点附近轻微晃动时自然停止呼吸的要领；在剧烈运动后无法按正常情况停止呼吸时，应进行深呼吸后再停止呼吸。

（五）耸肩、眨眼和猛扣扳机

射击时，由于射手过多地考虑枪响时机、点射弹数、射击成绩等，造成心情紧张，产生耸肩、眨眼和猛扣扳机等错误动作，影响射弹命中。

纠正方法：应强调按要领操作，把主要精力视力集中在准星与缺口的正确关系上，达到自然击发。

（六）枪面倾斜

瞄准时，如枪面偏左（右），射角减小，枪身轴线指向瞄准点左（右）边，射击时，弹着偏左（右）下。

纠正方法：强调射手据枪应保持枪面平正。

五、实弹射击有关规定和安全措施

（一）实弹射击的一般规定

（1）各种武器对不动目标的实弹射击，可在良好天气条件下实施；其他练习，不受天气条件的限制，应结合担负的任务实施，特别要探讨恶劣气候条件下的射击与射击指挥。

（2）实弹射击时，必须使用手中武器，如因武器机件损坏或射效不合格而又无法矫正，射手需要更换武器时，必须经有关领导批准。

（3）目标设置，除胸环靶纸可留白边外，其他靶型的靶纸一律不准留白边，并不得以胸环靶代替胸靶。

（4）组织实弹射击时，射手进到出发地线后，指挥员令发弹员发弹，并规定射击目标，发出准备射击信号，待靶壕出示红旗或用其他规定的方法发出可以射击的信号后，下达向射击地线前进的口令。射手进入射击地线后，按指挥员的口令做好射击准备。指挥员按规定时间发出开始射击的口令或显示目标的信号，射手即行射击，射击完毕在原地验枪。验枪后，发出报（检）靶信号。

（5）战斗射击，是融技术、战术于一体的射击练习，目标设置要尽量符合战术要求，锻炼射手在近似实战条件下，独立地观察目标、测定距离、装定表尺、选择姿势，迅速准确地消灭各种目标的技能。

（6）凡规定有点射次数的射击，每出现一次单发，算一次点射。超过一次点射，降低成绩一等。凡有时间限制的练习，规定时间一到，指挥员应立即下达停止射击的口令，射手应立即停止射击。

（7）射击中发生故障，如属射手操作原因，应自行排除后继续射击；如属武器、弹药或靶子等原因，扣除排除故障的时间，补发弹药后继续射击，如条件不允许，也可重新射击。

（8）对胸环靶射击时，命中环线算内环。跳弹命中靶子不算成绩。射手打错靶算脱靶。被打错者，如当时能判明打错的弹着点，即扣除；如当时不能判明打错的弹着点，应扣除超过发射弹数的弹着，如系环靶，扣除环数最少的弹着。

（二）射击场的组织和安全规则

（1）射击场必须具备可靠的靶档和确保安全的靶壕及掩蔽部，并应避开高压线和其他重要设施。

（2）实弹射击前，必须仔细搜索靶场警戒区，派出警戒，设置警戒旗。必要时，应预先将射击开始和结束的时间、危险区域及射击场有关信号，通知当地有关单位。

（3）射击前后必须验枪。无论枪内有无子弹，射手都不得将枪口对人。严禁将装有实弹的武器随意放置或交给他人。严禁将实弹和教练弹混在一起。没有指挥员的命令，射手不得装弹。报靶时，严禁在射击地线摆弄武器或向靶区瞄准。

（4）射击前，应向全体人员明确规定开始射击、停止射击、报靶和射击终止等各种信号。

（5）射击场应标示出发地线和射击地线，无关人员不得越过出发地线。

（6）发出准备射击信号后，示靶人员应迅速隐蔽并出示红旗，未经射击场指挥员的许可，不得下令射击。靶壕内若发生特殊情况需立即停止射击时，应出示白旗或用其他规定的方法向指挥员报告。射手看到白旗或听到停止射击的口令，应立即停止射击，并关保险。

军海泛舟

轻武器小知识

零件最少的冲锋枪是巴西 9 毫米乌鲁式冲锋枪，全枪只有 17 个零部件。

生产工时最少的冲锋枪是阿根廷 9 毫 MEMSM75 式冲锋枪，生产时间一支仅需 2 个小时。

造价最低的冲锋枪是英国 9 毫米司登冲锋枪，每支只需 11 美元。

射击精准度最好的冲锋枪是德国 9 毫米毛瑟 M60 式冲锋枪。

瞄准线最长的冲锋枪是西班牙 9 毫米 MX1935 式冲锋枪。

获专利最多的冲锋枪是美国 9 毫米卡姆斯太特 X－911 式冲锋枪，该枪在 14 个国家获得 7 个独立专利权。

思考题

1. 什么是轻武器？
2. 简述弹道的基本要素。
3. 如何修正外界条件对射击的不利影响？

第八章 战术基础

教学目标

了解战斗的基本类型和基本样式，掌握战术基本原则的主要内容，学会单兵战术的基本动作要领。

战术基础是军人在战斗中为达到消灭敌人、保存自己的目的应掌握的最基本知识和技能。它包括战术基础理论和战术基础动作。本章主要介绍战术理论、战斗的基本类型与战斗样式、战斗行动的基本原则以及单兵战术基础动作。

军事讲坛

故善用兵者，屈人之兵而非战也，拔人之城而非攻也，毁人之国而非久也，必以全争于天下，故兵不顿，而利可全，此谋攻之法也。

——孙子

【译文】善于用兵打仗的人，能使敌人屈服而不依靠对垒交兵，拔取敌人的城邑而不依靠强攻，毁灭敌人的国家而不必旷日持久。一定要用全胜之策去与列国诸侯争胜于天下。只有这样，才能既使兵力不受顿挫而又可以取得圆满胜利，这就是以谋略攻敌的法则。

第一节 战术理论

其主要内容包括：基本战术原则，兵力部署、协同动作、战斗指挥和战斗行动的方法以及各种保障的措施。按类型，分为进攻战术和防御战术；按军兵种，分为合同战术、军种战术和兵种战术；按规模，分为兵团战术、部队战术、分队战术等。在中国古代，《孙子兵法》以“用兵之法”表述战术、作战方法。在西方，“战术”一词源于希腊文“布阵的艺术”。战术是指进行战斗的方法。

一、战术学

战术学，是研究战斗规律和指导战斗实践的学科，分为合同战术学、军种战术学、兵种战术学。它随着战斗的产生而产生，随着战斗的发展而完善，已走过了几千年的历史。中国远在西周时期的《军志》《军政》等兵书就有反映作战规律的内容；春秋战国时期的

《孙子兵法》提出了至今仍有指导意义的作战原则与方法，包括了初期的战术学理论。在外国，公元前 4 世纪的一些军事历史著作已开始论述战法 18 世纪后，随着科学技术的进步和武器装备的发展，以及作战规模的扩大并日趋复杂，军事家们正式把军事科学划分为战略理论和战术理论。第一次世界大战至第二次世界大战时期，合同战术学以及一些军种和兵种战术学应运而生。战术学包含了战斗的性质、类型、特点和规律，战斗的组织与实施等丰富的内容。其主要原则是知己知彼，打有把握之仗；积极消灭敌人有效保存自己；集中优势兵力，各个歼灭敌人；争取主动，力避被动；出其不意，攻其不备密切协同，互相支援；建立和掌握强有力的预备队；实施全面保障等。中国人民解放军的战术学，是在总结以劣势装备战胜优势装备之敌、从游击战斗发展到现代合同战斗的实践中形成和发展起来的，是以人民战争为基础的灵活机动的战术，全面地反映了在敌强我弱情况下指导战斗的规律。土地革命战争时期和抗日战争时期，以袭击为基本战术，以奔袭、伏击、急袭，破袭和袭扰为基本样式；解放战争时期，以运动战的战术为主，阵地战中的攻防战术也得到很大发展。当历史进入到 20 世纪后期，随着科学技术的飞速发展，以信息技术为代表的高技术武器装备在战斗中得到了广泛的运用，战斗反映出新的特点，战术学的内容有了新的发展。传统的战斗原则注入了新的内涵，产生了新的战斗原则，形成了新的战法，为战术学研究开拓了新领域，充实了新内容，战术学研究将朝着系统化、科学化的方向发展。

二、战斗

"战斗"一词，在中国始见于《左传·昭公二十五年》中的"喜有施含，怒有战斗"。战斗的目的是歼灭或击溃敌人，攻占或把守地区和目标。战斗从属于战役，但战斗又有其独立性，依据情况和需要，可独立进行。通常由准备和实施两部分组成。战斗的理论和实践属于战术范畴。战斗是敌对双方兵团、部队、分队进行的有组织的作战行动。按基本类型，分为进攻战斗和防御战斗；按空间，分为地面战斗、海上战斗、空中战斗；按参战的军兵种，分为单一兵种的战斗和诸军兵种的合同战斗。战斗与战争的历史一样悠久，其内容和形式伴随着兵器的发展而发展。冷兵器时代，主要是白刃格斗；火器出现后，火力逐渐成为决定战斗胜负的重要因素。第一次世界大战时期，军队大量装备机枪、火炮，并开始使用坦克、飞机，出现了合同战斗；第二次世界大战时期，大量坦克、飞机用于战场，使合同战斗进一步得到发展。战后，由于现代军事技术的迅速发展，导弹、核武器和新型坦克、步兵战斗车、火炮、飞机、舰艇、防空兵器以及电子、红外、激光等技术器材成为战斗双方交战的重要手段。尤其是 20 世纪 80 年代以后，随着技术武器装备的不断发展和运用，战斗将在地面、空中和前沿、纵深、后方同时展开；从远距离开始，在激烈的空中打击和电子对抗中进行；战斗的突然性、快速性、连续性增大；战斗样式和方法增多，转换迅速；杀伤破坏性强，战场上部队的生存力受到严重的威胁，消耗增加；情况变化快，指挥协同复杂，保障任务艰巨等。严密组织对核、化学、生物武器袭击的防护和电子对抗以及与精确制导武器作斗争等，已成为现代合同战斗的重要内容。

三、战术

战术随着战斗的出现而产生，随着军事技术的进步和战斗实践的发展而发展，由古代的徒兵方阵，逐渐演变为诸军兵种合同战术。冷兵器时代，敌对双方列成方阵以白刃格斗进行对抗。火器时代，产生了火力杀伤与冲击相结合的线式战术、纵队战术、散兵线战术等。第一次世界大战时期，随着坦克、飞机的出现，产生了合同战术。第二次世界大战时期、军种战术、兵种战术和合同战术得到了全面的发展。战后，战术核武器、导弹、直升机与其他常规武器的大量发展，部队的机械化、装甲化，又使合同战术进入了高速度、大纵深、立体化的新阶段。航天、电子、激光、夜视器材等各种武器装备的迅速发展，使现代战术的发展变革大大加快。中国人民解放军在长期的革命战争中，进行了数以万计的战斗，逐步形成了一整套以人民战争为基础、以劣势装备战胜优势装备之敌的灵活机动的战术。

现代合同战术指诸军兵种协同进行战斗的方法。其基本原则主要有：目的明确，知己知彼，集中兵力，主动灵活，出敌不意，密切协同，全面保障等。科学技术的进步和武器装备的发展，将对战术的发展产生重大影响，原有的基本原则将不断充实新的内容，还将形成一些新的原则。

第二节　战斗类型与战斗样式

战斗，是敌对双方的兵团、部队和分队，为了达到一定的战术目标，在较短的时间和较小的空间内所进行的有组织的作战行动。这种作战行动，在于实现一定的战术目的，消灭或击溃敌方的战术集团，攻占或扼守某些重要地区和目标。战斗活动的时间和空间，要受战术集团的编制装备、战斗能力和行动目的及对象的制约，是一种内容极其纷繁复杂的战争现象。

一、战斗类型

战斗类型是按战斗性质所作的分类。我军高技术条件下战斗的基本类型，分为进攻战斗和防御战斗。各级指挥员是战斗活动的组织者和领导者，必须熟悉不同类型战斗的特点，研究其指导规律，并根据战斗企图和敌情、任务，恰当选用战斗类型。

（一）进攻战斗

进攻战斗，是主动攻击敌人的战斗，是战斗基本类型之一。其目的是歼灭敌人，攻占重要地区和目标。进攻较防御而言，具有较多的优越性。一是进攻者掌握行动的主动权，可以主动选择攻击目标、方向、时间和方法。二是进攻者可以形成兵力兵器对比的优势。

进攻的主动地位是以力量的优势为基础的，因而能够造成兵力兵器的对敌优势，可以集中绝对或相对优势力量，选敌弱点，实施主要突击，运用灵活的战术手段，给敌以决定性打击。三是进攻者可以预先做好战斗准备。由于进攻者握有主动权，因而能够根据预定的战斗企图，进行周密的组织计划，建立正确的兵力部署，全面准备夺取胜利的条件。四是进攻者可以达成战斗的突然条件。可在敌意想不到的时间、地点，捕捉或创造战机，采取敌意想不到的战法，给敌以出其不意的攻击。五是有利于提高进攻者的士气。进攻一方能对防御一方的心理造成不利的影响，可鼓舞己方战斗士气，保障战斗力的充分发挥，以坚强的意志和强大的突击力战胜敌人。

进攻战斗的基本任务包括：突破敌人阵地，消灭防御之敌，夺占重要地域或目标；攻歼驻止运动之敌；破袭敌人的交通运输线或重要目标；夺占敌纵深要点，割裂敌部署，断敌退路，阻敌增援，配合主力围歼敌人。

现代进攻战斗，将是在高技术局部战争条件下进行的诸军兵种合同战斗。高技术武器大量运用于实战，使得现代战斗的军事技术水平空前提高。因此，进攻战斗将面临核、化学武器威胁，在激烈的电子对抗、信息对抗、远程火力打击环境下，在地面和空中、前沿和纵深同时展开，紧张、快速、多变、残酷地连续进行，具有更大的坚决性、突然性、立体性和速决性。

分队进攻时，为克敌制胜，必须灵活地运用袭击、强攻或强攻与袭击相结合的战法，善于疏散、隐蔽、迅速地接近敌人，集中兵力火力，突然勇猛冲击，大胆穿插分割，坚决消灭敌人。

（二）防御战斗

防御战斗，是抗击敌人进攻的战斗，是战斗的基本类型之一。通常由战术兵团、部队和分队在保卫重要地区或目标，阻敌增援、突围或退却，掩护主力集中、机动或休整，巩固占领地区或阵地等情况下组织实施。目的是杀伤、消耗、迟滞敌人，扼守阵地，争取时间，为直接转入进攻或保障其他方向的进攻创造条件。

防御战斗通常是以相应兵力抗击敌人的进攻。因而战斗行动受进攻一方的制约较大，不如进攻战斗能够充分发挥主动权。但是，防御战斗之所以能同超过自己数倍的敌人作战，其主要原因就是它具有进攻战斗所不能具备或不能完全具备的许多优点：一是防御者能够依托有利的地形和阵地条件进行战斗。通常情况下能详细地研究地形利弊，选择便于防守的地形，预先构筑工事，设置障碍，为实施战斗创造有利的阵地条件，从而弥补自己的兵力、火力不足，使战斗效能大为提高。二是防御者能够实施有效的伪装。可利用阵地的自然条件和各种伪装器材，采取各种手段隐真示假，造成敌人在判断和行动上的失误。三是防御者能够以逸待劳。防御者通常是先于敌人占领战斗地区，依托有利地形和工事，等待敌人进攻，而进攻者通常要经过运动和逐次展开，精力和体力消耗大。在高技术条件下，虽然军队的机械化程度高，机动速度快，但防御者仍可达成以逸待劳。四是防御者便于实施兵力兵器机动。防御者对战斗地域内的地形比较熟悉，在一定程度上比进攻一方更有条件灵活地机动兵力兵器，适时以积极的攻势行动，杀伤、消耗敌人的优势兵力，或破坏敌人进攻。

防御战斗的基本任务包括：保卫重要地区或目标；迟滞、消耗、牵制、吸引敌人，创造歼敌的有利战机或掩护主力进攻；阻敌增援、突围或退却；巩固占领的地区，抗击敌人反冲击或保障主力翼侧安全；掩护主力集中、机动或休整。

现代防御战斗，将是在高技术局部战争条件下，抗击优势敌人进攻的诸军兵种合同战斗。战斗将面临敌核、化学武器和高技术兵器的严重威胁，在防御全纵深、地面和空中同时展开，连续进行。防御战斗行动的快速性、机动性明显增强，隐蔽防御企图、保存有生力量、指挥与协同更加困难。

分队防御时，必须充分发挥兵力、火力和有利地形、障碍的作用，建立稳定的防御体系，加强伪装防护措施，隐蔽防御企图，保存有生力量，以顽强积极的战斗行动，挫败敌人的进攻。

（三）进攻战斗与防御战斗的关系

进攻和防御两种战斗类型，是战斗中最基本的一对矛盾，具有相互对立、相互统一的辩证关系。了解这一点，对于正确把握攻防矛盾运动规律具有重要意义。进攻和防御的对立，表现为二者的相互区别和相互排斥。在战斗目的上，进攻是为了歼灭敌人，攻占重要地区或目标；防御是为了保存力量，坚守重要地区或目标。在战斗行动上，进攻是为了突破对方的防御，防御是为了阻止对方的进攻。进攻和防御的统一，表现为二者相互依存、相互渗透和相互转化。进攻和防御都不是孤立的，它们在运动中互为前提，互为存在条件，没有进攻就无所谓防御，没有防御也就不存在进攻；进攻和防御都不是单一的状态，而是相互包含、相互贯通，攻中有防，防中有攻，这一点在高技术条件下更加明显。但从战斗性质和根本目的上看，两种类型的界线仍然是明确的。进攻和防御的地位不是一成不变的，在一定条件下，二者可以相互转化，当进攻达到顶点或失去相应条件时则会转入防御，当防御具备了条件也会转入进攻。进攻和防御的矛盾运动，推动它们不断由低级形态向高级形态发展。进攻的发展变化，必然导致防御的发展变化；同样，防御的发展变化，又反过来作用于进攻的发展变化。

二、战斗样式

战斗样式是指战斗的式样和形式，是在战斗类型基础上所作的进一步分类。参照标准不同，战斗样式的划分也不尽相同。通常按照敌情、地形、战斗形式等情况，进行战斗样式的划分。我军在高技术条件下的战斗，由于作战对象的多元性和战斗行动的多样性，战斗样式的划分，较之过去有较大变化，须认真把握。

（一）进攻战斗样式

进攻战斗样式，是对进攻战斗所作的分类。主要根据敌人行动的性质和进攻战斗行动方式进行区分。依敌人行动的性质和态势，通常区分为对防御、驻止、运动之敌的进攻。对防御之敌进攻，由于敌防御组织的完善程度和方式不同，可区分为对阵地防御、机动防御、立足未稳之敌进攻。对运动之敌进攻，由于进攻部队的战斗行动方式不同，通常区分为伏击战斗、遭遇战斗、追击战斗。由于战斗地区的地形、气象条件不同，又可区分为一般条件下的进攻战斗和特殊条件下的进攻战斗。特殊条件下的进攻战斗，按照战场地形条件，可区分为登陆、城市、山地、荒漠草原地、渡江河、水网稻田地进攻等；按照战场气象条件，可区分为高寒地区进攻和热带山岳丛林地区进攻等；按照战斗时间，可区分为昼间进攻和夜间进攻等。

（二）防御战斗样式

防御战斗样式，是对防御战斗所作的分类。主要根据战斗目的、任务、阵地性质和准备时间进行区分。依据战斗目的、任务和手段的不同，分为阵地防御、运动防御和机动防御；按阵地性质的不同，分为野战阵地防御和坚固阵地防御；根据准备时间的不同，分为预有准备防御和仓促防御。由于作战地形、气象和时间的不同，又可区分为一般条件下防御战斗和特殊条件下防御战斗。特殊条件下防御战斗，按照战场地形条件，可区分山地、平原地、高原地、城市、山林地、荒漠草原地、海岸、岛屿、江河、水网稻田地防御等；按照战场气象条件，可区分为热带地区防御和严寒地区防御等。按照作战时间，可区分为昼间防御和夜间防御等。

第三节 战术基本原则

战斗基本原则，是组织与实施战斗的根本法则，是一切战斗行动的基本依据和指南。它客观地反映了战斗的一般规律，揭示了进行战斗所必须遵循的基本原理，具有实践性、普遍性和系统性的特征；同时，战斗基本原则既随着武器装备、作战对象、战场环境的变化而不断发展，又具有时代特征，因而它对一切战斗都具有普遍的指导意义。

一、知彼知己，正确指挥

“知彼知己，正确指挥”，使主观指导符合客观实际情况，是夺取战斗胜利的前提和基础。指挥员必须周密组织并亲自进行现地侦察、勘察，切实查明当面敌情和战斗地区的地形、气象、水文、社会等情况，判明敌人的战斗能力、特点、行动规律、强点和弱点，分析战场环境对敌我双方战斗行动的影响；熟知所属分队的战斗能力和特长，了解本分队任务及上级、友邻可能的支援与配合等情况。通过对各方面情况进行综合分析判断，比较完成任务的利弊条件，找出克敌制胜的方法，据此定下正确的决心，并组织分队实现决心。战斗中，应当随时掌握敌我情况的发展变化，适时补充、修止决心或者定下新的决心，力求使分队的战斗行动符合不断变化的战场情况。情况紧迫时，应当边行动边查明情况，果断地指挥分队行动，能动地夺取战斗的胜利。

二、消灭敌人，保存自己

“消灭敌人，保存自己”，是一切战斗的基本目的，是一切战斗行动的着眼点，也是贯彻战斗始终的指导原则。其基本精神是：我军战斗以消灭敌人为主，保存自己是第二位的。因此，无论是进攻或防御，都应当树立积极消灭敌人的思想，发扬勇敢战斗、不怕牺牲的精神，灵活运用战法，主动、积极、坚决地消灭敌人，绝不允许借口保存自己而消极避战；在积极消灭敌人的同时，注重保存自己。树立严密防护、注重生存的思想。力求以尽可能小的代价，消灭尽可能多的敌人。

三、集中力量，各个击破

“集中力量，各个击破”，是我军克敌制胜的根本法则和基本战法之一。其基本精神是：无论进攻或防御，每战都必须集中兵力、火力、电子对抗力量及其他物质的和精神的战斗力要素，并充分发挥其综合效能和整体威力，在同一时间内重点打击一个主要目标。进攻时，应实施重点突击，力求首先歼灭当面之敌的一部分，再转移力量歼敌之另一部分，直至夺取战斗全胜。防御时，应依托阵地，抗反结合，以顽强抗击和积极的攻势行动，不断消耗、歼灭敌人，挫败敌人进攻，以保持防御稳定。

四、迅速准备，快速反应

“迅速准备，快速反应”，是夺取战斗胜利的基本条件，分队必须在精神、物质和组织上随时保持戒备，及时预见可能发生的情况，预先计划，预做多手准备，特别是复杂、困难情况下的战斗行动准备；接到上级号令后科学计算和分配时间，突出重点，分工负责，迅速完成准备，不失时机地对突发情况做出反应。紧急情况下，应当边行动边准备，以弥补战前准备的不足。

五、隐蔽突然，出敌不意

“隐蔽突然，出敌不意”，是指战斗中要采取各种有效措施，切实隐蔽自己的行动企图，灵活迅速地机动兵力、火力，在敌意想不到的时间和地点，运用敌意想不到的战法和手段，向敌突然发起攻击，克敌制胜。隐蔽突然，出敌不意，可以打敌措手不及，有效歼灭敌有生力量和技术力量，保持己方的优势和主动。分队贯彻运用这一原则，应着重把握：掌握敌人规律，发现和利用敌之弱点；切实隐蔽行动企图，突然勇猛攻击；严密防范，防敌突然袭击。

六、灵活机动，力争主动

“灵活机动，力争主动”，是指战斗中为争取主动，必须灵活地实施兵力和火力机动，及时、迅速地占领有利位置，巧妙地变换战术，不失时机地对重要的目标实施坚决突击，陷敌于被动地位。其核心是“灵活机动”。在战斗中，这是造成优势、夺取和保持主动的重要条件。分队贯彻这一原则必须：一是正确选择兵力、火力机动的方式、方法和时机；二要善于机断行事。

七、注重近战，善于夜战

近战、夜战是我军的传统战法，也是我军在高技术条件下扬长避短的有效战法。我们必须看到，虽然敌人强调远战，但其地面部队特别是步兵最终还是要与我军直接接触，因而近战仍是一种客观存在；虽然，夜视器材有良好的夜视效能，但它并不能使整个战场、整个夜间完全白昼化，因而夜战歼敌，仍然具有重要意义。

八、密切协同，主动配合

“密切协同，主动配合”，是指战斗中必须严格遵守协同动作原则，认真执行上级协同动作的计划和指示，为完成同一任务，按照战斗目的（目标）、时间、地点准确行动，步兵分队与各兵种分队之间、步兵分队之间、分队内部之间相互主动支援和配合，协调一致地打击敌人。进攻时要积极支援最前方的分队，防御时要积极支援处于要害部位或处境最困难的分队。要注意强化整体意识，实施统一指挥，坚持全程协调。

九、勇敢顽强，积极战斗

“勇敢顽强，积极战斗”，是我军传统的优良作风，也是夺取战斗胜利的重要因素。高技术条件下，战斗激烈、残酷，人员精神压力和体力消耗明显增大。尤其是战斗分队，与敌短兵相接，长时间处于敌密集火力的直接威胁下，战斗环境险恶因而更需要发扬勇敢顽强的战斗精神。战斗中，各级指挥员要发挥模范带头作用，特别是在态势对我极为不利的情况下，在保证对分队指挥与控制的基础上，要身先士卒、勇敢顽强，以智慧谋略相结合，积极带领分队坚决完成战斗任务。

十、加强保障，及时补充

“加强保障，及时补充”，是顺利组织与实施战斗，保持持续战斗能力的重要保证。组织各种保障与战场管理，是指在战斗或行军、宿营中，除上级采取的保障和管理措施外，分队还应当周密组织自身的侦察、警戒、防护、通信联络、工程、伪装等战斗保障和物资补给、卫生勤务、战场维修等后勤、技术保障，以及维护战场纪律和管好武器装备、阵地、民工、战俘等为主要内容的各项战场管理。这是发挥武器装备效能和顺利实施战斗的重要条件。

第四节 单兵战术基础动作

战士在攻防战斗中，通常在班（组）内行动，以手中武器和爆破器材，打、炸敌坦克、战车，消灭步兵。因此，必须坚决执行命令，贯彻近战歼敌的思想，发扬英勇顽强、不怕牺牲和连续作战的战斗作风，巧妙地利用地形地物，以勇敢沉着、机智灵活的战斗动作，积极主动地与友邻战士密切协同，坚决完成战斗任务。

一、在敌火力下运动

在敌火力下运动，就是在敌人的各种火力（航空兵、炮兵、坦克、装甲车、机枪及步枪火力等）的威胁和拦阻下，灵活地采取不同的运动姿势，隐蔽迅速地接近敌人的行动。在敌火力下运动时，应根据敌情、任务，善于利用地形，灵活地采用不同的运动姿势和方法，正确处理各种情况，适时迅速隐蔽地接近敌人或实施机动。

（一）运动的时机和要求

时机：应按班（组）长的口令、信（记）号，利用我火力掩护或敌火力中断、减弱、转移的瞬间，迅速隐蔽地前进。

要求：选择好运动的路线和暂停位置，运动中不断观察敌情、地形、班（组）长的指挥和邻兵的行动，保持前进方向，发现目标后，应按班（组）长的口令或自行射击。

（二）敌火力下运动的姿势与方法

1. 卧倒、起立

（1）卧倒

卧倒是隐蔽身体、减少敌火力杀伤的一种最低姿势。其要领：左脚向右脚尖前迈出一大步，左腿弯曲，上体前倾，两眼注视前方，左手顺左脚方向伸出。掌心向下，手指稍向右，以左膝、左手、左肘顺序着地，迅速卧倒，左小臂横贴于地面上，右手腕压在左手腕上；两手握拢，手心向下，两腿伸直，两脚分开与肩同宽，脚尖向外。

携枪卧倒时，右手提枪并握背带，其余要领同徒手；卧倒后，右手将枪轻贴于身体右侧，枪面向右，枪管放在左小臂上。

（2）起立

要领：转身向右，两眼注视前方，左腿自然微弯，左小臂稍向里合，以左手、左膝、左脚支撑力将身体支起，同时右脚向前迈出一大步，左脚再迈出一步，右脚靠拢左脚，成立正姿势。

携枪时，在转身向右的同时，右手提枪并握背带，然后按徒手要领起立，成持枪或肩枪立正姿势。

2. 前进

（1）直身前进。在距敌较远，地形隐蔽，敌观察、射击不到时采用。目视前方，右手持枪，大步或快步前进。

（2）屈身前进。在遮蔽物略低于人体时采用。目视前方，右手持枪，上体前倾，头部不要高出遮蔽物，两腿弯曲（屈身程度视遮蔽物高低而定），大步或快步前进。

（3）匍匐前进。士兵在敌火力威胁较大、自身处于卧倒状态下，如发现近处（10 米以内）有地形和遮蔽物可利用时，可采用匍匐前进的运动姿势向其靠近。根据地形和遮蔽物的高低，匍匐前进又分为低姿匍匐、侧身匍匐和高姿匍匐。

低姿匍匐：低姿匍匐是身体平趴于地面并降低至最低程度的运动方式，一般是在前方遮蔽物高约 40 厘米时采用。低姿匍匐携自动步枪的方法有两种：一种是右手掌心向上，虎口卡住机柄，五指握枪身和背带，将枪置于右小臂内侧；另一种是右手食指卡握枪背带上环处，并握枪管，余指抓背带，机柄向上，将枪置于右小臂外侧。行进时，身体正面紧贴地面，头稍微抬起，屈回右腿，伸出左手，用右脚的蹬力和左手的扒力使身体前移，然后再屈回左腿，伸出右手，用左脚的蹬力和右手的扒力使身体继续前移，依次交替前进。徒手的低姿匍匐动作与持枪的动作基本相同。

侧身匍匐：侧身匍匐是在前方的遮蔽物高约 60 厘米时所采用的一种运动方式，其特点是运动的速度稍快，但姿势偏高。携自动步枪运动时，右手前伸移握护木将枪收回，同时侧身，使身体左侧左大腿着地，左小臂前伸着地，左大臂支撑身体，左腿弯曲，右脚收回靠近臀部着地，以左大臂的扒力和右脚的蹬力带动身体前移。徒手侧身匍匐动作与持枪侧身匍匐动作大体相同。

高姿匍匐：高姿匍匐一般是在前方的遮蔽物高约 80 厘米时采用。持枪前进的动作是，左手握护木，右手握枪颈，将枪横托于胸前，枪口离地，用两肘和两膝支撑身体，然后，依次前移左肘和右膝、右肘和左膝，如此交替前移。有时，也可采取低姿匍匐的携枪方法。徒手的高姿匍匐动作与持枪高姿匍匐动作基本相同。

无论采取哪种匍匐姿势，运动到预定位置或适当位置后，都应迅速卧倒隐蔽，视情况出枪射击。

3. 滚进

滚进是在卧姿时，为避开敌人观察、射击而左右移动或通过棱线时采用的运动方法。将枪关上保险，左手握枪表尺上方，右手握枪颈附近或两手握护木，枪面向右，顺置于胸、腹前抱紧，两臂尽量向里合，两脚腕交叉或紧紧并拢，全身用力向移动方向滚进。

运动中，也可在卧倒同时向移动方向滚进。其要领：左（右）脚向前一大步，左手在左（右）脚前着地，身体尽量下塌，右手将枪挽于小臂内，枪面向右。身体向右（左）侧，在右（左）肩、臂着地同时，向右（左）滚进。滚进时，右（左）腿伸直，左（右）腿微屈，滚进距离长时可两腿夹紧。

4. 沿壕运动

跳入壕内时，应根据壕的深浅，采用不同的跳入方法。在壕内运动时，根据情况通常采取直身或屈身姿势，目视前方，隐蔽迅速前进。运动中做到姿势低、速度快，不断观察敌情和前进路线。同时还应防止枪托碰撞壕壁。两人壕内相遇通过时，靠近掩体或堑壕交通壕交叉处的一方战士，应迅速利用其隐蔽，待另一方战士通过后继续前进。当无掩体或无交叉处可利用时，两人可面对面，侧身向各自的方向转动通过。在壕内运动，接近拐弯处时，应减慢速度，接近后隐蔽观察，迅速拐弯。跃出堑壕应尽量利用残缺部位或掩体跃出，也可以支撑跃出。

5. 跃进

跃进是在敌火力下迅速通过开阔地带时采用的运动方法。跃进时要做到跃起快、前进快、卧倒快。跃进前，应先观察前方地形，选择好前进路线和暂停位置，而后，迅速突然地前进。前进时，右手持枪目视敌方，屈身快跑。跃进的距离和速度应根据敌火力和地形而定，敌火力越烈，地形越开阔，跃进的距离应越短，速度应越快，每次跃进距离通常为15～30 米。当进到暂停位置遭敌猛烈射击时，应迅速隐蔽或卧倒。卧倒后，如无射击任务，则不据枪，做好继续前进的准备。

6. 近迫作业

近迫作业就是当逼近敌人时，在敌火力下进行的土工作业。进攻战斗中，在开阔地敌火力下停留时，为了保存自己、消灭敌人，就必须进行近迫作业。近迫作业可根据班（组）长的口令或自行进行。其要领：将枪放在身体右侧或上一臂处。机柄向下，侧身取下圆锹，先从一侧由前向后掘，将土投向前方堆成胸墙，一侧挖好后，翻身侧卧于坑内。继续挖另一侧，直到能掩护全身为止。作业时，姿势要低，动作要快，并不断观察敌情和班（组）长的指挥，随时准备射击或前进。

军事泛舟

推迟死亡之谜

在一次战斗中，一个传令兵向拿破仑飞奔而来并递交给他一份裹在马鞍中的信件。拿破仑问："你受伤了吗?""不，我被杀死了。"传令兵回答。话音一落，便从马上摔下来死去了。像这种用意志推迟死亡的事例并不少见。心理学家研究说明，由于濒临死亡的人感到某种责任未尽，加上顽强的意志努力，使大脑皮层上形成了强烈的兴奋中心，唤醒这即将丧失的意识，结果推迟了死亡的到来，当完成了肩负的责任以后，这个兴奋中心一下子就松弛下来，使濒临死亡的人即刻死去。

二、对一般地形地物的利用

利用地形地物的目的在于隐蔽身体，发挥火力。只有充分地发挥火力，消灭敌人，才能有效地保存自己。因此，在利用地形地物时，应首先着眼于发挥火力。

(一) 地形地物的概念

地形，是地貌和地物的总称，地貌是地面高低起伏的状态，如山地、平原、凹地等。地物是地面上的固定物体。如居民地、道路、土堆、江河、树木、线杆、桥梁、房屋等。

(二) 利用地形地物的要求

士兵在利用地形地物时，应根据不同情况灵活地利用和善于改造，做到：便于观察、射击和隐蔽身体；便于接近与离开；便于防敌地面和空中火力杀伤，不妨碍班（组）长的指挥、邻兵的动作和火器射击；不要几个人拥挤在一起，以免增大伤亡；尽量避开独立、明显的物体和难于通行的地段。

火箭筒手利用地形地物射击时，应有良好的射界，在火箭弹飞行的路线上不得有障碍物；筒后 30 米内不能有人，以免自伤。

利用地形地物时，应根据遮蔽物的高低、大小、距敌远近，是否被敌发现及敌火威胁程度等情况，采取适当的姿势。做到：迅速隐蔽地接近，由下而上地占领，周密细致地观察，不失时机地出枪（筒）。对不便于射击的位置应加以改造，在一地不要停留过久，视情况灵活地变换位置。

利用地形地物的要领可归纳为：接近、占领、改造、转移。

接近：右手持枪并抓住背带，当地物高约 60 厘米时，在距地物 3～5 步处卧倒，可采取侧身或高姿匍匐接近；当地物高约 40 厘米时，可采取低姿匍匐接近；当地物低于 40 厘米时，视情况也可直接占领。

占领：接近后应由下而上地占领。隐蔽地观察和出枪。双手出枪时，左手握护木，左肘前伸，并调整好位置，右手握枪颈（打开保险），两手协力将枪送出，迅速指向目标实施射击。单手出枪时，右手将枪向目标方向送出，左手接握表尺下方，右手移握枪颈，打开保险，瞄准射击。

改造：若占领的地形不便于射击，应对其加以改造。改造时，将枪收回（关上保险），置于身体右侧一臂处，取下小锹，由后向前进行。改造时，应将新土放于地物后侧，不要扬起灰尘，以免暴露目标，并不断观察敌情和班（组）长的指挥，随时准备射击和前进。

转移：根据上级的指挥或视情况需要变换位置时，应迅速收枪（关保险），同时身体下移，采取向左（右）移动或滚动的方法迷惑敌人，突然离开。运动中注意抓好枪背带。

(三) 地形地物的利用方法

(1) 利用堤坎、田埂。横向的利用背敌斜面或残缺部位，火箭筒（机枪）手通常将

（筒）脚架支在背敌斜面上，筒口距地面不得小于20厘米；纵向的通常利用弯曲部或顶端一侧，依其高度取适当姿势。堤坎高于人体时，应挖踏脚孔或阶梯。利用堤坎对空射击时，通常利用顶部，并根据其高度取不同姿势。

（2）利用土（弹）坑、沟渠。通常利用其前沿，纵向沟渠利用弯曲部。根据敌情、坑的大小、深度，以跳、滚、匍匐等方法进入，并取适当姿势；对空射击时，以坑沿作依托或背靠坑壁进行射击。火箭筒手应利用坑的右前沿作依托，以防射击时喷火自伤。

（3）利用七堆（坟包）。通常利用独立土堆（坟包）的右侧，如视界、射界受限或右侧有敌火力威胁时，也可利用其左侧或顶端。双土堆（坟包）通常利用其鞍部。对空射击时，通常利用其后侧或顶端。

（4）利用树木。通常利用其右后侧，根据树干的粗细取适当姿势。树干粗（直径50厘米以上）可取各种姿势，树干细通常采取卧姿。如取立姿时，应尽量将身体左侧、左大臂（或左小臂）、左膝紧靠树木，右腿向后蹬；如对空射击时，可将左小臂抬高或身体左后侧紧靠树木进行射击。如取卧姿时，应将左小臂紧靠树木或以树的根部为依托，两脚自然并拢，身体尽量隐蔽在树后侧。班用机枪手通常采取卧姿，根据树干的粗细和地形情况，脚架可超过树干。火箭筒手卧姿射击时，应将筒口前伸超过树干或离开树干20厘米以上，以便使火箭弹脱离筒口尾翼能张开。

（5）利用墙壁、墙角、门窗。按其高度取适当姿势。矮墙可利用顶端或残缺部；墙高于人体时，可将脚垫高或挖射击孔。对空射击时，通常利用其顶端做依托或背靠墙壁，依其高度取不同姿势。墙角通常利用右侧，左小臂紧靠墙角，取适当姿势。接近后应注意观察，另一侧无敌人再利用；如另一侧有敌人，应以手榴弹、抵近射击、刺刀将其消灭。火箭筒手利用墙角射击时，筒口距墙角不小于20厘米。门通常利用左侧，窗可利用左（右）下角。

（6）利用高苗、丛林地应尽量利用靠近敌方的边缘内侧，按其高低、稠密情况取适当的姿势。接近时，应注意观察，保持前进方向，利用空隙，轻轻地拨开高苗或利用风吹草动的机会迅速占领。

思考题

1. 战斗类型与战斗样式有哪些？
2. 战术基本原则的内容有哪些？
3. 简述利用地形地物对单兵战斗的影响。

第九章

军事地形学

教学目标

掌握地形图的基本知识，学会现地使用地图；了解各种地形对作战行动的影响。

军事讲坛

知吾卒之可以击，而不知敌之不可击，胜之半也；知敌之可击，而不知吾卒之不可以击，胜之半也；知敌之可击，知吾卒之可以击，而不知地形之不可以战，胜之半也。故知兵者，动而不迷，举而不穷。故曰：知彼知己，胜乃不殆；知天知地，胜乃不穷。

——孙子

【译文】只了解自己的部队能打，而不了解敌人不可以打，胜利的可能只有一半；了解敌人可以打，而不了解自己的部队不能打，胜利的可能只有一半；了解敌人可以打，也了解自己的部队能打，而不了解地形不利于打，胜利的可能也只有一半。所以，懂得用兵的人，他行动起来决不迷惑，他的对敌之策变化无穷。所以说：了解对方，了解自己，争取胜利就不会有危险；懂得天时，懂得地利，胜利就可保万全。

第一节　地形对军队作战行动的影响

人类活动一般都在地球表面进行，地球表面的千姿百态就是地形。对人类而言，地形，是人类一切实践活动的基础，是组织指挥军队作战的主要因素。我国古代军事家孙武在《孙子·地形篇》中指出“长地形者，兵之助也”，“知彼知彼，胜乃不殆，知天知地，胜乃无穷”。在中国抗日战争、解放战争年代，毛泽东同志多次指出地形对战争的重要性，指出一切作战行动都必须研究和利用地形。现代高技术战争，地形对军队作战行动的影响不仅没有降低，而且更加深刻和广泛。只要未来战争还在地面进行，地形就是人们不能忽视的重要因素。

一、什么是地形

（一）地形的定义

地形是地球表面高低起伏的形态和各类物体的总和，地球表面高低起伏的形态称为地貌，如山地、丘陵、平原等。地物是地球表面上人工或自然的固定性物体，如居民地、道路、江讨、森林、建筑物等。地形是地貌和地物的总称。

（二）地形的分类

地形是地球表面不同的地貌和地物错综结合而形成。在实践中人们根据对利用地形要求的不同，采取不同的分类方法。在通常情况下，人们根据地貌总的自然起伏的形态，将地形分为山地地貌、丘陵地地形和平原地形三大类，从地形对军事行动的影响角度，将地形分为山林地地形、石灰岩地形、水网稻田地地形、黄土地形、沙漠戈壁地形、城市居民地形、海岸岛屿地形、草原地形、沼泽地形等。

二、不同地形的特点及其对军队行动的影响

军队的活动，都是在一定地形条件下进行的，都要受到地形条件的影响和制约。战争史证明，无论进攻或防御，在其他条件都具备的情况下，善于利用地形的，可以减少损失，取得战斗的胜利；否则，会给战斗增加困难，甚至遭受挫折或失败。所以，古今中外的军事家，无不重视分析研究地形对军队战斗行动的影响，趋利避害，使自己立足于不败之地。

（一）平原地形对作战行动的影响

所谓平原地形，以平坦广阔的地貌为主导要素形成的地形。一般指海拔在 200 米以下，高差在 50 米以下，坡度平缓、起伏很小的以平坦广阔的地貌为主的地形。

1. 平原地形特点

河渠较密，水泥丰富，水利设施较完善；居民地密集，经济发达；道路成网，交通便利，农田耕地成片，森林覆盖较少，但经济作物发达。

2. 平原地形对作战行动的影响

南方平原地形雨量无足，湖泊池塘较多，江河沟渠纵横，U 水稻种植为主。这种平原地形称为水网稻田地形。水网稻田地形虽平坦广阔，但由于河湖港汊横于稻田之间，除主干道路连接较大居民地外，次要道路等级较北方低，故严重影响大部队行动，特别是装甲部队的越野机动。守方一旦控制了交通枢纽、机场、港口、桥梁和重要居民地时，便切断了攻方可能的行动路线。故我国南方平原对作战行动的影响，是便利于防守丽不利于进攻。

北方平原上旱地遍布；居民地比较集个且多形成密集街区；除干线公路外，简易公路以下等级的道路较南方的相对宽而且直，许多机耕路除雨季外，一般都可通行汽车，越野机动条件较好；除常年有水的大河以外，一般的河流雨季有水，水渠分布较规则；田间道旁渠畔行树成荫，夏秋季节高秆作物具有一定的隐蔽性。因此，北方平原利于机动，便于装甲部队从行进间发起进攻，交通枢纽、道路交叉口、桥梁和居民地对控制对方的作战行动具有重要意义，往往成为敌对双方争夺的焦点；零散分布的小高地、土堆、土堤具有一定的制高和掩蔽作用；装甲车辆和其他战斗车辆暴露行驶的距离长，有利于反坦克武器及其他武器的瞄准射击，地表土质利于构筑工事，便于改造地形限制对方机动。所以像我国北方平原这样的地形易攻而难守。

(二) 山地地形对作战行动的影响

1. 山地地形的特点

山地是层峦叠峰、脉络明显，高差大于200米，坡度较大的地表形态。这种地形上，地表岩层裸露或离地表很浅，起伏连绵，多绝壁悬崖，河谷深切，水流湍急；居民地区沿河谷分布，密集的大居民地稀少，道路网不发达，主要干线公路较平原、丘陵地形上的少且等级低，而且坡度、方向变化大；其植被要素受气候和海拔的共同影响很大，我国山地地地形的植被覆盖率极不平衡。当在山地地貌上覆盖有森林时，则形成山林地形。在热带则形成热带山林丛林。

(二) 山地地形对作战行动的影响

山地障碍作用强，可以阻滞敌人，延缓敌人的进攻速度；利用绝壁陡坡、山隘狭谷据壕坚守；层出叠嶂、蜿蜒起伏，隐蔽条件好；居高临下，便于观察；山回路转，便于设伏，诱敌深入，围而聚歼；山地脉络相连，周密计划后，可为进、退之据点；能阻止进攻之敌的隐蔽迂回、穿插分割，在山地可以居高扼险，卡口制路，从而对敌实施阻、挡、击、歼，故有利于防御。

山地坡陡谷深，影响部队机动，狭谷关隘，桥梁渡口，瓶颈地带，是攻者必须警惕的陷阱地带；翻山越涧，道路崎岖，不利于机械化部队行动和展开；联络和机动受限，不利于围歼；有的山地，山脉延伸，模阻纵横，有利于迂回；进攻力量难以集中，有利分散徒步，不利于协同作战，因而指挥不便，难以速决，故不利于进攻。

(三) 丘陵地地形对作战行动的影响

1. 丘陵地形的特点

丘陵是丘岗起伏，高差小（一般在200米以内）、坡度和缓，没有明显脉络联系的地貌形态。丘陵地地形是以丘陵地貌为主叠加其他各地形要素的地形。

丘陵地地形上，高差、坡度较小，丘岗间谷地较宽，故障碍作用相对减小；居民多靠丘岗坡脚分布，沿道路、河流交叉处的居民地较大且较密集，道路较多且较平直；由于该地形宜农宜林，一般隐蔽作用好，便于伪装；丘岗间无明显脉络联系，观察射击条件较好；水系随地理位置和气候而异，位于我国南方时，河水丰沛，而位于北方时，河水则随季节而变化。

2. 丘陵地形对作战行动的影响

丘陵坡缓谷宽，道路较发达，便于机械化部队作战，障碍作用较山地小，利于穿插、迂回、分割；土层较厚，取材方便，易于筑城，而且具有较好的防御强度；丘岗间观察射击条件好，便于相互支援，阵地的坚韧性强；便于隐蔽和伪装；便于宜射火器作超越射击，便于通信联络的指挥。

所以丘陵地形宜于守，也宜于攻，是适合于大兵团作战的地形。

(四) 居民地地形对作战行动的影响

1. 居民地地形的特点

人类的集聚定居的地区叫居民地。居民地按其性质与人口数量的多少分为城市、集镇、村庄。城市通常是某一地区政治、经济和文化中心，也是当地交通枢纽。人口众多、建筑高大密集且坚固，建筑设施较多，交通方便。集镇相对城市而言，范围较小、人口较少、建筑不如城市高大坚固密集，地下建筑设施较少，交通较城市便利。村庄是较小的居民地，人口不多，房屋矮小，多平房院落。

2. 居民地地形对作战行动的影响

居民地形，建筑物密集，易于设置障碍；房屋参差错落，观察受限，不便发扬火力，不便于指挥。城市房屋密集，极易隐蔽，高层现代建筑，结构坚固，有一定的防护能力，但战时房屋容易倒塌、起火燃烧；水管、煤气管道容易破裂，引起火患、爆炸和中毒：城市便于组织立体防御，攻防均易形成巷战，战斗进程缓慢，使得进攻者兵力增加等。

以上几类地形对军队行动的影响，为分析其他地形对军队行动的影响奠定了基础。在其他地形进行战斗行动时，只需考虑其他地形不同的因素。比如山林地，只需在分析山地的因素基础上，再考虑森林较多这一因素即可。

地形对军队的行动影响是广泛的。在现代高技术战争条件下，地形对战斗的行动影响仍然十分重要，了解地形对军队行动的影响，趋利避弊，并根据需要能动地改造和创造地形，以便在未来的战争中赢得胜利。

第二节　地图基础知识

一、地图基本概念

（一）地图的定义

将地面的自然和社会现象要素，按一定的投影方法和比例关系，用规定的图式符号、颜色和文字注记，综合测绘于平面图纸上的图叫地图。它与部队作战、训练以及人们的生活是息息相关的。

（二）地图的分类和用途

地图的分类，是根据地图的某些特征，把它们分成一定的种类。按内容可分为普通地图和专题地图；按比例尺可分为大、中、小比例尺地图技用途可分为教学因、参考图、政区图、军用图、飞行图、航海图、交通图、游览图等。

普通地图能综合反映地表地理景观的外貌，比较全面地表示自然条件和社会经济要素以及人类改造自然的成果。主要包括：自然地理要素，如地貌、水系、土壤、植被等；社会经济要素，如居民地、行政区划、工矿、交通网等。普通地图又分为地形图和地理图，是编绘专题地图的基础。

地形图，是普通地图的一种，其比例尺大于 1∶100 万。它是国家经济建设、国防建设和军队作战训练，研究地形不可缺少的主要地形资料。我国地形图比例尺系列为 1∶1 万、1∶2.5 万、1∶5 万、1∶10 万、1∶20 万、1∶50 万、1∶100 万等 7 种。在地形图上能较详细地反映长度（距离）、高度、坡度、坐标、水平角度和面积等。

专题地图又称专门地图或主题地图，是以普通地图为底图，着重表示某一专题内容的地图，如地质图、地貌图、水文图、人口图、交通图、历史图、植被图、气象图等。

二、地物符号

在地形图上表示实地地物的特定图形和文字、数字注记叫地物符号。根据地物符号可以在地形图上识别出实地地物的种类、形状、大小和分布情况，了解它在军事上的应用价值。

（一）地物符号的图形特点

符号的图形，多数是按地物的平面形状制定的（正形图形），如街区、河流、公路等；有些是按地物的侧面形状制定的（侧面图形），如突出阔叶树、烟囱、水塔等也有少数符号是按有关意义制定的（象征图形），如矿井、变电所、气象台等（图 9－1）。

类别	特点	符号及名称		
正形图形	与地物的平面形状相似	街区 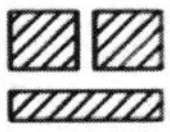	河流、苗圃 	公路、车行桥 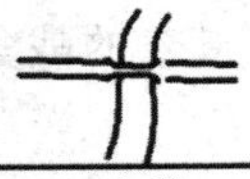
侧形图形	与地物的侧面形状相近	突出阔叶树 	烟囱 	水塔 
象征图形	与地物的有关意义相应	变电所 	矿井 	气象台 

图 9－1　地物符号的图形特点

（二）地物符号的分类

1．依比例尺表示的符号

实地面积较大的地物，如街区、森林、江河、湖泊等，其外部轮廓是按比例尺缩绘的，在图上可了解其分布、形状和性质，计算出相应实地长、宽和面积。这类符号的轮廓线与实地地物的轮廓相一致，尤其是轮廓的转折点的位置精度较高，可供部队指示目标和判定方位用（图 9－2）。

2．半依比例尺表示的符号

实地窄长的线状地物，如道路、城墙、土堤、通信线等，其转折点、交叉点位置是按实地精确测定的，其长度是依比例尺缩绘的，而宽度则不是依比例尺缩绘的。这类符号在图上只能量测其位置和相应的实地长，而不能量取宽度和计算面积。地物的转折点、交叉点可作为方位物和明显目标使用（图 9－3）。

3．不依比例尺表示的符号

实地对军队行动有价值的某些独立物体，如独立树、房、亭和水塔等，因其面积较小，在图上不能按比例尺表示，只能按规定的符号表示。在图上可了解地物的性质和位置，不能量取大小。符号的定位点表示实地地物的中心位置（图 9－4）。

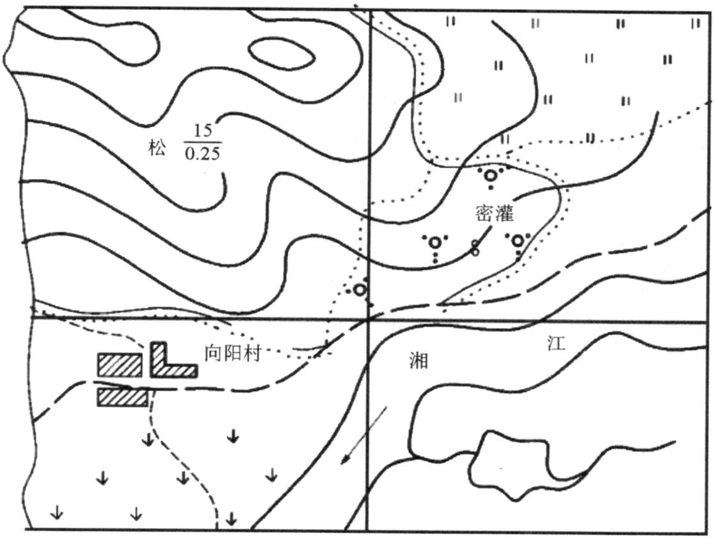

图 9－2　依比例尺表示的符号

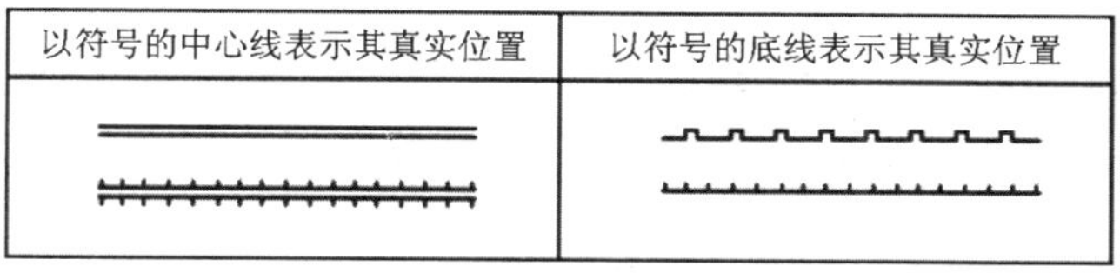

图 9－3　半依比例尺表示的符号

类别	定位点	符号及名称		
有一点的符号	在该点上	三角点	亭	窑
几何图形符号	在图形中心	油库	独立房屋	发电厂
底部宽大符号	在底部中点	水塔	气象站	碑
底部直角符号	在直角顶点	路标	突出阔叶树	突出针叶树
组合图形符号	在主体图形中点	变电所	散热塔（散）	石油井（油）
其他符号	在图形中点	车行桥	水闸	矿井（煤）

图 9－4　不依比例尺表示的符号

4. 说明和配置符号

主要用来说明和补充上述 3 种符号不能表示的内容。说明符号是用来说明某种情况的，不表示实地有这类地物，如表示街区性质的晕线，表示江河流向的箭头等。配置符号是用来表示某些地区的植被及土质分布特征的，不表示实地地物的精确位置和数量，如果园、疏林、零星树木等。

5. 文字和数字注记

地物符号，只能表示实地地物的形状、位置、大小和种类，但不能表示其质量、数量和名称，因此，还需用文字和数字予以注记，作为符号的补充和说明。如街区、江河和山的名称，森林的种类，公路的质量等均用文字注记高程、比高、河宽、水深等则用数字注记。

(三) 地物符号的颜色

为提高地形图的表现力，使其层次分明色来区分地形的性质和种类。其颜色规定（表 9 - 1）。

表 9 - 1　地图颜色规定

颜色		使用范围
四色图	黑色	人工物体——居民地、独立地物、管线、坦栅、道路、境界及其名称与数量注记等
	绿色	植被要素——森林、果园等普染
	棕色	地貌要素——等高线及其高程注记、地貌符号（变形地）及其比高注记、土质特征、公路普染等
	蓝色	水系要素——河流、湖泊、海洋、沟渠、水井及其注记，雪土地貌等

三、地图比例尺

地球表面面积很大，要把它展绘在平面图纸上，就必须缩小。缩小时，地图上的长度与相应实地长度必须保持一定的比例关系，以这种比例关系作为两者之间的量算尺度，这个尺度就叫地图比例尺。因此，比例尺的定义是：图上某线段的长与相应实地水平距离之比。即

$$地图比例尺=\frac{图上长度}{相应实地水平距离}$$

(一) 比例尺的表示形式

地图比例尺通常绘注在地图南图廓的下方中央，其表示形式有：

1. 数字式

它是用比例式或分数式表示的。如 1∶5 万或 $\frac{1}{50\,000}$。

2. 文字式

它是用文字叙述的形式予以说明的。如：“百万分之一”“二万五千分之一”或“图上 1 厘米相当于实地 500 米”等。

3. 图解式

它是将图上长度与相应实地水平距离的比例关系用线段、图形表示的。图解比例尺有直线比例尺、投影比例尺等。地形图上采用的多是直线比例尺。

直线比例尺是用直线（单线或双线）以不同刻画加相应注记表示的图形。如图 9－5 所示为 1∶5 万直线比例尺。从“0”向右为尺身，图形上 1 厘米表示实地 0.5 公里，2 厘米表示实地 1 公里；从“0”向左为尺头，图形上 1 小格表示 50 米，10 小格表示 500 米。

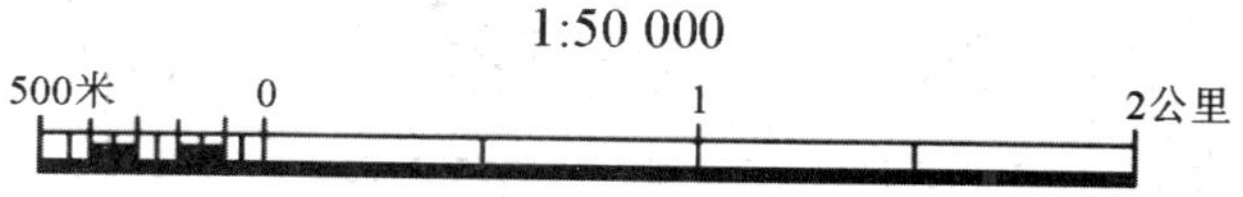

图 9－5　直线比例尺

（二）图上距离的量算

我们了解了地图比例尺，就可以根据图上的长度求得实地相应的水平距离，也可以根据实地的水平距离求得相应的图上长度。部队组织行军或战斗行动时，通常要从图上了解某地段的实地距离，其方法主要有：

1. 用直尺量算

用直尺量算距离时，先用直尺从图上量取所求两点间的长度（厘米数），然后乘以该图比例尺分母，即得相应的实地水平距离（米或公里）。其公式为

实地水平距离＝图上长度×比例尺分母

例：在 1∶5 万地形图上量得某两点间的长度为 2 厘米，求实地水平距离是多少米？

实地水平距离＝2 厘米×50 000＝100 000 厘米

若已知实地水平距离，同样可以换算出图上相应长度。其公式为

$$图上长度=\frac{实地水平距离}{比例尺分母}$$

2. 在直线比例尺上量算

用直线比例尺比量距离时，两脚规、纸条、草棍、线绳等均可做比量工具。先量出图上两点间的长度，再到直线比例尺上比量，即可读出面点的实地水平距离（图 9－6）。

3. 用指北针里程表量读

在图上量取较长的弯曲距离时，使用指北针上的里程表较为方便。里程表由表盘、指针及滚轮三部分组成，表盘上刻有 1∶25 万、1∶5 万、1∶10 万等比例尺的里程分划圈，各分划圈上的数字为相应实地距离的公里数（每一小分划为 1 公里）（图 9－7）。

4. 图上距离的倾斜改正

（1）理论改正

地形图上两点间的距离都是水平距离。由于地形的起伏，实际距离通常大于水平距离。也就是说，实际距离与水平距离之间有一个差值。将其差值尽量缩小，使之更接近实地距离，称为坡度改正。

坡度改正数，随着坡度的增大而增大，按其理论数值，应改正的数值，如表 9－2 所示。

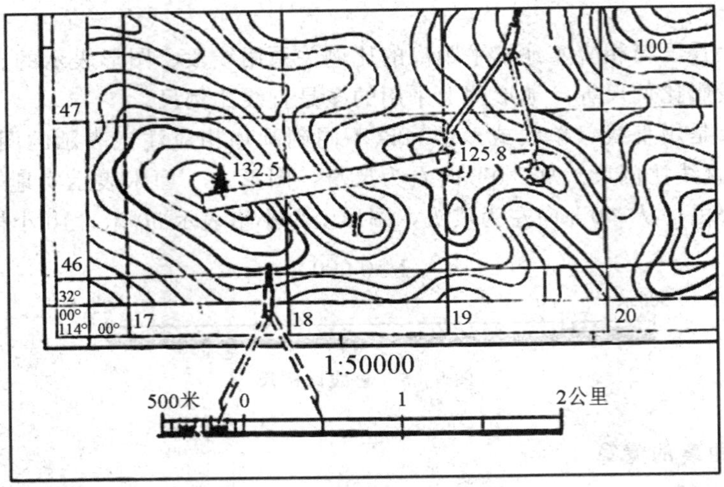

图 9-6　用纸条、两脚规量读距离

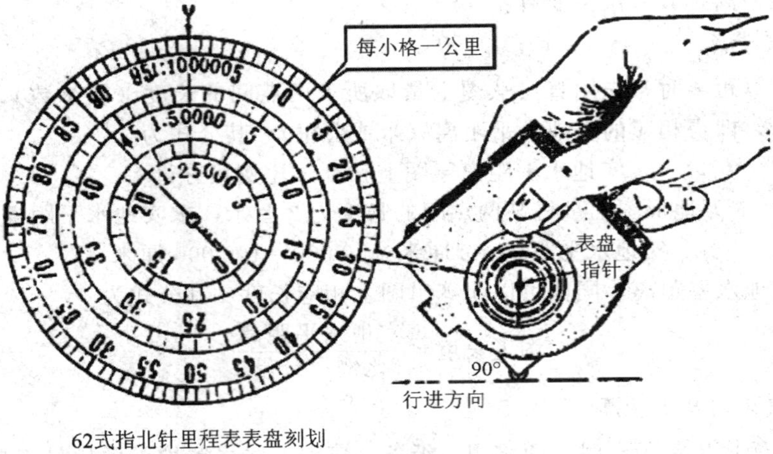

图 9-7　用指北针里程表量读距离

表 9-2　坡度改正系数

坡度	改正数（%）	坡度	改正数（%）
5°	0.38	25°	10.34
10°	1.54	30°	15.47
15°	3.53	35°	22.08
20°	6.42	40°	30.54

（2）坡度与弯曲改正

由于实地地面起伏不平，坡度不一，又加之道路多有弯曲，一般来说，理论改正数与实际改正数仍有较大差别。所以，图上所量得的距离应考虑加坡度与弯曲改正。根据部队在一般地形上实验，其改正数如表 9－3 所示。

表 9－3　坡度与弯曲改正数表

坡度	改正数（%）	坡度	改正数（%）
0°～4°	3	20°～24°	40
5°～9°	10	25°～29°	50
10°～14°	20	30°～34°	65
15°～19°	30	35°～40°	80

（3）按地形种类改正

由于平均坡度不易求出，所以，有些部队在实际运用时，通常按实际地形的经验数据来进行距离改正（表 9－4）。由于这种改正方法比较简便、易记，因此部队使用较广泛，其计算方法与上述方法相同。

表 9－4　按地形各类改正数表

地形各类	改正数
平坦地	10%～15%
丘陵地	15%～20%
山地	20%～2%

四、地图的坐标系统

当人们要确定地图某点（什么位置）时，只能借助坐标系统。军事地形学上坐标有两个体系，一个是平面直角坐标，另一个是地理坐标。军用地形图上印有这两种坐标网。

（一）地理坐标

确定地球表面上某点位置的经度和纬度数值，就是该点的地理坐标。为了使用方便，在 1：20 万、1：50 万和 1：100 万地图上，按照一定的间隔绘有经线和纬线，构成地理坐标网；图廓线的四周有经、纬度数值注记。在大于 1：10 万图上，只是在内图廓外绘有分度带，每个分划为一分；在内图廓的四角注有经、纬和值。需要用经纬度指示目标时，只要把南图廓与北图廓、东图廓与西图廓上分度带的相应分划连接起来，就构成了地理坐标图。

地理坐标是世界各国通用的。在海上、空中、边防或外交斗争中，通常采用地理坐标指示目标。例如，知道了地理坐标为北纬 25°02.5′，东经 121°31′，就可以从图上找到这是台北市（图 9－8）。反之，找到了图上位置，也可以求出这一点的地理坐标。

（二）平面直角坐标

由于经纬线在图上多是弧线，不便于图上作业，更不便于距离和角度的换算，因此，在大比例尺图上都绘有平面直角坐标网。

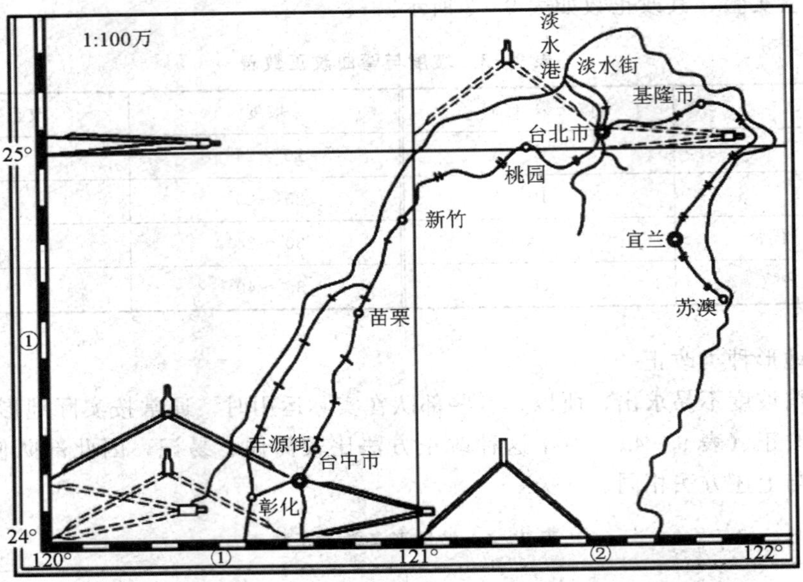

图 9－8　依地理坐标网量读台北市位置

我国地形图上的平面直角坐标网，是按高斯投影构成的。

高斯投影的基本概念可以这样理解：假想用一个椭圆柱面横套在地球椭球的外面，与某一经线（即中央经线）相切，并使圆柱轴通过地心，然后根据等角不变的条件，用数字的方法将地球的经纬线投影到椭圆柱面上。为了控制变形，先按一定的经差将地球表面划分为若干带，再使椭圆柱面依次和每一带的中央经线相切，并把各带中央经线东西两侧一定经差范围内的经纬线网投影到椭圆柱面上，然后从两极将椭圆柱面切开展平，即是地球各带经纬线网在平面上的图形（图 9－9）。

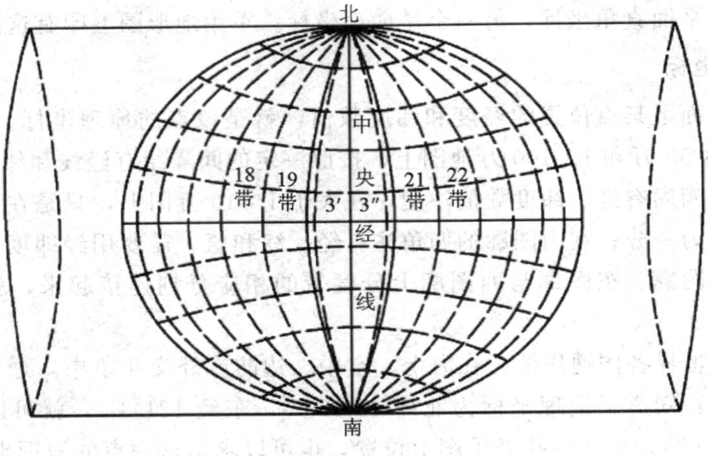

图 9－9　高斯投影

我国 1∶2.5 万、1∶10 万、1∶20 万、1∶50 万比例尺地形图，采用的是经差 6°分带方法，即以起始经线为零，由西向东每隔经差 6°为一带，将全球分为 60 个带，各带的带号依次以 1，2，3，…60 表示。每带的中央经线，依次为 3°，9°，15°，…，357°。我国位于东经 72°至 138°之间，共占 11 个投影带，即 13 带至 23 带，各带的中央经线依次为 75°，87°，…，135°（图 9－10）。

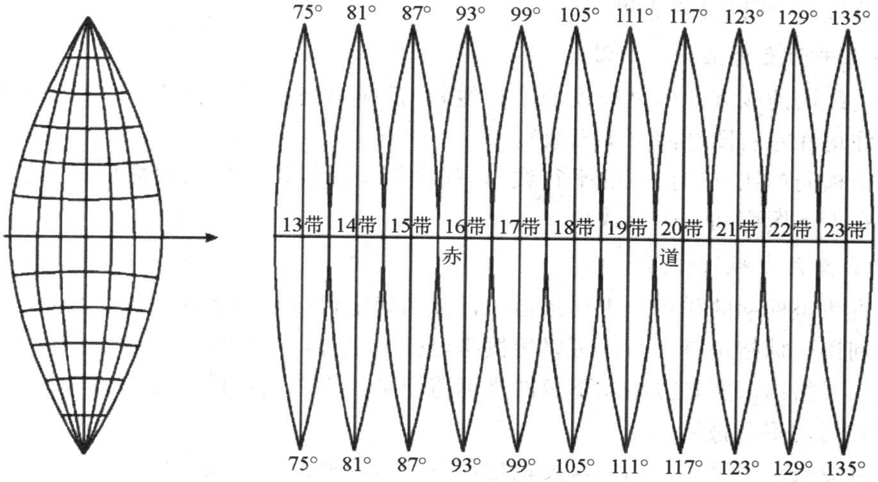

图 9－10 高斯投影带在平面上的图形

1∶1 万及大于 1∶1 万比例尺的地形图，采用的是经差 3°分带方法，并规定中央经线的经度均为整度数。因此，3°分带就不是从零子午线开始，而是从 1°30′的经线开始。

由于该投影具有精度高、变形小、计算方便等优点，完全可以满足在大比例尺地形图上进行各种精确量测和计算的要求，可以满足军事上的各种需要，因而被世界各国广泛采用，成为国际上常用的一种地图投影。我军目前使用的 1∶5 万、1∶10 万、1∶20 万、1∶50万地形图都是采用这种投影。

确定平面上某点位置的长度数值，就是该点的平面直角坐标。平面直角坐标的值是用公里和米表示的。

1. 平面直角坐标的构成

平面直角坐标，是在图上由两条垂直相交的直线建立起来的坐标系统。纵线为纵轴，以“X”表示；横线为横轴，以“Y”表示；两直线的交点为坐标原点，以“0”表示。确定某点的位置时，以该点到横轴的垂直距离为纵坐标（X），到纵轴的垂直距离为横坐标（Y）。并规定，X 值在横轴以上的为正，以下的为负；Y 值在纵轴以右的为正，以左的为负。如甲点的坐标：X＝250，Y＝300。用这种方法确定点位的，就叫平面直角坐标法。

2. 图上平面直角坐标的起算

高斯投影是以 6°为一带，每个投影带的中央经线是直线，与中央经线相垂直的另一条直线是赤道。地形图上的平面直角坐标，就是以中央经线为纵轴（X），以赤道为横轴（Y），其交点为坐标原点（O），这样，每个投影带便构成一个独立的坐标系。我国领土位于赤道以北，所以纵坐标（X）值均为正值；横坐标（Y）值，位于中央经线以东的为正，位于中央经线以西的为负。为了计算方便，消除负数，又将横坐标（Y）值均加上五百公里常数，（即等于将纵轴西移 500 千米）横坐标以此纵轴起算，Y 值也就全是正数了。

因为一个投影带的范围很大，分的图幅也很多，为能迅速确定点的坐标，制图时，就用平行线的办法，以一千米（或两千米）为单位，分别作中央经线和赤道的平行线，构成正方形方格网，叫做平面直角坐标网。在1∶5万地形图上，每个方格的面积是一平方千米（平方公里），所以又叫方里网。

3. 图上平面直角坐标的注记

地图上纵向的线（即中央经线的平行线），都叫纵坐标线，它的长度数值是由南向北增加的，注记在左右图廓间（千米数）。

地图上横向的线（即赤道的平行线），都叫横坐标线，它的长度数值是由西向东增加的，注记在上下图廊间（千米数）。

4. 平面直角坐标的作用

平面直角坐标网的作用，主要是指示目标和确定目标在图上的位置，也可以估算距离和面积。利用坐标指示目标时，可以用概略坐标，也可以用精确坐标。例如，报告山的概略坐标，只要指出山所在方格左下角的坐标值即可。报告坐标的顺序是：先纵坐标值，后横坐标值，切记不要报错。

为了避免报错顺序，可用曲尺度量地形图，最简便的方法是：用左手的虎口对正这个方格的左下角，先沿拇指方向找出纵坐标值（X）为85，再沿食指方向找出横坐标值（Y）为49。口头报告时，先说坐标，后说地名，如：85、49，山。如果在文件中，就写成："山（85、49）"（图9－11）。

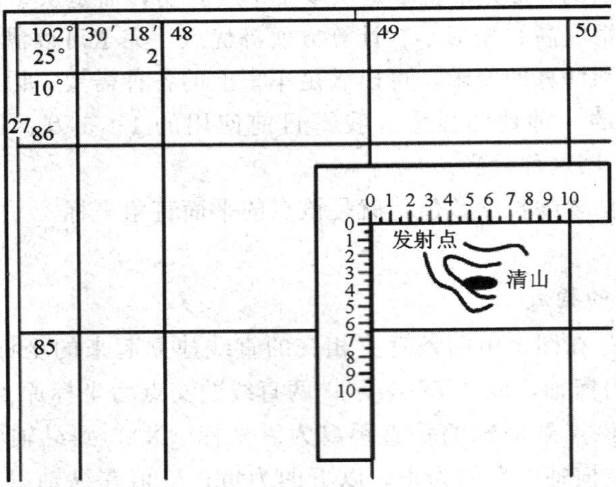

图9－11　量取点的坐标

炮兵射击，常常需要精确坐标，此时应先找出概略坐标，再加上该点到下边和左边方格线的垂直距离的米数即可。最方便的办法是用坐标尺量读。量读的方法是：使坐标尺的纵边与纵坐标线密合，横边通过所量地物之定位点，即可读出纵、横坐标的米数，然后与概略坐标的公里数相加，就是精确坐标。例如发射点的精确坐标为：X85620，Y49300，反之，用同样的方法，知道了坐标值，也可以确定目标点在图上的位置。

五、地貌判别

地貌，主要是指地球陆地表面高低起伏的变化形态，如山地、丘陵地、谷地、沙漠和草原等。它和水系一起构成图上其他要素的自然基础。在地图上表示地貌的方法有很多，主要有：等高线法、晕翁法、晕渲法、分层设色法、写景法及组合法（如等高线加晕渲）等。

晕翁法（又称斜坡线法）是用沿着斜坡方向描绘的平行线（即晕翁线），显示地面起伏和倾斜坡度。其特点是立体感强、位置准确，但难以判读高程，作业繁琐。

晕渲法是按照光线在地面上的分布，用不同色调加颜色的浓淡变化来显示地貌的高低起伏。其特点是生动形象、景观自然，但不能准确确定地面高程和图上测量。

分层设色法是在等高线的基础上，按照一定的高度分层着色，以显示地貌的高低起伏。其特点是高程准确，立体感强，但由于分层设色，常有阶梯状态的现象。

等高线法是现代地形图表示地貌的主要方法，虽然缺乏立体效果，但能科学地反映地面起伏形态及其特征；能准确量测地面点的高程和坡度；判定山脉走向、地貌类型以及微型地貌特征（小山顶、凹地、沟谷等），是目前在军事上主要使用的地图表示法。

（一）等高线表示地貌

1. 等高线表示地貌的原理

等高线是由地面上高程相等的各点连接而成的曲线。

假想把一座山从底到顶按相等的高度，一层一层地水平切开。这样，在山的表面就出现了许多大小不同的截口线，再把这些截口线垂直投影到同一平面上，便形成一圈套一圈的曲线图形。因为同一条曲线上和中点的高程都相等，所以叫等高线。地形图就是根据这个原理来显示地貌的。

2. 等高线表示地貌的特点

（1）在同一条等高线上各点的高度相等，每一条等高线都是闭合曲线。

（2）在同一幅地形图上或同一等高距的条件下，等高线多，山就高；等高线少，山就低。凹地相反。

（3）在同一幅地形图上或同一等高距条件下，等高线间隔密，实地坡度陡，等高线间隔稀，实地坡度缓。

（4）闭合等高线的弯曲形状与相应实地地貌形状相似（图 9－12）。

4. 等高线的种类和作用

等高线按其作用不同分为以下四种（图 9－13）：

（1）首曲线。又称基本等高线，是按规定的等高距，由平均海水面起算而测绘的细实线，线粗 0.1 毫米。用以显示地貌的基本形态。如在 1∶5 万图上的首曲线应依次为 10 米、20 米、30 米……

（2）计曲线，又称加粗等高线，规定从高程起算面起，每隔四条首曲线（即 5 倍等高距的首曲线）加粗描绘一条粗实线，线粗 0.2 毫米。用以数计图上等高线与判读高程。如在 1∶5 万图上的计曲线应依次为 50 米、100 米、150 米……

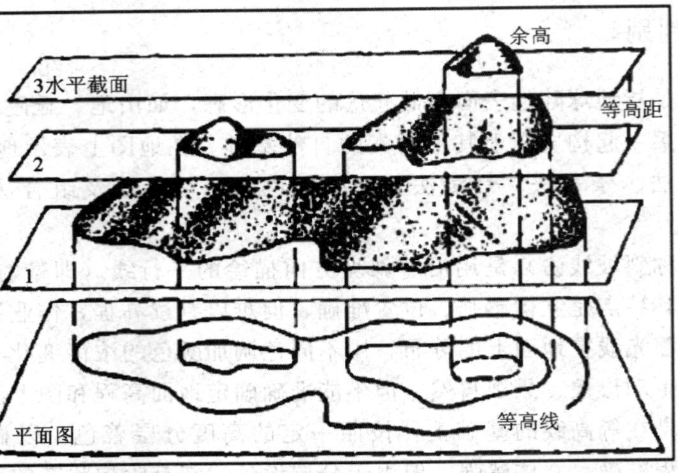

图 9－12　等高线显示地貌原理

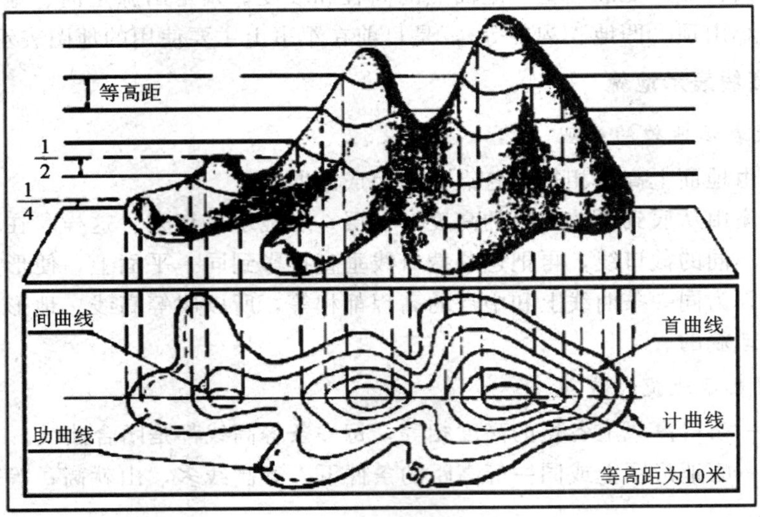

图 9－13　等高线的种类

（3）间曲线。又称半距等高线，是按 1/2 等高距描绘的细长虚线，用以显示首曲线不能显示的某段微型地貌，如小山顶、阶坡或鞍部等。

（4）助曲线，又称辅助等高线，是按 1/4 等高距描绘的细短虚线。用以显示间曲线仍不能显示的某段微型地貌。

间曲线和助曲线只用于局部地区，所以它们不像首曲线那样一定要各自闭合。除描绘山顶和凹地的曲线各自闭合外；表示鞍部时，一般只对称描绘，并终止于适当位置；表示斜面时，一般终止于山背曲侧。

在图中，有首曲线、计血线、间曲线、助曲线四种等高线。

对于独立山顶、凹地以及不易辨别斜坡方向的等高线，还要绘出示坡线。示坡线是与等高线相垂直的短线，是指示斜坡的方向线，绘在曲线的拐弯处，其不与等高线连接的一端指向下坡方向（图 9－14）。

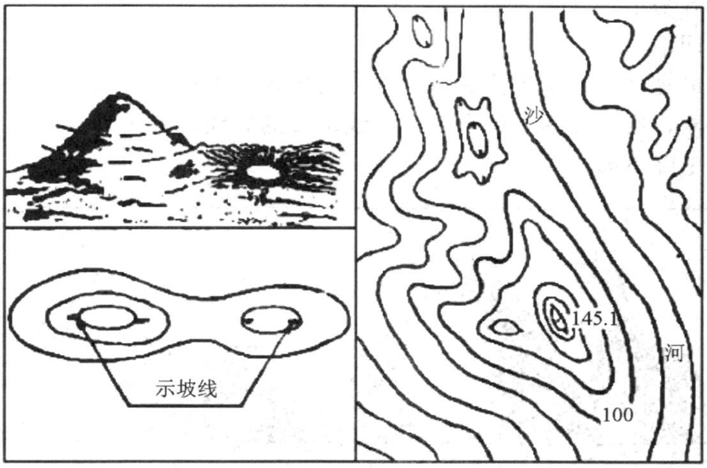

图 9－14　示坡线

5. 高程起算和注记

地形图上的高程，都是从同一基准面起算的。我国规定：把“1956 年黄海平均海水面”作为全国统一的高程起算面，高于该面为正，低于该面为负（负值前面加负号），故称为“1956 年黄海高程系”。

从黄海平均海水面起算的高程称真高，也称海拔或绝对高程。从假定水平面起算的高程，称假定高程或相对高程。由物体所在地面起算的高程称比高，它是相对高程的一种。起算面相同的两点间高程之差称高差（图 9－15）。

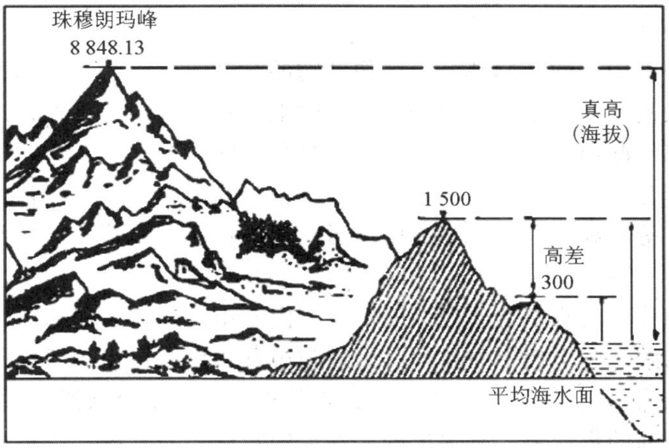

图 9－15　高程起算

（二）地貌识别

1. 山的各部形态识别

地貌的外表形态尽管千差万别，多种多样，但它们都是由某些基本形态组成的。这些基本形态是；山顶、凹地、山背、山谷、鞍部和山脊等，如果认识了这些基本形态，识别等高线图就比较容易了。

（1）山顶、凹地

山顶是山的最高部位。山顶依其形状可分为尖顶、平顶和圆顶等。图上表示山顶的等高线是一个小环圈，有的环圈外绘有与等高线垂直的短线，称示坡线。不与等高线连接的一端表示斜坡的下降方向（图 9－16）。

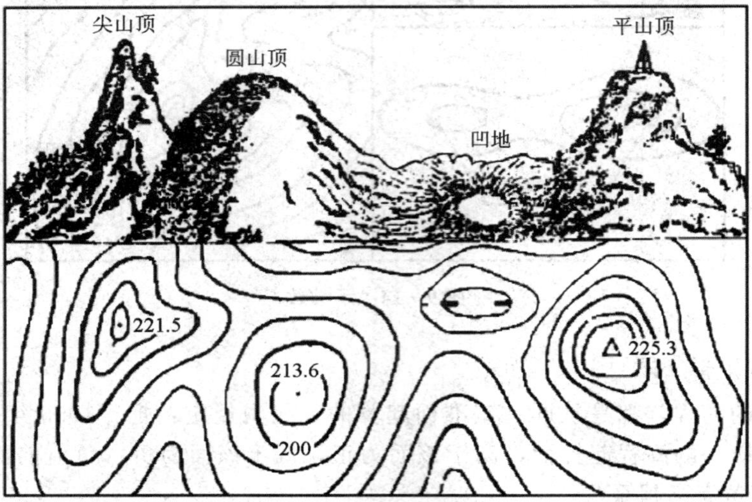

图 9－16　山顶和凹地

比周围地面低下，且经常无水的低地称凹地。大面积的低地称盆地，小面积的低地称凹（洼）地。图上表示凹地的等高线是用一个或数个小环圈，并在环圈内绘有示坡线。

（2）山背、山谷

山背是从山顶到山脚的凸起部分，很像动物的脊部。下雨时，雨水落在山背上面就向两边分流，所以最高凸起的棱线又叫分水线。图上表示山背的等高线以山顶为准，等高线向外凸出，各等高线凸出部分顶起的连线，就是分水线（图 9－17）。

依山背的外形分，有尖的、圆的和平齐的三种。尖山背，等高线依山背延伸方向叶尖状回头；圆山背，等向线依山背延伸方向呈弧状回头；平齐山背，等向线依山背延伸方向呈平齐状回头。

山谷是相邻山背、山脊部之间的低凹部分。由于山谷是聚水的地方，所以最低凹入部分的底线又称合水线。图上表示山谷的等高线与山背相反，以山顶或鞍部为准，等高线向里凹入（向高处凸出），各等高线凹入部分顶点的连线，就是合水线（图 9－17）。

根据山谷横剖面的形状分，有尖形的、圆形的和槽形的三种。尖形谷的横剖面是上部宽敞，底部近于圆弧状，等高线图形为“U”形，槽形谷的横剖面如同水槽上宽下窄的几何梯形，等高线图形为“V”形。

（3）鞍部、山脊

鞍部是相连两个山顶间的凹下部分，其形如马鞍状，故称鞍部。图上是用一对表示山背和一对表示山谷的等高线显示的（图 9－18）。

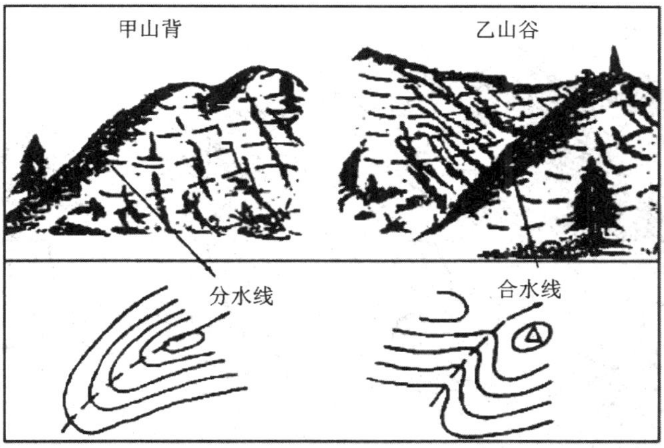

图 9-17 山背和山谷

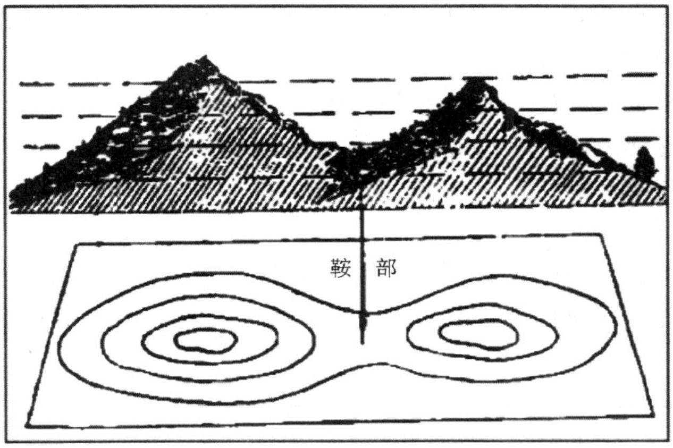

图 9-18 鞍部

山脊是由数个山顶、山背、鞍部相连所形成的凸棱部分。山脊的最高棱线称山脊线（图 9-19）。

2. 斜面和防界线

（1）斜面

斜面是指从山顶到山脚的倾斜部分，又叫斜坡或山坡。军事上以敌对双方占领的地区为准，把朝向对方的斜面称为正斜面，背向对方的斜面叫反斜面。斜面按其起伏形状分为四种。

①等齐斜面：实地斜面的坡度基本一致，全部斜面均可通视，便于发挥火力。在图上，等高线间隔大致相等，仅有急坡和缓坡之分。急坡等高线密，等高线间隔小；缓坡等高线稀，等高线间隔大。

②凸形斜面：实地斜面的坡度上缓下陡，斜面部分地段不能通视。形成观察、射击的死角。在图上，等高线间隔上面稀，下面密。

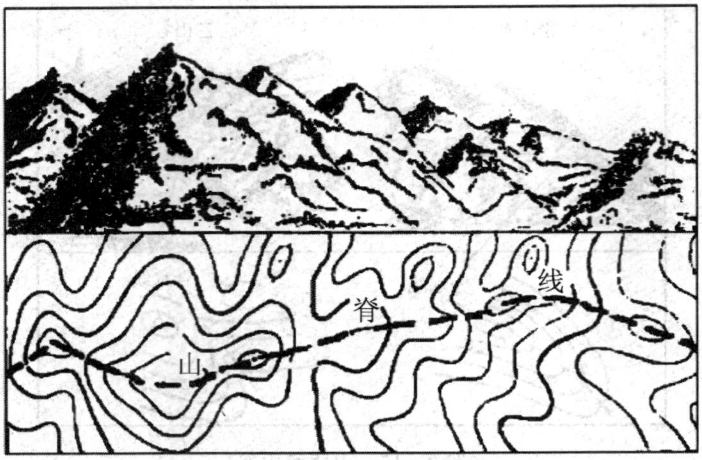

图 9-19 山脊

③凹形斜面：实地斜面的坡度上陡下缓，全部斜面均可通视，便于发挥火力。在图上，等高线间隔上面密下面稀。

④波状斜面：是上述三种斜面的组合斜面，实地斜面的坡度交叉变换，陡缓不一。斜面的若干地段不能通视，形成观察、射击的死角较多，但便于组织多层火力配置。在图上，等高线间隔密疏不一。

(2) 防界线

防界线通常是斜面上凸起的倾斜变换线。在防界线上能展望其下方的部分或全部斜面，利于构筑射击阵地和观察所。在图上，防界线一般是从山顶往下，等向线由稀变密的地方（图 9-20）。

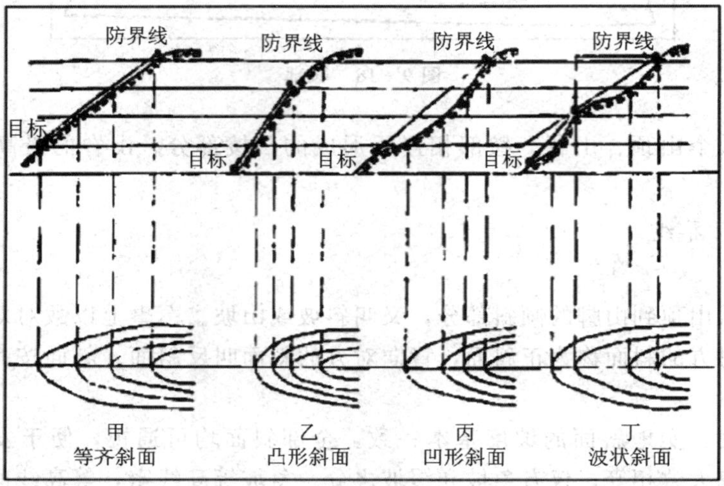

图 9-20 斜面与防界线

（三）高程与高差的判定

我们在使用地图时，经常要判定点位的高程。如炮兵射击，为了确定高低角，就要知道炮兵阵地、射击目标和观察所的高程。

在图上主要是根据高程注记和等高线来推算点位的高程。例如：点位恰在等高线上时，该等高线的高程，就是这个点位的高程；点位在两条等高线之间时，先查出下边一条等高线的高程，再按该点在两等高线间隔中的位置目测出高度；点位在没有高程注记的山顶时，一般应先判定最上边一条等高线的高程，然后再加上半个等高距。知道了两点的高程，然后相减，所得结果，就是两点的高差。

（四）坡度的判定

坡度是斜面对水平面的倾斜程度，坡度的大小通常以度数表示，也有用百分数表示的。

在图上判定坡度时，常用坡度尺量读。

地形图的地图廓的下方都绘有坡度尺（图 9－21）。

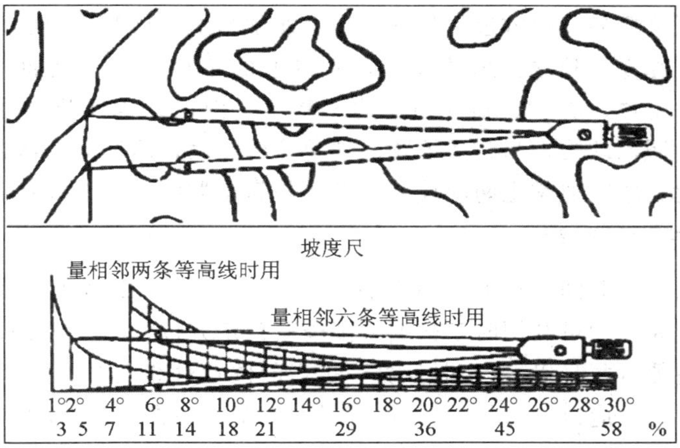

图 9－21　用坡度尺量坡度

坡度的底线上，注有 1°至 30°的坡度数值和 3.5％～58％的百分数，从下至上有六条线（1 条直线，5 条曲线），可以分别量取 2～6 条等高线间的坡度。量取两条等高线间的坡度时，先用两脚规（纸条、草棍等）量取图上 2 条等高线间的宽度，然后到坡度尺的第一条曲线与底线间的纵方向上去比量，找到与其等长的垂直线，即可读出相应的坡度（图 9－21），量得大车路的最大坡度为 2°。

若几条等高线的间隔大致相等，可一次量取 2～6 条等高线的间隔，量取几条等高线，就在坡度尺相应的曲线上比量几条，然后读出相应的坡度。

第三节　地形图的使用

一、现地判定方位

判定方位就是现地辨明东、南、西、北方向。

（一）利用指北针判定

判定时，平持指北针，待磁针稳定后，磁针红色一端（N 端）所指的方向为实地的磁北方向。面向磁北，有为东、左为西、背后为南。判定时，不要距离磁性物质太近，更不能错将磁针的 S 端当作北方。

（二）利用地物特征判定

由于有些地物受阳光、气候等自然条件的影响，形成了一些与方向有关的特征，可利用地物的这些特征来概略判定方位。如独立树，通常是南面枝叶茂盛、色泽鲜艳、树皮光滑，向北的一侧则相反；独立大树砍伐后，树桩上的年轮通常是北面间隔小，南面间隔大；凸出地物，如土堆、堤坎、独立石、建筑物等，南面地面干燥、春草早生、冬雪先化，北面则相反；凹入地物，与凸出地物的现象恰恰相反；房屋，一般门朝南开，特别是我国北方尤其如此；庙宇通常也南向设门，尤其是庙宇群中的主要殿堂。

（三）利用时表与太阳判定

一般说来，在当地时间的早上 6 时左右，太阳在东方，12 时在正南方，18 时左右在西方。根据这一规律，便可利用时表根据太阳概略判定方位（图 9－22）。方法是将时表放平，以时针所指时数（每日以 24 小时计算）折半的位置对准太阳，“12”所指的方向就是北方。如在上午 9 时，应以 4 时 30 分的位置对准太阳；如在下午 2 时（14 时）40 分，应以 7 时 20 分的位置对准太阳，此时，时表“12”时的位置所指方向即为北方。为便于判定，可在时数折半的位置垂直竖一细针或草棍，使其阴影通过表盘中心。判定时，应以当地时间为准。

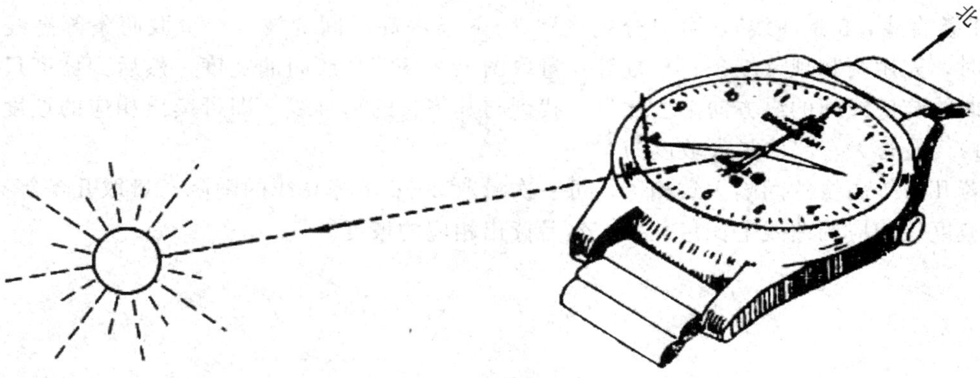

图 9－22　利用时表与太阳判定方位

（四）利用北极星判定

北极星位于正北天空。观察时，其距离地平面的高度约相当于当地的纬度。寻找时，通常要根据北斗星（即大熊星座）或 W 星（即仙后星座）确定。北斗七星是 7 个比较亮的星，形状像一把勺子，将勺头甲乙两星连一直线向勺口方向延长，约为甲、乙两星间隔的 5 倍处有一颗略暗的星，即为北极星（图 9－23）。

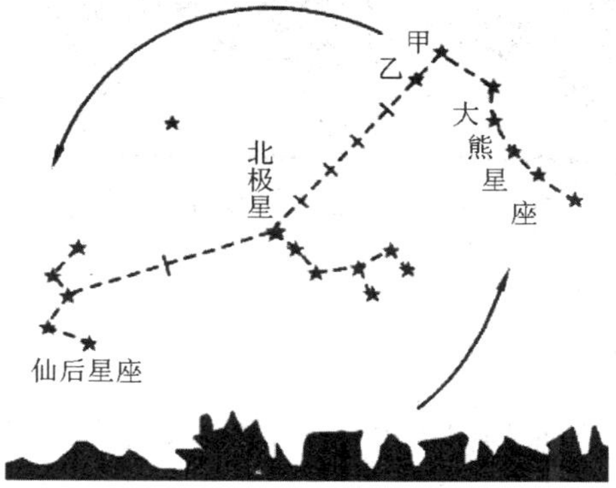

图 9－23　夜间利用北极星判定方位

二、标定地图

现地使用地图，应先标定地图方位，使地图与现地的方向相一致，其方法通常有以下几种：

（一）利用指北针标定

使指北针的长尺边切于地图上磁北方向线（或任意一条坐标纵线），红箭头（或准星）指向地图的上方，转动地图，使磁针的北端（红色的一端）与红箭头重合（指向中心指示线或零分划），地图即已标定。

（二）利用立长地物标定

利用直长地物（如道路、沟渠、河渠、高压线等）标定地图，应先在图上找到这段直长地物，对照两侧地形，使地图与现地的关系位置概略相符，然后再转动地图，使图上的直长地物与现地的直长地物方向一致，地图即已标定。

（三）利用明显地形点标定

先确定站立点在图上的位置，再选定远方一个现地和图上都有的明显地形点（如山顶、独立地物等），然后转动地图，使图上的站立点至明显地形点的连线与现地的站立点与远方明显地形点的连线相重合，地图即已标定（图 9－24）。

三、确定站立点和目标点

在标定地图的基础上，即可确定站立点和目标点在图上的位置，这是现地使用地图的关键。确定站立点就是现地确定自己的站立点在地图上的相应位置。确定目标点就是确定现地某一目标在地图上的相应位置。

图 9－24　利用明显地形点标定地图

四、利用地形图行进

按地形图行进，就是利用地形图选定行进路线，通过地形图与现地对照，保持沿选定路线到达预定地点的行进方法。

（一）徒步沿道路行进

徒步沿道路行进是军队机动的主要方式。其要领是：在出发点上，先标定地形图，对照周围地形，判定出发点在图上的位置，明确行进方向和路线，然后计时出发。

在行进中，应随时保持地形图与现地方位基本一致，注意边走边对照；随时判明站立点在图上的位置和已走过的里程；随时明确前方将要通过的方位物和将要到达的位置，力求做到“人在路上走，心在图上移”。特别是在转弯点、岔路口、居民地进出口处，更应注意对照地形，保持正确的行进方向和路线。

在遇到现地地形变化与地形图不一致时，应采用多种方法，仔细对照，全面分析地形的变化和关系位置，然后准确地判定站立点的位置和行进方向，做到有疑问不走，方向不明不走。当发现走错时，应回忆走过的路线，判明从什么地方错的，偏离原定路线有多远，根据情况采用迂回方式返回到原路线上后，再继续前进。

（二）乘车行进

乘车行进，速度快，颠簸大，方向转换多，观察地形粗略，一旦走错，偏离较远。乘车按地形图行进的要领与徒步沿道路行进要领基本相同，但根据其待点，有以下几点不同之处：

选择路线时，应着眼于道路的通行情况，路面质量的变化，桥梁的载重量等；方位物应多选择道路两侧大而明显的突出地形点。　行进前，要熟记沿途的主要地物和地貌特征。地形图应按行进顺序依次选放，便于沿途对照使用，并要记下出发时间和汽车里程表上的里程数。

行进中，要随时标定地形图，保持地形图与实地方向的一致。对沿途的突出地形点应不间断地逐个提前对照，做到“人在车中坐，心在车前行”。并应随时根据里程表上的数字和行进时间，对照事先在图上量算好的各段距离和时间，以便判定车辆在图上的位置。

经过岔路口、转弯处和居民地进出口时，应提前提醒司机放慢车速，以便能仔细对照。若有怀疑时，应停车标定地形图，根据地形判定行进方向后，再继续行进。如发现走错，应尽量选择迂回路线。

（三）按磁方位角行进

磁子午线，就是地面某点磁针所指的南北方向线，简称磁北（根据 1975 年测量，磁北极位于北纬 76°12′，西经 100°36′，磁南极位于南纬 65°48′，东经 139°24′）。在地形图南、北图廓上绘有磁南、磁北（P、P′），其两点的连线，就是该图的磁子午线。

从某点的磁子午线起，依顺时针方向到目标方向线之间的水平夹角，称为该点的磁方位角。在航空、航海、炮兵射击、军队行进时，都广泛使用。

按磁方位角行进，就是按照在地形图上预先测定的磁方位角行进。它是按地形图行进的辅助手段。通常是在缺少方位物的沙漠、草原和森林等地区，以及在浓雾、风雪等不良天候和夜间视度不良的条件下行进时采用。

1. *在出发点上*

首先依据行进资料在现地找到出发点的准确位置，查明到达下一点的磁方位角、距离和时间，并记住沿途经过的重要地形和下一点的地形特征；然后手持指北针，转动身体，使磁针北端指向下一点的磁方位角，这时，通过照门、准星瞄出去的方向就是行进方向，并在该方向寻找第二点方位物（如看不见时，可在该方向线上选一辅助方位物）。最后数复步（两步为一复步）或记时间按此方向行进。

2. *在行进中*

要随时根据地形图或记忆对照地形，用指北针检查行进方向；记清已走过的复步数或行进时间；到达辅助方位物后，如仍看不到第二点方位物时，则按原磁方位角再选一辅助方位物，继续前进，要注意根据地形的起伏状况，调整步幅或步速；当走完预定距离时，应立即停止前进，若未见到第二点方位物，可在以这段距离的 1/10 为半径的范围内寻找。如找不到，应仔细分析原因，是地形有了变化还是方向、距离出了差错。或者利用反方位角向第一点瞄准，进行检查；准确到达第二点方位物后，重复出发点的工作，继续朝下一个转折点前进，依次走到终点。

如遇到障碍物，应根据不向情况采取不同的方法通过。对能通视的障碍物，应在障碍物地段的对面选一辅助方位物、然后从一侧迂回到辅助方位物处，加上障碍物地段的距离，继续前进；对不能通视的障碍物，可采用平行四边形法或直角迂回法绕过（图 9－25）。

军事泛舟

中国北斗卫星导航系统（英文名称 BeiDou Navigation Satellite System，缩写 BDS）是中国自行研制的全球卫星导航系统。是继美国全球定位系统（GPS）、俄罗斯格洛纳斯卫星导航系统（GLONASS）、欧洲伽利略卫星导航系统（Galileo satellite navigation system）之后第四个成熟的卫星导航系统。

北斗卫星导航系统由空间段、地面段和用户段三部分组成，可在全球范围内全天候、全天时为各类用户提供高精度、高可靠定位、导航、授时服务，并具短报文通信能力，已经初步具备区域导航、定位和授时能力，定位精度 10 米，测速精度 0.2 米/秒，授时精度 10 纳秒。

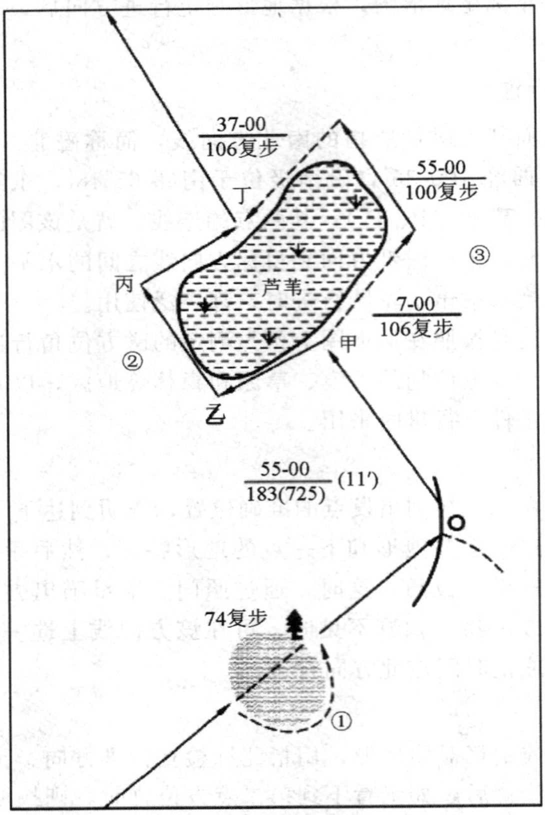

图 9－25 对障碍物的绕行

2017 年 11 月 5 日，中国第三代导航卫星顺利升空，它标志着中国正式开始建造“北斗”全球卫星导航系统。

2018 年 8 月 25 日 7 时 52 分，我国在西昌卫星发射中心用长征三号乙运载火箭（及远征一号上面级）以“一箭双星”方式成功发射第三十五、三十六颗北斗导航卫星，两颗卫星属于中圆地球轨道卫星，也是我国北斗三号全球系统第十一、十二颗组网卫星。北京时间 19 日晚 22 时 07 分，中国在西昌卫星发射中心用长征三号乙运载火箭及远征一号上面级，以“一箭双星”方式成功发射第 37、38 颗北斗导航卫星。这两颗卫星属于中圆地球轨道卫星，是中国北斗三号全球系统第 13、14 颗组网卫星。在这两颗北斗导航卫星上，还首次装载了国际搜救组织标准设备，将为全球用户提供遇险报警及定位服务。

2018 年 12 月 27 日，北斗系统服务范围由区域扩展为全球，北斗系统正式迈入全球时代。

军事泛舟

“北斗”卫星导航定位系统的军事功能与 GPS 类似，如：运动目标的定位导航；为缩短反应时间的武器载具发射位置的快速定位；人员搜救、水上排雷的定位需求等。

这项功能用在军事上，意味着可主动进行各级部队的定位，也就是说大陆各级部队一且配备“北斗”卫星导航定位系统，除了可供自身定位导航外，高层指挥部也可随时通过“北斗”系统掌握部队位置，并传递相关命令，对任务的执行有相当大的助益。换言之，大陆可利用“北斗”卫星导航定位系统执行部队指挥与管制及战场管理。

思考题

1. 地形对军队战斗行动的有哪些影响？
2. 简要介绍等高线显示地貌的特点。
3. 如何现地判断方位？
4. 在野外如何按地形图行进？

第十章 综合训练

教学目标

了解行军的基本知识；熟悉宿营的基本要求；掌握野外生存的基本技能；掌握战伤救护的基本技术。

军事讲坛

军行有险阻、潢井、葭苇、山林、蘙荟者，必谨覆索之，此伏奸之所处也。——孙子

【译文】进军路上遇到险要之地，湖泊沼泽、芦苇、山林等等容易隐蔽的地方，要仔细搜索，防止敌人有伏兵或斥候。

第一节 行　军

行军是军队徒步或者乘车沿指定路线进行的有组织的移动。按行动方式，分为徒步行军、摩托化行军和履带行军；按时速和每日行程，分为常行军和强行军。

徒步行军是以步行方式实施的行军。摩托化行军亦称乘车行军，是乘坐建制内或配属的轮式运输车辆实施的行军。履带行军是乘坐履带车辆实施的行军，通常用于机械化部队的短距离移动。

行军的速度，应根据任务、敌情、时间、行军能力、道路状况和气候季节而定。常行军是按正常的每日行程和时速实施的行军。通常徒步每小时 4～5 千米，日行程 25～35 千米。常行军应按时进行大、小休息，以恢复体力和保养车辆。强行军是以加快速度和延长时间的方式实施的行军。通常在奔袭、追击、迂回、摆脱敌方或执行其他紧急任务时采用。通常要求徒步每小时 7 千米左右，日行程 50 千米以上。

一、行军的组织准备

(一) 研究情况，拟定行军计划

指挥员应根据受领的行军命令，组织有关人员研究任务，在图上分析敌情和行军路线，情况允许时可到现地向群众了解社情和路况等，综合分析后确定行军序列，制定防护

措施和各种情况的处置方案。

（二）做好思想动员

行军前，指挥员应根据本分队所负担的任务，结合分队的思想情况，进行深入的思想动员；同时要教育战士模范遵守行军纪律，服从命令听指挥，不得擅自离队、丢失装具和食物，不喝生水，不违反群众纪律等，保证分队顺利完成行军任务。

（三）下达行军命令

指挥员向分队下达行军命令时，应进行明确分工，正职要亲自负责行军的组织指挥。同时下达行军命令时应指出：敌情；本分队的任务、出发时间（通过出发点的时间）、行军路线、里程、大休息的地点、到达时间和地点；分队集合地点、行军序列、乘车时还应区分车辆；行军警戒、通信联络信（记）号或口令、着装规定；完成行军准备的时限，明确起床、开饭、集合的时间；指挥员在行军中的位置；行军口令及对口令传递的要求。

（四）组织好行军保障

为了顺利完成行军任务，防止各种事故的发生，必须做好行军的各种保障工作。具体内容有：

（1）调查行军路线，尤其在夜间或其他能见度不良的条件下行军，要研究、熟悉地形特征，做好利用地图按方位角行进的准备。

（2）指定 1～2 名战士为观察员，负责对地面、对空观察。

（3）指定值班分队及火器，负责对空防御。

（4）明确遭敌核、化学武器以及敌航空兵、炮兵火力袭击时的行军方法，规定伪装方法及伪装纪律。

（5）组织以简易通信、徒步通信、无线电通信相结合的多种通信手段，确保通信联络畅通。

（6）做好物资器材准备，主要包括武器、弹药、器材、装具、给养饮水和药品等，准备的数量以能保障战斗、生活又不过多增加战士的负荷量为原则，通常携带粮食 3 日份（其中 1 日份为热食）和必要的饮用水。

（7）作好妥善安置伤病员的准备。

（8）进行着装检查，包括鞋袜的整理、背包的捆绑、装具的佩戴等。

摩托化行军和履带行军时，应根据敌情、任务和行程确定给养物资的携行量和保障方法，并明确随车携行规定的油料基数和加油方法。

二、行军的管理与指挥

（一）掌握好行军方向和速度

部队行军前要在图上认真研究行军路线、出发点、大休息地区及到达地区，分析沿途地形特点并熟记明显地形、标志，还可利用地图和按方位角行进，也就是通过使用行军路线图，识别路标、信号等方法掌握行军路线。

行军中，到达岔路口、转弯点、桥梁、居民地等明显方位物附近时，应判明站立点。当发现迷失方向或走错路时，应立即停止，待判明正确方向后再继续前进；当与友邻部队相遇或超越另一路纵队时，应加强调整勤务，以防部队混乱、拥挤、堵塞或走错方向。

行军中，应注意保持行进速度和规定的距离，听从调整哨的指挥，未经上级允许，不得超越前面的分队。经过渡口、桥梁、隘路等难以通行的地点时，指挥分队有组织地通过，防止造成行军队形拥挤。通过后，先头分队应适当减低速度，避免后面的人跑步追赶。徒步行军的分队应主动给车辆、执行特殊任务的分队和人员让路。

严格行军纪律，出发前督促战士排除大小便，教育战士在行军中听从指挥，不得擅自离队，不得丢失装具和食物等。

行军中，应教育分队不要喝冷水，不要随便采食野果。

（二）适时组织休息

为保持部队的体力和持续行军能力并及时检查车辆，在行军途中，分队按上级指示组织休息。小休息应靠路边，面向路外侧，保持原来队形，督促战士整理鞋袜和装具。大休息应离开道路进入指定地区。休息时，应明确出发时间，派出警戒。必要时，可占领附近有利地形，加强对地、空观察，并保持战斗准备，以防地面和空中敌人突然袭击。教育分队在规定地区休息，严格请销假制度。出发前，应清点人数，检查装备，补充饮（用）水。

（三）果断处置各种情况

遇敌空袭时，应指挥分队迅速向道路的一侧或两侧疏散隐蔽（乘车时要下车），并指定火器射击低飞敌机。如果空袭情况不严重或行军任务紧迫时，分队则应疏散队形，增大距离，加快速度前进。

遭敌核、化学武器袭击时，应指挥车辆就近利用地形防护，人员迅速穿戴防护衣罩，下车就近隐蔽防护。

通过受污染地段时，指挥分队尽量绕过受污染区。当时间紧迫又无法迂回时，应增大距离，以最快的速度通过。通过人员除穿戴好防护衣罩外，还应对武器和携带物品进行防护。通过后，车辆应及时洗消检查，人员口服抗辐射药物，喝足开水，排除大小便。

行军中，连级应指定一名干部，带领卫生员和若干体壮士兵组成收容组，在连队的后尾跟进，负责收容伤病员，组织掉队的人员跟进。

军事泛舟

行军中的小、大休息

小休息，通常开始行军30分钟后进行，其时间为15分钟，而后每行进50分钟休息一次，每次约10分钟。休息地点一般选择在地形隐蔽、向阳的地方，尽量避开居民地、桥梁、隘路、道路交叉点等。

大休息，通常在完成当日行程的一半以上时进行，应离开道路进入指定区域，休息时间为两小时左右。休息时，应明确出发时间，派出警戒。

三、特殊条件下行军的特点及要求

（一）山地行军的特点与要求

山地地形复杂，山高林密，路窄坡陡，道路崎岖，弯道多，转弯急，曲半径小，而且多为土石路面，雨天泥泞难行，有时还会出现塌方；山洪暴发时，道路、桥梁易被毁坏；气候多变，常有低云浓雾，视界受限，视度不良，观察判定方位困难，易迷失方向，对指挥、观察、联络和驾驶均有一定影响；徒步行军体力消耗大，使行军速度下降，队形延长，造成通信联络和指挥困难。

在组织行军时，分队指挥员要充分考虑到道路的起伏状况和对行军的影响，预先备制绳索、刀、斧、锯等克服障碍的工具，特别要加强侦察、通信、警戒和道路保障等安全措施。上下坡和通过隘路、山涧时，应增大车距，降低车速，时速一般不超过 20 千米。在泥泞或冰雪路面行驶，必要时应安上防滑链，车速控制在每小时 5～15 千米，并加强前后联络，注意检查车辆的技术状况，特别是制动状况。在狭窄的地方、急转弯处和山垭口应派出调整哨。为保证翼侧的安全，应向翼侧的制高点派出侧方停留警戒，以控制通向行进路线的山间道路、谷地和小径；注意防山洪、林火。

（二）高寒地区行军的特点与要求

高寒地区空气稀薄，人员易疲劳，易出现“高山反应”；天气寒冷，容易冻伤；雪覆盖地面，容易迷路；积雪厚时，通行困难；气温过低，车辆不易发动，耗油量增加；行军速度慢，驾驶人员的观察困难，通信装备性能下降；道路工程保障难度大。

行军前，应准备好防冻被服、装具和物品。调查好行军路线，作好雪地按图和按方位角行进的准备。制定雪地行军防滑和伪装措施，准备好克服冰雪障碍的工具，驾驶员给车轮安装防滑链，并搞好伪装，根据出发时间及时发动，必要时提前给发动机加温。

行军中，要注意掌握方向，适当减慢速度。应缩短小休息时间，增加小休息次数，每次小休息的时间以约 5 分钟为宜，每行进 1 小时左右小休息一次，人员下车活动，切忌睡觉。通常不进行大休息，如确有需要，大休息应选择在有水源并避开风口的地点，力争吃熟食，饮热开水。越野通过封冻的江河前，应调查冰层厚度，根据冰层负重决定通过方法。通过隘路、山腰以及在暴风雪中行军时应特别加强行军指挥和安全保障，防摔、防雪崩、防翻车，采取前拉后推或以绳索相助等办法克服强逆风和险情。

（三）热带山岳丛林地行军的特点及要求

热带山岳丛林地，地形复杂，多陡山深谷，草深林密，河多流急，道路少而崎岖，天气多变，炎热潮湿，多雨多雾，毒虫多，疫病易流行，对分队行军的影响较大。因此，应加强对道路的侦察和保障，加强对车辆的技术保障，采取防暑和防虫害措施。行军尽可能利用日出前和日落后的凉爽时间实施。

行军前，应准备好防暑、防毒虫（蛇）咬伤的药品，携带开路的工具。行军中指挥员应分工明确，具体掌握尖兵、本队和后卫，做到尖兵有军官带领，本队有军官指挥，后卫有军官收容。注意控制饮水，饮水缺乏时，应寻找清洁的泉水补充，并使用净水片消毒，严禁饮用未经消毒的生水。

炎热天气行军，应减慢行军速度，增加小休息次数和延长大休息时间。穿越密林、高草地要督促分队人员戴好帽子，捆扎好领口、袖口和裤口，以防蚊虫叮咬，并组织开路分队分组轮流开路。严禁采摘食用不认识的野生植物和果食。

雨天行军，要采取防雷击、防滑措施，通过山涧、溪流、桥梁时，应查看上游有无洪水，检查桥梁有无损坏。通过泥泞易塌方的道路时，要先行观察，预防突然塌方。遇台风、龙卷风时应暂停行军，利用有利地形规避。

(四) 江河地区行军的特点与要求

江河是天然障碍，给行军的组织指挥、通信联络带来不便。因此，指挥员应加强对渡口和徒涉场的侦察，精心计划，细心组织。

通过渡口时，应根据上级命令，预先派出侦察组，查明渡口情况，明确各分队隐蔽待渡地区、渡河顺序、时间、渡口和渡河器材等，待分队到达后，迅速组织通过。分队渡河时，应加强调整勤务，组织好警戒和对空防护。

通过徒涉场时，应首先了解徒涉场的宽度、水深、流速及河底状况。必要时，可组织人员修整两岸道路，清除河底障碍，标示行进方向和界限。通过时应正确掌握行进方向，车辆要慢速行驶，中途不得停留。车辆、火炮通过后，应调整行军序列，并开往指定地区，加强伪装，派出警戒。待全部到达后，按命令再继续行军。

(五) 城市行军的特点与要求

城市街道纵横，不易保持行军方向，迂回路较多，行军路线易被倒塌的建筑物阻塞。组织行军前应详尽查明城区的道路情况，特别是了解易造成阻塞的道路，并预选和确定迂回道路。当上级未派出调整勤务时，应指派干部带领调整勤务先于部队出发，在道路交叉口执勤，负责分队通过时的调整勤务，并会同地方政府和交警部门调整地方人员车辆，防止阻塞道路。

通过城区时，车辆应适当地减慢行军速度，缩小车距。徒步行军时，适当缩短分队间距，在调整勤务指挥下迅速通过城区。

第二节 宿　　营

宿营是部队在行军、输送或战斗后的住宿。其目的是为了使部队得到休息和整顿，以便继续行军或者做好战斗准备。宿营要提高警惕，加强侦察警戒和通信联络，注意隐蔽伪装，要制定防空和防核、化学、生物、燃烧武器袭击的措施，做好抗袭击准备，保障部队安全休息和迅速投入战斗。

一、宿营方式

宿营方式分为舍营、露营及舍营与露营相结合三种。舍营是军队在房舍内宿营。露营是军队在房舍外宿营，通常在不具备舍营条件时采用，是平时部队训练的重点。野外露营的方式分为利用制式器材露营和利用就便器材露营。利用制式器材露营，通常是指利用帐篷、装配式工事等装备的制式器材进行的露营；利用就便器材露营，通常是指利用车辆、坦克、篷布、雨衣、草木等进行的露营。在复杂地形、天候条件下露营主要有以下几种方式：

（一）山地露营

在山地露营时，应避开悬崖、陡坡、峡谷和可能发生山洪的危险区，通常用制式器材和就便材料架设帐篷或搭草棚。搭棚时，通常以班为单位，不得成片砍伐林木，破坏天然伪装。帐篷、草棚周围要挖排水沟，铲除杂草，必要时撒些草木灰，构筑适量工事。警戒要注意控制制高点、山垭口、道路交叉点和隘路，严防敌人突然袭击。

（二）高寒地区露营

高寒地区露营时，应减少人员在外停留的时间，防止冻伤，通常采用搭帐篷、草棚、挖洞、堆雪房、围雪墙等方法露营。做到班排集中，连队分散。睡觉前，多用雨布（衣）、干草等隔潮材料铺设地铺。睡觉时，注息避风和保暖，可绑好裤腿，穿好袜子，戴好棉帽，通常两人一组，共盖大衣、棉被。生火取暖时，应注意防火和预防一氧化碳中毒。加强观察，及时发现雪崩等险情并立即警报。乘车行军宿营时，对车辆还应采取防冻措施。

（三）荒漠、草原地露营

荒漠、草原地露营时，以制式器材和就便器材架设帐篷、搭草棚为主，结合垒石墙、挖土壕（坑）设置露营地点。配置时以班、排为单位，形成环形。严格灯火管制和用水标准。根据不同地形和季节，注意防火灾、防风沙（雪）、防泥石流，避开风口。

（四）热带山岳丛林地露营

热带山岳丛林地露营，通常以班、组为单位搭帐篷或草棚，设吊床或利用山洞组织宿营。利用就便器材搭盖帐篷时，不得破坏天然景致，帐篷周围要挖水沟、铲除杂草，必要时撒些石灰或者草木灰，以防毒虫、毒蛇进入。床铺通常用竹条编成，离地面 30～50 厘米，地铺要铺草，以防潮湿。

二、宿营地选择

宿营地区的选择应根据敌情、地形、任务和行军编成而定，既要能保证分队安全休息，又要便于迅速投入战斗。平时组织宿营训练应以能够达到训练目的为标准，通常应符合下列条件：

（1）避开大的集镇、交通枢纽等明显目标。

（2）避开疫区、传染病流行村落。

（3）要方便生活，尽量靠近水源地。

（4）有通畅的进出道路，便于疏散、隐蔽，便于机动和迅速投入战斗。

（5）有适当的地幅，通常师、团、营的宿营面积分别为 600 平方千米、60 平方千米、6 平方千米。

（6）选择适宜露营的地域。夏季应该选择在干燥、地势较高、通风良好、蚊虫较少的地方，尽量避开谷地、低地、油库、高压电源和易于坍塌的地方；雨季应考虑防雷击、防洪水及泥石流；沿海地区要考虑防台风；沙漠、戈壁地区要考虑防风暴。通常林间空地、湖泊附近、山顶、山脊是夏季较理想的设营地点。冬季宿营地域应选在向阳、避风、土质较黏、便于搭设简易遮棚或挖掘的地方。一般来说，森林、灌木丛、山洞和山坡背风处是理想的设营地点。在寒区，应避开崖壁的背风处、较深的雨裂沟、凹地等地形，因为在这种地形中，被风吹起的积雪容易将帐篷埋没。

选择宿营地区时，通常还要考虑以下因素：一是要符合战术要求，从具体位置到配置方式都应以预想的战术背景为基本前提；二是要着眼于训练科目需要，有利于达到训练目的；三是要方便生活，尽量靠近水源，并有进出道路；四是要选择在群众基础较好，或影响群众利益较小的地区。

三、宿营管理

搞好宿营训练中的管理工作，是保证宿营训练顺利实施不可忽视的问题，是宿营训练的内容之一。

（一）坚持一日生活制度

宿营训练期间，部队通常应自觉坚持《内务条令》规定的一日生活制度，注重一日生活制度管理的落实，并从实际出发，根据宿营训练地区的地理环境、风俗民情、季节特点和部队实际训练情况、课题难易程度、居住范围等制定相应的具体规定。

（二）搞好生活管理

宿营训练中，应注意饮食卫生，从客观条件出发改善伙食，保证部队吃饱、吃好，有水喝。分队要组织好野炊工作，指挥员应明确野炊的位置、方式和隐蔽伪装的措施、时间、要求及注意事项。指挥员还要检查督促装备器材的维修保养和整理补充，安排好伤病员穿刺脚泡和烤晒衣服。

（三）做好群众工作

在宿营时，指挥员应适时与当地政府和人民群众取得联系，了解社情：向部队简要介绍宿营地区的敌情、社情和风俗习惯，认真执行政策和军队纪律，开展拥政爱民活动；根据实际情况，动员群众，封锁消息。离开宿营地时，送还借用的东西，挑水扫地，填平厕所，征求意见，检查纪律。

四、宿营地工作

部队到达宿营地后，应立即组织所属指挥员勘察地形，选定紧急集合场所，组织部队构筑必要的工事，组织各种保障，以保证部队安全宿营。

（一）组织侦察

为了防止敌人突然袭击和为继续行军，部队到达宿营地域后，应立即向有敌情顾虑和尔后行动的方向上派出侦察，察明敌情和尔后行军路线情况。同时，迅速收集部（分）队的行军情况和到达宿营地域后的住宿情况，了解有关敌情和社情。

（二）组织警戒

宿营警戒是为保障部队宿营安全而组织实施的警戒。可依实际情况派出营哨、连哨、排哨、班哨、组哨、步哨等。其主要任务是发现、防范或制止敌突然袭击和侦察，封锁消息，保障主力宿营安全。宿营警戒的组织，应根据敌情、地形和宿营部署确定。在宿营时，要严格执行各种值班制度，指派警戒、勤务。值班人员要按《内务条令》所规定的值班人员的一般职责，恪尽职守，认真负责。对重点目标、要害部门、重要场所和地点，应指派警戒勤务。部队在通过公（铁）路交叉口、繁华市区（城镇）、渡口、易迷失方向的雪山、丛林、沼泽地、沙漠、戈壁滩等地区时，应派调整勤务值班警戒。

1. 步哨

步哨通常由1～2人组成，一人叫单哨，两人叫复哨。昼间派出步哨的距离在200～400米之间，夜间在100米以内，一般2小时换班1次。其任务是及时发现敌人并防止敌侦察人员的渗透活动。步哨的位置由派出的指挥员指定，应选择在敌人可能接近的地形和道路附近，便于观察、射击和隐蔽的地点。步哨进入哨位以后，复哨应区分个人的观察地境，对主要方向应重叠观察，并由1人经常与上级保持联络。与此同时，步哨在值勤中，还要提高警惕，不能睡觉，武器不能离身，随时准备战斗；注意隐蔽，不能吸烟和高声谈话；发现敌人时，应一面监视，一面用信号报告上级并准备战斗。当敌人突然对我袭击时，应立即鸣枪报告，并以火力阻止敌人。当接到上级撤回的指示或信号时，应按预定路线撤回。

2. 游动哨

游动哨通常由2～3人组成，并指定一人为哨长，由宿营警戒分队或防御分队派出。其任务是防止敌人渗入和阻止敌对分子进行破坏活动，检查警戒人员的警惕性和配置地域内的伪装情况、灯火管制情况，并同友邻警戒进行联络。它通常是在警戒线内（外）或在宿营地域内，按照上级规定的路线或游动范围进行巡查。游动哨在执行任务中必须做到行动隐蔽，保持肃静并禁止吸烟；要有高度的警惕性，随时做好战斗准备防止敌人突然袭击；运动路线及活动时间，要灵活多变，不要形成规律，以防敌人袭击。游动哨发现单个敌人时，应尽量设法捕捉；发现多个敌人或遭敌袭击时，应立即占领有利地形进行抵抗，并迅速向上级报告，然后根据命令行动。

（三）组织对空防御和对核、化学武器的防护

为防止敌人航空兵和核、化学武器的袭击，应周密地组织观察警报配系，确定对空值班分队，组织防控火力体系，划分防空疏散地域，规定隐蔽伪装、灯火管制措施，明确遭敌空袭及核、化学武器袭击时各部（分）队的行动与遭敌袭击后的处置方法。如敌可能在附近地区空降，还应制定反空降作战方案，组织部（分）队构筑必要的防空工事等。

（四）建立通信联络

宿营地域的通信联络，通常以有线电通信和运动通信为主，同时应充分利用地方既设线路。驻地较远的部（分）队可在短时间使用无线电联络。

（五）严密封锁消息

战时部队到达宿营地域后，要对部队和当地群众进行防奸保密教育，控制人员流动，严密封锁消息。

（六）密切军民关系

平时组织部队训练，部队应与当地党政机关取得联系，得到他们对野营训练的支持。

部队可在训练间隙做好群众工作或组织军民共建活动。

部队宿营结束，要认真清理文件和武器装备，避免丢失，消除宿营时所留痕迹，进行群众纪律检查和做好善后工作。

军事泛舟

临时遮棚和吊床的搭制

在林里过夜时，最好不要露营，可就地取材搭制临时的遮棚或制作吊床。一面遮棚的搭制方法是：选择两棵树做立柱，然后在距地面一米处绑一横杆，在横杆上斜搭若干后杆，后杆上再绑上两条横杆，在横杆上可铺设许多树枝，以防露水或小雨，遮棚的两侧也用树枝遮堵。同样的方法也可用于搭设岩壁遮棚。吊床在丛林地带搭设非常合适，吊床的制作非常方便，帆布、军毯、伪装网都可以制作吊床，其搭制方法是：吊床的两端拴在两棵树上，上面再拉一根绳子，搭上方块雨布，四角用绳子系牢，便形成一个心形帐篷。

第三节　野 外 生 存

野外生存是指在食宿无着的特殊环境中生存与自救的活动。现代战争的残酷性、复杂性和连续性，增加了军人在孤立无援的敌后或生疏的荒野丛林等特殊环境下完成战斗任务的可能性。因此，为了自身生存与安全，军人必须学会野外生存的方法与技能。野外生存训练是指为了适应野外作业，在山区、丛林、荒漠、高山、孤岛等险恶环境中，在没有外部提供生活物质的条件下，依靠集体、个人的努力保存生命、维持生活和进行战斗能力的训练。

无论军人还是学生，即使在非作战的特殊情况下，如旅游、探险等活动中，有时也会迷途于荒岛、丛林、深山、大漠，陷入困境。因此，野外生存知识掌握越多，生存几率就越大。

一、野外判定方向位和求救

（一）野外判定方位

判定方位是指在现地辨明站立点的东、南、西、北方向，明确站立点周围的地形地物的位置，保持正确的前进方向，以便采取正确的行动。它是利用地图按照预定的前进方向正确行进的基本前提，也是在迷路后能够重新回到正确路线上的重要保证。

1. 地图识别与使用

结合现地使用地形图，就是要在标定好地形图后，把地形图和现地进行对照，明确自己所在位置，了解周围的地形地物情况，找到所在到达的目标点并确定行进的方向、距离，在此基础上，科学合理地选择一条最佳的行进路线。

2. 利用指北针、指南针判定方向

指北针是一种很好的判定方向的工具，它是由我国古代发明的司南改造而成的，在现代各国部队中都有十分广泛的使用。判定方位时，先将指北针平放，待磁针静止后，其涂有夜光剂的一端所指的方向即为磁北方向。需要注意的是，使用指北针前，应该检查磁针是否灵敏，检查的方法是将指北针置平，以铁器多次吸引磁针，每次撤去铁器后，观察磁针能否迅速静止以及各次所指的方向是否一致。如果每次指北针的指针转动都比较缓慢，且长时间不能静止，或者是每次指针所指的分划数之差大于 1 度，则说明该指北针应该需要修理或者是充磁。如果你有指南针，那么也可以很容易地判定出现地的方位，其使用的方法与指北针大致一样。

在使用指北针、指南针时，应该注定要尽量避开磁场较强的区域，比如金属矿区、变电所、高压电线附近等地区。在这里，金属指针会因为磁性受到影响而不能正常发挥作用。另外，在使用自制的指南针时，其指针所指示的方向可能只是概略的南北方向，往往会与精确方向有所偏差，这就需要根据当地的实际情况和自己所掌握的各种知识进行综合的判断，并作出必要的修正。

3. 利用太阳和手表判定方向

有的时候，也许并不知道在你的四周到底哪里是南，哪里是北，但是你却可能会每天都看到太阳升起。其实，太阳就是一种很好的方位指示物。自古以来，就有“日出于东而落于西”的说法，所以，根据太阳出落的位置，就能概略地判定出东方与西方。如果再辅以一定的器材，还可以运用其他的方法快速而正确地判定出周围的方向。一般地说，在北半球，当地时间为零点时，太阳位于正北下方；6 时左右，太阳位于东方；12 时左右，太阳位于南方；18 时左右，太阳位于西方；24 小时后，太阳又回到正北下方。这就是说，太阳 24 小时转一圈，而手表的时针转两圈。若将从 0 算起，按 24 小时计时的时针运动角速度折半，取一个“假定的时针”，则该假定时针任意时刻所指方向与表盘中心至“12”字方向的夹角，等于该时刻太阳的方位角。如将假定时针指向太阳，则表盘中心至“12”方向即为实地的正北方向。通俗地来讲，也就是“时间折半对太阳，12 指向是北方”。

4. 其他判定方向方法

有些地貌和地物，由于长期受阳光、气候等条件的影响形成了某种特征，可以利用这些特征来概略地判定出方向。

独立大树通常是南面枝叶茂密，树皮较光滑；北面枝叶较稀少，树皮粗糙，有时还长有青苔。砍伐后，树桩上的年轮北面间隔小，南面间隔大。

突出地面物体，如土堆、土堤、田埂、独立岩石和建筑物等，其南面干燥、青草茂密，冬季积雪融化较快；北面潮湿，易生青苔，积雪融化较慢。土坑、沟渠和林中空地则相反。

我国大部分地区，尤其是北方，庙宇、宝塔的正门多朝南方；广大农村住房的正门一般也多朝南开。

由于我国幅员辽阔，各地都有不同的特征，只要留心观察，注意调查、收集和研究，就会找到判定方位的自然特征。如内蒙古地区，冬季大多是西北风，山的西北坡积雪较少，东南坡积雪较多；树干多数略向东南倾斜；蒙古包的门一般朝东南；新月形沙丘朝东南方向伸展，坡度缓的一端朝西北，坡度陡的一端朝东南。再如，辽西丘陵地区气候比较干燥，松柏树一般生长在北坡。还可利用已知点判定方位。通过已知高地的走向、河流的流向、村庄（街道）的方向与自己站立点的关系位置，来判定概略方位。如事先在地图或沙盘上知道某高地是西北东南走向，某村庄在该高地的东南方向，行进到该高地或某村庄后如需判定方位，只要判明该高地与某村庄的关系位置，便可知道概略方向。又如，事先在地图或沙盘上知道河流为东西走向，河水由西向东流，到达河边观察河水流向，便知上游是西，下游是东。

（二）野外求救

在作战和野外训练中，因迷失方向，可能会出现与部队失去联系的现象，为摆脱困境，必须学会和掌握求救和联络的方法。

放烟火：燃放烟火是最常见的求救方法。白天可燃烟，在火上放青草就会发出白烟，每隔 6 分钟放一次青草，这是世界通用的救难信号。夜间可在高处点火堆，向可能的居民区方向点三堆明火，用火光传达求救信号。

光信号：白天用镜子借助阳光，向可能的居民区或空中的救援飞机反射间断的光信号，光信号可传 16 公里之远。方法是将一只手指瞄准应传达的地方，另一只手持反光镜调整反射的阳光，并逐渐将反射光射向瞄准的指向即可。夜晚用手电筒，向求救方向不间断地发射求救信号。

国际通用的求救信号是 SOS，即三长两短，不断地循环。在易被空中、地面发现的地方用石块摆放成“SOS”的救援标记；在草原可用刀割或手拔出相应的求救标记；适时脱去与周围地物颜色相近的军装，露出白色或其他色彩鲜艳的村衣；当发现我方救援飞机，可用小镜子或指北针的反光镜照射救援飞机；在森林中，也可击打树发出宏大的声音与救援人员联络。

军事泛舟

简易指南针的制作

在没有指南针的情况下，还可以自己动手制作一个简易的指南什，其效果也会很好。在野外，你可以用以下几种方法制作简易指南针：

1. 悬挂式指南针

取一段细铁丝或者是一根缝衣针，反复在同一方向上与丝绸摩擦，细铁丝或者是缝衣针会产生磁性。用一根细绳把细铁丝或者是缝衣针悬挂起来便可以指示北极。如果你有一块小磁石，用它来代替丝绸，效果会更好。由于细铁丝或者是缝衣针的磁性不太强，所以，每隔一段时间要再摩擦一次，以增强其磁性。

2. 刀片指南针

很薄的刮胡刀片是由两类金属黏合而成的，用它在手掌上小心地摩擦就可以使之带有磁性，然后再用线将它吊起来，便制成了指示方向的指南针。但是，这样的指南针只能指向南方或者是北方，并不能明确告诉你到底哪个方向是南，哪个方向是北，还需要你再根据相关的知识确定最终的南北方向。

3. 漂浮式指南针

在静止不动时，你可以将一根带有磁性的针放在一片树叶上或者是一块小纸片上，让它自由地漂浮在水面上。当这根磁针静止时，便会指向南北方向。这种方法比较适用于在宿营地休息时使用。

二、野外觅水

水是野战生存的重要条件。俗话说："饥能挡，渴难挨。"水在某种程度上比食物更重要。因此，觅水是野战生存的重要内容之一。个人或集体到达某一地域后，在情况许可条件下应尽快寻找水源。

1. 寻找地下水

俗话说，人往高处走，水往低处流，寻找水源的首选之地是山谷底部。如谷底见不着明显的溪流或积水池，要注意绿色植物的分布带。一般植物茂盛、动物经常出现的地方，容易找到浅表层水源。茂盛的芦苇表示地下水位于地表下 1 米左右；喜湿的马兰花等植物下面半米或 1 米左右就能找到水。在南方雨水充沛根深叶茂的竹林，通常浅层地表下就有水。另外，蚂蚁、蜗牛、青蛙、蛇等动物喜欢在泥土潮湿的地方做窝栖身，这些地方向下深挖通常可以找到水。

2. 寻找植物中的储水

山野中有许多植物可用来解渴，如北方的黑桦、白桦的树汁，山葡萄的嫩汁，酸桨子的根茎；南方的芭蕉茎、扁担藤等。在北方的初春，只要在桦树干上钻一个深 3～4 厘米小孔，插入一根细管（可用白桦树皮制作），流出汁液，可立即饮用（因白桦树汁液在空气中很快就会发酵）。西南边疆密林中的扁担藤，长 5～6 米，缠绕在树干上，藤面呈灰白色，叶色深绿，呈椭圆形，砍断藤干后就会流出可供饮用的清水。在热带丛林中有一种储水竹子，生长在山沟两旁，直径约 10 厘米，竹节长约 50 厘米，竹节内的水既卫生还带有一股淡淡的竹香。注意砍的时候应先摇摇竹竿，无水响的竹子不必砍，有虫眼的竹节也不能要。

3. 采集地表水和雨水

在找不到其他可饮用水的情况下，可在清晨采集植物枝叶上的露珠。方法是将塑料布或雨布铺在草丛下面，摇晃草叶使露水一滴滴落下，积少成多，可解干渴之急。下雨时，可用雨布、塑料布大量收集雨水；也可用空罐头盒、杯子、钢盔等容器收接雨水。冬季可以化冰、雪为水，沉淀后即可饮用。

在无水源的情况下，也可以利用简便方法获取少量的水。如用一个塑料袋套在树枝上，将袋口扎紧，每天取水量可达 1 升左右。

在野外无论采取什么方法寻找的水，可以根据其色、味、水迹概略地鉴别水质的好坏，最好用饮水清毒片、漂白精片以及明矾等药品净化水。切记：无论多么口渴，都不要饮用不洁净的水，万不得已时，也要把水煮开再喝。

三、野外觅食

可在野外寻找的食物种类主要有：野生植物、动物、昆虫、鱼类、藻类等。大部分野生植物、动物、昆虫、鱼类都可食用，只有少量有毒不可食用。野外生存获取食物的途径主要有两种，一种是猎捕野生动物，另一种是采集野生植物。猎捕野生动物首先要知道动物的栖息地，掌握动物的生活规律，然后再采取捕获以及射杀等方法进行猎捕。这需要在专家指导下，经过较长时间的训练和实践，才能真正掌握。捕捉一切能够食用的小动物（蛙、蛇、鱼、蜥蜴、虾、龟、鳖、蜗牛、蚯蚓等）或昆虫，也是野外生存相对容易获取的动物性食物资源。

我国地域广大，寒、温、热三带气候俱全，而大部分是属于温暖地带、适合于各种植物生长，其中能食用的就有 2 000 种左右。野生植物的营养价值很高，含有多种维生素。数千年来，我国劳动人民积累了丰富的采食野生植物的经验。每年从三月开始到九、十月间，在我国辽阔的国土上，各种可食的野生植物生长旺盛，满山遍野，俯拾皆是。仅革命老根据地井冈山就有可食野菜100多种，其中苦菜、糯饭菜、猪油菜、马玉兰和角仁等30多种是当年红军战士的重要食品。在西南边疆的广西、云南一带，一年四季都有可食的野果、野菜。春季有压车果、毡帽果、鼻涕果、小杨梅等野果，还有刺脑包、苦巴沟、蕨菜等野菜。夏季有木瓜、冷饭果、乌包果、荔枝等野果，野菜有石头菜、飞花菜、马蹄菜、牛舌头菜等。秋季有大树果、算盘果、野石榴、椎梨等野果，还有木耳、白参、齐头菜等野菜。冬季有槟榔、野芭蕉、长蛇果、老熊果等野果，野菜有野山药、芭蕉心等。

采食野生植物的最大的问题是如何鉴别是否有毒。有人习惯于用无怪味来判断是否能吃，这样很危险。有毒的植物不见得都有怪味，如马桑果，味儿甜，但毒性却很大。有毒植物通常有以下几个特点：

（1）特殊形态和色彩，如天南星的茎有斑纹。

（2）分泌带色的液体，如毛莨、回回蒜和白屈菜在损伤后分泌浓厚黄液体。

（3）具有不良的味觉或嗅觉，如苦参、臭梧桐等。

但上述这些并不能包括所有有毒植物的特点。在鉴别野生植物是否有毒时，一般需要在专家指导下，经过一定时间的训练才能掌握这些知识。最简单的鉴别方法是将采集到的植物割开一个小口子，放进一小撮盐，然后仔细观察植物是否改变原来的颜色，通常变色的植物不能食用。检验植物能否食用时，还可做个小试验，稍稍挤榨一些汁液涂在体表如前上臂、肘部等敏感部位，如果起疹或肿胀不适，就不能食用。也可少量试尝不能确定的植物的果、球根、块茎、叶、幼枝等，如食后感觉喉咙痛痒，有很强的烧灼感或刺激性疼痛等，应弃之；反之，如未发生口部痛痒，不出现打嗝、恶心、发虚、腹胀、胃部不适应等症状，可以认为这种植物能够食用。另外，还可以通过观察哺乳类动物所使用的植物种类，以分辨哪些植物能够被人食用。像老鼠、兔子、猴子、熊等吃过的植物一般可以食用。鸟类可以食用的植物人不一定能够食用。

食用各种野生食物一般应利用炊具进行煮炒，也可采取烤和石煮的方法进行制作。

烤，即将可食用的动植物和根茎类植物块根用木棍等穿挂，放在火焰上或炭火中烤（烧）熟。鱼（不去鳞片）和块根应用泥土包裹烤熟后剥皮食用。贝壳类动物可放在火堆下烤熟食用，其方法是：先在地上挖个浅坑，坑的四周衬以树叶或者湿布，然后将食物放入坑内，再在食物上面盖上树叶或布，上面再压一层 3 厘米厚的沙子。最后在该坑上面生起火堆，待食物烧熟后取出食用。

石煮，就是先在地上挖个坑，将火堆中烤热的石块先放于坑内，后将食物放在石块上，上面再盖一层湿树叶、草和一层沙土，靠热石块散发的热气将食物烧熟。

四、野外取火

煮、烤食物需要火，宿营取暖需要火，发求救信号也需要火。因而，野外生存的能力，在某种程度上说，取决于取火的能力。

火柴或打火机在野外生活中是不可缺少的必需品，当一个人迷失了方向，或来不及在天黑之前到达宿营地时，一盒火柴往往可以帮助人摆脱困境，甚至挽救生命。倘若没有火柴的情况下，还可以采取以下几种方法取火。

（一）枪弹取火法

取一枚子弹，将弹丸拔出，倒出三分之二的发射药，撒在干燥易燃的枯草或纸上，把弹壳空出的地方塞上纸或干草，然后推弹壳入膛，用枪口贴近撒了发射药的引火物射击，引火物即可燃烧。

（二）透镜取火法

用放大镜，如果没有放大镜，可用望远镜或瞄准镜、照相机上的凸透镜代替（冬季可用透明的冰块磨制），透过阳光聚焦照射易燃的引火物（腐木、布中抽出的线、撕成薄片的干树皮、干木屑等）取火。利用放大镜取火最为迅速的是照射汽油、酒精和枪弹的发射药或导火索，可在1～2秒内点燃引火物。

（三）发电机、电池取火法

用手摇发电机，电台照明用的一号“甲电”，将正负两极接在削了木皮的铅笔芯的两端，顷刻间，铅笔芯就会烧得通红。手电筒内电池和电珠也可做成引火工具，方法是用电珠在细石上小心磨破，注意不能伤及钨丝，然后把火药填入电珠内，通电后即能发火。

（四）击石取火法

取一块坚硬的石头（黄铁矿石最好）做“火石”，用小刀的背或小片钢铁向下敲击“火石”，使火花落到引火物上燃烧。

（五）钻木取火法

用强韧的树枝或竹片绑上鞋带、绳子或皮带，做成一个弓子。在弓上缠一根干燥的木棍，用它在一小块硬木上迅速地旋转，最后钻出黑粉末，这些黑粉末冒烟而生出火花，点燃引火物；用一根干的树干，一头劈开，并将裂缝撑开，塞上引火物，用一根藤条穿在引火物后面，迅速抽动藤条，使之摩擦发热而引燃引火物；还可以用两块软质的木头或竹片用力相互摩擦取火，下面垫以棕榈皮或易燃物也可引燃取火。

五、野外救护常识

在野外孤立无援的情况下，掌握一些简易的自救方法，能够有效地帮助自己和同伴解除些许伤痛，为生存创造条件。

（一）毒蛇咬伤的防治

在山野丛林中活动时，一旦被毒蛇咬伤应立即采取紧急救护措施。首先，马上用布条或布绳等缚住伤口处靠近心脏一端，以减少毒血上流。随后，用刀子在毒蛇咬伤处划一个十字口，挤出毒液，也可用口吸出毒液（口内有溃疡、生疮、出血等不能用口吸，以免中毒），随吸随吐，有条件还可进行冲洗，然后尽快就医，不可延误。一般情况下，在毒蛇较多的地区活动时，应备有蛇药。

（二）昆虫叮咬的防治

在野外为了防止昆虫的叮咬，人员应着长袖衣和长裤，扎紧袖口、领口、裤口。皮肤暴露部位涂擦防蚊药。不要在潮湿的树阴和草地上坐卧。宿营时，点燃艾叶、香蒿、柏树叶、野菊花等驱赶昆虫。被昆虫叮咬后，可用氨水、肥皂水、盐水、小苏打水、氧化锌软膏涂抹患处止痒消毒。

蚂蟥是危害很大的虫类，遇到蚂蟥叮咬时，不要硬拔，可用手拍打，或用肥皂液、盐水、烟油、酒精滴在其前吸盘处，或用烧着的香烟烫，让其自行脱落，然后压迫伤口止血，并用碘酒洗涤伤口防感染。部队行进中，应经常查看有无蚂蟥爬到脚上，在鞋面上涂些肥皂、防蚊油，可以防止蚂蟥上爬。涂一次的有效时间为 4～8 小时。此外，将大蒜汁涂抹于鞋袜和裤脚，也能起到驱避蚂蟥的作用。

（三）蜇伤

被蝎子、蜈蚣、黄蜂等毒虫蜇伤后，伤口红肿、疼痒，并伴有恶心、呕吐、头晕等症状。要先挤出毒液，然后用肥皂水、氨水、烟油、醋等涂擦伤口，或用马齿苋捣碎，汁冲服，渣外敷，也可用蜗牛洗净后捣碎涂在伤口处。此外，蒜汁对蜈蚣咬伤有疗效。

（四）中毒

其症状是恶心、呕吐、腹泻、胃痛、心脏衰弱等。遇到这种情况时，首先要洗胃，快速喝大量的水。用手指触咽部引起呕吐，然后吃蓖麻油等泻药清肠，再吃活性炭等解毒药及其他镇静药，多喝水，以加速排泄。为保证心脏正常跳动，应喝些糖水、浓茶，暖暖脚，立即送医院救治。

（五）中暑

在炎热暑季，人体的体温调节和其他生理机能发生障碍或活动量过大、休息不足、水盐补充不及时、衣服不通气等情况下都会引起中暑。其症状是突然头晕、恶心、昏迷，无汗或湿冷，瞳孔放大，发高烧。发病前，常感口渴头晕，浑身无力，眼前阵阵发黑，此时，应立即在阴凉通风处平躺，解开衣裤带，使全身放松，再服十滴水、仁丹等药。发烧时，可用凉水洗头，或冷敷散热；如昏迷不醒，可掐人中穴、合谷穴使其苏醒。

（六）冻伤

当气温在 0℃以下，人长时间在户外活动，耳、鼻、手、脚、脸都容易冻伤。当发现皮肤有发红、发白、发凉、发硬等现象，应用手或干燥的线布摩擦伤处，促进血液循环，减轻冻伤。轻度冻伤用辣椒泡酒，涂擦便可见效。如发生身体冻僵的情况，不要立即将伤者抬到温暖的室内，应先摩擦肢体，做人工呼吸，待伤者恢复知觉后，再到较温暖的地方抢救。也可将冻伤部位放在 28℃左右的温水中缓缓解冻。

（七）昏厥

野外昏厥多是由于摔伤、疲劳过度、饥饿过度等原因造成的，主要表现是脸色突然苍白，脉搏微弱而缓慢，失去知觉。遇到这种情况时，不必惊慌，一般过一会儿便会苏醒。醒来后，应喝些热水并注意休息。

第四节 战伤救护

一、战伤救护的作用

战争不可避免地要造成人员受伤，因此通过初步的紧急救护可以尽量减少伤员的痛苦，尽可能地救护有生力量。战伤救护分为自救和互救。当伤员身边没有其他人员，自己还有一定的行动能力时，可以自己展开自救；当伤员受伤情况严重，没有自救能力时，需要伤员身边的其他人员和其他战士来对其进行救护。

掌握战伤救护的基本知识，可以帮助自己或他人减轻伤病造成的痛苦，有效预防并发症。因为战争中外伤比较多，所以在救护的过程中一定要注意伤口的治疗，保证伤口不被感染，造成破伤风等。战伤救护只是初步的治疗，最终还要靠全面的治疗，有效的初步治疗是全面治疗的基础。因为对于伤员来说，时间十分宝贵，在越短的时间内得到救护，最后痊愈或恢复得就越快，效果也就越好。

二、战伤救护的基本技术

战伤救护的基本技术主要包括通气、止血、包扎、固定。

（一）通气

1. 人工呼吸

抢救重伤员时应首先查明其是否有呼吸，可通过观察其胸部是否有起伏或将棉絮贴于鼻孔看是否有摆动。如果呼吸已停止，必须迅速采取口对口方式进行人工呼吸。

具体方法：使伤员仰卧，清理其口中堵塞物，以保持呼吸道通畅，然后托起伤员下颌，使其头部后仰，将口腔打开；用一手捏住伤员鼻孔，另一手放在颈下并上托；深吸一口气，对准伤员口用力吹气，然后迅速抬头并同时松开双手；听有无回气声响，如有则表示呼吸道通畅。如此反复进行，每分钟 16～20 次。如果心跳停止，应与胸外心脏按压同时进行，每按压心脏 4～5 次后吹气一次，吹气应在放松按压的间歇中进行。

2. 胸外心脏按压

当发现伤员失去知觉时，要立即检查其心脏是否跳动。用手指在喉结两侧接触颈动脉，看有无搏动。如无搏动应紧急采取胸外心脏按压法抢救。

具体方法：使伤员仰卧在地上或硬板床上，找准按压部位，将左手掌根放在伤员胸骨下 1/3 处，右手掌压在左手背上，然后用力向下按压，使胸骨下陷 3～4 厘米，再放开。如此反复进行，每分钟 60～80 次。进行胸外按压的同时，必须进行口对口人工呼吸。如急救时只有一人，可先向伤员口中吹四大口气，然后每按压 15 次后，再迅速吹 2 大口气，如此反复进行。（图 10－1）

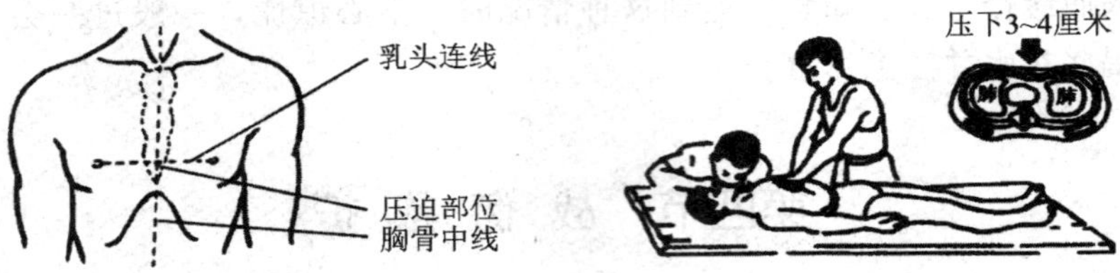

图 10－1　胸外按压部位和人工呼吸

(二) 止血

人体的血液流动有一定的路线，要准确地止血，就必须掌握主要动脉的压迫点(图 10－2)。

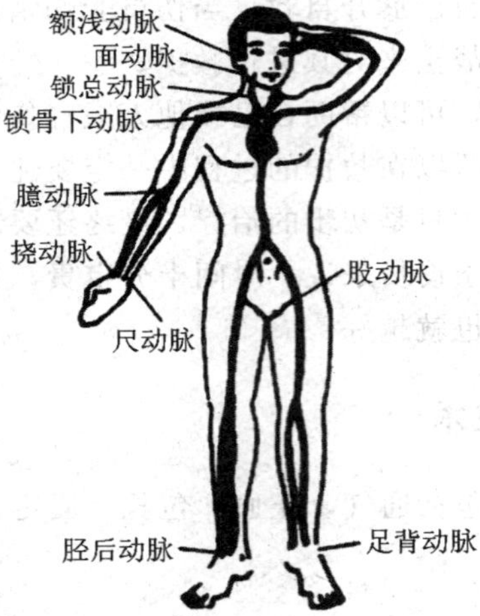

图 10－2　止血的压迫点

常用的止血方法主要有以下几种：

1. 压包扎止血法

用急救包或消毒纱布、棉花、布类做成垫子盖住伤口，再用绷带或三角巾紧紧包扎。多用于静脉、毛细血管或小动脉出血。

2. 指压止血法

用手指或手掌压迫伤口近心端的动脉，阻断血流而达到临时止血的目的。多用于头、颈部及四肢的动脉出血。

3. 止血带止血法

止血带止血法用于四肢大出血，主要采用勒紧止血法。

如发生出血，应立即采取果断措施进行止血。由于野外缺医少药，主要是利用指压止血法和包扎止血法进行止血。

准确判断出血种类是进行有效止血的第一步。动脉出血颜色鲜红，呈喷射状，有搏动，出血速度快、量多。静脉出血颜色暗红，呈滴出状或徐徐外流，出血量也多，但速度不及动脉出血快。毛细血管出血颜色鲜红，从伤口向外渗出，出血点不易判明。利用指压止血法时应注意，较大的动脉出血，临时用手指或手掌压迫伤口近心端的动脉，将动脉压向深部的骨头上阻断血液的流通，可达临时止血目的。

如头部出血，要分辨出血部位是头面部还是颜面部。一般一侧头面部大出血，可用拇指或其他四指压迫同侧气管外侧与胸锁乳突肌前缘中点之间的颈总动脉，将血管压向颈椎止血；若是头顶部出血，一侧顶部出血，用食指或拇指压迫同侧耳前方的搏动点止血；若是颜面部出血，一侧颜面部出血，可用食指或拇指压迫同侧下颌骨下缘、下颌角前方约 3 厘米处的面动脉止血。

如肩腋部出血，可用拇指压迫同侧锁骨上窝中部的锁骨下动脉，将动脉压向深处的第一肋骨止血；如前臂出血，可用拇指或其他四指压迫上臂内侧肱二头肌与肱骨之间的肱动脉止血（图 10－3）。

如手部出血，可用两手拇指分别压迫腕横纹稍向上处内外侧尺动脉、桡动脉止血。如大腿以下出血，自救时可用双手拇指重叠用力压迫大腿上端腹股沟中点稍下方的股动脉止血（图 10－4）。如足部出血，可用两手食指或拇指分别压迫足背中部近脚腕的胫前动脉和足跟内侧与内踝之间的股后动脉止血。

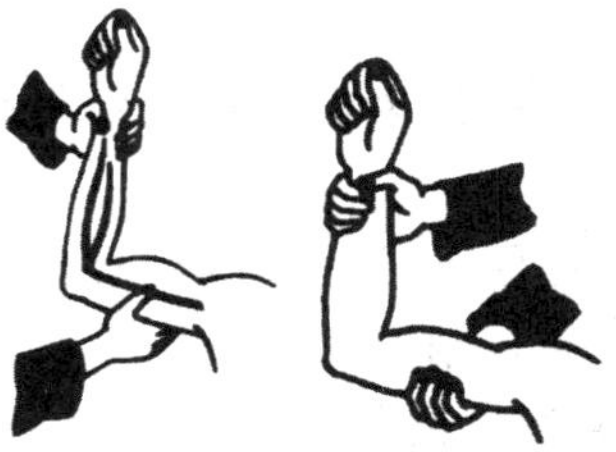

图 10－3 前臂出血指压点及止血区

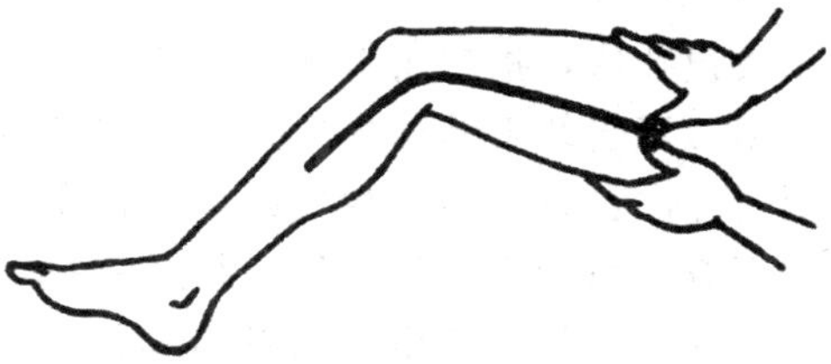

图 10－4 下肢出血指压点及止血区

指压止血后要及时进行包扎。包扎时，在紧急情况下，可选干净的衣物做成绷带状或三角巾状进行包扎，一般在伤口上垫以厚敷料，外面再用绷带或三角巾等加压包扎，松紧度以既能止血又不影响血液循环为宜。此法对四肢的小动脉、静脉、毛细血管出血尤为适用。

如用棉垫或消过毒的纱布块填塞在伤口内，再加敷料进行包扎，把伤口的血管挤压闭合，从而起到止血的作用。此法适于伤口较深（如腋部、肩部、腹股沟等）且不便于加压包扎或用止血带的部位血管损伤的出血者。另外，还有橡皮带、布带等可用来止血。在四肢大动脉出血用其他方法止血无效时，一般采用止血带止血。使用方法：用止血带环勒并扎紧伤口的近心端。扎的要领可归纳为如下口诀：橡皮带左手拿，后头 5 寸要留下，右手拉紧环体扎，前头交左手，中、食二指夹，顺着肢体向下拉，前头环中插，保证不松垮（图 10－5）。

在使用布带或止血带时应注意，止血带与皮肤之间要加垫敷料，不能直接扎在皮肤上。

止血带每隔 1 小时（冬季 0.5 小时）松开一次，每次放开 2～3 分钟，以暂时改善血

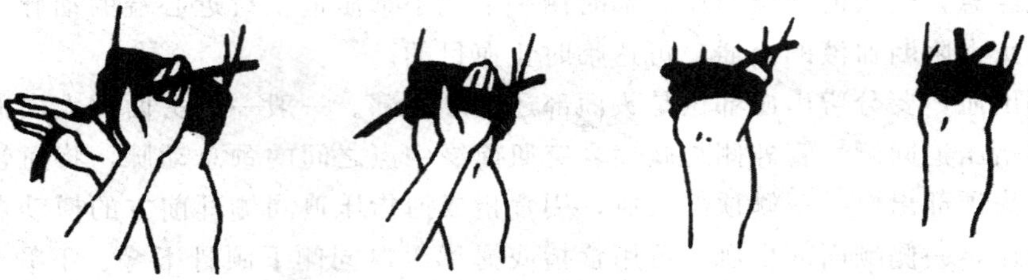

图 10－5　橡皮止血带止血法

液循环。松开时要逐渐放松，如有出血，应再上止血带；若不再出血，可改用三角巾压迫包扎伤口。

（三）包扎

伤口包扎是为了压迫止血，保护伤部，防止感染，固定敷料、夹板。包扎的常用材料有三角巾、绷带、四头带，以下只介绍最常用三角巾包扎法。三角巾包扎法的基本概念是：角要拉得紧，结要打得牢，包扎要贴实，松紧要适宜。

1. 头面部包扎

风帽式包扎法：指三角巾顶角和底边中点各打一结，形似风帽，顶用结打在前额，然后将两底角拉紧包绕下颌至主枕骨节下方打结。

下颌包扎法：将三角巾叠成四指宽，取三分之一处托住下颌，长端经耳前绕过头顶至对侧耳前下方与另一端交叉，然后绕过前颌，再于枕后侧打结。

面部包扎法：将三角巾顶角打结套住下颌，罩住头部、拉紧两底角交叉至前额打结。口、眼、鼻处可剪洞。（图 10－6）

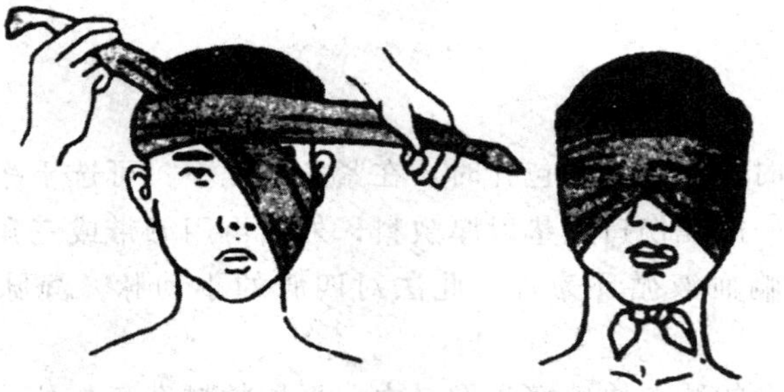

图 10－6　头面部包扎法

2. 肩、胸（背）部包扎

肩部燕尾式包扎法：将燕尾式夹角向上放在伤侧肩上，燕尾底边两角包绕上臂上部打结，然后将燕尾分别绕胸背于对侧腋下打结。胸背部包扎法：将三角巾顶角放在伤侧肩上，把左右两底角拉到背后打结，然后再和顶角相结。（图 10－7）

3. 腹臀部包扎

腹部包扎法：将三角巾朝下，底边横放于脐部，拉紧底角至腰部打结，顶角经会阴拉至臀部上方，用底角余头打结。臀部包扎法：将三角巾斜放于伤侧部臀部，顶角接近臀裂

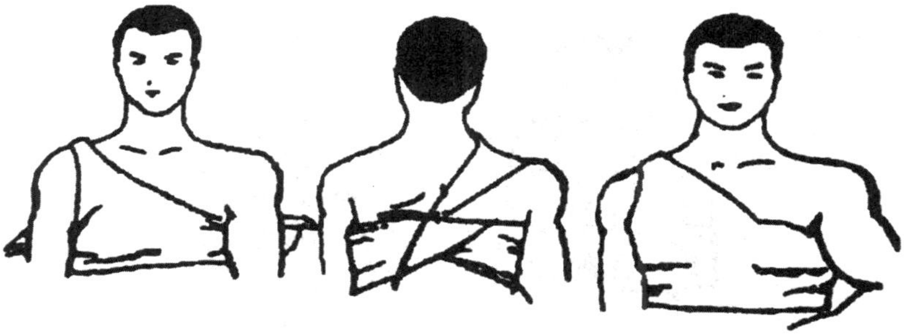

图 10－7　胸（背）部包扎法

处，用顶角的带子在大腿根部缠绕打结。将向下的一角反折向上，在对侧髋骨上端与另一角打结。（图 10－8）

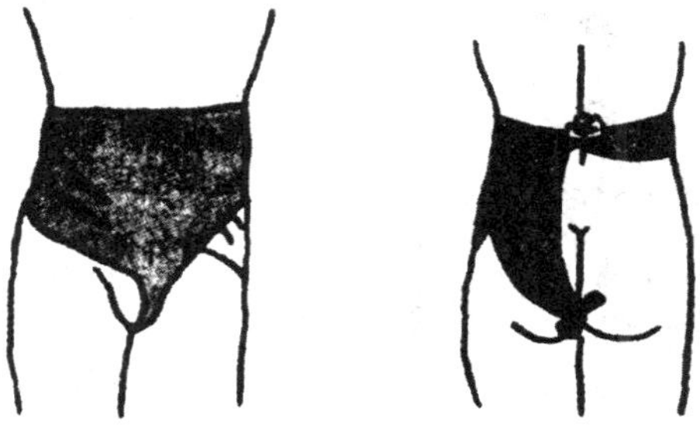

图 10－8　腹部包扎法

4. 四肢包扎法

手放在三角巾中央，手指指向顶角。拉顶角盖住手背，两底角交叉压住顶角绕至手腕打结，包扎足部与手部相同。肘、膝部包扎法：将三角巾叠成适当宽度，将中段斜放于伤部，取带两端分别压住上下两边，包绕肢体一周打结。

（四）固定

固定是处理骨折患者的前期方法。判断是否骨折的方法有：用手指轻轻按摸受伤部位时疼痛加剧；受伤部位变形；受伤部位明显肿胀或受伤部位不能活动；有时可摸到骨折断端或摩擦感。

对骨折患者临时固定一般采用木质夹板，没有时也可用木棍、树枝、竹片等代替。

1. 上臂骨折固定

把两块夹板分别放在上臂内侧和外侧，垫好后用绷带或三角巾固定，再用三角巾将前臂悬吊于胸前。（图 10－9）

2. 前臂骨折固定

可在前臂的外侧放一块夹板垫好后用两条布带将骨折上下端固定，再将前臂吊于胸前。（图 10－10）

3. 小腿骨折固定

将夹板（长度等于自大腿中部到脚跟）放于小腿外侧，垫好后用布带分段固定。（图

图 10－9　上臂骨折固定

10－11）

图 10－10　前臂骨折固定　　图 10－11　小腿骨折固定

4. 大腿骨折固定

将一块长度相当于从脚至腋下的木板放于伤肢外侧，在关节和骨突处加垫，用 5～7 条三角巾分段固定。（图 10－12）

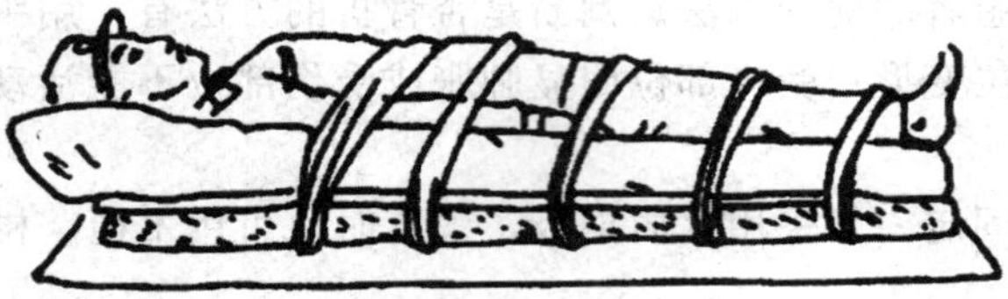

图 10－12　大腿骨折固定

军事泛舟

如何搬运伤员

搬运伤员，要根据敌情、伤情和地形条件，灵活选用搬运方法。

1. 单人徒手搬运法。背式、抱式。

2. 双人徒手搬运法。椅式、拉车式。

3. 脊椎骨折搬运法。两人用手将伤员平托于硬板（或门板）单架上。严禁抱头、脚和使身体屈曲，以免加重损伤。

4. 侧身式匍匐搬运法。根据伤员受伤部位决定采用左或右的侧身匍匐前进，搬运者侧身紧靠伤员，将伤员腰部放到搬运者的大腿上，注意使受伤部位朝上，伤员头部和上肢不要着地。

思考题

1. 如何组织行军？如何处置行军中遇到的各种情况？
2. 选择宿营地时应注意哪些问题？
3. 在野外如何获取饮用水？
4. 在没有火柴的情况下，有哪些方法取火？
5. 在野外如何防止昆虫叮咬？
6. 野外蛇虫伤害怎么处理？
7. 战伤救护的基本技术有哪些？

第十一章 民防工程

第一节 民防工程概述

一、民防的任务与作用

民防，是公民防护、防卫的简称，是组织人民群众平时防灾救灾与战时防空的统称。具体讲就是，和平时期进行自然灾害与人为事故性灾害的救援行动；战争时期组织人民防空斗争，开展抢险抢修、救护防疫、治安等活动。

（一）民防的任务

1. 平时主要任务

（1）开展民防教育。民防教育目的是使公民增强国防观念和民防意识，掌握民防知识和自救、互救技能，熟悉有关法规，依法履行义务。《中华人民共和国人民防空法》中明确规定："在校学生的人民防空教育，由各级教育主管部门和人民防空主管部门组织实施。""新闻、出版、广播、电视、文化等有关部门应当协助开展人民防空教育。"

（2）建设和维护民防工程。民防工程是指战时保障人员与物资掩蔽、情报信息传递、民防组织指挥、医疗救护等修建的地下防护建筑和指挥通信设施，以及结合地面建筑修建的战时可用于防空的地下室。民防工程是民防建设的重点，通常包括各种掩蔽工程、警报和通信工程、指挥自动化工程等。建设和维护民防工程的目的是提高防灾抗灾能力，保护人民生命和财产安全。

（3）建立指挥通信系统。在战时，完善顺畅的指挥通信系统，是实现对城市民防工作迅速、准确而又高效指挥的重要保障。通信和警报系统能否迅速准确地传递和发放防空袭警报信号，及时有效地组织人民群众开展防空袭斗争，直接关系到人民生命财产安全和国家利益安全。要通过国家和各级政府统一组织电信部门、军队通信部门，建立功能齐全、覆盖面广的人民防空指挥通信和警报网。

（4）制订抗灾救灾预案。制订抗灾救灾预案的目的是增强平时民防建设的针对性，减少盲目性。其内容通常包括：对灾害的设想；抗灾救灾的任务和决心；民防专业队伍的组成、配置和任务；对情况的处置方法；组织指挥和保障等。

（5）组织和训练民防专业队伍。民防专业队伍是根据城市防空和抢险需要而组建的抗灾救灾的技术骨干力量。通常由城建、公用、电力等部门组建抢险抢修队；由卫生、医药部门组建医疗救护队；由公安部门组建消防队、治安队；由卫生、化工、环保等部门组建防化防疫队；由通信部门组建通信队；由交通运输部门组建运输队。

(6) 应付平时灾害。应付平时灾害，是民防经常性的工作。平时非战争性灾害经常发生，需要民防系统组织协调抗灾救灾的任务很多，包括对洪水、地震、森林和草原火灾、旱灾、海啸、飓风、滑坡、泥石流、火山爆发等自然灾害的预防救援，以及对灾害性化学事故、核事故产生的放射性污染、交通事故、建筑物与构筑物倒塌等事故的预防和救援。

2. 战时主要任务

(1) 适时发放预警信息信号和解除警报信号。适时发放预警信号是为己方组织防护、抗击、反击提供及时准确的情报，争取必要时间的重要手段，是组织防空袭斗争的关键环节。解除警报信号，是组织人员有序地撤离隐蔽位置，组织人员抢修被破坏的防护工程和“生命线”工程，抢救转运伤员，补充人员、装备和器材，恢复城市功能的重要环节。

(2) 组织人员、物资疏散掩蔽。这是战时防空袭的有效措施和基本任务之一。疏散，是将坚持斗争、坚持生产、坚持工作以外的人员和重要物资疏散转移至城郊或其他地区；掩蔽，即利用各种防护工程，将人员、物资隐藏。有计划、有组织地搞好人员、物资疏散掩蔽，对于减少人员伤亡，减轻城市负担，有效地保存战争潜力具有十分重要的意义。

(3) 组织城市管制。即根据战时防空袭斗争的需要，适时组织交通治安、灯火、信息管制等工作。它是强化战时民防管理的重要措施之一。组织交通管制是指对人员行动特别是车辆行动实施规范化管理，保证交通网络正常运转。如在重要交通枢纽设置调整哨，在交通干线设置监视哨，组织治安队巡逻，规定人员、车辆通行时间、路线等。组织治安管制就是以公安、武警和治安专业队为骨干，在各级治安保卫部门的配合下，坚决、迅速、稳妥地依法打击、制止或平息危及国家安全或社会公共安全的违法犯罪活动。组织灯火管制是在防空袭斗争中，除保障指挥机关、担负战场救护任务的医院手术室和“三坚持”(坚持作战、坚持生产、坚持工作) 的重要部门和单位继续供电，并采取严密的遮蔽措施外，对居民照明、路灯、车（船）灯及其他发光器材进行管制，确保市区夜间灯火不外露。组织信息管制就是采用先进的信息防护技术，依据信息防御法规制度，严格信息安全的一项管理工作。如防敌信息截取和窃密、计算机病毒、网上黑客攻击，实施网上设障与网上布雷等。

(4) 消除空袭后果。即组织民防专业队和人民群众，对敌空袭造成的灾害与次生灾害后果进行的消除、救护、救援抢险、应急医疗和防疫等行动。当遭到敌空袭后，各级民防专业队应迅速查明受损情况，及时调集人力、物力消除空袭后果，将损失降到最低限度，同时协助有关部门迅速恢复生产、生活秩序。

(5) 配合军队作战。这是指民防运用自身的力量，通过保护与军事行动相关的人力、各种设施和物资及交通等，达到支持战争行动的目的。作为国防的重要组成部分，战时民防与国土防御作战是保障国家安全的相辅相成的两个手段。战时配合军队作战是民防的重要任务。

(二) 民防的作用与手段

民防的作用，是与自然灾害、敌人的空袭和人为灾害作斗争，保护人民生命财产的安全，避免和减少损失。民防的作用是与民防的任务密不可分的，民防的作用具体体现在民防完成平时和战时的任务上。一是发挥战略威慑作用，力争实现不战而屈人之兵的战略目标，以实力避免战争；二是发挥国防教育职能；三是平战结合功能。

民防的基本手段，概括起来就是“走”“藏”“消”三个字。“走”，就是适时地组织人员疏散。在空袭或灾害到来之前，把人员疏散到安全地带，这是最有效也是最经济的防护方法。“藏”，就是及时地进入民防工事隐蔽。民防工事具有很好的“三防”（防核、化、生）和防炸弹功能，对地震等自然灾害也有很好的防护作用。“消”，就是及时地消除空袭或灾害造成的后果。搞好民防工作，无论是战时防空，还是平时防灾，都是十分重要的。

二、民防工程的构造、作用与使用

现代战争是高技术的战争，为了防常规空袭，防核武器、化学武器、生物武器的袭击，就需要在敌人重点打击目标地区建设民防工程，以保证对人员的集体防护。

（一）民防工程的构造和作用

1. 民防工程构造

民防工程是保障人民防空指挥、通信、掩蔽人员等免受或减轻核、化、生武器和常规炸弹杀伤破坏而专门建造的防护建筑。地铁、地下交通、地下商城、地下室、地道、坑道等均可改做民防工程。

按标准建设的民防工程是人员理想的防护安全设施。它包括以下几个组成部分。

（1）坚固的四壁和防冲击波的口部防护门。对核爆炸、炸弹爆炸所形成的冲击波和爆炸效应有一定的防抗能力。

（2）在民防工事的口部，均有“三防”设施，主要有防护密闭系统、滤毒通风系统、洗消系统和核化自动报警系统等。不但对各种杀伤破坏因素进行防护，而且保障工程内隐蔽人员对清洁空气和进出工程的需求。

（3）内室建有防空指挥、通信系统、掩蔽人员的生活保障系统。

2. 民防工程的作用

民防工程在战时和平时都有着重要的作用，其防护效果如表 11－1 所示。

表 11－1　一般民防工程的防护效果

防核冲击波	可减少损伤半径 1/3～1/6
防核辐射	能降低几百到千倍
防染毒空气	模拟实验能防 3 小时以上
防常规袭击	能防工程附近普通炸弹爆炸

（1）战时。民防工程能够保障在工程内的人员遇到核、化、生武器和常规炸弹袭击时的安全；保障党、政、军机关继续进行指挥；保证生产进行、医疗救护、物资储备，以保障人民生活和支持战争的需要。

（2）平时。由于民防工程具有冬暖夏凉、节省能源、减少占地面积等特点而被广泛开发利用。民防工程的利用范围主要涉及交通、储存、商业生产、医疗等领域，以及地铁隧道、通道等，地下商场、文体娱乐场所、地下工厂、车间、地下养殖种植场等。

民防工程受到法律保护，应按标准建设，不得擅自拆除或影响其使用，否则将受到法律制裁。

（二）民防工程的使用

民防工程有较好的防护功能，能有效地保护人民生命安全，但使用不当，会造成意外损害。因此，要注意使用要求和在工程内的行为规范。

1. 进入民防工程

平时要熟悉民防工程的入口，灾难发生时，携带好装有必备食品、物品、照明器材、防护器材等物资的应急包，在工作人员疏导下，迅速、有序、安静地从口部进入工程。在工程内无灯火时，一律靠右侧，用右手探摸墙壁行动。若遭毒剂或放射性污染条件下，穿着防护器材进入工程，要在民防工作人员指导下，经过洗消通风、排毒后，方可进入工程掩蔽室，不得擅自行动。

进入民防工程后，要服从命令，按指定位置坐卧，不随地吐痰和大小便，残余食物和腐烂物品要密封存放。保持安静，减少剧烈活动，禁止吸烟，尽量不用蜡烛等明火照明，以减少氧气消耗。不得擅自启动设备设施，以防造成伤亡事故。在敌人实施核、化、生袭击时，人员不得出入工事，以防止外部染毒空气和放射性物质被带入工事。同一时间只能打开一道密闭门，染毒服装、装备应脱掉并放入脱衣间的密闭袋内，人员洗消、更衣后再进入内室。

2. 撤出民防工程

清理好自己周围的环境，携带好个人应急包，特别是防护器材。由民防工作人员打开防护门，牢记地面行动的安全方向、注意事项。保持良好的秩序依次撤出。切忌蜂拥而出，以免在工程口部造成意外伤害。

第二节 人民防空

一、人民防控概述

人民防空是国防建设的重要组成部分，是现代战争条件下保存自己、消灭敌人的重要战略措施。做好人民防空工作是全国军民的共同责任。人民防空是一项长期的战备任务。在现代战争条件下，加强人民防空建设，具有重要的战略意义。要居安思危，有备无患。

人民防空，简称“人防”，是指人民政府和军事部门动员和组织人民群众防备敌人空中袭击、消除空袭后果所采取的措施和行动。人民防空在国外多被称为“民众保护”或“公民防护”，简称“民防”。人民防空和要地防空、野战防空共同构成我国三位一体的国土防空体系，是国防的重要组成部分。

我国人民防空包括两方面涵义：一是和平时期围绕国防需要而动员和组织人民群众所采取的相关准备措施及行动，即人民防空建设；二是战时围绕防护敌空袭需要而动员和组织人民群众所采取的战术、技术措施及行动，即人民防空战争。《中华人民共和国人民防空法》规定，人民防空的任务是“国家根据国防需要动员和组织群众采取防护措施，防范和减轻空袭危害”。

（一）人民防空的地位与作用

1903 年，飞机的发明标志着人类进入航空时代。特别是 2001 年的“9·11”事件以后，在媒体的报道中，人们越来越清晰地发现，最有效、最具有杀伤力的武器都来自空中。面对来自空中的威胁，组织民众开展防空袭斗争，防范和减轻空袭危害，成为世界各国人民共同的战略选择。同时，我国又是一个自然灾害多发国家，事故和疫情也时有发生，每年的防灾、减灾、救灾任务十分繁重。无论是战时防空，还是平时防灾、减灾、救灾，都离不开人民防空的参与。人民防空在现代社会具有重要意义：①人民防空是国防的重要组成成分，具有强大的威慑作用；②人民防空是国土防空体系的重要内容，对于保存战争潜力具有重大战略意义；③人民防空是信息化条件下人民战争的重要成分，对配合军队作战具有重要作用；④人民防空是国民经济和社会发展的重要保障，能够促进经济社会发展；⑤人民防空是现代城市建设的重要内容，有利于城市建设综合协调发展；⑥人民防空是利国、利民的社会公益事业，与全体公民的福祉息息相关。

（二）人民防空的基本要素

人民防空基本要素是人民防空行动赖以存在和发展的必要因素，包括人民防空力量、人民防空指挥、人民防空工程、人民防空信息、人民防空对象和人民防空保障六部分。

1. 人民防空力量

人民防空力量，即人防专业队伍，是按专业组成的担负人民防空勤务的群众性组织。国外称“民防专业队伍”。人民防空力量主要包括抢险抢修、医疗救护、消防、防化、通信、运输、治安等专业队伍。其中，防化兵由观测、侦察、洗消、喷火、发烟等分队组成。其主要任务是指导部队对核武器、化学武器和生物武器进行群众性防护，实施核观测、化学观察和化学辐射侦察、实施剂量、沾染检查、实施消毒和消除沾染、组织实施烟幕保障，并以喷火分队直接配合步兵战斗。人民防空力量既是战时消除空袭后果的骨干力量，又是平时抢险救灾的突击力量，具有平战双重功能，是人民防空中最活跃的要素。

2. 人民防空指挥

人民防空指挥，是指人民防空指挥员及其指挥机关对人民防空行动的组织领导活动，贯穿于人民防空行动的始终。人民防空指挥是一种特殊的组织领导活动，其实质是指挥人员通过运筹决策、计划组织、协调控制，力求实现人与物的最优化结合，形成最大的整体合力，谋求最大的效费比。

3. 人民防空工程

人民防空工程，是为保障人民防空指挥、通信及人员、物资隐蔽等需要而修建的工程。在我国，人民防空工程包括各种人防指挥、通信设施，隐蔽工事，储存生产、生活资料的地下仓库，工业企业的地下生产车间，地下交通设施，地下医院等。人防工程主要起隐蔽和防护敌空袭作用，为保护人民群众生命财产安全提供保障，是人民防空中最重要的物质基础。人民防空工程平时是人民防空建设的重要内容，战时是人民防空行动的重要依托。信息化局部战争条件下，在所有对抗精确制导武器空袭的末端消极防空袭手段中，人防工程最为有效。

4. 人民防空信息

人民防空信息是指应用于人民防空行动的各种情报和消息等的统称。随着各种先进的通信手段在人民防空领域的广泛运用，以及计算机技术、人工智能技术的发展，空情情报报知网、空袭警报报知网和人防指挥通信网对信息的获取、传递、处理和利用能力大为增强，人民防空行动越来越依赖于及时、准确的信息。信息是人防工程和人防力量发挥效能的“倍增器”，制约和影响人民防空行动指挥与协同的组织，影响人民防空行动主动权的争取，影响人民防空行动效能的发挥。

5. 人民防空对象

人民防空对象是人民防空行动所防护和救助的目标，包括人员、物资和重要经济目标等。保护人民防空对象是人民防空行动的根本出发点。人民防空对象决定人民防空行动的任务，影响人民防空行动的组织实施。

6. 人民防空保障

人民防空保障是为顺利实施人民防空建设和行动而采取的各项保证性措施与进行相应活动的统称，包括情报、通信、警报、交通、运输、工程、伪装、防化、经费、物资、装备器材保障和政治工作等。信息化条件下，由于人民防空建设的技术含量大幅增加和人民防空行动的内容不断拓展，人民防空保障变得更加复杂、要求更高，地位、作用更加突出。人民防空保障平时能为人民防空建设提供资金支持，战时能为人民防空行动提供物质和精神支持。人民防空保障是人民防空行动的重要内容，直接影响到人民防空指挥决策能力、人民防空力量的行动能力、人民防空工程防护功能的发挥和人民防空行动的整体协调。

二、城市人民防空疏散行动

人民防空疏散行动是指战时为防备敌空袭，将可能遭敌空袭地区的人员、重要物资和设备撤离或搬迁，并安置在较为安全地区的行动。人民防空疏散行动是人民防空行动的重要组成部分，通常在战争爆发前组织实施，也称“战备疏散”。战争实践表明，城市是敌空袭的重点，因此人民防空疏散主要是指城市人民防空疏散，是战时减少城市人口伤亡和混乱、减轻城市负担、保存有生力量和战争潜力的有效防护措施。

（一）人民防空疏散行动的特点

1. 突然性大，被动性强

这一特点是由信息化局部战争空袭作战的特性所决定的。新一代空袭武器的射程更远、精度更高、速度更快、隐蔽性更好，能够实施突然的防区外精确攻击。加之敌通常运用外交、军事等多种手段进行欺骗，使我们难以及时获取空袭情报，无法准确判断空袭的方式、手段、规模和目标，从而造成人民防空疏散行动准备时间短甚至来不及准备，很容易陷入被动境地。

2. 疏散人口多，行动规模大

改革开放以来，我国城市化建设步伐加快，城市数量增多，人口密度增大。而城市防护工程数量不足，战时城市多数人口要进行必要的疏散。即使是在局部战争条件下进行的局部疏散，其行动规模也是相当大的。

3. 临战疏散任务重

在第二次世界大战结束后的一个较长时期，世界各主要国家军事战略的着眼点是准备打一场核战争。防空疏散行动以早期疏散为主，有较充足的反应时间，较充分的心理、物资等准备。而信息化局部战争条件下的空袭，目的、规模和打击目标有限。为保证国家经济建设不受大的影响，城市基本功能正常运转，不可能也没有必要组织大规模的早期疏散。人口疏散分为早期疏散、临战疏散和紧急疏散，其中应以临战疏散为主。目前，在我国的各大、中型城市，外来打工人员较多。战争初期，这类人员会自发性外流，但由于开战时间延缓，会导致部分人员返回，给临战疏散，尤其是临战紧急疏散带来压力。一般情况下，早期人口疏散的比例不宜超过10%，而紧急疏散的人口相对固定。因而，临战紧急疏散的人口比例增大，任务相当繁重。

4. 组织指挥难度大

信息化局部战争条件下的人民防空疏散行动，面对敌强烈信息攻击和精确打击，空情变化急剧，全面掌握情况难度增大，指挥系统的生存与稳定难以保障，指挥环境复杂，确保指挥控制的高效顺畅难度极大。同时，人民防空疏散行动涉及城市各个部门、各个系统，有时还涉及相邻城市，既有人口疏散也有重要目标疏散，既有早期疏散、临战疏散也有紧急疏散。要做到紧张有序，忙而不乱，组织协调的任务十分繁重。人民防空疏散行动的对象，主要为城市广大居民。由于个体素质参差不齐，对疏散必要性的认识有高有低；加之战时敌实施心理战，制造恐怖气氛，易使群众产生消极情绪，进而增大指挥控制的难度。

（二）人民防空疏散行动的内容

1. 建立疏散组织指挥机构

为了及时顺利地进行城市人口疏散，战时省、市、县（市、区）人民防空指挥应设立人口疏散指挥部门，机关、厂企、街道、社区等建立相应的组织机构，在预定疏散地域建立接收安置站，并根据需要在城区主要的疏散地区和方向上建立疏散联络站，按照人民防空指挥部下达的疏散方案组织疏散准备和行动。安置地区所在的县、乡（镇）、村也要分别成立接收疏散人员的组织指挥机构。

2. 广泛收集空袭信息

敌空袭信息，是我们组织人民防空疏散的基本依据。为此，各级人民防空指挥机构特别是人口疏散指挥机构，要通过国家、地方有关部门以及军队等各种途径，广泛收集敌空袭信息，分析判断敌空袭威胁，预测敌空袭企图、空袭地区和目标、空袭时机、空袭兵器、空袭规模等。

3. 完善疏散、安置方案

各级人民防空指挥机构应针对空情威胁，根据上级命令，结合本地情况，修订和完善人口疏散、安置方案。其内容主要包括疏散的范围、对象、数量、区域、路线、方法和保障要求，以及安置地点、接收方式、保障措施等。

4. 合理确定疏散对象

通常在保证城市作战、生产、工作“三坚持”的前提下，按照城市人口疏散比例确定疏散对象。因各个城市所处的战略地位不同、面临的空袭强度不同、城市重要目标的性质和数量不同、城市人民防空工程和疏散基地建设情况以及输送等各种保障能力不同，疏散比例应因地因情而定。一般情况下，早期疏散的对象是老、弱、病、残、幼和需要迁出的科研机构、院校人员以及外地流动人员；临战疏散的对象是无“三坚持”任务的居民；紧急疏散的对象是完成临战任务的干部、工人和部分民兵。从近几场局部战争看，敌空袭的主要目标是重要军事设施、首脑机关以及供电、供气、供水、交通、通信枢纽等。因此，要以疏散重要目标附近的人员为主。

5. 准确把握疏散时机

人口疏散是国家行为，是带有战略性、全局性的重大行为。疏散时机应根据国家发布的命令执行，通常分为早期疏散、临战疏散和紧急疏散三种。当出现战争迹象，形势逐渐紧张时，依据上级人民防空指挥机构命令，组织早期疏散；当国家转入临战状态时，依据上级人民防空指挥机构命令或经上级批准，迅速组织紧急疏散。情况紧迫时，也可边组织边报告；或先组织紧急疏散，后报告。

6. 科学选定疏散种类

疏散种类有很多，按照不同的标准有不同的分类方法。依疏散的时机，可分为早期、临战和紧急疏散；依疏散的集中程度，可分为集中疏散、分散疏散；依疏散对象的性质，可分为人口疏散和重点目标疏散；依疏散的时间长短，可分为短期疏散、长期疏散和永久疏散；依疏散的规模，可分为大规模疏散、中等规模疏散和小规模疏散等。从当前和未来人民防空疏散可能面临的情况看，早期疏散还将客观存在，而更多的是短期的、中小规模的临战和紧急疏散，以及集中与分散相结合的疏散。

7. 选择正确的疏散方法

疏散是一种在充分准备的基础上，根据统一号令，有计划、有步骤的行动。一般采取区分轻重缓急、分期分批，条块结合、以块为主，集中与分散相结合的方法进行。人口疏散，通常采取有组织的疏散和投亲靠友相结合，以有组织的疏散为主。即以系统或以区、街道为单位建立疏散组织体系，根据上级命令和确定的疏散比例，借助交通工具或徒步，由防空疏散指挥部门统一组织实施。重点目标疏散，通常采取有组织的疏散。根据需要，一些重要的军工企业、科研单位、学校等重要目标，要全部或部分实施疏散。这些目标设备设施多，疏散距离较远，准备时间较长，通常由防空疏散指挥部门统一计划、安排和部署，在战前组织实施。

（三）人民防空疏散行动的程序

人民防空疏散行动涉及面广、指挥控制难度大，必须按照科学的程序组织实施。主要包括受领任务后的组织准备工作、集结、向疏散地区开进、到达疏散地区后的工作。

1. 受领任务后的组织准备工作

（1）人民防空指挥部的组织准备工作：理解传达任务，分析判断情况，定下决心，协调、检查准备情况。

（2）疏散指挥机构的组织准备工作：理解传达任务，分析判断情况，定下决心，修订疏散计划，适时下达命令（指示）。

（3）疏散对象的组织准备工作：理解任务，充分准备，依据命令行动。

2. 集结

（1）疏散指挥部的工作：下达集结命令（指示），组织协调集结，灵活处置集结中出现的情况。

（2）疏散对象的工作：受领命令（指示），前往集结地。

3. 向疏散地区开进

（1）疏散指挥部的工作：下达开进命令（指示），组织开进，灵活处置开进中可能出现的情况。

（2）疏散对象的工作：受领命令（指示），适时开进。

4. 到达疏散地区后的工作

（1）疏散指挥部的工作：掌握疏散对象到达情况；组织交通工具返回，运送后续疏散对象，或参加其他防空行动；指导疏散接收指挥机构工作；掌握空袭进程，准备组织疏散对象返回。

（2）疏散对象的工作：按要求进入指定疏散位置，搞好自助互助。

（3）疏散接收指挥机构的工作：完善各项准备工作；接收安置疏散人员；展开各种保障，进行宣传教育，稳定人心；疏散解除后，组织疏散人员返回。

（四）组织实施人民防空疏散行动的基本要求

组织实施人民防空疏散行动，必须牢固树立全局观念，在城市人民防空指挥部的统一意图和计划下，坚决执行命令，自觉遵守纪律，充分发挥主观能动性，积极完成各种疏散任务。

1. 集中主要力量，实施重点疏散

人民防空疏散的任务繁重、时间紧迫、情况复杂，必须集中主要的人力、物力、财力搞好重点目标及其附近人口的疏散。疏散重点应根据敌空袭的可能性、目标自身价值和目标在防空袭斗争中的地位而定。早期疏散的重点，通常是工矿企业、科研院校等单位，以及城市重点目标附近的老、弱、病、残、幼人员。临战疏散的重点是担负生产任务的有关单位，如军工企业及无生产、工作任务人员。紧急疏散的重点是人民防空专业人员及坚持生产值班人员。对重点疏散对象的疏散，要做到组织指挥及时、各种保障到位。

2. 充分准备，快速应变

人民防空疏散行动，应当从最复杂、最困难的情况着想，做好充分准备，力求快速反应。准备的内容主要包括以下方面：掌握和判明敌情；正确理解上级防空袭斗争意图及疏散要求；进行有针对性的思想动员，统一认识；及时获取敌空袭信息，熟悉城市地形、道路、重点目标分布及疏散地域的有关情况；周密拟制疏散计划及相关保障计划；保持疏散工具经常处于良好状态等。人民防空疏散过程中，可能会出现诸如指挥通信中断、警报失灵及道路堵塞等意外情况。指挥员要根据不断变化的情况适时组织调整，依据上级意图，快速果断处置，以主动的行动圆满完成疏散任务。

3. 加强组织指挥，确保指挥不间断

人民防空疏散指挥员及其指挥机关，要始终保持与上级的联系，及时了解敌情及我防空袭斗争的情况，准确把握时机，快速组织疏散；要始终保持与疏散对象的联系，及时了解疏散进展情况；对疏散的重点目标及重点人员，要给予及时的指导，必要时进行现场指挥；要随时掌握疏散接收地区的情况，及时发现和解决存在的问题。在疏散过程中，遇有复杂情况或指挥通信中断时，应充分发挥各级指挥员的主观能动性，围绕上级防空疏散意图，根据疏散计划，灵活果断地处置各种情况。

4. 善于在夜间行动

信息化局部战争中，敌将广泛运用先进的夜视技术装备，利用夜暗作屏障，对我实施空袭。必须使被疏散人员熟悉夜间的行动特点，提高夜间疏散的能力。若夜间能见度差，通信联络较困难，车辆等疏散工具使用不便，组织夜间疏散行动，特别是在灯火管制情况下行动时，要正确判定方位，熟悉疏散路线及疏散地域，肃静行动，严格控制灯火，加强对空观察，正确使用简易的信（记）号及标记，加强疏散前的各项准备工作及疏散过程中的组织指挥。

5. 主动配合，密切协同

人民防空疏散行动必须在城市人民防空指挥机构的统一指挥下，与其他行动协调进行。当出现与其他行动并行时，人民防空疏散行动应注意避免对其他行动干扰，并力争为其他行动提供便利。需要支援配合时，在不影响疏散全局的情况下，应主动给予帮助。区、街道、重点目标组织疏散时，应在城市人民防空疏散指挥部的统一指挥下展开，主动了解友邻情况，密切与友邻的关系，相互协作。同一系统、同一街道、同一社区以及同一重要目标内的人员，也应密切协同，积极主动地开展疏散行动。

6. 实施集中统一的指挥

人民防空疏散行动是在严峻复杂的战争环境下，在较短时间内实施的集结—流动—分散的活动。必须教育疏散人员树立全局观念、时间观念和组织纪律观念，严格执行疏散计划，严禁各行其是。在指挥方式的选择上，要强调集中指挥，统一明确疏散任务、方法及要求。当情况发生突变或与上级通信联系中断时，下级指挥员应充分发挥主观能动性，按照上级统一的意图和疏散计划，创造性地完成疏散任务。

三、利用人防工程进行防空防灾

（一）人防工程的种类

人民防空防护工程体系建设包括人民防空指挥工程建设、公用的人员掩蔽工程和疏散干道工程建设、医疗救护和物资储备等专用工程建设，以及民用建筑防空地下室建设、城市地下交通干线和其他地下工程的人民防空配套建设。人防工程是防备敌人突然袭击，有效地掩蔽人员和物资，保存战争潜力的重要设施；是坚持城镇战斗，长期支持反侵略战争直至胜利的工程保障。

1. 人民防空指挥工程

人民防空指挥工程是人民防空指挥机构在战时实施安全、稳定、有效指挥的重要场所，在人民防空工程中居于核心位置。它不仅要求有较高的抗常规武器直接打击和抗核武器效应的能力，而且要求采取防生化武器、防震和减震措施。为保证指挥活动的顺利进行，工程内部除必须配齐生活设施外，还需要配备人民防空指挥自动化系统。

2. 公用的人员掩蔽工程和疏散干道工程

公用的人员掩蔽工程和疏散干道工程，是解决城市公共场所和人口密集地区人员掩蔽疏散的公共防护设施，对确保战时人民生命安全极为重要。公用的人员掩蔽工程建设，要符合城市人口分布情况和就近、就地掩蔽的要求。疏散干道工程要求经过城市人口稠密区域。重要人民防空工程、居民区人员掩蔽工程应通过支干道工程彼此相连，干道工程则连通不同区域的人民防空工程群。

3. 医疗救护和物资储备等专用工程

医疗救护和物资储备等专用工程，是指地下医院、救护站（所），各类为战时储备物资的仓库、车库，人民防空专业队伍集结掩蔽部等。它是保障战时各级人民政府统一组织医疗救护、物资供应、集结人民防空专业队伍的专用工程。这一工程建设对于战时消除空袭后果，减少空袭所造成的损失，意义十分重大。

4. 民用建筑防空地下室

民用建筑防空地下室，是指住宅、旅馆、招待所、商店、高校教学楼和办公、科研、医疗用房等民用建筑，按照国家有关规定修建可用于战时防空的地下室。由于防空地下室便于进出和防护，设计抗力不高，而投资效费比高，所以结合城市民用建筑，修建可用于战时防空的地下室，是战时保障城市居民就近、就地掩蔽，减少伤亡损失的重要途径，也是世界各国普遍采用的做法。

5. 城市地下交通干道及其他地下工程的人防配套工程

城市的地下交通干线以及其他地下工程，无论平时还是战时，对于城市的稳定都起着极其重要的作用，是保障城市正常运转和人民群众生产、生活的“生命线”工程。地下交通干线是指地铁、隧道、地下公路等。其他地下工程是指地下管网和供水、供电、供气、供热、通信等公用基础设施。这些地下设施都要根据人民防空的需要，修建人民防空配套工程。

（二）人防工程的防护功能

根据现代空袭兵器的杀伤破坏效应以及人民防空工程的类型，人民防空工程需要具备以下各种防护功能中的全部或一部分：抵抗核爆炸冲击波的破坏；抵抗常规炸弹在工程附近爆炸时产生的直接或者间接破坏效应；将核爆炸产生的早期核辐射削减到安全剂量以下；防止毒剂侵入工程内部；防止地面大火对工程内部的危害；防止核爆炸电磁脉冲的危害；维持工程内生活保障系统的正常工作；保障在外部染毒条件下，少量人员能出入掩蔽部。

上述防护功能，需要通过一系列工程防护措施与防护技术来实现。这些技术主要是具有防护作用的围护结构，具有防护作用的出入口，具有孔洞、管线的密闭和防爆技术，具有隔绝式或滤毒式通风系统，具有防电磁脉冲的工程屏蔽技术，具有隔震技术与装置等。

（三）利用人防工程进行防护的基本要求

人防工程是信息化局部战争条件下战时掩蔽人员、物资，保护人民生命和财产安全，保护战争潜力，抵御敌人空中袭击的重要场所。它不仅在战时对人民生命、财产有保护作用，而且在平时对于防御突发灾害、保护人民生命安全也具有一定的作用。

利用人防工程进行防空防灾，是公民应享受的权利。无论是在临战状态下，还是在和平时期，利用人防工程进行防空防灾，都应注意如下几点：

1. 进入或撤离人防工程时的要求

（1）进入人防工程前的要求。要准备好在工程内掩蔽应携带的物品，包括密闭存封不易腐烂的食品和饮用水、个人常用药品、手电筒、可用作个人防毒的器材、个人生活必需品以及证件。要懂得各种防空警报信号和灾情警报信号及其相应的行动内容，熟悉自己待蔽工程的位置、通往工程最短的路线以及人防工程入口白天、黑夜的识别标志。

（2）进入人防工程时的要求。听到防空警报后，要服从人防工作人员的指挥，就近、快速进入人防工程。进入人防工程时，要镇静有序，不要拥挤。在无灯光时，一律靠右侧、用右手探摸墙壁行动。若是在工程遭毒剂或放射性污染的条件下，待蔽人员着简易防护器材进入工程，并在人防工作人员指导下，按规定依次开关密闭门、洗消、通风、排毒后，才能进入工程掩蔽室。

（3）进入人防工程待蔽后的要求。待蔽人员进入人防工程后，要按指定位置安静坐、卧，少说话、少活动，不打闹，减少工程内氧气消耗。要严禁使用明火，做到不吸烟、少饮水，饮食残余物、垃圾要集中密封存放，不随地大小便，注意公共卫生。当工程局部发生坍塌、漏毒等意外情况时，待蔽人员要利用简易防护器材进行个人防护，并听从人防工作人员的指挥，有秩序地转移或进行隔绝防护。空袭警报解除前，待蔽人员不得擅自离开工程，防止周围受污染空气和放射性物质侵入工程。

（4）撤离人防工程时的要求。听到解除空袭警报后，待蔽人员要清点并携带好个人的物品，并在管理人员的指挥下，有秩序地撤出工程，不得拥挤。

2. 掌握不同类别的人防工程的不同功用

人防指挥工程，是用于临战下组织城市进行人民防空袭斗争的指挥场所，是保障人防指挥机关适时有效指挥的基本平台。医疗救护和物资储备等专用工程，是保障战时各级政府统一组织医疗救护、物资供应、集结人防专业队伍的专用工程。公用的人员掩蔽工程和疏散干道工程，是解决城市公共场所和人口密集地区人员掩蔽疏散的公共防护设施。结合民用建筑修建的防空地下室，是战时保障城市居民就近、就地掩蔽，减少伤亡损失的重要途径。

3. 必须坚持就近、就地的原则

信息化局部战争条件下的空袭具有突然性、精确性。临战状态下，听到防空袭警报声后，信息化的空袭兵器在最短的时间内就会飞临实施空中打击，不会给你留下足够的时间进行防备。因此，机关、学校、厂企、社区、街道、社区等，在组织利用人防工程进行防空袭斗争时，必须坚持就近、就地的原则，迅速组织人员进入最近的人防工程或民用建筑防空地下室进行有效防护，以减少敌人空袭造成不必要的人员伤亡。

思考题

1. 简述民防的任务、作用。
2. 简述民防工程的构造。
3. 简述人民防空疏散行动的内容和程序。
4. 简述利用人防工程进行防空防灾的基本要求。

参考文献

[1] 龙治勇，申青林，邢巧娜. 大学军事理论教程［M］. 东北林业大学出版社，2018.
[2] 何平，傅永林，唐福元. 普通高等学校军事理论与技能训练教程［M］. 国防大学出版社，2018.
[3] 汪先平，肖本新. 大学生军事课教程［M］. 西北工业大学出版社，2018.
[4] 王红梅，王艳萍，李红. 大学生军事教程［M］. 武汉大学出版社，2017.
[5] 杨晨. 新编大学生军事教程北［M］. 京理工大学出版社，2017.
[6] 赵兴. 大学生军事教程新编［M］. 湖北人民出版社，2016.
[7] 黄自力. 新编大学生军事教程［M］. 北京理工大学出版社，2016.
[8] 胡海平. 大学生军事教程［M］. 中国原子能出版社，2016.
[9] 王建安. 大学生军事教程［M］. 航空工业出版社，2016.
[10] 孙国权. 新编大学生军事教程［M］. 中国商业出版社，2016.
[11] 张正明. 军事理论教程［M］. 高等教育出版社，2015.
[12] 朱玉国. 高等院校现代军事理论教程［M］. 国防工业出版社，2015.
[13] 赵建世，闫成. 军事理论教程［M］. 上海交通大学出版社，2015.
[14] 曾峥. 当代大学生军事教育课程［M］. 暨南大学出版社，2015.
[15] 王哲，王飞. 大学生军事课教程［M］. 机械工业出版社，2015.
[16] 姜建良，刘爱国，陈帅. 国防教育课程［M］. 中南大学出版社，2015.
[17] 赵伟. 大学生国防教育［M］. 山东人民出版社，2015 年版.
[18] 黄卓晔，李明亮. 新编军事理论课程［M］. 中山大学出版社，2015.
[19] 屈超法，吕妍，马小晶. 大学军事理论教程［M］. 电子科大学出版社，2015.
[20] 王向方，金本敌. 军事教程［M］. 中国农业出版社，2015.